Norbert Otto Eke
Das deutsche Drama im Überblick

Norbert Otto Eke

Das deutsche Drama im Überblick

WBG
Wissen *verbindet*

Die Deutsche Nationalbibliothek verzeichnet diese Publikation
in der Deutschen Nationalbibliografie;
detaillierte bibliografische Daten sind im Internet über
http://dnb.de abrufbar.

© 2015 by WBG (Wissenschaftliche Buchgesellschaft), Darmstadt
Die Herausgabe des Werkes wurde durch
die Vereinsmitglieder der WBG ermöglicht.
Satz: Lichtsatz Michael Glaese GmbH, Hemsbach
Einbandgestaltung: schreiberVIS, Bickenbach
Gedruckt auf säurefreiem und alterungsbeständigem Papier
Printed in Germany

Besuchen Sie uns im Internet: www.wbg-wissenverbindet.de

ISBN 978-3-534-24773-8

Elektronisch sind folgende Ausgaben erhältlich:
eBook (PDF): 978-3-534-73561-7
eBook (epub): 978-3-534-73562-4

Inhaltsverzeichnis

Vorbemerkung

Das Drama steht und entsteht in der Spannung von Textualität und Performativität. Sein liminaler Charakter (Marx 2012, 1 und passim) begründet den Sonderstatus des Dramas innerhalb des Gattungsgefüges und weist zurück auf das Theater als medialen Schau- und Hörraum, in dem das Drama in der Aufhebung unterscheidender Grenzziehungen zwischen Innen und Außen, Wahrnehmendem und Wahrgenommenem ereignishaft in die Erscheinung tritt – als „etwas, das geschieht" (vgl. Höfele 1991). Dass seine lexikalische Form im Theater Teil eines Geschehens ist, das Theatralität generiert – Personen, Räume, Zeit und Handlung –, erlaubt es im Grunde genommen nicht, vom Drama als einem in sich geschlossenen, sprachlich-literarisch fixierten Kunstwerk zu sprechen und die Aufmerksamkeit allein auf seine textuelle Gestalt zu richten, wie dies in der Dramentheorie lange Zeit der Fall war (Waldenfels 2010, 189). Die kategoriale Trennung von Drama und Szene bleibt unbefriedigend. Die Performance- und Installationskünste haben in der Konsequenz dieser Einsicht den Sprach- und Sprechtext des Dramas aus dem Korsett der Semantik befreit, ihn fragmentiert, (re-)kombiniert und in neue mediale Erfahrenskontexte gestellt. Weder die Reduzierung des Textes auf seinen lexikalischen Zeichencharakter, noch die Konzentration auf die prozessuale Form der Theateraufführung mit ihren aus den Präsenzeffekten von Spielenden (Schauspielern) und Zuschauenden/Zuhörenden (Publikum) sich einstellenden Kommunikationen allerdings wird der Bedeutung des Dramas als Versprechen von Tiefe und Sinn, als autonomes Zeichensystem oder „Katalysator für Phantasie" (Fritsch 2002, 230) – allesamt Konzeptionen, die im Verlauf der über zweitausendjährigen Geschichte der Gattung eine Rolle gespielt haben – gerecht.

Das hier angedeutete Spannungsverhältnis zwischen Textualität und Performativität, zwischen Text und Theater (vgl. Marx 2012, 6), findet seinen Niederschlag in der disziplinären Trennung von Literaturwissenschaft und Theaterwissenschaft. Zwar ist die Privilegierung der Aufführung als in ihrer Ereignishaftigkeit ästhetische Ordnung eigenen Rechts in der Theaterwissenschaft gegenüber dem Drama als literarischem Text in den vergangenen Jahren immer wieder kritisch hinterfragt worden. Nach wie vor aber besetzen Theaterwissenschaft und Literaturwissenschaft weitgehend getrennte Felder (Marx 2012, 10). Auch Dramen- und Theatergeschichte verlaufen nicht immer unbedingt deckungsgleich, was noch jeden Versuch, die Entwicklung der Gattung zu rekonstruieren, vor zusätzliche Schwierigkeiten

Textualität und Performativität

Gattungsgeschichtsschreibung

stellt: Den binären Logiken in der Begründung von Fortschritt (alt|neu), mit denen Gattungsgeschichtsschreibung im Interesse der Komplexitätsreduktion das Feld kontingenter ästhetischer Bewegungen zu einem mehr oder weniger geschlossenen Erzählzusammenhang ordnet, fehlt es zunehmend an Eindeutigkeit. Jenseits der jeweils ins Licht gerückten Formierungstendenzen nämlich entstehen Dunkelzonen der Wahrnehmung. Nicht nur dass damit Modi des ‚Dazwischen', das Übergängige und Randständige, aus dem Blick zu geraten droht; auch das Verständnis für den performativen Charakter von Gattungsgeschichtsschreibung als Wert zuweisender ‚Institution' im Rahmen von (durchaus auch in politischen Funktionszusammenhängenden stehenden) Kanonisierungs- und Entkanonisierungsprozesse leidet. Die Geschichte der modernen Literaturgeschichtsschreibung bietet dafür genügend Beispiele – von der Ausrichtung der Literaturgeschichtsschreibung auf das Konzept der Nation (Gervinus) im 19. Jahrhundert über ihre Verbindung mit völkischen und rassistischen Vorstellungen (Nadler, Bartels) im frühen 20. Jahrhundert bis hin zum Rückzug auf das Kunstwerk in seinem bleibenden Wert unter weitgehender Ausblendung sozialer Kontexte in der Literaturgeschichtsschreibung der Nachkriegszeit (de Boor, Newald) oder, in der marxistischen Literaturgeschichtsschreibung, dem gegenläufigen Versuch, ästhetische Strukturen im Hinblick auf ihre jeweiligen geschichtlichen Funktionen hin zu durchleuchten (Träger, Rosenberg). Auch die Infragestellung der ‚erzählenden' Literaturgeschichtsschreibung seit dem Ende der 1960er Jahre und die Neubestimmung der Literatur als soziales Interaktionssystem, das die Sozialgeschichten der Literatur leitet, steht in solchen kultur- oder auch geistesgeschichtlichen Zusammenhängen.

Transformations-
dynamiken

Einen möglichen Ausweg aus dem skizzierten Dilemma bietet der Ansatz, das Drama als ein performatives oder ‚Wandlungs'-Phänomen zu betrachten, das durch Aneignung, Zuweisung und Abweisung von Struktur- und Legitimationsmustern beständig neu erzeugt und wieder verändert wird (womit sich die Frage nach Intentionalität und/oder Kontingenz der Transitorik, nach möglichen Entwicklungslogiken, Gesetzmäßigkeiten, Kausalitäten und Ordnungsinstanzen einerseits, Offenheit, Unbestimmtheit, Zufälligkeit und Steuerungsfreiheit andererseits stellt). Freilich kommt auch diese Betrachtungsweise nicht umhin, Wandel/Transformation in der Konstruktion zumindest sequentieller abgeschlossener Entitäten zu beschreiben: als „periodische, temporäre und situative, aber auch feldbezogene Als-ob-Endlichkeit[en] eines bestimmten Transformationsprozesses". (Düllo 2012, 54 f.) In der Fluchtlinie dieser Überlegung werden die ästhetischen Artefakte (Drama, Theater) im Folgenden betrachtet als Medien der Aushandlung von symbolischer Differenz, die sich zum einen in ihrer je eigenen Gegenwärtigkeit bestimmen, zum anderen selbst aber auch diese Gegenwärtigkeit (hier von Verhaltensmodellen, Wissensparadigmen, Geschichtsdeutungen, Individualisierungskonzepten etc.) als kontingent erscheinen lassen. Damit verbindet sich die Arbeitshypothese, dass ästhetische *Formungs*tendenzen kulturelle *Formierungs*tendenzen wie in einer Zeitkapsel aufbewahren (vgl.

Eke 2012a). Das begründet das Interesse für die institutionellen und die diskursiven Rahmungen der Textentstehung und auch für die Selbstdeutungen und Selbstpositionierungsstrategien von Autoren und Autorinnen innerhalb ihres Feldes, denen in der vorliegenden Darstellung relativ breiter Raum gegeben wird. Dass auch sie nicht ohne zeitliche Systematisierungen auskommt, hat pragmatische Gründe.

Epochenkonstruktionen traditionellen Zuschnitts formulieren allgemeine Aussagen über Entwicklungen, über Kontinuitäten und Diskontinuitäten/ (Ab-)Brüche, indem sie Zeiterfahrungen (bzw. Erfahrungen von Zeitlichkeit) zu in ihrer Form und Organisation einzigartigen Zeiträumen verdichten, die sich hinsichtlich ihrer leitenden Tendenz gegenüber jeweils anderen abgrenzen lassen. Solche Epochenbegriffe und Epochenkonstruktionen legen nahe, dass es innerhalb der historischen Zeitfolge abgrenzbare historische und/oder literarhistorische Gestaltungsformen von Geschichte gibt – und sie begründen mit einigen eingestandenen Verkürzungen die epochale Einheit im (Traditions-)Bruch. Auch wenn Epochenmodelle heute unter einem hypothetischen Vorbehalt stehen, ihnen allenthalben ein rein vorläufiger Erkenntniswert zugesprochen wird zum Zweck des besseren Verständnisses der komplexen Erscheinungen der Literatur und der Fülle des Materials, unterstellen sie doch eine historische Abfolge von als solchen aufgrund gemeinsamer unterscheidender Merkmale identifizierbaren und gegeneinander abgrenzbaren historischen oder literarhistorischen Gestaltungen von Geschichte, zugleich damit das Aufeinandertreffen auf- und absteigender Linien nach dem Muster von Aufstieg, Blüte und Verfall.

Epochenkonstruktion – Epochenbegriff

In der Literaturgeschichtsschreibung spielen solche Konzepte im Vergleich zu Konzepten der Modellierung von Literaturgeschichte in der Perspektive längerfristiger Umsetzungen, Beschleunigungen und Stillungen eine zunehmend geringere Rolle. Dabei wird der Versuch, den Zeitverlauf zu ordnen, nicht als solcher aufgegeben. Die neuen Ansätze der Literaturgeschichtsschreibung aber versprechen, längerfristige Wandlungsprozesse, vor allem auch die Gleichzeitigkeit konkurrierender Tendenzen besser nachzeichnen zu können. Gemeinsam mit den in ihrer Konzeption eher traditionellen Literaturgeschichten haben auch diese Neuansätze, dass sie Modellbildungen vornehmen, die von einer angenommenen bzw. ausgewählten Textmenge her abstrahiert sind. D.h. Literaturgeschichte macht, wie immer sie auch methodisch angelegt ist, aus der geordneten Menge von Texten eine Strukturgeschichte.

Das Problem, vor das sich der Verfasser eines Überblicks über die deutschsprachige Dramatik seit ihren Anfängen allein schon aufgrund der Masse des Materials gestellt sieht, ist so auch zugleich eines der Methoden und des Ansatzes zur Strukturierung dieses Materials, wozu die Frage nicht unerheblich beiträgt, was denn überhaupt der Gegenstand eines Überblicks zur deutschsprachigen Dramatik sein soll: Die Geschichte der Formen, ihrer Funktionen, ihrer Themen und Motive? Die Geschichte herausragender Spitzen- und Ausnahmewerke (wie auch immer man diese definiert)? Die Geschichte normalsprachlicher, vielleicht unterhaltender Texte oder gar

Darstellungsproblematik

beides? Oder eine Geschichte der Wirksamkeit von Dramatik auf dem Theater, womöglich eine integrierte Text-Theatergeschichte? Mit einem Bewusstsein für die Untiefen des Unterfangens gilt es also an den folgenden Überblick heranzugehen, der das mehr als sprichwörtlich ‚weite Feld' der Gattungsgeschichte ‚Drama' von der Vormoderne bis in die Gegenwart in größeren Einheiten kartiert, als dies in der Literaturgeschichtsschreibung üblich ist. Enzyklopädische Vollständigkeit kann nicht das Ziel einer solchen Darstellung sein. Sie beschränkt sich vielmehr auf die Skizzierung exemplarischer Konstellationen, wohl wissend, dass Stile und Strategien sich nicht immer trennscharf voneinander abgrenzen lassen.

Die vorliegende Publikation basiert auf einer breit ausdifferenzierten Spezialforschung, die sie nicht zu ersetzen den Anspruch erheben will noch kann, zumal die ursprünglich weitaus umfangreichere Darstellung aus verlagspolitischen Gründen um mehr als ein Drittel gekürzt werden musste. Wichtigeres, in *diesem* Abriss Zitiertes, ist im – ebenfalls gekürzten und auf das Notwendigste beschränkte – Literaturverzeichnis angeführt. Alle im Text den Dramen nachgestellten Daten verweisen in der Regel auf die Erstaufführung, in einigen wenigen Fällen auch auf das Datum einer ihr vorausgehenden Drucklegung; konnte weder das eine noch das andere ermittelt werden, verweist die Jahreszahl auf den Entstehungszeitraum des Manuskripts.

Ich danke Stephanie Willeke für ihre wertvolle Hilfe bei der Erstellung des Manuskripts, ihren kritischen Blick und ihre Anregungen. Ebenso gedankt sei Ludmila Peters und Carsten Roth für ihre Recherche- und Korrekturarbeit.

I. Vorspiel: Drama und Theater von der Antike bis zur Frühen Neuzeit

1. Anfänge

Alles Nachdenken über das Drama beginnt mit Aristoteles. Um 335 v. Chr. schreibt der griechische Philosoph seine *Peri poietikes*, die bis in die Gegenwart in die Auseinandersetzungen über Ziel und Zweck, Mittel und Wirkungsweisen des Dramas hinein gewirkt haben. Die um 1500 wiederentdeckte kleine Schrift ist der erste Versuch einer systematischen Beschreibung der dramatischen Kunst, deren Entstehung Aristoteles im Zusammenhang mit kultischen und rituellen Praktiken zu Ehren des Verwandlungs- und Rauschgottes Dionysos sieht. Die Altphilologie ist Aristoteles weitgehend gefolgt in dieser Herleitung des Dramas (Tragödie und Komödie in gleicher Weise) aus Erlebens*formen* des Außer-sich-Seins, der Exaltation und der Überschreitung (vgl. Berger 1998, 20), auch wenn die Beweislage dafür, dass die Kunstform Drama sich solcherart aus performativen Ausdrucksformen kultischer ‚*ékstasis*' (ἔκ-στασις) heraus entwickelt hat, schwach ist; die Zeugnisse auf die sich diese Ursprungstheorien stützen, sind späteren Datums und als solche – wie beispielsweise die byzantinische Suda – überformte Überlieferung.

Aristoteles erklärt in den *Peri poietikes* die Verbindung von Schrecken (Leid) und Schönem (Form) in der Abfolge von Spannung und Entspannung zum Maß der Tragödie und er nennt, lange bevor im deutschen Idealismus das triadische Gattungsmodell seine bis heute einflussreiche Ausformulierung erfährt, Kriterien zur Unterscheidung von Drama und Epos als jeweiligen Formen einer *mimêsis praxeos* (μίμηῦῖ πρᾶξεωῦ), der Nachahmung von Handlung (vgl. Lattmann 2005). Wichtig ist hierbei vor allem das sogenannte ‚Redekriterium' (das Drama als Nachahmung von Handlung durch Figurenrede), das bereits Platon, wenn auch mit anderer Bewertung der *mimesis* als gegenüber der *dihegesis* abgewertete Form der Dichtung, angeführt hatte (vgl. Politeia III, 394b–c u. c–d). Im Unterschied zu Horaz, der später in seiner Lehrschrift *De Arte Poetica* (entstanden ca. 20 v. Chr.), der zweiten für die neuzeitliche Poetik einflussreichen dichtungstheoretischen Schrift der Antike, ein Verständnis entwickelt für die Ereignishaftigkeit, den Aufführungs- und Verkörperungscharakter der Inszenierung, bleibt die Spannung der Gattung ‚Drama' hin zum Performativen in Aristoteles' Überlegungen dabei nachrangig. Während Horaz der Ansicht ist, dass dasjenige, was allein „durch das Ohr" seinen Weg nehme, nur geringere Aufmerksamkeit, mithin Wirkung errege, „als was vor die verläßlichen Augen gebracht" werde (Quintus Horatius Flaccus 1980, 14/15), räumt Aristoteles dem Poetischen (Textuellen) deutlich mehr Bedeutung im Hinblick auf die Gattungsbestimmung des Dramas ein als der Aufführung. Unter den sechs qualitativen Merkmalen, in deren Fluchtlinie er das Drama bestimmt (nämlich *mythos*/Handlungzusammenhang, *ethe*/Charaktere, *lexis*/Sprache, Rede, *diánoia*/Gedanke, Absicht, *opsis*/Schau, Szenerie, *melopoiía*/Gesang, Musik), spielt für Aristoteles die Inszenierung eine nur deutlich nachgeordnete Rolle. Die Inszenierung, schreibt er so im 6. Kapitel (Abschnitt 16) der *Poetik*, vermöge zwar „die Zuschauer zu ergreifen", sie sei „jedoch das Kunstloseste" und habe „am wenigsten etwas mit der Dichtkunst zu tun", denn die Wirkung der Tragödie komme „auch ohne Aufführung und Schauspieler zustande". (Aristoteles [2]1994, 24/25)

Theater als Schau-Spiel

Die *Peri poietikes* sind an dieser Stelle noch blind gegenüber der Bedeutung der *opsis* für Prozesse der Evidenzbildung durch kognitive und sensuelle Wahrnehmungen, wie sie in den Theater- und Medienwissenschaften heute von unterschiedlicher Seite aus im Fokus stehen. Der Medientheoretiker Derrick de Kerckhove beispielsweise stellt so in seiner 1990 erschienenen Studie *La civilisation vidéo-chrêtienne* (dt.: *Schriftgeburten*, 1995) die These zur Diskussion, dass sich an der Schwelle zwischen oraler Kultur und alpabetisierter Schriftkultur mit dem Bühnenraum ein Spielfeld zur Einübung neuer kognitiver Perzeptionsstrategien ergeben habe. Im Theater hätten die Zuschauer demnach zugleich mit der Unterscheidung zwischen realer und symbolischer Handlung (die im Ritus noch vereint sind) und der Einübung eines zentralisierten Blicks (nämlich auf den klar definierten und vom Zuschauerraum abgetrennten Bühnenraum, der keine kollektive Teilnahme mehr erlaubt) die neuen Wahrnehmungsstrategien der Schriftkultur erlernt. Das *Spiel* sei zum *Schau*spiel geworden, das eine dezidiert *visuelle* Perzeption gefordert habe, wo die kultische und rituelle Theaterhandlung noch eine multisensorische Teilnahme ermöglicht gehabt hätten. Der Zuschauer sollte im Theater

den sinnlichen Reichtum der Aufführung auf geistiger Ebene in eine abstrakte Ordnung übertragen. Er sollte seine Sinne gegen den Sinn (Bedeutung) eintauschen, was der umgekehrten Operation im Vergleich zur Lektüre entspricht. Dafür erhielt er als Gegenleistung vom Theater anhand von Beispielen eine Unterweisung in Methoden, wie er seine Wahrnehmungen nach kognitiven Kriterien, die von der Sequenz der Erzählung bestimmt wurden, auswählen und organisieren konnte. Er lernte, ähnlich wie der Leseanfänger, eine lineare und kausale Ordnung in einem verinnerlichten Sehfeld anzubringen, das allerdings (für den Leser wie für den Zuschauer) von einer andauernden äußeren Simulation gestützt wurde. (Kerckhove 1995, 83)

Die Privilegierung des Textes gegenüber der Aufführung hat lang anhaltende Folgen für die Gattungstheorie gehabt, die sich bis zum Aufkommen der Theaterwissenschaft weitgehend als *literarische* Gattungstheorie dargestellt hat: Drama ist Literatur (vgl. Langemeyer 2011, 16–21).

Als Kunstform, wie sie während der durch Peisistratos im Jahr 534 v. Chr. eingeführten Großen Dionysien zur Aufführung gelangte, ist das Drama gezähmte *ékstasis*, d.h.: das Ergebnis von Einhegungen und Regulierungen der ursprünglich unmittelbaren Erfahrensform des gesteigerten Lebens zum artifiziellen Spiel. Aufführungen des attischen Theaters waren *ortsgebunden* (das ‚theatron' ist ‚*Schau*stätte' innerhalb des Kult-Bezirks); in Verbindung stehend mit dem Gott Dionysos geweihten Festen wie den im Januar gefeierten „Lenäen" und den Ende März/Anfang April veranstalteten „Großen Dionysien" sind sie *anlassgebunden*; als solcherart anlassgebundene singuläre Ereignisse sind die Theateraufführungen *wettbewerbsgebunden* (drei Autoren treten mit ihren Werken in Konkurrenz um die beste Tragödie) und sie waren *mittelgebunden* (allen nach einer strengen Vorauswahl zur Endausscheidung zugelassen Konkurrenten eines Tragödienwettstreits standen die gleichen theatertechnischen und finanziellen Mittel zur Verfügung (Latacz 2003, 19–29). Das solcherart vierfach ‚gebundene' antike Theater war zunächst einmal ein Premieren-, kein Repertoiretheater: Stücke gelangten mit ganz wenigen Ausnahmen (vgl. Heldmann 2000, 189) bis zum 4. vorchristlichen Jahrhundert (von dieser Zeit an löst sich das Drama im Kontext der Entwicklung der Schriftkultur aus seiner spezifischen Rahmung durch die dionysischen Feiern, die allerdings noch bis zum Ende des 2. Jahrhunderts n. Chr. Bestand gehabt zu haben scheinen) nur einmalig zur Aufführung. Erst die „Verbreitung der Tragödie als Text machte sie zu einer literarischen Gattung, an die Dichter anknüpfen konnten, ohne dass ihre Werke für eine Aufführung gedacht waren". (Hose 2012, 185)

Das Corpus der überlieferten Tragödien und Komödien aus der rund eintausendjährigen, von 472 v. Chr. (dem Aufführungsdatum der *Perser* des Aischylos) bis zum Ende des 5. nachchristlichen Jahrhunderts reichenden Geschichte der antiken, griechisch-römischen Dramatik ist entsprechend klein und erlaubt ein nur lückenhaftes Bild von der formalen und thematischen Spannweite der antiken Tragödien- und Komödientradition: Ganze 42 Tragödien aus attischer und römischer Zeit von vier bekannten Dichtern (Aischylos, Sophokles, Euripides, Seneca) und möglicherweise drei weiteren, namentlich nicht bekannten Autoren sind vollständig erhalten geblieben; hinzu kommen 39 Komödien von vier Dichtern (Aristophanes, Menander, Plautus, Terenz) und zwei Satyrspiele von Euripides und Sophokles. (Hose 2012, 174)

Die antike Tragödie stellt ihre Helden in Handlungszusammenhänge, die Entscheidungen verlangen, in deren Perspektive sowohl die Ordnung der Welt wie ihr Weltverhalten sichtbar werden. Sie geben Einblick damit in die Bedingungen der sogenannten *conditio humana*, produzieren zugleich andererseits ‚nützliche' Bilder mit (Verhalten) regulierender und steuernder Funktion, sind kulturell betrachtet mithin Medien der Reflexion und der Produktion (von Ordnung) in einem. Dabei lässt sich zwischen dem Werk des Aischylos und demjenigen des nur eine Generation jüngeren Euripides bereits eine deutliche Verschiebung der Gewichte von der Theologie hin zur Anthropologie beobachten. Während bei Aischylos noch dem mensch-

Theater als Kunstform

Überlieferung antiker Theatertexte

Von der Theologie zur Anthropologie

lichen Handeln durch das Heilige (das Unregierbare und Unregulierbare) Grenzen gesetzt sind und von hier aus Tragik sich im Spannungsfeld von Autonomie und Heteronomie, Selbstbestimmungsanspruch und Fremdbestimmungserfahrung entfaltet, erscheinen Konflikte und Katastrophen bei Euripides schon als die Folge menschlicher Fehler und Schwächen. Leid ist das Ergebnis menschlichen Handelns; es ist nicht mehr allein von den Göttern verhängt.

Komödie

Deutlicher noch sind die Veränderungen im Bereich der Komödie, die insbesondere in ihrem aristophanischen, die athenische Politik karikierenden, intellektuelle Strömungen parodierenden und Gegenentwürfe zur herrschenden Ordnung entwerfenden Typus (vgl. dazu insbesondere die *Ekklesiazusen*, 392 v. Chr., und *Die Vögel*, 414 v. Chr.) über mehr als zwei Jahrtausende hindurch immer wieder Anschlussmöglichkeiten für politische Interventionen von der Bühne herab eröffnet hat. *Plutos*, ein Stück, in dem Aristophanes die ungerechte Verteilung des Besitzes und der Spaltung der Gesellschaft in Arm und Reich aufgegriffen hat, bildet geradezu einen Prototyp dieser Form des Lachtheaters. Die Ausgangssituation dieses in einer bearbeiteten Fassung des Jahres 388 v. Chr. überlieferten Stückes ist denkbar einfach. Plutos, der Gott des Reichtums, ist von Zeus aus Neid auf alle „rechtschaffne[n] Leute" (Aristophanes 1968, 643) seiner Seh- und damit auch Urteilskraft beraubt worden und verteilt seine Gaben blind. Ein Orakelspruch der Pythia führt den blinden Gott, der den Menschen nur mit Misstrauen begegnet, da diese sich seinen Gaben gegenüber allzuoft als unwürdig erwiesen haben, in die Arme des redlichen, aber armen Bauern Chremylos. Chremylos hatte sich mit der Frage an das Apollon-Orakel gewandt, ob es angesichts der ungerechten Einrichtung der Welt nicht klüger sei, seinen Sohn, statt ihn zum rechtschaffenen Bürger zu erziehen, zur Gaunerei anzuhalten. Als Antwort hatte er die Aufforderung erhalten, den ersten Mann, der ihm auf seinem Heimweg begegne, in sein Haus zu führen. Das ist Plutos, dessen Vertrauen Chremylos dadurch gewinnt, dass er ihm die Aufhebung der Ungerechtigkeit mit der Heilung seines Augenleidens im Tempel des Asklepios in Aussicht stellt. Bevor Plutos geheilt werden kann, muss erst noch die Göttin der Armut (Penia) in ihre Schranken gewiesen werden, die Cremylos' Vorhaben auf den Plan ruft. Sie verteidigt die Armut als notwendiges Stimulanz von Produktivität – allein Not und Sorge brächten Fleiß und Schaffenskraft hervor –, wird mit ihren Argumenten aber verjagt.

Aristophanes, *Plutos*

Mit dem geheilten Plutos zieht schließlich der Reichtum in das Haus des armen Bauern und aller anderen Rechtschaffenen ein, während die schurkischen Reichen verarmen. Die ungerechte Besitzverteilung findet damit zwar ein Ende; allerdings stellt Aristophanes die Asymmetrie der Besitzverteilung nicht grundsätzlich in Frage, führt vielmehr ein moralisches Argument in die Ökonomie ein. Nicht nur die vormals Besitzenden sind im Übrigen Verlierer der Umverteilung des Reichtums, sondern auch die olympischen Götter, denen nun die Opfergaben der vormals notleidenden Armen verloren gehen. Da der Besitz gerecht verteilt ist, bedarf es nicht mehr der

Hilfe der durch Opfergaben wohlgestimmten Götter. In der Komödie, die an dieser Stelle über die ökonomische Kritik hinaus eine religionskritische Wendung nimmt, ist dies die Stunde des Auftritts des Gottes Hermes, der als Bote des Zeus und selbst unmittelbar Betroffener („ich bin ruiniert,/Bankrott – […] Wirtsfrauen warteten/Frühmorgens sonst mir auf mit Leckerei'n,/ Weinsuppe kriegte Hermes, Honig, Feigen:/Nun lieg' ich hungernd, lungernd, hingekauert"; Aristophanes 1968, 689) einerseits die sofortige Wiedereinsetzung des Opferritus verlangt, andererseits um Aufnahme in das Haus des Chremylos bittet, nur um dort am Ende eine bescheidene Anstellung als Bediensteter zu finden, während der sehend gewordene Plutos zum Ende der Komödie im lustig-feierlichen Umzug zu seinem angestammten Wohnsitz geleitet wird: der Schatzkammer der Athene auf dem Parthenon. Der alte Zustand wird am Ende des Spiels damit nicht etwa wieder hergestellt, im Gegenteil die neue Ordnung der Gerechtigkeit als Merkzeichen ins Utopische hinein vielmehr spielerisch auf Dauer gestellt.

2. Drama und Theater in der Spätantike

Das römische Theater stand anfangs noch unter dem Einfluss der hellenistischen Kultur, verselbständigte sich relativ bald aber, wie die zahlreichen Anlässe für Aufführungen über die religiösen Feste der *ludi publici* (Triumphfeiern, Begräbnisse, Weihungen etc.) hinaus belegen. Ungeachtet der zahlreichen Theaterbauten gilt die römische Antike, insbesondere die Kaiserzeit, als Zeit des Niedergangs der Aufführungskunst. Auf der Bühne wurden allenfalls im Geschmack der Zeit überarbeitete alte Stücke gespielt, in der Mehrzahl Komödien, während Tragödien, die in der Bildungsschicht weiter hohes Ansehen genossen, kaum mehr gezeigt wurden. Überdies ist die Aufführung vollständiger Tragödien oder Komödien für die römische Kaiserzeit fraglich, zumindest nicht in nennenswerter Größenordnung mehr nachweisbar (vgl. Heldmann 2000, 190f.). Stattdessen gewinnt der Vortrag einzelner aus ihrem Kontext heraus gelöster Partien, von Glanznummern, an Bedeutung und Gewicht auf den Bühnen des römischen Herrschaftsbereichs.

Niedergang der Aufführungskunst

An die Stelle der alten Theatertradition traten in der Kaiserzeit andere dramatische Formen der Darstellung wie insbesondere der *Pantomimus*, eine Gestik, Bewegungs- und Ausdrucksformen kombinierende, auf Sprache und Gesang verzichtende Darstellung meist mythologischer Szenen mit Musikbegleitung, und der *Mimus*, eine improvisierende, farcenhafte Darstellung von meist Alltagsbegebenheiten mit häufig derber bis obszöner Färbung in Verbindung von Wort, Gestik und Gesang.

Die Verflachung der Aufführungskunst auf den Unterhaltungsaspekt bildet den Hintergrund für die Ablehnung des Theaters als gottlose Veranstaltung und seiner Darsteller als ‚pompa diaboli' (Jürgens 1972) durch die frühchristlichen Kirchenväter, denen bei ihrer Kritik in erster Linie nicht die hellenistische Tradition vor Augen stand, sondern das zeitgenössische Spektakeltheater der Gladiatorenkämpfe, Tierhetzen und Wagenrennen in den

Theaterfeindlichkeit in der alten Kirche

Arenen sowie die von tragici cantores zu Musik vorgetragenen Nummernrevuen, das oft erotische Tanztheater des Pantomimus und das häufig derbobszöne Lachtheater des Mimus (vgl. Weismann 1972). „Wir Christen sehen unseren Wert in guten Sitten und im Anstand. So halten wir uns auch mit gutem Grund von euren üblen Vergnügungen, Aufzügen und Schauspielen fern", über deren heidnischen Ursprung und schädliche Einflüsse man nur allzugut Bescheid wisse, heißt es etwa in Minucius Felix' Streitschrift *Octavius*. „Wem grauste nicht bei den kurulischen Spielen vor der Raserei der gegeneinander tobenden Haufen? Vor der kunstvoll geregelten Menschenschlächterei bei den Gladiatorenspielen? Bei den Schauspielen im Theater ist die Raserei nicht geringer, sind die Gemeinheiten noch hemmungsloser. Da gibt es Ehebrüche, die ein Mime vorführt und darstellt, da erregt ein kümmerlicher Komödiant die Leidenschaften, indem er sie vorspielt. Eure Götter macht er verächtlich, indem er ihnen Unzucht, Jammertöne, Hassausbrüche anhängt. Tränen entlocken euch seine Schmerzen, die doch nur gestellt sind, sein leeres Mienen- und Gebärdenspiel. In der Wirklichkeit schreit ihr nach Mord, im Theater weint ihr darüber." (M. Minucius Felix 1993) Fluchtpunkt derartiger Äußerungen, die mit der Kritik an der Erzeugung von Schein und Illusion und der Rolle des Schauspielers grundsätzliche Züge annehmen konnte (Tatian 1913, 230), ist die Stabilisierung christlicher Sittlichkeit. So unterschied Tertullian in seiner Schrift *De spectaculis* zwischen den weltlichen Spektakeln, die, weil sie Gott „nicht wohlgefällig" seien, „auch den Dienern Gottes nicht" anstünden (Tertullian 1912, 130), und den wahren Schauspielen (im übertragenen Sinn) des Christen, von denen er im 29. Abschnitt seiner Schrift („Die Schauspiele und Freuden der Christen sind ganz andere") zu berichten weiß, diese bereiteten die größte Lust.

Drama im Bildungskanon 　Ungeachtet der theaterfeindlichen Haltung des frühen Christentums bleiben dramatische Texte auch nach der Institutionalisierung des Christentums zur Staatskirche im 4. Jahrhundert und dem Ende der öffentlichen Spektakelaufführungen indes als Stilvorbild Gegenstand des Schulunterrichts in Ost (hier zumeist Euripides) und West (hier wurde Terenz bedeutsam, dessen Werke wie diejenigen des Plautus in den frühchristlichen Kreisen in hohem Ansehen standen). Sie gehörten damit auch in den folgenden Jahrhunderten weiterhin zum Bildungskanon; Hrotswith von Gandersheim schrieb so um 965 gleich eine ganze Serie von Dramen nach dem Vorbild der Komödien des Terenz (*Gallicanus, Dulcitius, Callimachus, Sapientia, Pafnutius, Abraham*), wenn auch mit dem Ziel, die vorbildliche christliche Moral gegenüber der antiken Lebenshaltung herauszustellen. Auf kirchlicher Seite findet das Theater darüber hinaus in gewisser Weise eine neue Form in Gestalt der Liturgie, die schon seit dem 3. Jahrhundert dialogische Elemente in der Form von Wechselgesängen (Antiphon, Responsorium) kannte, und den Märtyrerfesten bzw. liturgischen Märtyrerfeiern, aus denen im frühen Mittelalter jeweils dann als gesamteuropäisches Phänomen das christliche Theater der lateinischen Kirche hervorgehen sollte. Ziel dieses ‚heiligen Theaters' (vgl. Baumeister 1987, 120), das seinen festen Platz

‚Heiliges Theater'

innerhalb der Frömmigkeitspraxis der Zeit hatte, war in erster Linie Erbauung und Verkündigung, wobei sich sein besonderer Status durch eine grundlegende Instabilität der Grenzen „zwischen Faktischem und Fiktionalem" (Mohr/Stenzel 2012, 213) bestimmt. Im mimetischen Spiel des ‚heiligen Theaters' gewinnt so der körperlos in der Hostie anwesende Christus Leiblichkeit. Dadurch legt die performativ vergegenwärtigte Heilswirklichkeit den Charakter der Fiktion ab: das Gespielte ist Präsenz des Heils in Evidenz. Auf der anderen Seite werden im Anspielen des Publikums Fiktionsgrenzen befestigt.

3. Vormodernes Theater zwischen Kult und Theater – Geistliches und weltliches Spiel

Mittelalterliche Theatralität lässt sich fassen allererst einmal in der Form des geistlichen Spiels mit dem Kernbestand der Osterspiele (*osterspil, ludis paschalis*) als das Heilsgeschehen spielerisch vergegenwärtigenden Erweiterungen der gottesdienstlichen Osterfeierlichkeiten (in der Folge dann auch der sich zum Teil äußerst drastischer Mittel in der Darstellung des Leidens Jesu bedienenden Passions- bzw. Heilsgeschichtsspiele), die sich im 13. Jahrhundert aus den Osterfeiern in lateinischer Sprache entwickeln (eine Übersicht über Spieltexte und Bruchstücke des geistlichen Spiels bietet Bergmann 1986). An ihrem Anfang stehen als prototheatrale Formen des Spiels die im 6. Jahrhundert entstehenden kurzen textuellen Erweiterungen oder Erläuterungen der Osterliturgie auf der Grundlage des dem Lukasevangelium (Lk. 14,–19; vgl. auch Mt. 28,1–7, Mk. 16,1–8) entnommenen Ostertropus (*Quem queritis in sepulcro, o christicolae* [*Wen sucht ihr im Grab, ihr Christen?*]). Sie nehmen ab dem 9. Jahrhundert dialogische Formen an und stehen als Einleitung (Introitustropen) oder Einschübe in Verbindung mit liturgischen oder rituellen Handlungsteilen wie der Anbetung des Kreuzes am Karfreitag (Baumeister 1987, 121). Anfänglich wohl von zwei Halbchören gesungen, wurde der Ostertropus bald textlich erweitert und szenisch ausgestaltet zum Spiel der *visitatio sepulchri* im Rahmen der Oster*feier* und um weitere Szenen ergänzt: den *Jüngerlauf* (Johannes und Petrus laufen um die Wette zum Grab, Johannes kommt als erster an, wartet dann aber und lässt dem älteren Petrus den Vortritt beim Betreten des Grabes), die *Hortulanusszene* (Begegnung Maria Magdalenas mit dem auferstandenen Christus in Gestalt eines Gärtners), etc. Aus dem Ostertropus wiederum entstand der Weihnachtstropus (*Quem queritis in presepe, pastores, dicite* [*Wen sucht ihr in der Krippe, ihr Hirten, sagt es?*]), aus dem sich die Dramatisierung der Christgeburt im Weihnachtsspiel entwickelte, die im 11. Jahrhundert zunächst ebenfalls in lateinischer Sprache einsetzte und eine ähnliche Fortenwicklung und Ausdifferenzierung erfuhr, wie das um die zentrale Glaubenswahrheit der Auferstehung kreisende Osterspiel: *officium pastorum* (Anbetung der Hirten) – *officium stellae* (Dreikönigsspiel) – *ordo rachelis* (herodischer Kindermord). Diesen Grundformen des geistlichen Spiels treten im Verlauf der Geschichte weitere Spieltypen an die Seite: Fronleich-

Osterspiel

Weihnachtsspiel

namsspiele, Heiligen-, Mirakel-, Adams- und Weltgerichtsspiele etc. sowie abstrakte Eigenschaften und Gegebenheiten personifizierende Moralitäten, in denen Tugenden und Laster sowie geistige und sittliche Kräfte um die Seele des Menschen ringen, und dramatisierte Allegorien. Sie alle nahmen ihren Ausgang von biblischen Texten und legendarischen Berichten, waren im Unterschied zu den Oster- und Weihnachtsspielen allerdings nicht an Jahresfestkreise gebunden (bereits bei den Passionsspielen ist die feste Bindung an das Kirchenjahr aufgeweicht (vgl. Mohr/Stenzel 2012, 209).

Die spezifische Überlieferungsform dieser Spiele – häufig handelt es sich lediglich um eine Art von Partitur, die das Grundgerüst für eine dann variabel ausgestaltbare Aufführung bereit stellen – macht die Beurteilung ihrer Wirkung von der Textseite her schwierig. Wolfgang Spiewok hat von hier aus den Überlieferungszeugnissen mittelalterlicher Theatralität den literarischen Charakter gleich als solchen absprechen wollen; diese seien „weder Ausdruck einer einmaligen (poetisch durchformten) Leistung noch genügen sie den Anforderungen einer autonomen, von der Aufführung unabhängigen Dramaturgie". (Spiewok 1993, 3) Obendrein lässt sich eine organische gattungsspezifische Entwicklung der zunächst in lateinischer Sprache, ab der Mitte des 13. Jahrhunderts allerdings bereits auch in der Volkssprache aufgeführten Osterspiele durch Textzeugnisse nicht darstellen. So liegt bereits mit der Dirigierrolle von Muri (1240–1260) ein voll ausgeprägtes, überdies weitestgehend in der Volkssprache verfasstes Osterspiel zu einem Zeitpunkt vor, an dem lateinische Osterspiele noch bei weitem geringere Ausdifferenzierungsrade aufweisen (das älteste erhaltene Osterspiel im deutschsprachigen Raum wiederum ist das aus 220 Versen und Neumen, den Vorgängern der Noten, bestehende Klosterneuburger Osterspiel). Vor- und Zwischenstufen allerdings, die eine evolutionäre Entwicklung von einfacheren zu komplexeren Formen belegen würden, sind nicht überliefert; Gleiches gilt für die in der älteren Forschung behauptete Entwicklung vom Osterspiel zum Passionsspiel, die als solche ebensowenig gesichert ist wie die Entwicklung der volkssprachlichen Passionsspiele aus lateinischen Vorläufern (vgl. zur Forschungsgeschichte Schulze 2012, 12–15; Bergmann 1986). Erika Fischer-Lichte hat dies mit dem Doppelcharakter der geistlichen Spiele zu erklären versucht, die „an zwei verschiedenen Kulturen" (Fischer-Lichte 1990, 64) teilgehabt hätten: der kirchlichen Kultur, in deren Kontext sie entstanden (und die sie letzlich im 16. Jahrhundert im Zuge der Unterdrückung der Volkskultur wieder weitestgehend eindämmte [Fischer-Lichte 1990, 90f.]), und der städtischen Festkultur, in die sie hineinwuchsen.

Spiel und Präsenz In den Osterspielen ist in gewisser Weise die alte Kultform Theater wieder verlebendigt, auch wenn Kult und Spiel sich auf der Ebene des zeichenhaften Handelns deutlich unterscheiden. Im Spiel ist der in der Eucharistie in seinem Heilshandeln *zeichenhaft* anwesende Gott *sichtbar* gegenwärtig. Allerdings schafft das Spiel, das für sich genommen biblische Zeit, lebensweltliche Gegenwart und die Zukünftigkeit des himmlischen Gottesreiches unmittelbar miteinander verschränkt, keine eigene Wirklichkeit wie die Eucharistiefeier (zur Differenz der Präsenzformen in Spiel und Liturgie vgl.

Müller 2000; Petersen 2004a u. 2004b). Das geistliche Spiel des Mittelalters schuf so ein „mediales Angebot, das nicht nur mentalen, sondern auch visuellen Bedürfnissen entgegenkam, indem es [analog zu den Plastiken, Altar- und Andachtsbildern] die Welt der biblischen Geschichte zugänglich machte und ein breites Wirkungsspektrum eröffnete". (Schulze 2012, 17) Hier ordnen sich dann auch die auf den ersten Blick befremdlichen Erscheinungen der mit sexuellen und skatologischen Elementen durchsetzten Krämer- und Teufelsspiele mit ihrer Lust am Körperlichen ein, die sich aus dem Osterspiel heraus entwickelt haben. Hansjürgen Linke hat gezeigt, dass auch deren Lust am Körperlichen heilspädagogisch legitimiert ist: „Während im Teufelsspiel das Schweinische als Gegen-Wert die Sündhaftigkeit und Widergöttlichkeit Luzifers und der Teufel zum Ausdruck bringt, verdichtet sich im Sexualakt und im Exkrement des Krämerspiels, d.h. im flüchtigen Genuß und in der wertlosesten und zugleich abstoßendsten Materie zeichenhaft die Vergänglichkeit und Nichtigkeit alles Irdischen." (Linke 1987, 136)

Mit dem geistlichen Spiel gewinnt die bis dahin vorherrschend commemorative Vergegenwärtigung des Heilsgeschehens eine neue Qualität (vgl. Mohr/Stenzel 2012, 209f.), insofern im Spiel die Leidens- und Heilsgeschichte Jesu unmittelbar in die Präsenz tritt; zugleich hat die mimetische Form der Vergegenwärtigung Gemeinschaft stiftenden Charakter (vgl. Fischer-Lichte 2004, 143–154). Mimetisches Spiel als zeichenhaftes Handeln und Liturgiefeier als mnemonische Gemeinschaft der Gläubigen durchdringen einander so wechselseitig bei gleichzeitig offener Grenzziehung zwischen Fiktion/Spiel und der Realität der Beteiligten/Zuschauer mit dem Ziel, der *sinnenhaften* Vergegenwärtigung des in der Gedächtnisfeier der Eucharistie fruchtbar werdenden Heilswerkes Jesu Raum zu geben, wobei sich im Übergang von der Osterfeier zum Osterspiel ein „Perspektiv- und Intentionswechsel von der theozentrischen zur anthropozentrischen Veranstaltung" vollzieht (Linke 1987, 134). Gleiches gilt im Übrigen auch für die vor allem im 15. und 16. Jahrhundert beliebten Passionsspiele, die das Leiden des Menschen Jesus mit dem Ziel der Erzeugung von Mitleid (*compassio*) ausstellten, den zweifelnden Zuschauer zum wahren Glauben führen wollten und dafür alle Register in der Vermischung von Heiligem und Profanem, Grausamem und Komischem zogen. Die Entdynamisierung des Inszenierungsgeschehens bis zur Stillstellung der Leidensdarstellung, wie sie in den paratextuellen Anmerkungen gelegentlich ablesbar ist, diente zusammen mit illusionsbrechenden Formen der Zuschaueransprache (Aposiopesis) der Versenkung des Zuschauers ins ‚Bild' (die Szene), die den leidenden Erlösergott und die unerlösten Zuschauer im Augen-Blick der Betrachtung/Versenkung (passio – compassio) eins werden lassen sollten. Die Reformatoren, namentlich Luther und Melanchthon, lehnten die emotionale Schaufrömmigkeit dieser Grausamkeitspektakel mit ihrer Aufforderung zur Versenkung ins Gesehene zwar ab, da sie ihrer Ansicht nach zu einer falschen Werkgerechtigkeit verleitete (vgl. dazu Thomas Naogeorgus' Polemik gegen die Werkgerechtigkeit in seinem 1540 aufgeführten Stück

Passionsspiele

Theater und Reformation

Mercator). Sie standen dem Theater als Möglichkeit zur moralischen Unterweisung im Sinne des Protestantismus aber durchaus aufgeschlossen gegenüber. Nicht die Beförderung der *compassio*, des Mitleidens mit den Heiligen, forderte Luther den Spielen ab, sondern Belehrung, d.h. Beförderung der Erkenntnisfähigkeit. In seinen *Tischgesprächen* hat er so nicht nur die Vereinbarkeit von Theater und christlichem Glauben ungeachtet der in den Schauspielen möglicherweise vorkommenden Zoten und Liebeshändeln betont (Luther 1960, 275); er hat auch die Nützlichkeit des Theaterspielens (in Schulen) unterstrichen.

> Comödien zu spielen soll man um der Knaben in der Schule willen nicht wehren, sondern gestatten und zulassen, erstlich, daß sie sich üben in der lateinischen Sprache; zum Andern, daß in Comödien fein künstlich erdichtet, abgemalet und fürgestellt werden solche Personen, dadurch die Leute unterrichtet, und ein Jeglicher seines Amts und Standes erinnert und vermahnet werde, was einem Knecht, Herrn, jungen Gesellen und Alten gebühre, wol anstehe und was er thun soll, ja, es wird darinnen furgehalten und fur die Augen gestellt aller Dignitäten Grad, Aemter und Gebühre, wie sich ein Jglicher in seinem Stande halten soll im äußerlichen Wandel, wie in einem Spiegel.
> Zudem werden darinnen beschrieben und angezeigt die listigen Anschläge und Betrug der bösen Bälge; dergleichen, was der Eltern und jungen Knaben Amt sey, wie sie ihre Kinder und junge Leute zum Ehestande ziehen und halten, wenn es Zeit mit ihnen ist, und wie die Kinder den Eltern gehorsam seyn, und freyen sollen usw. Solchs wird in Comödien furgehalten, welchs denn sehr nütz und wol zu wissen ist. (Luther WA 1, 431 f.)

Das hat weitreichende Konsequenzen, wie Ursula Schulze herausgearbeitet hat: „Die rituelle Rückbindung an den Gottesdienst [...] wurde aufgehoben und damit auch die identifikatorische Wirkungsdimension. An die Stelle des geistlichen Spiels trat im Wirkungsbereich der Reformation das Lehrstück." (Schulze 2012, 19) Zum einen steht so die moralische Instruktion auf der Grundlage von Gleichnissen und biblischen Beispielerzählungen (Paul Rebhun, *Susanna*, 1535; Burkhart Waldis, *Die Parabel vom verlorenen Sohn*, 1527) im Vordergrund des Reformationsdramas; den anderen Pol bildet zum anderen dann die Polemik (gegen den Papismus) (vgl. Thomas Naogeorgus, *Pammachius*, 1538). Dabei bedient sich das Reformationsdrama alter und neuer Traditionen, aus deren Kreuzung eine für das Reformationsdrama typische Form entsteht: das „Tendenz- oder Streitdrama" (Dietl 1998, 118).

Weltliches Spiel   Verbindungslinien weisen von hier aus in den Bereich des Humanistendramas und auch des protestantischen Schuldramas, die an der Schwelle zum Theater der Neuzeit stehen. Sie bilden zusammen mit den Fastnachtspielen den Kernbestand des *weltlichen* Spiels, das bereits im 14. Jahrhundert dem geistlichen Spiel an die Seite tritt. Getragen wurde es von Städten, Schulen oder zunftähnlichen Bruderschaften, die auch die Spieler stellten, während als Darsteller der lateinischen Spiele Kleriker und geistliche Schüler agierten. Diese Ausdifferenzierung wiederum steht ursächlich im

Zusammenhang mit der allmählichen Erweiterung des Spielraums (das Spiel verlässt den sakralen Raum und erobert sich die Kirchhöfe und Marktplätze) und der fortschreitenden Entwicklung der mittelalterlichen Stadtkultur, die das Bedürfnis nach theatraler Selbstrepräsentation auch auf weltlicher Seite wachsen ließ. Für die optische Raumordnung zur Herstellung spielerisch-bildhafter Repräsentationen hat dies zunächst keine tiefgreifenden Konsequenzen. Allerdings verbindet sich mit der Überschreitung des sakralen Raums ins Weltliche hinein nun eine grundlegende Öffnung gegenüber der Volkssprache, wofür gewöhnlich der Siegeszug des Nominalismus Ockham'scher Prägung mit seinen sprachphilosophischen Konsequenzen (Universalien existieren nicht extramental, Sprache ist damit menschliche Konvention, entsprechend kann es keine ‚heilige' Sprache der Vermittlung zwischen Gott und Mensch geben) als mitursächlich angesehen wird (vgl. Simhandl 2001, 56). Während dem geistlichen Theater mit der Kirche und dem Platz im Freien zwei Aufführungsorte zur Verfügung stehen (lateinische Feste wurden in der Kirche, lateinische Spiele überwiegend dort aufgeführt), fanden volkssprachliche Spiele ausschließlich auf einem öffentlichen Platz statt. Gespielt wurde in der Regel auf einer Simultanbühne, auf der alle Orte (loca) gleichzeitig anwesend sind und ein Umbau der Kulissen ebensowenig vorgesehen ist wie Auf- und Abgänge der Schauspieler. Bühnenaufbauten (Gerüste) repräsentieren aparte Spielräume: Himmel, Hölle, das Heilige Grab etc. Alle anderen loca waren jederzeit einsehbare hölzerne Stände. In ihnen saßen die Schauspieler, wenn sie nicht anwesend waren. Standen sie auf, waren sie präsent.

Raumordnungen

Am Anfang der weltlichen Spiele, die das Spektrum der verhandelten Themen über den religiösen Bereich hinaus nun auf den geschichtlich-politischen und privaten (Alltagsleben) Bereich sowie das Familienleben (Ehe, Sexualität, Kindererziehung etc.) ausweiten, stehen neben den Arzt- und Jahreszeitenspielen (*Speel van den Winter ende van den Sommer*, um 1350; *Spiel von Herbst und Mai*, 14. Jhd.) die in der Regel kurzen, im Einzelfall aber – so beim „Großen Neidhartspiel" von 1492/93 – durchaus auch in Großformen überlieferten schwankhaften Neidhartspiele, in deren Mittelpunkt der legendäre Spielmann und Begründer der ‚dörperlichen Dichtung' Neithart von Reuenthal steht (Margetts 1981; 1986; Simon 1987).

Die heute noch bekanntesten weltlichen Spiele sind die im zweiten Drittel des 15. Jahrhunderts in Mode gekommenen Fastnachtspiele, die als „Gebrauchsdichtung zur Fastnachtsbelustigung" (Wuttke [2]1978, 422) auf Theateraktivitäten an Fastnacht im späten 14. Jahrhundert zurückgehen (Ridder 2009). Mit einer Länge von in der Regel nicht mehr als 800 Versen sind sie im 15. Jahrhundert zunächst ebenfalls noch eher kurz, berechnet auf eine das allgemeine Fastnachtsreiben lediglich temporär unterbrechende Spielzeit von geringer Dauer (Großformen mit mehreren tausend Versen sind erst aus dem 16. Jahrhundert überliefert) (Wuttke [2]1978, 421 u. 428). Sie wurden eingeleitet und abgeschlossen von der Rede eines Praecursors, Herolds oder Ausrufers. Spielorte waren zunächst Wirtshäuser oder Wohnräume mit improvisiertem Spielraum (Simultan- bzw. Stubenbühne).

Fastnachtspiel

Gespielt wurde von Gruppen junger Handwerker, auch Patriziersöhnen, die sich für den Zweck der Aufführung unter der Leitung eines professionellen Spielleiters zusammen fanden und von Haus zu Haus zogen (Einkehrspiele). Entsprechend einfach sind die Stücke gehalten, sowohl inhaltlich als auch formal. Reihen- bzw. Revuespiele, deren Episoden in keinem kausalen Zusammenhang stehen, allerdings demselben Grundthema folgen, bilden einen Grundtypus des Fastnachtspiels, Handlungsspiele mit einheitlicher, zielgerichteter Handlung, Dialogen im Knittelvers, Spiel- und Gegenspiel, die Spielwelten eigenen Rechts als ästhetische Erfahrungsräume entstehen lassen, einen anderen; Mischformen zwischen diesen Grundtypen waren möglich.

Die Themen des Fastnachtspiels sind dem Alltagsleben der Bauern, Bürger und der niederen Geistlichkeit entnommen; die Darstellung zumal menschlicher Schwächen war in der Regel heiter, freizügig und derb mit Lust am Körperlichen, Obszönen und Grotesken; das Personal war typisiert (*der* dumme, wahlweise auch schlaue Bauer, *der* Narr, *das* zänkische Eheweib, Frau Venus etc.); bevorzugte Rahmen waren Arzt- und Gerichtsszenen. Das ändert sich dann im 16. Jahrhundert, beginnend etwa mit Pamphilus Gengenbachs *Die zehn Alter dieser Welt* (1515 oder 1521). In Nürnberg, dem abgesehen von Lübeck bedeutendsten Zentrum der Fastnachtspieltradition, bindet Hans Sachs das Fastnachtspiel an einen festen Ort und an eine feste Truppe, was komplexere Spielformen (Psychologisierung, geschlossenere Handlung) ermöglicht (ähnliches ist aus Lübeck überliefert) – und er gibt ihnen einen grundlegend didaktischen Charakter, der dem frühen Nürnberger Fastnachsspiel eines Hans Rosenplüt und Hans Folz so noch nicht zu eigen war. Sachs' Werk gilt in seiner ganzen Spannweite als Beispiel für die im 16. Jahrhundert zu beobachtende Moralisierung des Fastnachtspiels (einige wenige ‚ernste' Spiele, die ganz offensichtlich besinnliche Momente in den Fastnachtstrubel hatten einbringen sollen, sind aus Nürnberg bereits für das 15. Jahrhundert überliefert; im Lübecker Fastnachtspiel ist der belehrende Ton bereits in dieser Zeit dominant). Von Fall zu Fall wird die Form funktionalisiert auch für den Konfessionsstreit (vgl. Niklaus Manuel, *Ein Fastnachtspiel vom Papst und seiner Priesterschaft*; Ders.: *Ein Faßnacht schimpff so zu Bern vff der alten Faßnacht gebrucht ist*, 1523 jeweils in Bern uraufgeführt) (vgl. Simon 2009, 115–150).

Beides, die Moralisierung des Spiels und seine Einbindung in kirchenpolitische und konfessionelle Auseinandersetzungen lässt sich beobachten auch im Bereich des im Unterschied zum Fastnachtspiel lateinischen Humanistendramas, das im Zusammenhang mit der Wiederentdeckung der Antike in der Renaissance entstand.

4. Moralisierung der Bühnenkunst

Rückbesinnung auf die Antike

1493 geht mit der Eroberung von Konstantinopel durch die Türken das oströmische Reich unter. Von den in Italien Aufnahme suchenden byzantinischen Flüchtlingen gehen wesentliche Impulse aus für die Rückbesinnung auf die griechische Antike und damit auch für das hellenistische Drama. Die Kenntnis des Griechischen war im Mittelalter weithin verloren gegangen, die griechischen Autoren waren in Vergessenheit geraten oder wurden lediglich über ihre Übersetzung rezipiert. Nun setzt im 16. Jahrhundert eine Re-Lektüre dieser Autoren ein. In der Manier der Alten zu dichten, in lateinischer, gelegentlich auch in griechischer Sprache, wurde zur Mode. Das Werk des Terenz nahm neben den für die Ausbildung der neostoizistischen Morallehre zentralen philosophischen und ästhetischen Werken Senecas unter den nun erstmals systematisch edierten Schriftzeugnissen der Antike eine besondere Stellung ein. Es galt nicht nur als Vorbild für ein stilistisch und rhetorisch mustergültiges Latein, sondern wurde auch seiner moralischen Qualitäten wegen geschätzt. So diente dem Sophokles und Euripides-Bewunderer Melanchthon in seinem Terenz-Vorwort *De legendis Tragoediis et Comoediis* das Terenzsche Werk als Fluchtpunkt für seine Ausführungen zum ethischen und vor allem auch pädagogischen Wert des antiken Dramas (vgl. Sternhagen 2006).

Vorangetrieben wurde diese Rückbesinnung auf das antike Drama, die schnell zu eigenständigen Formen der Dramatik und schließlich zur Entstehung der neuen Theaterform der Oper führte – Tragödie (Giangiorgio Trissiono, *Sofonisba*, 1554), Lustspiel, hier insbeondere die *commedia erudita* (Ludovico Ariost, *Cassaria*, 1508; *I supposito*, 1509; Niccolò Machiavelli, *La mandragola*, 1520), Schäferspiel (Torquato Tasso, *Aminta*, 1573) –, in Italien von dem an der Universität Rom lehrenden Professor für Rhetorik und lateinische Sprache Pomponius Laetus (1427–1497), der in seinem Haus erstmals eine Komödie von Terenz aufführte. Als einer der bedeutendsten deutschen Humanisten wiederum gilt Konrad Celtis (1459–1508), der ab 1502/3 an dem für ihn eingerichteten Theaterinstitut in Wien Terenz, Plautus und Seneca öffentlich aufführen ließ; andere Orte folgten, ab 1530 sind vereinzelt Aufführungen der antiken Klassiker in deutscher Übersetzung belegt (vgl. Dietl 1998, 86 f.). Als das erste deutsche Humanistendrama, das formal, in Sprache und Aufbau, das antike Drama nachahmt, gilt in der Forschung dann Jacob Wimphelings *Stilpho* (1480), seit Hrotsvitha von Gandersheim der erste Versuch der Nachahmung einer römischen Komödie (geschrieben in Latein). Das Libretto zur ersten deutschsprachigen Oper wiederum stammt von keinem geringeren als Martin Opitz, dem Verfasser der für das deutsche Drama des 17. Jahrhunderts überaus einflussreichen Barockpoetik *Buch von der deutschen Poeterey* (1624): *Daphne* (Musik: Heinrich Schütz); sie wurde 1627 in Torgau uraufgeführt, die erste Opernaufführung nördlich der Alpen, in Hellbrunn, lag da gerade ein knappes Jahrzehnt zurück.

Unter dem Einfluss des wiedererwachten Interesses für das antike Drama beginnen sich an der Schwelle zur Neuzeit die Raumordnungen und Spielpraxen entscheidend zu verändern. Rolf Tarot geht sogar so weit zu sagen, dass ohne „die Errungenschaften des Humanistendramas [...] die sich immer mehr durchsetzende Gliederung der Aufführung – Prolog, Argumentum, in fünf Akte und Szenen eingeteilter Text, Epilog – [überhaupt] nicht

Wandel der
Raumordnungen
und Spielpraxen

denkbar" (Tarot 1980, 37) gewesen wäre. Die lange Zeit spielbestimmende Bühnenform der Simultanbühne wird im Humanismus allmählich nun abgelöst durch die sogeannnte Badezellenbühne, die aus einer freien Vorderbühne und vier oder fünf durch Vorhänge abgetrennte Säulenzwischenräume im Hintergrund bestand; die loca waren so wie bei der Simultanbühne noch gleichzeitig präsent, aber als jeweils eigene Spielräume (nicht Stationen) ohne Auf- und Abbau sicht- bzw. verschließbar; durch die Türen der Badezellen traten die Figuren auf und ab. Das weist auf die spätere Sukzessivbühne voraus. Im öffentlichen Raum auf den Plätzen der Stadt wurde diese Badezellenbühne, die bereits auch die Andeutung eines Tiefenraums ermöglichte, durch die *picturata scena* abgelöst (farbig bemalte Bühnenwand mit Haustüren), die das Bedürfnis nach Illusion erfüllt, das wiederum aus der Scheidung von fiktionaler und realer Welt erwuchs, welches die Verweltlichung des Spiels begleitet hatte.

Moralisierung der Tragödie

Wiederentdeckt, gelesen und neu interpretiert wird im Humanismus auch das antike Schrifttum zum Theater, insbesondere von Aristoteles und Horaz. Zur Diskussion stand dabei vor allem die von Aristoteles entwickelte Idee der Katharsis. Zwar hat ,Katharsis' bei Aristoteles noch nichts (oder nur wenig) mit einer moralischen Zwecksetzung des Dramas zu tun. Das hat gelehrte Humanisten des 16. Jahrhunderts wie Francesco Robortello, Vincenzo Maggi, Antonio Minturno, Lodovico Castelvetro allerdings nicht daran gehindert, das wirkungsästhetische Modell der Katharsis dezidiert im Sinne einer moralischen Absicht der Tragödie auszulegen und von hier aus den ,Nutzen' zum Hauptzweck der Tragödie zu erklären, was für sich auf eine Disziplinierung der theatralen Praxis hinausläuft, die im 18. Jahrhundert in Gottscheds Theaterreform dann ihren berühmt-berüchtigten Höhepunkt finden wird. Die aristotelische Tragödientheorie verschmilzt in ihrer Lesart mit der von Horaz entfalteten Vorstellung vom ,prodesse et delectare' (vollständig: „aut prodesse volunt aut delectare poetae / aut simul et iucunda et idonea dicere vitaei" (Quintus Horatius Flaccus 1980, 24/25) [*Entweder nützen oder erfreuen wollen die Dichter oder zugleich, was erfreut und nützlich fürs Leben ist, sagen*]) als Grundzweck der Dichtung, die von großer Bedeutung für die poetologische Tradition bis hin zur französischen Klassik und der deutschen Goethezeit war. Sie besagt, Dichtung habe gleichermaßen dem moralischen Nutzen und der Unterhaltung des Publikums zu dienen.

Protestantisches Schuldrama

Das in den Aulen der Schulen, Kollegien und Universitäten zur Belehrung und Unterhaltung der Schüler- und Elternschaft aufgeführte protestantische Schuldrama schloss in vielfacher Weise an diese Überlegungen der Humanisten zur Nutzung des Theaters als Medium rhetorischer Schulung und zugleich moralisch-didaktischer Unterweisung mit einem textbezogenen Theater in der lateinischen Dichtungstradition an. Stil- und Morallehre, nicht zuletzt auch der Konfessionsstreit und die Kritik an der katholischen Kirche (vgl. Johannes Agricola, *Tragedia Johannis Hus*, 1537; Valentin Boltz, *Sant Pauls Bekehrung*, 1546) bilden seine Fluchtpunkte in der Frühzeit, als deren wichtigste Autoren Guliemus Gnapheus (*Acolastus sive de filio prodigo*, 1529), Georg Macropedius (*Hecastus*, 1538) und Thomas Naogeorgus (*Pammachius*, 1538; *Mercator*, 1540; *Incendia seu Pyroplinices*, 1541) zu nennen sind. Ihren Höhepunkt erfährt die konfessionelle Komponente des protestantischen Schuldramas, das mit Paul Rebhuns Dramatik seine für das 16. Jahrhundert typische Fassung erfährt und mit Burkhard Waldis (*Parabell vam verlorn Sohn*, 1527) zu der innerhalb der Schuldramatik beliebten Unterform des in der Regel deutschsprachigen Bibeldramas findet, im 17. Jahrhundert. Mit der Etablierung der neuen Frömmigkeitsbewegung des Pietismus, der die theologische Legitimität des Theaters mit dem Argument in Frage stellte, das Medium fördere die Weltlust (das Theater zählte für die Pietisten zu den sogenannten Adiaphora, den durch biblische Gebote nicht regulierbaren *Mitteldingen*), endet um 1700 seine über 200jährige Tradition als pädagogisch-oratorisches Instrument der Ausbildung, um sich um 1730 dann in einem veränderten institutionellen Rahmen neu zu formieren (vgl. Wels 2012).

Literarisch anspruchsvolles Theater vor allem im Einsatz theaterwirksamer Aufführungsmittel (bewegliche Kulissen, Massenszenen, Feuerwerk, Licht- und Geräuscheffekte) und innovativer dramentechnischer Mittel (auch von Stilvermischungen und -weiterentwicklungen) war in dieser Zeit eine Domäne insbesondere des Jesuitendramas, das sich aus bescheidenen Anfängen in den 1550er Jahren heraus in der Konkurrenz hauptsächlich zum Humanistendrama (und wohl auch in Abhängigkeit von ihm; vgl. Flemming 1923; Müller 1930) zunächst in den rheinischen Provinzen etablieren konnte. Eine große Aufführung der Jesuiten fand 1554 im Wiener Karmeliterkloster mit Livinius Brechtus *Euripius sive de inanitate rerum omnium* statt. Die Strategie ist bereits früh klar: schwarze Pädagogik durch Erschütterung. Gegen das humanistische Autonomiedenken und den stoizistischen Tugendstolz gerichtet, verwies das Jesuitendrama auf die Gefährdungen, die für den Sünder aus den Verführungen der irdischen Welt erwachsen, auf die Schrecken der Hölle und auf die trost- und gnadenspendende Wirkung der (katholischen) Religion, die allein Erlösung ermöglichen sollte.

Noch in seiner vollendeten Form ist das Ordenstheater der Jesuiten Laienspiel, d.h. ein Theater ohne Berufsschauspieler, das in Struktur und Form eher rhetorischen als aristotelischen Charakters ist. Diese Abhängigkeit von der Rhetorik verdeutlich noch das 1727 erschienene Lehrbuch *Dissertatio de actione scenica* des Jesuitenpaters und Professors für Rhetorik und Poetik Franciscus Lang, welches das Verhältnis zwischen gesprochenem Wort und Darstellung, Sprech- und Bewegungsweise im einzelnen regelt. Lang definierte die Schauspielkunst als die „schickliche Biegsamkeit des Körpers und der Stimme, die geeignet ist, Affekte zu erzeugen", und stellte für die vom Schauspieler im Dienste der Naturnachahmung geforderte Gestik ein komplexes Regelsystem auf, das es ermöglichen sollte, die von Natur aus rohe Ausdrucksweise des Schauspieler zur Kunst zu verfeinern und zur Eleganz auszubilden (Lang 1975).

Gespielt wurde anfänglich auf Freilichtbühnen; erst gegen Ende des 16. Jahrhunderts wanderten die Aufführungen in die Innenräume der Aulen von

Jesuitendrama

Gymnasien und Universitäten, in denen zu verschiedenen festlichen Anlässen in Aufführungen von sechs bis acht Stunden Dauer zunächst auf einer kubischen Simultanbühne, in späterer Zeit dann auf einer dem Guckkasten entsprechenden Sukzessionsbühne mit beweglichen Kulissen gespielt wurde. Bühnensprache des Jesuitentheaters war entsprechend seiner Herkunft aus der Tradition des Rhetorikunterrichts Latein. Zwar gab es deutschsprachige Zusammenfassungen des Handlungsverlaufs, sogenannte Periochen, diese waren aber nicht für jeden verfügbar und so diente der nach anfänglichen Versuchen mit dialogischen Disputationen und der Aufführung halbdramatischer Literatur sich entfaltende performative Überschwang der Vermittlung religiöser Überzeugungen mittels der Bildsprache. Im Interesse der intendierten Wirkung mobilisierte das Jesuitentheater alle visuellen und akustischen Wirkungsmomente, die das Theater seiner Zeit zu bieten hatte.

Im Verlauf des 17. Jahrhunderts wird diese Komponente des Theaterspiels nun weiter ausgebaut. Hier hat die opernhafte Ausstattung des Jesuitentheaters, das zum Teil mit immensem Personaleinsatz operierte, auch vor grellen Effekten nicht zurückschreckte, seinen Ort. Das knüpft unmittelbar an die bereits in der Scholastik entwickelte Vorstellung von der Erkenntnis als notwendiger Voraussetzung für ethisch gutes Verhalten an. In der Fluchtlinie dieser Überlegung stellten die Jesuiten das Theater in den Dienst einer alle Sinne ergreifenden *propagatio fidei*, der Glaubenspropaganda, hier im Wortverständnis einer Verbreitung, Ausdehnung und Auspflanzung des Glaubens. Die Trennung der Haupthandlung von der Ebene einer kommentierend-moralisierenden Nebenhandlung, die der Auslegung und Deutung dient, ist charakteristisch für den persuasiven Charakter des Jesuitendramas. Allegorische Gestalten, Tugenden und Laster verkörpernd, dienen der kirchenpolitischen Propaganda und der pädagogisch-theologischen Unterweisung im Hinblick auf die intendierte Einsicht des Publikums in die Nichtigkeit der Welt, in die Vergänglichkeit allen Ruhms und die Vergeblichkeit allen menschlichen Trachtens zum einen, in die Notwendigkeit Buße zu leisten angesichts des bevorstehenden Endes des eigenen Lebens zum anderen. Als Grundlage dienten dem Jesuitendrama vor allem Stoffe der Bibel, der Kirchengeschichte oder lokaler Heiligenlegenden. Im Zentrum des Spiel standen Repräsentanten eines tugendhaften Lebens (Heilige und Märtyrer), aber auch vorbildliche Herrscher, an deren Schicksal die Siege der Kirche demonstriert werden konnten, oder Musterfälle lasterhafter Lebensführung, an deren Beispiel in abschreckender Weise die Folgen der Sünde vorgeführt wurden (das Ganze durchaus auch als Warnung gedacht an die Adresse der Protestanten und der humanistischen Gelehrten).

Bedeutende Autoren des Jesuitentheaters sind anfänglich Georg Agricola und Jakob Gretser, der mit der kubischen Simultanbühne (Verbindung der bereits von früher her bekannten verschließbaren Innenräume nun untereinander, was schnelle Szenenwechsel ermöglichte) eine neue Bühnenform erfand, später dann, in der nach 1600 anzusetzenden Blütezeit des Ordenstheaters, Jakob Balde, Jakob Masen und vor allem Jakob Bidermann, dessen 1602 in Augsburg uraufgeführter *Cenodoxus* (1635 durch Joachim Meichel

Propagatio fidei

Vor- und Schreckbilder

in volkssprachliche Knittelverse übersetzt) als eines der nachdrücklichsten Beispiele für die Wirkungsabsicht des Jesuitentheaters schlechthin gelten darf. Im Zentrum dieses Stückes steht der Widerspruch zwischen humanistisch-neustoischer Selbstgerechtigkeit und christlicher Demut. Auf der stofflichen Ebene knüpft Bidermann dabei an den Gründungsmythos des Karthäuserordens an. Dessen Stifter, der Heilige Bruno von Köln, hatte der Legende nach in Paris während der Seelenmesse für einen akademischen Lehrer erlebt, wie sich der Verstorbene dreimal von der Totenbahre erhoben und über die ewige Verdammnis, zu der Gott ihn verurteilt hat, geklagt hatte. Für Bruno gab dies den Anstoß zur Weltentsagung und Ordensgründung. In Bidermanns Drama ist aus dem akademischen Lehrmeister ein berühmter Professor der Medizin mit dem auf die Sünde der Hoffahrt, der Kenodoxia, verweisenden Namen Cenodoxus geworden, der aus Gefallsucht und Eitelkeit der Welt einen vorbildlich-tugendhaften Lebenswandel lediglich vorspielt und am Ende der ewigen Verdammnis anheimfällt, nachdem sein Schutzengel und sein Gewissen ihn vergeblich zu einer Gesinnungsänderung angehalten haben. Die zentrale Handlung des Dramas wird als lebenslanger Kampf der Mächte des Guten (Cenodoxophylax und Conscientia) und des Bösen (die Gleißnerei/Hypocrisis und die Eigenliebe/Philautia) um die Seele des eitlen Gelehrten dargestellt. Dieser Kampf wird am Ende in einer großen Gerichtsszene entschieden. Christus selbst verdammt den Sünder zu immerwährender Höllenpein.

Bidermann,
Cenodoxus

> CHRIST. […]
> So geh nun hin zu deinen Gsöllen /
> Von mir hinunter in die Höllen.
> Hin in das ewig Höllisch Fewer /
> Hin in die Flammen vngehewer.
> Allda in ewiglicher Peyn /
> Wird heulen vnd zähnklappern seyn.
> Gehe hin du bist in Ewigkeit
> Verfluecht / verdambt / vermaledeyt.
> (Bidermann 1986, 136)

Dass der Zuschauer bis zum Schluss glauben kann, dass der im Laufe des Stückes vor seine Irrtümer geführte Sünder am Ende zu wahrer Erkenntnis gelangt, Buße tun und Gnade finden würde vor den Augen des Weltenrichters, zuletzt aber unwiderruflich verdammt wird, verstärkt den pädagogischen Abschreckungseffekt. Um so nachdrücklicher nämlich wird er den abschließenden himmlischen Urteilsspruch erleben, der die unerbittliche Gerechtigkeit Gottes demonstriert: Das Maß von Cenodoxus' Verfehlungen erlaubt keine Gnade; die Eigensucht des sich selbst behauptenden und genießenden Humanisten führt geradewegs in die Hölle.

Mit Tragik im antiken und auch im klassischen Verständnis hat dieses Theater der Abschreckung wenig gemein. Die Gegner, denen sich Cenodoxus gegenüber sieht, sind als Versucher personifizierte Vertreter der eigenen Schwäche, die den Menschen davon abhalten, in innerer Einkehr Gott näher zu kommen, und die es zu überwinden gilt. Cenodoxus steht damit nicht – wie etwa Sophokles' Antigone – vor einer dilemmatischen Entscheidung zwischen zwei einander jeweils für sich Recht behauptenden Wert-Größen (im Falle Antigones dem Recht der Toten, der Götter, der Familie auf der einen Seite, dem von Kreon gesetzten Recht des Staates, der nach den Toten greift, auf der anderen); er wird vielmehr das Opfer seiner eigenen moralischen Defizite und Defekte. Sein Untergang ist von dort her nur konsequent als Strafe, hier für eine vermeidbare böse Tat oder Lebensweise.

Veroperung des Jesuitentheaters Nach dem Dreißigjährigen Krieg setzt ein Prozess der Veroperung des Ordenstheaters ein, deren Höhepunkte die Prunkaufführungen Nicolaus von Avencinis (*Pietas victrix*, 1659; *Conubium inter Nenricum et Adelindam Conradi II Caesaris filiam, Divina providentia dispositum et Caesaris Mayestatis Leopoldo et Claudine*, 1674) auf der Tiefendimensionen erlaubenden Sukzessionsbühne im Wien Leopolds I. und die Spektakel der *Ludi Caesarei* seines Nachfolgers Johann Baptist Adolph sind, bevor die Epoche des Ordensdramas endet. Diese Entwicklung soll hier nicht weiter verfolgt werden. Interessanter ist die Brücke zum deutschen Drama des 17. Jahrhunderts. Denn auf der Linie der hier solcherart zugleich ins Spiel gebrachten und christianisierten Antike entstand aus Deklamationsübungen im schulischen Unterricht heraus und ausgerichtet an der Rhetorik das formstrenge deutschsprachige Trauerspiel (Andreas Gryphius, Daniel Casper von Lohenstein, Johann Christan Hallmann, August Adolph von Haugwitz, Friedrich Christian Bressand), das sich zu Beginn des 17. Jahrhunderts als gleichermaßen sakramentale Theaterkunst wie furchteinflößende Schreckensrepräsentation konstituierte.

II. Frühe Neuzeit

1. Leben im Spiel

> Für allen aber ist Mensch ein Spiel der Zeit. / Das Glücke spielt mit ihm / und er mit
> allen Sachen. / So bald der Himmel uns das Tagelicht verleiht / Pflegt Amm und
> Mutter ihr aus ihm ein Spiel zu machen. / So bald man ihm nicht mehr die Armen
> windelt ein / Muß Tocken-Spiel sein Thun / die Wieg ein Schauplatz seyn. / Er lernt
> mit Spielen gehn / wenn ihm ein hölzern Pferd / Ein Gängelwagen dient zur Kurtz-
> weil und zur Stütze. / Der Wolfs-Zahn wird ihm auch zum Spiele mehr gewehrt / Als
> daß er ihm soll seyn zum Zähne-Hecken nütze. Man bringt mit Kurtzweil ihm das
> erste Lallen bey / Und zeugt ihm: daß ein Spiel sein gantzes Leben sey.
> (Lohenstein, 1957 [Sophonisbe], 247)

Die Selbstverständlichkeit mit der Daniel Casper von Lohenstein in der
Widmungsvorrede seines Trauerspiels *Sophonisbe* (1669) alle Erscheinungen der belebten und unbelebten Natur zum Ausdruck einer universalen
Spiel-Ordnung erklärt, ist symptomatisch für das gemeinhin ‚Barock'
genannte lange 17. Jahrhundert, das sich die Welt durch die Metapher des
Theaters erklärte: als Spiel und Schein, mit wahlweise Gott oder – in Weiterführung des alten Figuralprinzips, demzufolge der König Abbild Gottes ist –
dem (absolutistischen) Fürsten als Zuschauer. Sein Platz im barocken Welt-
Theater, dessen Raumkonzeption, der Guckkasten, im Übergang vom 16.
zum 17. Jahrhundert in Italien entwickelt worden war (das Teatro Olimpico
in Vicenza 1580/84 von Andrea die Piero della Gondola, genannt Palladio,
und das Teatro Farnese in Parma 1618 von Giovanni Battista Aleotti) (vgl.
Maler/Miguel/Schwaderer 2002), ist im „idealen Augpunkt" des Bühnenraums, der mit allen technischen Möglichkeiten der zeitgenössischen Thea-
termaschinerie und der Raumgestaltung durch perspektivische Kulissenma-
lerei und Dekorationen als Spielplatz der Welt in Szene gesetzt wurde. Gott
und Fürst: sie sind in diesem Spiel der Welt die Repräsentanten der mora-
lisch-religiösen bzw. der politischen Ordnung, die letztere als Spiegelbild
der ersteren. Darauf zielt die ubiquitäre Metapher vom *theatrum mundi*, in
welchem zwar, wie es in Lohensteins Roman *Großmüthiger Feldherr Arminius* (1689/90) heißt, „die Personen verändert werden; das Spiel aber
einerley ist / und von vornen wieder seinen alten Anfang nimmt". (Lohenstein 1689, 1102)

Die Bedeutung des Theaters als zentrale Selbstdeutungsmetapher der
Epoche lässt sich an zwei Erscheinungen ablesen: Zum einen an der univer-
salen Ausweitung des Theaters. Nahezu alles konnte zum Material des
Theaters und vor allem konnte nahezu überall gespielt werden: von herum-

Theater als kulturelle
Selbstdeutungs-
metapher

ziehenden Theaterkompagnien auf improvisierten Bühnen, auf Schlössern, Marktplätzen, in Ratssälen; in den Festsälen und Aulen der Gymnasien, bei höfischen und hohen kirchlichen Festen etc. Entsprechend umfasst die Praxis des Theaterspielens im 17. Jahrhundert ein weitreichendes Formen- und Organisationsspektrum: Laienspiel, professionelles Wandertheater, Festspiel, Hoftheater, Singspiel und Oper. Die Bedeutung der Theatermetpaher lässt sich zum anderen ablesen an der zeremoniellen Durchformung des Alltags, die ihren augenfälligsten Ausdruck in der Hofhaltung der absolutistischen Fürsten findet: als repräsentative Selbstbespiegelung der (landesherrlichen) Macht (vgl. Baur-Reinhold 1966).

Welt-Illusion Sieht man einmal von den vielfältigen Erscheinungsweisen des körperbetonten, in erster Linie Unterhaltungsbedürfnisse befriedigenden Aktions- und Spektakeltheaters der wandernden Theaterkompagnien und Puppenbühnen ab, organisiert sich das barocke Theater im engeren Sinn in der Fluchtlinie einer Dialektik von Innen und Außen, die am Illusionscharakter des theatralischen Zeichensystems von Bühne, Spiel und Spieler ansetzt. Das barocke Theater stellt so die Divergenz von innerweltlicher und metaphysischer, intramundaner und extramundaner Welt aus; das Leben soll in seiner Nichtigkeit, zugleich damit der rein äußerliche und uneigentliche Charakter der auf dem Welttheater gespielten Rollen vorgeführt und der Mensch von hier aus auf das wahre Sein in Gott hingelenkt werden. Dem kommt der ‚als-ob'-Charakter des Spiels entgegen. Spiel ist Schein, Illusion, und daher den Vorstellungen der Zeit gemäß besonders dazu geeignet, den illusionären Charakter der vergänglichen Welt zu repräsentieren. *Sein* (das Leben in der diesseitigen Welt) wird im Spiel in seinem illusionären Scheincharakter erfahrbar, während das vermeintlich Nicht-Reale der jenseitigen Transzendenz im Spiel sich als Realität präsentiert. Hier ordnet sich die horizontale Gliederung des barocken Welttheaters (Hölle, Welt, Himmel) ein, die in der diachronen Schichtung der Verweisebenen (*Vergangenheit* als Stoff und Material, *Gegenwart* als Zeit-Raum der Aufführung, *Zukunft* als Fluchtpunkt von Verdammnis oder Heil) (Niefanger 2012, 232) ein Gegenstück findet.

Einerseits bildet die barocke Bühne die Möglichkeiten dafür, das Theater als Spielgeschehen zur Welt-Illusion werden zu lassen – auf der Bühne entsteht eine Kunst-Welt eigenen Rechts in der Form einer heilsgeschichtlich überformten Weltordnung, die im Spiel den ihr gemäßen Ausdruck findet. In der Fluchtlinie der Welttheatermetapher wird der Aufführungsraum ‚Bühne' andererseits zum Theater im bzw. auf dem Theater (Alewyn 1985, 89 f.). So schließt sich das Theater des Barock als Repräsentation von Welt gleichsam in sich ein: im Innenraum des Welttheaters werden nicht allein alle Handlungen, Tätigkeiten und Vorgänge selbst innerlich; dieser Innenraum trägt auch das Außen und damit das Ganze zeichenhaft in sich. Das heißt aber auch: Die Außenwelt (der göttlichen Ordnung) entsteht nur im Spiel, dann nämlich, wenn das spielende Ich in sich jene Region entfaltet, die die-**Der Mensch als** ser gleichsam prästabilierten Ordnung entspricht. Das ist ihm zugleich zur **Rollenspieler** Aufgabe gemacht, und eben dazu bedarf es der Ausfüllung der dem Menschen „nach eines jeglichen Natur und Richtung", wie es in Eichendorffs Übersetzung des Prologs von Calderòns *El gran teatro del mundo* (1641) heißt (Calderòn 1988, 610), zugewiesenen überindividuellen Rolle. Der ideale Rollenspieler erkennt diese Scheinhaftigkeit der Welt, bezieht aufgrund dieser Erkenntnis Distanz zu ihr – und spielt entsprechend dem ihm zugewiesenen Rang mit in einem Spiel nach vorgegebenen Mustern, das ihm allein die Freiheit der Wahl, genauer: der Auswahl lässt zwischen vorgegebenen Wahlmöglichkeiten (‚Gut' und ‚Böse'), nicht aber Freiheit in der Erzeugung von Wahlmöglichkeiten gewährt.

> Ein Spiel / in dem bald der tritt auf / bald jener ab;
> Mit Thränen fängt es an / mit Weinen wird's zu nichte.
> Ja nach dem Tode pflegt mit uns die Zeit zu spieln /
> Wenn Fäule / Ma' und Wurm in unsern Leichen wühln.
> (Lohenstein 1957 [Sophonisbe], 251)

Dieses Schauspiel der Hinfälligkeit erlaubt keine Figurenpsychologie im modernen Verständnis: Leidenschaften und Triebe, Laster und Tugenden sind im barocken Theater weniger individuelle Persönlichkeitsmerkmale als vielmehr überindividuelle Phänomene, denen eine zeichenhaft-exemplarische Bedeutung im Hinblick auf die gebrechliche Verfassung der Welt zukommt. Der demonstrative Verweisungs-Charakter des Weltspiels verhindert die Modellierung tragischer Entscheidungs- oder Konfliktsituationen; er verleiht vielmehr einer Sehnsucht nach Transzendenz, Struktur und Ordnung Ausdruck, die zentriert ist in der Idee eines Heilenden, Heiligen und Unantastbaren. Auch wenn die eschatologische Heilsgewissheit des mittelalterlichen geistlichen Spiels angesichts der Krisen und Katastrophen, denen sich der Mensch im 17. Jahrhundert mit seinen ökonomischen Störungen, den Konfessionskonflikten und verheerenden Kriegen ausgesetzt sah (vgl. Press 1991), brüchig geworden ist, besteht gerade hierin (im Unterschied etwa zum Trauerspiel eines Calderòn) die entscheidende consolatorische Perspektivierung der Welttheatermetaphorik im deutschen barocken Trauerspiel (Benjamin 1980, 259f.). **Figurenpsychologie**

Gedankliche Mitte, Glutkern und Zentrum dieser Sehnsucht nach Transzendenz, Struktur und Ordnung ist die auf Affektregulierung und -temperierung abzielende Philosophie des christlichen Neo-Stoizismus, die in dem 1584 erschienen, 1599 dann ins Deutsche übersetzten Werk *De constantia libri duo* (*Zwei Bücher über die Beständigkeit*) des Niederländers Justus Lipsius programmatisch formuliert ist. Der christliche Stoizismus behauptete erstens die hinter der Macht der *fortuna* (also den Wechselfällen des Lebens) stehende Unabänderlichkeit der göttlichen Vorsehung; er lehrte zweitens, wie das Elend der Geschichte dank der Tugenden der *constantia* und der *magnanimitas* zu ertragen sei und der Einzelne allen gefährlichen und oft auch schmerzhaften Anfechtungen der Welt zum Trotz seine ‚Gemütsruhe' bewahren könne. *Constantia* meint eine sich im Alltag bewährende Verlässlichkeit und Beständigkeit, hier zu verstehen als Gemütskraft der Vernunft, die aus der Geduld hervorgeht und den Menschen frei macht vom Äußerli- **Neo-Stoizismus** chen und Zufälligen der undurchschaubaren, nicht steuerbaren Macht eben der *fortuna; magnanimitas* (eigentlich: Großmut oder hoher Mut) ist zu verstehen als sittliche Kraft, die es erlaubt, die Welt der *fortuna* zu überwinden – auch um den Preis des eigenen Lebens.

vanitas mundi   Die Wechselhaftigkeit und Unbeständigkeit des Lebens und die ihr entgegen gesetzten Tugendkräfte sind die zentralen Organisationsprinzipien des Lebens im barocken Verständnis, über denen freilich noch ein Drittes steht: die göttliche Macht der Vorsehung, die das Weltspiel lenkt und deren Wege dem Menschen letztlich undurchschaubar bleiben – womit sich die Frage der Theodizee (warum etwa sind Glück und Unglück dem Augenschein nach nicht immer gerecht verteilt) in einem stellt und erledigt. Begleitet von Grausamkeitsexzessen in Sprache und Darstellung als durchaus nicht durchgehend goutiertes (vgl. dazu Sigmund von Birken „Von den Schauspielen. De Ludis Scenicis" in ders. „Teutsche Rede-bind und Dicht-Kunst", 1679) Mittel der Affekterregung lehrt das barocke Trauerspiel so mit der *vanitas mundi* die „Vergaenglichkeit Menschlicher Sachen" (Gryphius 1991 [Leo Armenius], 11), um von hier aus die Einsicht zu vermitteln, dass der Mensch zwar äußerem Unglück nicht entgehen, aber doch den Kern des Menschlichen und zugleich Göttlichen bewahren kann, indem er sich ‚standhaft' verhält.

Zu Subjekten ihrer eigenen Geschichte lässt die *constantia* die Menschen damit freilich noch nicht werden, auch wenn in der Wahlentscheidung für die *constantia* sich eine autonome Subjektivität ankündigen mag. Harald Steinhagen zumindest hat diese These in seiner Einleitung zum dritten Band der Sozialgeschichte der deutschen Literatur offensiv mit dem Argument vertreten, das bürgerliche Ideal des sich in freier Selbstbestimmung gegenüber der Geschichte behauptenden Subjekts habe im barocken Ideal der *constantia* seine Wurzeln. Im Entschluss zur *constantia* konstituierten „sich die Individuen als autonome Subjekte, die, um nicht länger ein Spielball der Umstände zu sein und sich aus der realen Heteronomie zu befreien, die objektive Unbeständigkeit überwinden und durch subjektive Anstrengung jene objektive Beständigkeit der Welt zu reproduzieren suchen, welche diese seit dem Ausgang des Mittelalters durch sozialgeschichtliche Umwälzungen verloren hat". (Steinhagen 1985, 17)

2. Barockes Trauerspiel

Angefangen mit Martin Opitz (*Buch von der deutschen Poeterey,*1624) über Georg Philipp Harsdörffer (*Poetischer Trichter,* 1647) bis zu August Buchner (*Anleitung zur Deutschen Poeterey,* 1665), Johann Rist (*Die alleredelste Belustigung Kunst- und Tugendliebender Gemüther,* 1666), Sigmund von Birken (*Teutsche Rede-bind- und Dicht-Kunst,* 1679), Albrecht Christian Rotth (*Vollständige Deutsche Poesie,* 1688) und Christian Weise (*Curiöse Gedancken von deutschen Versen,* 1692) haben die barocken Dichtungspoetiker wirkungsästhetisch immer wieder die „Endursache" der Tragödie im „Nutzen" und „Belusten" (Harsdörffer 1645, 56) bestimmt. Harsdörffer präzisiert diese Forderung dahingehend, die Tragödie solle „einen Abscheu vor den Lastern / hingegen aber eine Begierde zu der Tugend", d.h. affektive Erschütterung und heilsgeschichtliche Betroffenheit gleichermaßen hervorrufen (Harsdörffer 1645, 56), wobei nicht Affektlösung (Befreiung, Reinigung) im Sinne der aristotelischen Katharsiskonzeption das Ziel war, sondern allein die Gemütserregung zum Zweck der Unterweisung, d.h. die Befreiung des Zuschauers von den dargestellten „unartigen und schaedlichen Neigungen" (Gryphius 1991 [Leo Armenius], 11) und die Erzeugung heilsgeschichtlicher Betroffenheit.

Entsprechend dieser moralischen Ausgestaltung der Tragödienkonzeption hat Martin Opitz 1625 in der Vorrede zu seiner als Musterübersetzung gedachten Übertragung von Senecas *Troades* unter Umdeutung des aristotelischen Katharsiskonzepts die Aufgabe der Tragödie dahingehend bestimmt, sie solle angesichts der „Mißligkeit deß Menschlichen Lebens" Trost spenden und den Spieler/Zuschauer einüben in die Tugend der Beständigkeit: „dann in dem wir grosser Leute / ganzer Staette vnd Laender eussersten Vntergang zum offtern schawen vnd betrachten / tragen wir zwar / wie es sich gebueret / erbarmen mit jhnen / koennen auch nochmals auß Wehmuth die Thraenen kaum zurueck halten; wir lernen aber darneben auch durch stetige Besichtigung so vielen Creutzes vnd Vbels / das andern begegnet ist / das vnserige / welches vns begegnen moechte / weniger fuerchten vnnd besser erdulden." (Opitz 1644, 315)

Moralische Wirkung der Tragödie

Diesen Überlegungen folgend, macht Opitz dem Schauspiel zur Aufgabe, dem Zuschauer menschliches Fehlverhalten vor Augen zu führen, und zwar das Fehlverhalten derjenigen, die die Unbeständigkeit der vom raschen Wechsel der Fortuna beherrschten irdischen Existenz nicht erkennen und damit Unglücksfällen schutzlos ausgeliefert sind. Opitz vermerkt ausdrücklich, dass nahezu alle Menschen sich in diesem ‚Wahne' befänden und begründet damit den umfassenden moraldidaktischen Anspruch des Trauerspiels. Nur wer sich stets der unverhofften Umschwünge, also des Fortunawechsels bewusst sei, vermöge sich gegen eben die Fortuna in hinreichendem Maße zu wappnen. Diese *rationale* Ansprache, der Appell an die Einsicht, wird gestützt wiederum durch die affektivische Berührung des Zuschauers. Indem nämlich die Tragödie das zumeist größere Unglück anderer Menschen vorführe, gewöhne der Zuschauer sich an Katastrophen und relativiere sein eigenes Unglück. Daraus resultierten eine Verminderung der Furcht und ein Zuwachs an Geduld.

Ganz allgemein hat das barocke Trauerspiel das Tragische von hier aus im Vergleich zur griechischen Tragödie neu bestimmt, insofern es Schuld durch eine stoische Diesseitsüberwindung gelöst sieht und den Unterlegenen zum Triumphierenden im Glauben macht. Während Aristoteles noch den ‚vollkommenen' Helden ablehnte und die Forderung nach einer moralischen Mittellage des tragischen Helden (kein ‚Heiliger', kein ‚Verbrecher') erhob, verleiht das hier ansetzende barocke Märtyrerdrama mit dem moralisch geadelten Opfertod des Schuldlosen als Thema einer Seinsverbundenheit Ausdruck, die vom Glauben an die Überwindung der irdischen Qualen in der himmlischen Glückseligkeit getragen wird.

Gryphius,
Leo Armenius

Das barocke Trauerspiel selbst ist Grundlage eines formstrengen Theaters in deutscher Sprache: fünfaktig, versifiziert in paarweise gereimten Alexandrinern und durch reflektierend-allegorische „Reyen" als dem Chor der antiken Tragödie funktional vergleichbare Redeanteile angereichert. Als nachgerade Gründungsakte des barocken Trauerspiels gilt in der Literaturgeschichtsschreibung die Vorrede zu Andreas Gryphius' *Leo Armenius oder Fuersten-Mord*, die gleich mehrere für diesen Stücktypus grundlegende Aussagen zu geistesgeschichtlichen Voraussetzungen und Strukturfragen trifft. Sie beginnt mit folgenden programmatischen Setzungen:

> Jndem unser gantzes Vaterland sich nuhmehr in seine eigene Aschen verscharret / und in einen Schauplatz der Eitelkeit verwandelt; bin ich geflissen dir die Vergaengligkeit Menschlicher Sachen in gegenwertigem / und etlich folgenden Trauerspilen vorzustellen. Nicht zwar / weil ich nicht etwas anders und dir villeicht angenehmers unter Haenden habe: Sondern weil mir noch dieses mal etwas anders vorzubringen so wenig geliebet / als erlaubet. Die Alten gleichwol haben diese Art zu schreiben nicht so gar geringe gehalten / sondern als ein bequemes Mittel menschliche Gemuetter von allerhand unartigen und schaedlichen Neigungen zu saeubern / geruehmet; Wie zu erweisen unschwer fallen solte / wenn nicht andere vor mir solches weitlaeufftig dargethan / und ich nicht Eckel truege / dieses zu entdecken / was niemand verborgen. Vil weniger bin ich gesonnen mit praechtigen und umbschweiffenden Vorreden dieses zu ruehmen / was frembden Vrtheilen nuhmehr untergeben wird.
> (Gryphius 1991 [Leo Armenius], 11)

Drama des Gerichts
– Drama der Gnade

Gryphius hat mit diesem 1650 gedruckten Trauerspiel noch einmal einen Stoff aufgegriffen, den vor ihm bereits der Jesuit Joseph Simon in seinem lateinischen *Leo Armenus Seu Impietas Punita* bearbeitet hatte: die Geschichte der Ermordung des byzantinischen Kaisers Leo V. am Weihnachtsabend des Jahres 820 durch Parteigänger seines früheren Gefolgsmannes und Nachfolgers Michael Psellos; Leo V. hatte zuvor mit seiner ikonoklastischen Politik weite Teile des Hofes und des Klerus gegen sich aufgebracht. Im Vergleich mit Simons *Leo Armenus* zeigt sich die grundlegende Differenz der Blickrichtung, die das Ordenstheater der Jesuiten vom barocken Trauerspiel nicht allein eines Andreas Gryphius unterscheidet. So wird bei Gryphius aus dem jesuitischen Drama des Gerichts, in dem der Aufrührer Michael im Lichte eines Handelnden im göttlichen Auftrag erscheint – er bestraft den ketzerischen Bilderstürmer Leo –, ein Drama der Gnade, das der reformatorischen Rechtfertigungslehre Ausdruck verleiht.

Durch Gewalt ist der General Leo an die Macht gelangt. Im achten Jahr seiner Regentschaft ist seine mit eiserner Hand befestigte Herrschaft nun bedroht. Sein ehemaliger Vertrauter Michael Balbus greift nach der Krone und kann nur aufgrund einer Unvorsichtigkeit an der Ausführung seiner Umsturzpläne gehindert werden. Leo lässt den Verräter festsetzen und zum Tod auf dem Scheiterhaufen verurteilen. Da allerdings die Geburt des Erlösers unmittelbar bevorsteht, gewährt er seinem Kontrahenten einen kurzen Aufschub; erst am nächsten Tag soll das Urteil vollstreckt werden. Zwar scheint damit die Gefahr eines Staatsstreichs erst einmal beseitigt; in der Nacht aber erscheint dem schlafenden Kaiser der Patriarch von Konstantinopel und prophezeit ihm seinen baldigen Untergang als Strafe für seine Taten. Leo eilt daraufhin in den Kerker, um sich davon zu überzeugen, dass von Michael keine Gefahr für ihn ausgehe, findet dort aber den Verschwörer statt in Todesangst wachend, friedlich schlafend vor: auf einer Bettstatt aus „Purpur vnd Scarlat" (Gryphius 1991 [Leo Armenius], 71). Für den Kaiser ist dies ein Zeichen für die Glaubwürdigkeit seines Albtraums. Tatsächlich mischen sich während der Christmette Michael Balbus' Parteigänger unter die Teilnehmer des Gottesdienstes, strecken den betenden Leo am Altar nieder und befreien – diese Vorgänge werden im fünften Akt der Kaiserin Theodosia von einem entsetzten Priester berichtet – Michael Balbus aus dem Kerker, der sich sogleich vom Patriarchen von Konstantinopel zum neuen Kaiser krönen lässt.

Als neuer Usurpator also besteigt Michael Balbus den Thron. Genauso wenig wie Leo ist er ein durch Geburt legitimierter Herrscher, schon gar nicht Repräsentant der durch unrechtmäßiges Handeln lediglich aus dem Gleichgewicht geratenen guten alten Ordnung. Kein neues Ethos politischen Handelns verschafft sich mit seinem Machtantritt Geltung, vielmehr setzt sich mit seiner Thronbesteigung der gewohnte Kreislauf von Macht und Ohnmacht fort, in den alle unrechtmäßige, d.h. nicht legalistisch ererbte Herrschaft einmündet. Theodosia hält so dem neuen Usurpator Michael entgegen:

> Nim die / durch List und Blutt / und Mord / erworb'ne Kron
> Vns ist der Hoff bekandt / das Vnrecht der Pallaeste:
> Die Mißgunst / falsche Treu' / und die verfluchten Gaeste
> Der Fuersten / Mueh und Furcht. Erheb dich / trotz' und nag'
> Streich / rase / toedt' und stoß / biß deine Stunde schlag'
> Erheb die neben dich / so unser Blutt gefaerbet /
> Die groesser' Ehr und Glueck durch unsern Fall geerbet.
> Erheb' / was Meyneyd mehr als Redlikeit gelibt /
> Was sich in Fuersten-Mord so meisterlich geuebt /
> Was maechtig Kirch und Hoff und Kercker zu erbrechen /
> Vnd wetz' ein Schwerdt / das dir noch wird die Brust durchstechen.
> (Gryphius 1991 [Leo Armenius], 109)

Das Stück nimmt mit der Ermordung Leos eine überraschende Wende, insofern Gryphius das als solches auf der Bühnen nicht gezeigte Sterben des Kaisers durch einen Botenbericht als *imitatio Christi* in Szene setzt. Das Blut des am Altar getöteten Herrschers verschmilzt in der Stunde seines gewaltsamen Todes mit dem eucharistischen Leib Christi; in der ‚Ausgießung' seines Blutes wiederholt sich in versetzter Weise gleichsam die ‚Ausgießung' des Blutes Jesu, der seinen Leib hingegeben hat für das Heil der Welt:

imitatio Christo

> Umbsonst: weil man auff ihn / von allen Seiten drang /
> Dem nun das warme Blut aus Glied und Adern sprang /
> Er fuehlte daß die Kraefft' ihm allgemach entgangen;

Als er das Holtz ergriff / an welchem der gehangen
Der sterbend uns erloest / den Baum an dem die Welt
Von ihrer Angst befrey't / damit der Tod gefaellt /
Fuer dem die Hell erschrickt: denckt / rufft er / an das Leben /
Daß sich fuer euer Seel an dieser Last gegeben?
Befleckt des HErren Blut / daß diesen Stamm gefaerbt;
Mit Suender Blut doch nicht! Hab ich so viel verkaerbt;
So schont umb dessen Angst / den dieser Stock getragen /
An JEsus Soehn-Altar die grimme Faust zu schlagen.
[...]
Der harte Crambonit / begont' erst recht zu wuetten:
Er schrie; nun ists / Tyrann / nun ists nicht Zeit zu bitten!
Vnd schwung sein Mordschwerdt auff / das auff den Fuersten kam /
Vnd ihm mit einem Streich so Arm' als Creutz abnam.
Man stieß in dem er fiel / ihn zweymal durch die Brueste:
Jch hab es selbst gesehn / wie er das Creutze kueßte:
Auff daß sein Coerper sanck / und mit dem Kuß verschid /
Wie man die Leich umbriß / wie man durch jedes Glid
Die stumpffen Dolchen zwang / wie JEsus letzte Gaben /
Sein theures Fleisch und Blut / so matte Seele laben /
Die ein verschmachtend' Hertz in letzter Angst erfrischt:
Mit Keyserlichem Blut / (O Greuel!) sind vermischt.
(Gryphius 1991 [Leo Armenius], 99 f.)

Die Umstände von Leos Tod machen zum einen deutlich, dass die Ermordung des gesalbten Fürsten Sakrileg ist. Auch aus der Tyrannei eines Herrschers lässt sich dem Politik- und Weltverständnis des 17. Jahrhunderts nach kein Widerstandsrecht ableiten, da es keinen guten und schlechten Gebrauch der Macht als solchen gibt, Macht vielmehr immer auf Gewalt gestimmt ist. In seinem Trauerspiel *Ermordete Majestät oder Carolus Stuardus König von Gross Brittannien* (entstanden 1649/50) hat Gryphius von hier aus den politischen Königsmord geradezu als Lehrbeispiel für die Folgen der Verletzung der göttlichen Rechte des Königs durch das Souveränität beanspruchende Volk in Szene gesetzt.

Gnade   Leos Tod verweist zum anderen auf die Heilswirkung der göttlichen Gnade. Die Geschichte des Tyrannen Leo kommt im fünften Akt des Trauerspiels so zu einem Ende; das Spiel der Welt allerdings gelangt zu keinem Schluss: die Personen werden gewechselt, das Spiel aber geht weiter – ganz so, wie es die erwähnte Sentenz aus Lohenstein *Arminius*-Roman behauptet hatte. Versöhnung und Erlösung, diese Botschaft vermittelt Gryphius' Trauerspiel von hier aus, gibt es nicht in einer Welt, die nur mörderischer „Schawplatz der Eitelkeiten" ist. Während die Welt auch nach dem Tod des Tyrannen bleibt, was und wie sie war, ein Mordplatz, auf dem nichts von Bestand ist und im begangenen Unrecht das nächste sich bereits ankündigt, kann doch dem Einzelnen, auch dem Sünder Leo, die göttliche Gnade zuteil werden. Das markiert den entscheidenden Unterschied zum Jesuitendrama, das in der Regel auf die Bestrafung des Sünders dringt. Dadurch dass der sterbende Kaiser, der nicht nur die Macht widerrechtlich usurpiert, sondern sie auch noch durch maßlose Gewalt pervertiert hat, am Ende das Kreuz ergreift, erwirbt er sich das (ewige) Leben. Die Wertigkeiten von Diesseits und Jenseits, Leben und Tod, verschieben sich hier in ganz entscheidender Weise: „Der tote Märtyrer und ehemalige Tyrann ist der wahrhaft Lebende, der lebendige neue Tyrann ist der wahrhaft Tote." (Emrich 1981, 175) Oder in den Worten der Kaiserin Theodosia, die an der Leiche ihres ermordeten Gatten traumwandlerisch den Sturz des neuen Tyrannen halluziniert (von den Verschwörern allerdings schlichtweg für rasend gehalten wird): „Gefaehrten traur't nicht mehr / er lebt." (Gryphius 1991 [Leo Armenius], 111)

Nicht nur deutet sich am Ende des einen Dramas bereits das Ende eines zweiten, zeitlich dem Sturz Leos nachgeordneten Dramas an, das den Niedergang des neuen Tyrannen zum Gegenstand hätte. Zugleich damit verliert auch die diesseitige Welt jede heilsgeschichtliche Evidenz. Das ist das eigentliche Skandalon, das sich in den Trauerspielen Gryphius' immer wieder aufs Neue als Lehre des Dreißigjährigen Krieges ausspricht. Damit aber ist im Grunde genommen der Glaube an ein geschichtsmächtiges Gottesgnadentum im Sinne der politischen Theologie und Geschichtstheologie des Mittelalters genauso wie im Sinne der patriarchalischen Amtstheologie Lutherscher Prägung erschüttert, allen gegenteiligen Beteuerungen zum Trotz.

Hier setzt von anderer Seite als zweiter für das deutsche Barockdrama wichtiger Typus des Trauerspiels das sogenannte Märtyrerdrama an, das Historiographie und Hagiographie mit der Absicht vermischt, die aufgerissene Kluft zwischen dem realgeschichtlichen *Erfahrungshorizont* und dem heilsgeschichtlichen *Erwartungshorizont* zu schließen (zum Teil überschneiden sich beide Trauerspieltypen) und dafür die Affektüberwindung der christlichen Märtyrer als überlebensgroße Exempla duldender Beständigkeit aufruft. Die Märtyrer verhelfen im Leiden dem göttlichen Heilshandeln als Realität zur Sichtbarkeit. Märtyrerdrama

Andreas Gryphius hat mit dem Trauerspiel *Catharina von Georgien* (1651) auch für diesen Typus ein dramatisches Grundmodell geschaffen. Im Unterschied zu dem historisch weit ausholenden *Leo Armenius* greift Gryphius mit diesem 1657 gedruckten Trauerspiel einen seinen Zuschauern und Lesern noch gegenwärtigen Stoff der Zeitgeschichte auf. 1624 war Catharina, die Königin von Kachetien (heute ein Teil Georgiens), als Geisel des persischen Schahs Abbas I. auf besonders grausame Weise getötet worden. Die christliche Königin hatte sich zuvor geweigert, dem Christentum abzuschwören und zum Islam überzutreten. Gryphius interessiert an diesem Fall weniger das historische Ereignis – die Handlung selbst konzentriert er auf einen Tag – als vielmehr die Beispielhaftigkeit der im Leiden bewährten Beständigkeit Catharinas, von der ihre Geschichte in seinen Augen Zeugnis ablegte. Gryphius, *Catharina von Georgien*

Gryphius' Märtyrerin vereinigt in sich das Tugendmodell des stoischen Weisen mit der Idee der möglichen Verschmelzung von Gott und Mensch in der leiblichen Erfahrung der *via purgativa* Christi. Zur Blutzeugin im Sinne christlicher Leidensmystik wird die Königin Catharina, weil sie sich weigert, dem Begehren des sie leidenschaftlich liebenden persischen Herrschers nachzugeben, Abas zu heiraten und dessen Glauben anzunehmen. Dass ihr Tod unter der von dem Zurückgewiesenen angeordneten Folter als Exempel vorbildlicher christlicher Standhaftigkeit zu verstehen ist, zeigt die Stilisierung auch ihres Martyriums zur *imitatio Christi* im Bericht der Kammerjungfrau Serena:

> SEREN. Man riß die Kleider hin. Die unbefleckten Glider
> Sind offentlich entbloest / sie schlug die Wangen nider
> Die Schamroeth' ueberzog; und hilt fuer hoechste Pein
> Vnkeuscher AugenZweck' und FrevelSpil zu seyn.
> DIE JUNGFR. So hat ihr Heyland selbst entbloest erblassen muessen.
> SEREN. Man hiß die zarten Haend' und Fueß' in Fessel schlissen /
> Vnd zwang Arm Leib und Kny mit Ketten an den Pfahl.
> DIE JUNGFR. Jhr Koenig schid' am Holtz' aus disem Jammerthal.
> SEREN. Sie stund gleich einem Bild von Jungfern-Wachs bereitet /
> Das Har fil umb den Hals nachlaessig außgebreitet /
> Vnd flog theils in die Lufft / theils hing' als in der Wag
> Jn dem man auff der Brust spuert jden Aderschlag.
> Der Hencker setzt in sie mit glueend-rothen Zangen /
> DIE JUNGFR. Hat der gelinde Gott so grause That verhangen?
> SEREN. Vnd griff die Schultern an / der Dampff stig in die Hoeh.
> Der Stahl zischt in dem Blutt / das Fleisch verschwand als Schnee
> Jn den die Flamme faelt. Doch sie / in dem man zwickte
> Vnd von der Armen Roehr die flachen Mausen rueckte
> Rif; […]
> Jch nehme dises Pfand der ewig-treuen Huld
> Jn tif'ster Demut an / Jch / die mit offnen Suenden
> Die Flammen / die dein Zorn unendlich heist entzuenden /
> Durch meine Schuld erwarb / bin nicht der Gnade werth
> Zu leiden fuer dein' Ehr: Es ist ein schaerffer Schwerdt
> Mit dem dein ernster Grimm pflegt Laster abzustraffen.
> Was fuehl'te nicht dein Geist? als du vor mich entschlaffen /
> Als deine Seel in Fluch und TodesAngst verfil
> Vnd sich verlassen fand? mein Schmertz ist Kinderspiel!
> […] (Gryphius 1991 [Catharina], 208 f.)

Verzweiflung als Strafe

Am Ende des Trauerspiels steht die Apotheose der heiligen Märtyrerin, nicht etwa die Höllenfahrt des für ihr Martyrium verantwortlichen Tyrannen, der sehr schnell seine Entscheidung wieder bereut und vergeblich den Mordbefehl widerruft. Nach Catharinas Tod klagt er sich in großer Verzweiflung selbst an und ruft mit dieser Selbstanklage den Geist der *standhaften* Märtyrerin herauf, die ihm den baldigen Untergang prophezeit. Catharina hat sich freigemacht vom Blendwerk der Welt. In freier christlicher Entscheidung widersteht sie der „Erden Lust" (Gryphius 1991 [Catharina], 199), um triumphierend einzuziehen in das „Reich / Der ewig-steten Lust" (Gryphius 1991 [Catharina], 307 f.), d.i.: der ‚heiligen' Ewigkeit. Das unterscheidet sie von dem Herrscher Abas, der bis zum Schluss als *verzweifelt* Liebender ein

Gefangener seiner Affekte bleibt, während mit der Verklärung Catharinas die „heilige Liebe über den Tod" den Sieg davon trägt. Seine ungezügelte Liebesleidenschaft, die auf Erfüllung im Hier und Jetzt, dem vergänglichen „Thränenthal" des Diesseits, drängt, führt den nichtchristlichen Schah in die Verzweiflung als innerweltlicher Strafe, in der sich die Gerechtigkeit Gottes dokumentiert. Das Fortbestehen seiner irdischen Leidenschaft über den Tod der begehrten Frau hinaus ist seine Strafe. Abas bereut zwar sein Tun, bleibt aber in der Verzweiflung stecken, ohne sich zum wahren Glauben aufzuschwingen. Seine Reue ist damit „heilsgeschichtlich defizitär, denn sie aktualisiert nur das Verhältnis von Sünde und Strafe, nicht aber das von Sünde und Vergebung". (Borgstedt 2000, 61)

Solcherart schreibt Gryphius die lutherische Zwei-Regimenter-Lehre zum Verhältnis von Welt und dem Reich Gottes, Staat und Kirche in das ‚katholische' Märtyrerdrama ein. Zwar kann der Einzelne durch sein Leiden gerechtfertigt werden, die historische Welt aber bleibt, wie und was sie war: *heillos* und angewiesen damit auf das Heilshandeln und die Gnade Gottes. Einerseits übernimmt Gryphius so zwar das „gegenreformatorische ‚Design'" des Jesuitentheaters in der Überformung der säkularen Tendenz des Humanistentheaters mit einer „Poetik der Sakralisierung" (Borgstedt 2000, 41 f.); was sein Trauerspiel dann aber andererseits doch von dem Ordenstheater der Jesuiten unterscheidet, ist, dass in ihm politische Geschichte und Heilsgeschichte nicht zur Deckung finden. Für die ‚Heiligung' der Welt ist kein Platz auch in diesem Trauerspiel.

Von den Trauerspielen Andreas Gryphius' führt die Geschichte der Gattung zu den Stücken Daniel Casper von Lohensteins, die nun die Problematik politischen Handelns im Licht zeitgenössischer Klugheits- und Affektenlehren reflektieren. Während in Gryphius' Dramen noch in erster Linie die Erfahrung des Dreißigjährigen Krieges die Kritik an jeder Form machtpolitischen Handelns durchwirkt, erscheint im Hintergrund der Trauerspiele des jüngeren Lohenstein schon die Stabilisierung des absolutistischen Systems und damit die veränderte politische Situation zum Ende des Jahrhunderts; damit kündigt sich in ihnen zugleich das Drama des politischen Subjekts an (Bornscheuer 1985, 280).

Diese im Vergleich zu Gryphius' Trauerspielen veränderte Perspektive der Lohensteinschen Dramen wird bereits im Prolog zu dem 1650 entstandenen Stück *Ibrahim Bassa* (Druck 1653) deutlich. Wie Gryphius setzt auch Lohenstein mit einer Klage über den allgemeinen Verfall der Ordnung ein, um von hier aus dann eine Anklage gegenüber dem dafür verantwortlichen Tyrannen anzustimmen. Das Subjekt dieser Anklage allerdings ist keine ‚große' Figur mehr, sondern der „in gestalt einer Frauen von den Lastern angefässelt auf den Schau-Platz gestället[e]" (Lohenstein 1953, 16) Kontinent Asien. Als Inbegriff des Sittenverfalls steht er in der Perspektive des Stücks sowohl für das spätantike christlich-oströmische Reich als auch für das zeitgenössische türkisch-osmanische Reich. Mit dem Prolog dieses *politischen Subjekts*, das hier seinen Niedergang beklagt („Weh mir! Mir Asien / ach! weh! / [...] / Entthrönte Königin! entzepterte Beherscherin der Welt! /

Lohenstein, Ibrahim Bassa

Gestürztes Asien! aus Ichts in Nichts und Staub verstobens Land!" [Lohenstein 1953, 16]), öffnet sich der Horizont für ein säkulares Geschichtsbewusstsein, das von Aufstieg, Blüte und Verfall weltlicher Macht erzählt (hier fügt sich dann auch der Auftritt der toten karthagischen Königin Dido in Lohensteins Trauerspiel *Sophonisbe* ein, die dort zu Beginn des fünften Aktes den nahen Untergang Karthagos, die späteren Völkerwanderungen und den schließlichen Sieg der habsburgischen Kaiser über die Sarazenen und Araber verkündet):

> Ach! aber ach! so hoch als ich beim Tugend-Gipffel
> In Goldgestickten Kleidern stand /
> So tief hat sich das Spil verwand
> So starb mein Ruhm! so schlägt die Zeit die grünen Wipfel
> Von den bejahrten Zedern ab.
> (Lohenstein 1953, 17)

Säkularisierte
Tragödie

Wenn in Lohensteins Trauerspielen Himmel, Erde und Hölle in allegorischen Figuren auftreten, ist auch dies integriert in den säkularisierten Welt-Horizont. Im Rahmen der Lohensteinschen Trauerspielwelt, die von der Vorstellung des Verhängnisses als Gesetzmäßigkeit der Natur- und Menschengeschichte bestimmt ist, kommt Himmel, Erde und Hölle keine grundsätzlich andere qualitative Verweisungsfunktion mehr zu als den anderen Allegorien (Kontinente, Länder, Meere etc.). „Was das Verhängnüß schleust muß Erd und Mensch erfüllen" (Lohenstein 1957 [Cleopatra], 51), lässt Lohenstein Antonius im ersten Akt seines Trauerspiels *Cleopatra* (1661) seinen Hauptleuten so entgegenhalten. Diese Gesetzmäßigkeit der Natur- und Menschheitsgeschichte, Lothar Bornscheuer hat das herausgearbeitet, „begründet einen universalen Bewußtseinshorizont, der nicht mehr, wie die ‚Ewigkeit' in Gryphs Trauerspielen, der Welt des Menschen antinomisch gegenübersteht, sondern ausgefüllt ist durch die politische Geschichte der Menschheit in der Abfolge aller Reiche und Herrscher (in Anknüpfung an die *translatio imperii*-Vorstellung des Mittelalters). Damit existiert in Lohensteins Trauerspielen auch wieder, anders als bei Gryphius, ein umfassender ideeller Legitimationsrahmen politischen Handelns". (Bornscheuer 1985, 279f.)

Zwar werden sich die Lohensteinschen Helden so der Geschichte bewusst, das heißt aber nicht, dass sie damit auch bereits zu historischen Subjekten im modernen Verständnis würden. Mit der Einsicht in den Gang der Geschichte allerdings gehen Lohensteins Helden den Schritt vom affektgeladenen aktiven Herrschaftssubjekt zum den eigenen Tod und Nachruhm vorbereitenden Vernunft-Subjekt oder Tugend-Subjekt. Das ist in der Tat etwas anderes als jene epiphaniehaften Augenblicke, „in denen in Gryphs Trauerspielen die politischen ‚Märtyrer' im Angesicht des Todes ihren geistigen Wesenskern hervortreten lassen, in ein ‚höher Reich' tranzendieren und auf dem Schau-Platz dieser Welt bzw. der Trauerspielbühne ‚das Ewige im Vergänglichen' sinnlich-bildhaft in Erscheinung treten lassen". (Bornscheuer 1985, 280)

In den beiden „Afrikanischen Trauerspielen" *Sophonisbe* (1669 in Breslau uraufgeführt und elf Jahre später in überarbeiteter Form veröffentlicht) und *Cleopatra* (Uraufführung und Veröffentlichung 1661) befreit Lohenstein sich endgültig von der barocken Tyrannen-Märtyrerkonstruktion und entwickelt eine eigene Form: die säkularisierte Tragödie des politischen Menschen, dargestellt anhand der Auswirkungen der Liebe im politischen Bereich als dem Exerzierfeld praktischer Vernunft. Am Beispiel der *Sophonisbe*, deren Titelheldin nicht mehr ein Opfer der Tugend ist, sondern im Strudel der geschichtlichen Dynamik zwischen Macht- und Liebesgier zerrieben wird, sei dies im Folgenden zumindest in Ansätzen verdeutlicht.

Im Mittelpunkt des Trauerspiels, dessen Stoff Lohenstein im wesentlichen Livius' Bericht über den Zweiten Punischen Krieg und Appians von Alexandria *Römischer Geschichte* entnommen hat, steht die Tochter des karthagischen Feldherrn Hasdrubal, die von ihrem Vater aus politischem Kalkül mit dem westnumidischen König Syphax verheiratet wurde. Hasdrubal setzte sich damit über ein dem massylischen König Massinissa zuvor gegebenes Eheversprechen hinweg. Syphax selbst kämpfte auf der Seite der Karthager gegen Rom, wurde 203 geschlagen und gefangen genommen. Sophonisbe fiel im Rahmen dieser Kämpfe in die Hände Massinissas, der anfänglich ebenfalls auf der Seite Karthagos gekämpft, zwischenzeitlich aber die Lager gewechselt hatte. Um sie zu schützen, heiratete Massinissa die Gefangene, wurde von dem römischen Feldherrn Publius Cornelius Scipio aber gedrängt, Sophonisbe auszuliefern. Um nicht in die Hände der Römer zu fallen, nahm Sohonisbe sich daraufhin mit Massinissas Hilfe das Leben.

In Lohensteins dramatischer Aufbereitung dieses historischen Geschehens kündigt sich eine neue, materiell bestimmte Sicht auf Herrschaft und Liebe an, die nicht mehr unbedingt in das überlieferte System der Affektenlehre passen will. Positiv erscheint in seiner Darstellung einer von Berechnung und Taktik bestimmten politischen Wirklichkeit allein der römische Feldherr Scipio, der als Idealfigur eines gerechten Herrschers Verweischarakter im Hinblick auf den Habsburger Kaiser Leopold I. hat, anlässlich dessen Vermählung Lohenstein das Stück geschrieben hat. Der Schluss-„Reyen Des Verhängnüsses der vier Monarchien" stellt diesen politischen Bezug zu Leopold unmittelbar her: Leopold führt das letzte der vier großen Reiche der Weltgeschichte, das römische, dem Glanz seiner Bestimmung entgegen und empfängt aus den Händen Europas, Asiens, Afrikas und Amerikas den Lorbeerkranz.

Bereits mit dem Widmungsgedicht zur Druckfassung der *Sophonisbe* weist Lohenstein über die Gattungsgrenzen hinaus auf das politisch-historische Schauspiel eines Johann Rist (*Friedenswünschendes Teutschland*, 1647; *Friedejauchzendes Teutschland*, 1652), eines Benjamin Knobloch (*Regier-Kunst oder der kluge Hoffmeister*, 1660), David Elias Heidenreich (*Rache zu Gibeon*, 1662), Johann Gottfried Burckhardt (*Siegende Charilene*, 1672), Christoph Kormart (*Maria Stuart*, 1672; *Die Verwechselte Printzen*, 1675) oder Christian Weise (*Von dem Neapolitanischen Rebellen Masaniel-*

Lohenstein, Sophonisbe

Politisch-historisches Schauspiel

lo, 1682), in dem sich das barocke Trauerspiel im letzten Drittel des Jahrhunderts zunehmend verliert.

> Da Arglist insgemein itzt Staats-verständig heist /
> Und schlimm zu spielen sich die gantze Welt befleist.
> Was wunderts aber uns? daß sich der Mensch verstellt /
> Unmenschliche Begierd und wilde Regung fühlet?
> Furcht / Hofnung / Freude / Zorn für schöne Larven hält?
> Nachdem man auch so gar mit Gott und Andacht spielet /
> Den heilgen Gottes-Dienst zu einer Kurtzweil macht;
> Beym Opfer Täntze hegt / und zum Gebete lacht.
> [...]
> Wie itzt die Herrschenssucht noch bluttig spielen lehrt /
> Wie manches Reich durch Schein der Andacht geht verlohren /
> Wie man mit Eyden spielt / mit Gottes-Dienste schertzt /
> Hat Ilium erfahrn / und Deutschland nicht verschmertzt.
> (Lohenstein 1957 [Sophonisbe], 250)

Mit dem historisch-politischen Schauspiel selbst entsteht in der zweiten Hälfte des 17. Jahrhunderts ein Medium, „das, befreit von poetologischen Zwängen [...] mit zeitgeschichtlichen Problemstellungen bekannt zu machen suchte". (Reichelt 1985, 294) Mit dem von der Opitzschen Regelpoetik geprägten Verständnis des barocken Dramas zumindest ist dieser Dramentypus, in dem auf die ein oder andere Weise Fragen der sich etablierenden neuen Staatsordnung des Absolutismus zur Diskussion stehen, nicht zu fassen: Der Alexandriner ist der ungebundenen Rede gewichen, was es möglich machte, politische Lehrsätze unmittelbar aus staatstheoretischen Schriften in das Drama zu übernehmen, die fünfaktige Bauform ist nicht mehr bestimmend, die Ständeklausel spielt keine Rolle mehr; statt an Transzendenz und Vanitas orientiert sich die Handlung an Gegenwärtigem.

3. Die Kunstkomödie als „Arztney des Menschlichen Elendes"

In der 12. Lektion seines *Poetischen Trichters* (2. Teil) zitiert Georg Philipp Harsdörffer zustimmend ein Bild Cesare Ripas:

> Nicht ohne Ursach aber hat lezermelder Scribent [der von ihm zuvor erwähnte Poetiker Ripa] das heutige Freudenspiel gebildet in Gestalt einer Zuegeinerin / welche bunt bekleidet / uem das Haubt habend einen Schleir von vielen Knoeden / in der rechten Hand tragend eine Laute / in der Linken eine Larve / an den Fuessen habend niedrige Schuhe; mit dem Wort: // *Ich beschreibe der Staette Sitten.* // Und neben ihr einen Affen. Die Zuegeinerbekleidung bedeutet daß die mit selber angethan / solche Leute / den Comoedianten nicht unaehnlich sind / als welche vielen gut Glueck versprechen / und desselben selbst ermangelen. Die Knoeden an dem Schleir bemerken die Verwirrung der Geschichte / die Laute der Music Lieblichkeit / die Larve der Personen Verstellung / die niedern Schuhe die gemeine Redart / und der Aff die Nachahmung.
> (Harsdoerffer 1969, 93 f.)

Mit der Allegorisierung der *Freudenspiele* als Zigeunerin deutet sich das nicht ungebrochene Verhältnis viele Poetiker des 17. Jahrhundert zur Komödie an, die nach der Lehre von den drei Stilarten zur niederen Gattung zählte. Immerhin bildeten die ‚Landfahrer' dem Zeitverständnis nach den Bodensatz der gesellschaftlichen Ordnung.

Die Zurückhaltung, die die gelehrten Poeten des Barock der Komödie entgegenbrachten, ist nicht zuletzt den Schwierigkeiten geschuldet, vor die sich die noch junge muttersprachlich-weltliche Literatur mit ihrem Bestreben um Anerkennung gestellt sah. Während die wandernden Schauspielertruppen, insbesondere die englischen Komödianten und die vor allem während des Dreißigjährigen Krieges populären Puppenbühnen mit Possenspielen und Narreteien, in denen der Narr, der Harlekin, Pickelhering oder Hanswurst im Mittelpunkt standen, einer derben und veräußerlichten Komik Ausdruck verliehen, suchten die Dichtungslehren des 17. Jahrhunderts die Komödie von der Seite ihres erzieherischen Nutzens her zu legitimieren. Die Betonung des Nützlichkeitseffekts bestimmt so auch die Lustspielproduktion von Autoren wie Andreas Gryphius, Christian Weise und Christian Reuter. Auch das barocke Lustspiel versteht sich zunächst einmal als Instrument der moralischen Belehrung, indem es die Wahrheit der gebrechlichen Einrichtung der Welt durch das Lachen verkündet, vor Sittenverfall warnt und den Scheincharakter der Welt verdeutlicht. So setzte sich die Komödie zum Ziel, falsches Rollenspiel und falsche Konzeptualisierungen der Wirklichkeit auf der Bühne des Welttheaters in seiner Lächerlichkeit vorzuführen.

Bereits 1605 hatte der protestantische Pfarrer Ludovicus Hollonius (d.i.: Ludwig Holle) in der Widmungsvorrede seines Stückes *Somnium Vitae Humanae* erklärt, er habe mit seinem Werk die Absicht verfolgt, „der tollen vnd immerschwermenden Welt die eitelkeit vnsers zeitlichen lebens in einem offentlichem Spiell wollen fürbilden" (Hollonius 1970, 10), und zwar zur Beherzigung, zum Trost und zur Warnung, kurz: zur Lehre. „Habe aber fürnemblich dahin gesehen, wie ich ein berühmt vnd warhafftiges Exempel möchte fürstellen", so Hollonius, „auff das alle so diß spiel würden lesen, oder anschawen, es nicht dafür achteten, als ob dasjennige, was hie mit worten vnnd geberden wird fürgebracht, nur allein vmb guter kurtzweil, vnnd schimpfflicher bossen willen geschrieben vnd angerichtet: Sondern damit anzudeuten, das es in der warheit (Comœdiæ enim sunt imagines veritatis et quotidianae vitæ specula) in vnserm gantzen leben auff dieser Welt also daher gehe." (Hollonius 1970, 10) Der Hallenser Korrektor Albrecht Christian Rotth bestimmt im dritten Teil seiner 1688 erschienenen *Vollständigen Deutschen Poesie in Drey Teilen*, einer der ersten ausführlichen Auseinandersetzungen der Zeit mit der aristotelischen Poetik in der deutschsprachigen Dramentheorie als solcher, die Komödie dann als ein *„Handelungs-Gedichte"*, deren Wirkungsabsicht darin bestehe, „(a) *daß die Zuschauer die Fehler und Tugenden des menschlichen Lebens lernen erkennen*. Denn das ist der nechste Haupt-zweck der Comoedie bey den Alten gewesen / daß dem Volcke die im gemeinen Leben vorgehende Fehler

‚Nützlichkeit' der Komödie

gezeigt wuerden; bey uns aber ist derselbe Zweck nicht allein / sondern wir halten auch die Tugendem dem Volcke vor / wie sie unter allerhand Trubeln bestehet und obsieget. Weiter auch zu dem Ende (b) *daß sie die Laster lernen bessern / und Liebe zur Tugend bekommen.* Denn beydes dieses ist der finis ultimus oder das letzte und endliche Absehen mit den Comoedien; Und wer darauff nicht siehet / sondern bloß nur das Volck zu erlustigen / der verfehlet des besten Zwecks". (zit. n. Langemeyer 2011, 71)

Komödie als Medium der Sozialdisziplinierung
Solcherart moraldidaktisch ausgerichtet kam es den ‚Freudenspielen' zu, die Wahrheit über die Welt als *mundus inversus* oder *mundus perversus* zu verkünden; nicht zuletzt diente sie von hier aus als ein Medium der Sozialdisziplinierung, wie sie in Christian Weises *Nachspiel / Wie etwan von diesem Peter Squenz aufgeführet worden* dem Gräflichen Hofrat Robert in den Mund gelegten Formulierung anklingt, die Komödie (die Rede ist hier von „Possen" und „Lustigkeit[en]") sei eine „Artzney des Menschlichen Elendes", durch welche man „desto freudiger an die zukünfftige Arbeit gehet". (Weise, SW 11, 360) In augenfälliger Weise begegnen in Andreas Gryphius' „Schertz-Spiel" *Horribilicribifax. Teutsch. Wehlende Liebhaber* (entstanden zwischen etwa 1647 und 1650; Druck 1663; Uraufführung vermutlich 1674) in der Schlussrede des Edelknaben Florentin mit der *magnanimitas* (Großmütigkeit) und der *constantia* (Beständigkeit) gleich zwei Schlüsselbegriffe der barocken Trauerspielkonzeption unmittelbar nun in der Komödie:

> Jhr Herren / Jungfrauen und Frauen / wo euch Sophiæ *großmuethige* Keuschheit / und Cœlestinen *bestaendige* Anmuth / zuforderst aber Florentini (und der bin ich) hoher Verstand gefallen so kommet alle mit auff die Hochzeit / jener grosse weitmaeulichte Baur der dort hinten stehet / mag wol zu Hause bleiben / Er moechte uns den Wein gar aussauffen / und alles auff fressen / daß die Braut selbst hungerig zu Bette gehen mueste.
> (Gryphius 1991 [Horribilicribifax], 714; Hervorhebung N.O.E.)

Mit dem verfressenen, „weitmäulichte[n]" Bauern zitiert dieses Drama am Ende von Florentins Schlussrede eine Figur auf die Bühne, die einem beliebten Topos des barocken Lustspiels Gestalt gibt, der Bauernschelte. ‚Fressen und Saufen' sowie eine hemmungslose Sexualität (vgl. dazu etwa das „Schimpff-Spiel" *Absurda Comica. Oder Herr Peter Squentz* von Gryphius, gedruckt erstmals 1657), das sind die Attribute, die dem Bauern in der Komödie stereotyp zugewiesen werden. Er ist reduziert auf die Vitaltriebe und durch seine animalische Natur aus der Gruppe der vernunftbegabten Geschöpfe ausgeschlossen. Hinzu kommt als weiteres Charakteristikum der bäuerlichen Figuren die Streitsucht.

Gryphius, Horribilicribifax
Horribilicribifax selbst gehört zur Gattung der Bramarbasspiele (so genannt nach der deutschen Übersetzung *Bramarbas oder der großsprecherische Offizier* von Ludvig Holbergs Komödie *Jakob von Tyboe*), deren Zentralfiguren aufschneiderische Großsprecher und Maulhelden in der Tradition des prahlerischen Kriegers aus Plautus' Spiel vom *Miles Gloriosus* oder des Capitano Spavento aus der Commedia dell'arte sind. Gryphius aller-

dings hat den Typus des Plautinischen *miles gloriosus* nicht einfach übernommen, er hat ihn gleich verdoppelt in den Figuren der „weiland reformirete[n] [d.h. aus dem Militärdienst entlassenen] Hauptleute" Don Daradiridatumtarides Windbrecher von Tausend Mord auf N. N. N. Erbherr in und zu Windloch und Don Horribilicribifax von Donnerkeil auf Wüsthausen, zwei betrügerischen Aufschneidern und Feiglingen. Sie sind die Hauptakteure unter den „wehlenden" (also wählenden und wählerischen) Liebhabern, die am Ende einer wendungsreichen Handlung allesamt vermählt werden, womit die Komödie zu einem ‚guten' Ende kommt.

Als niederem Genus ist der Komödie im Unterschied zur Tragödie die Aufgabe zugewiesen, „des gemeinen Bürgermanns Leben" nachzubilden und darum nicht etwa „der Könige / Fürsten und Herren Verzweifflung" (Harsdörffer 1969, 80), sondern vielmehr „betrug vnd schalckheit der knechte / ruhmraetigen Landtsknechten" (Opitz 2002, 30) als angemessenen Gegenstand zu wählen. Wenn neben den Reitknechten und Maulhelden, den „zahnlose[n] alte[n] Weiber[n]", den „kranke[n] Doctoren" und „Gelehrte[n] mit verkehrten Meinungen" sowie den „phrenetici ac phantastici" (Masen 1683, 10), d.h. Parasiten, Trinkern, Hitzköpfen, Schurken und Geisteskranken doch einmal Personen höheren Stands so wie der Statthalter Cleander in Gryphius' *Horribilicribifax* in der Komödie auftreten, dann als positive Normfiguren, durch die das Handeln der entlarvten niederen Personen in seiner ganzen Verwerflichkeit deutlich wird. Die in der dramaturgischen Standesregel gespiegelten Standesgrenzen bleiben in ihrer Gesamtheit unangetastet.

Standesregel

Ein Grundmuster der gelehrten deutschen Barockkomödie besteht von hier aus im Verlachen des unangemessenen Versuchs einzelner Personen, die Standesgrenzen ‚von unten' zu überwinden, konkret den sozialen Aufstieg dadurch zu schaffen, dass sie sich hohen Herren geradezu aufdrängen – und von diesen regelmäßig auf das Unangemessene und Lächerliche ihres Bemühens verwiesen werden. Die Geschichte vom träumenden Bauern, der für einen Tag das Leben eines Fürsten führen darf, die Ludovicus Hollonius in der erwähnten frühbarocken Komödie *Somnium Vitae Humanae* entfaltet, ist das Paradebeispiel dieses Komödienmusters. Hollonius variiert in diesem Stück das Thema des Bauern als König für einen Tag. Hier ist es ein betrunkener Bauer, der im Vollrausch in ein Schloss gebracht, schlafend ins Bett des Fürsten gelegt und beim Erwachen wie der Regent selbst behandelt wird. Einen Tag lang führt er das prachtvolle Leben der Herrschenden, dann landet er nach einem rauschenden Fest, auf dem er sich wiederum bis zur Besinnungslosigkeit betrinkt, dort, wo er aufgelesen worden war: in der Gosse. Im Rückblick deutet er selbst sein schwelgerisches Leben als trügerischen Traum („Nuh seh ich wie ich bin betrogn, / Vnd das mein Traum mir fürgelogn" [Hollonius 1970, 57]), womit sich auch in diesem Stück der Kreis wieder schließt zum Thema der Nichtigkeit alles Irdischen. Im Rahmen eines Gesprächs zwischen Fürst (Philippus) und Beichtvater (Warner) wird in der Schlussszene diese Erkenntnis des Bauern, der gerade nicht die ihm wie jedem anderen „nach eines jeglichen Natur und Richtung" zuge-

Hollonius, *Somnium Vitae Humanae*

wiesene Rolle im großen Welttheater-Spiel ausgefüllt, sondern sich zu Höherem ‚verstiegen' hat, lehrhaft verallgemeinert:

> PHILIPPUS *ad Proceres.* Das ists was wir vielmahl gesagt:
> Vnser zeitlichs mühselichs lebn,
> Vergleich sich einem Traum gar ebn.
> Reichtumb, Macht, Ruhm, herlicher Nam,
> Ansehen, ehr, vnd hoher Stam,
> Frewd, lust, zier, pracht, köstlicher wat,
> Vnd alles was der Mensch hie hat,
> Was ists? nur ein schatte flüchtig,
> Ein Traum nichtig vnd betrieglich,
> Dessen man sich kaum recht besinnt,
> Wann man vom schlaff zerwachn beginnt.
> […]
> Aller Welt macht vnd Herrligkeit,
> Ist nur ein traum vnd eitelkeit.
> (Hollonius 1970, 61)

Übergänge: Barock und Frühaufklärung Im Vergleich zu den artifiziellen Komödien des Früh- und Hochbarock mit ihrer theologisch überwölbten Lehre stehen die späteren Lustspiele eines Christian Weise oder Christian Reuter bereits deutlich unter frühaufklärerischem Vorzeichen: Der religiöse Deutungshorizont des menschlichen Handelns wird brüchig; zugleich vollzieht sich eine vorsichtige moralische Aufwertung derjenigen Personengruppen, die bislang fast ausschließlich Gegenstand des Spotts und der Schelte gewesen waren. Die Komödie wird zum Erziehungsmittel für das Bürgertum; umgekehrt kann, wie in Christian Reuters *Graf Ehrenfried* (1700), mit dem Titelhelden nun auch schon einmal ein Angehöriger des hohen Standes als Ausbund der Narrheit erscheinen, was bereits auf die Adelssatiren der Aufklärung vorausweist. Von anderer Seite kommt dem eine Zunahme rationaler Elemente und das Bemühen um realistisches Erfassen von Details entgegen. Zwar begegnen auch in den Stücken der genannten Autoren noch Stereotype des barocken Dramas, im Ganzen allerdings signalisieren sie deutliche Verschiebungen im Komödienverständnis, die sich als Ausdrucksmomente eines sich verändernden Wirklichkeitsbezugs und eines neuen Weltverständnisses deuten lassen.

Christian Weise Beobachten lassen sich diese Veränderungen zumal an den Komödien Christian Weises, der in seinen Spielvorlagen sowohl die Tradition des Fastnachtspiels aufgenommen als auch nach 1685 den Anschluss an die französische Komödie, vor allem an den mittlerweile auch ins Deutsche übersetzten Moliere gesucht hat (*Die Böse Catharina* [um 1693]; *Bäuerischer Machiavellus,* 1679; *Ein wunderliches Schau-Spiel vom Niederländischen Bauer,* 1685; *Der Betrogene Betrug,* 1686; *Der verfolgt Lateiner,* 1693) (Ort 2003).

Als Rektor des Zittauer Gymnasiums hat Weise die Schulbühne als Instrument eines politischen Ideentransfers zu einem Höhepunkt geführt. ‚Politisch' – das bedeutete für den Pädagogen, der im Dienste der Erziehung und unterhaltsamen Belehrung des Bürgertums Stoffe mit vorwiegend bürgerlicher Tendenz verarbeitete, die Frage, wie der Mensch „sein Privat-Gluecke erhalten / und alle besorgliche Unfaelle klueglich vermeiden koendte" (Weise, SW 19, 9). Von hier aus rückte er die Vermittlung lebenspraktischer Dinge, von Lebensgewandtheit und „Weltklugheit", in das Zentrum seines pädagogischen Bemühens und nicht die Zurüstung für die Unsterblichkeit jenseits des nichtigen irdischen Lebens, wie sie im Fokus des Trauerspiels, aber auch der gelehrten barocken Komödie von Hollonius bis Gryphius gestanden hatte. Der Bürger sollte nicht mehr der Welt entsagen lernen, er sollte vielmehr innerhalb der herrschenden Gesellschaftsordnung gesellschaftsfähig werden, d.h. auch seinen begründeten Interessen nach Wohlstand und Lebensglück nachgehen können, wobei zu den von Weise über das Lustspiel zu vermittelnden lebenszugewandten Klugheitsregeln gehörte, sich mit den gegebenen territorialen Zuständen abzufinden. „Weltklugheit", wie sie Weise als Vermittlungszweck der Komödie vor Augen stand, geht nicht in den abstrakten Tugendidealen des barocken Trauerspiels auf; sie meint auch mehr als äußerliche Fertigkeiten wie richtiges Benehmen oder geschicktes Auftreten etwa, welche das traditionelle Schuldrama den Schülern hatte vermitteln wollen. Sie meint vielmehr Einübung in die Begrenztheiten, die Irrungen und Wirrungen des Lebens, aber auch in seine Möglichkeiten. Solle die Kunst in dieser Hinsicht auf den Zuschauer Einfluss nehmen – und genau darin besteht für Weise der entscheidende Nutzwert des Schultheaters – müsse sie in allen ihren Äußerungen der Natur folgen. „Man muß", so schreibt er 1682 in der Vorrede zu seiner Schrift *Eine andere Gattung von den überflüssigen Gedancken / In etlichen Gesprächen vorgestellt*, „die Sachen also vorbringen / wie sie naturell und ungezwungen sind: sonst verliehren sie alle grace, so künstlich als sie abgefasset werden. Ein Mahler wäre nicht klug wenn er die Rosen mit güldenen Knöpfgen abmahlte; ob er gleich dencken möchte / es kähme frischer und ansehnlicher heraus: denn die natürlichen Rosen wären dem Bilde nicht ähnlich." (Weise 1692, 10) Diese Hochwertung der ‚Natürlichkeit' hat Konsequenzen für die Sprache, in der Weise seine Dramenfiguren sprechen lässt. Seine Figuren sollten wie ‚natürliche' Menschen, wie die Zuschauer im Saal sprechen, auf keinen Fall also in Versen. Weise selbst schreibt dazu 1708 im Vorbericht zu seiner *Liebes-Alliance*, er fände einfach „keinem *Casum* im menschlichen Leben / da die Leute mit einander Verse machen". (Weise, SW 15, 322)

Auch wenn Weises Komödien sich noch nicht restlos aus der barocken Vorstellungswelt lösen, kündigt sich in ihnen damit doch bereits schon ein bürgerlich-aufklärerisches Empfinden an: in der Orientierung von Literatur und Lebenspraxis an der Vernunft nämlich. Unversehens blitzt in Weises Überlegungen zum Welttheater am Ende sogar ein emanzipatorisch-demokratischer Gedanke auf:

Wir spielen auf der Welt gleichsam eine Comoedie. Was uns der Meister vor eine Person aufleget / die muessen wir agiren. Einer hat einen weitleufftigen Zettel / der andere koemmt mit einer kurtzen Rolle davon / derhalben gedencke / wil der Ober-

Comoediant haben / daß du einen Bettler vorstellen solst / so befleißige dich solche Person wol in acht zu nehmen; solst du einen lahmen Vulcanum, oder einen hohen Fuersten / oder einen geringen Unterthan bedeuten / so must du auff solche Minen und Geberden dencken / die dir anstehen. Denn in deiner Gewalt stehet es nicht / daß du eine andere Person auslesen kanst [...] den gleichwie es in den Schauspielen ein haeßlicher Ubelstand waere / wenn die geringen Personen nichts als albere Peter Sqventz Poßen wolten vornehmen / unter dem Vorwand / die rechte und kluge Action kaeme nur den Vornehmsten zu; Also moechte sich ein jedweder besinnen / daß man bey geringer Verrichtung eben so ein großes Lob verdienen kan / als bey der hoechsten und scheinbarsten Muehwaltung. Die Welt laeßt sich zwar den euserlichen Glantz offtmahls bethoeren: Doch darueber moechte ich lachen / wenn sie die Fuersten und Herren nach dem Tode hochselig nennet / gleich als wenn GOtt seine Comoedianten / nach den Personen und nicht mehr nach den Verdiensten ablohnen werde. Ist es nicht wahr / bey unsern Comoedianten bekoemt der Pikkelhering oder der Bauer mehr Wochengeld / als der jenige der den Koenig agirt? Gleicher maßen wird ein Bauer ein Schuster ein Schmidt / der seine Person nach GOttes Ordnung wohl ausgefuehret hat / in so hohen Æstim bey GOtt seyn / als ein Fuerste / der vielleicht in seiner Rolle das beste ausgelassen hat.
(Weise, SW 18, 161 f.)

Auch wenn der Geltungsbereich einer vom Geburtsstand absehenden Verdienst-Entlohnung nicht das diesseitige Leben ist, deutet sich hier jenseits des traditionellen Welt-Theater-Verständnisses ein neues bürgerliches Selbstbewusstsein an, das sich – vorsichtig – auch am Ende von Weises *Schau-Spiel vom Niederländischen Bauer* Ausdruck verschafft, wenn dort der im Grunde keineswegs dumme Bauer Mierten den verblüfften Höflingen die Überlegenheit des Eigensinns gegenüber dem souveränen Willen des Fürsten vorhält:

MIER. Ihr Herrn / es traumte mir von euch / wie ihr da beysammen seyd / ich fraß und soff mit / daß mirs noch gut schmeckt.
ROB[BERT, KAMMERHERR]. Wir wissen aber nichts davon.
MIER. Da seht ihrs / daß arme Leute auch was befehlen können / will mich der Fürste nicht zu Gaste bitten / so laß ich mirs träumen / und setze mich wieder seinen Willen am Tisch.
(Weise, SW 12/2, 387)

Freilich wird ganz zum Schluss die traditionelle Ständeordnung, die hier für einen kurzen Moment von der Idee her, der Wille des Souveräns ließe sich durch den autonomen Gestaltungswillen des Einzelnen aushebeln, in Frage steht, wieder bestätigt im Spott der Höflinge über den falschen Fürsten, der auch in seinen neuen Kleidern der bleibt, der er immer schon war:

ROB. Der Fisch ist wohl versorgt / der in dem Wasser bleibt /
WILH. Der Bauer wohnet recht / wo er die Ochsen treibt.
HEIN. Das unverschämte Schwein verflucht den Majoran,
LEO. Dem Bauer wird kein Dienst mit unsrer Pracht gethan /
MIER. Ach kommt zu guter letzt / und seht Printz Mierten an etc.
(Weise, SW 12/2, 390)

Im Hintergrund dieser Restituierung der Ständeordnung immerhin erscheint eine säkulare Form der *humilitas* als Regulierungsinstrument der bürgerlichen Gesellschaft, wie sie als Zielpunkt des Komödienspotts auch in Christian Reuters *L'Honnéte Femme Oder die Ehrliche Frau zu Plißine* (1695) begegnet. Reuter entlarvt in dieser Komödie die angemaßte Rechtschaffenheit des Bürgertums. Das Ideal der sogenannten „honnêteté", das (hier) die Frauenfiguren für sich in Anspruch nehmen, erweist sich im Laufe der Handlung immer wieder als bloß oberflächlich und bricht sich an der unkontrolliert einfließenden Dummheit und Unflätigkeit der Figuren. Am Ende des Stückes, in dessen Verlauf durch eine Intrige, genauer ein Possenspiel der aus dem Haus gewiesenen Studenten Fidele und Edward insbesondere den eitlen Töchtern der titelgebenden „Ehrlichen Frau zu Plißine", der Wirtin Schlampampe, eine Lektion in Sachen Einbildung und Standesüberheblichkeit erteilt wird, steht die lehrhafte Ermahnung:

> FIDEL. Lebt ihr fein erbar nur, und bleibt in eurem Stande,
> Legt allen Hochmuth ab, und nehmt die Demuth an,
> EDWARD. So lobt euch iederman hier an Plißinens Strande
> Und bleibt euch alle Welt mit Freundschafft zugethan.
> (Reuter 1890, 45)

Diese Verklammerung von Alt und Neu macht Weises und Reuters Stücke zu Dokumenten einer Übergangsphase zwischen einer noch dominanten höfisch-barocken und einer noch unentwickelten bürgerlich-aufgeklärten Kultur. Immerhin beginnt sich mit dem Vordringen der bürgerlichen Thematik im Lustspiel so gegen Ende des Jahrhunderts ein Epochenumbruch abzuzeichnen, der das bürgerliche Zeitalter einläutet.

Christian Reuter

III. Politik und Moral: Drama und Theater im Zeitalter der Aufklärung

1. Aufklärung als prozessuales Prinzip: Zirkulation der Ideen, Kritik, moralische Regulierung

Öffentliche Meinung

Der Aufstieg des Bürgertums als Trägerschicht des kulturellen und politischen Modernisierungsprozesses, der das 18. Jahrhundert in Europa im Rückblick gesehen zu dem der Aufklärung machte, erfolgte entlang einer signifikanten Neuordnung des Verhältnisses von ‚privat' und ‚öffentlich'. Nationale Unterschiede innerhalb des gesamteuropäischen Phänomens der Aufklärung einmal beiseite, ist die Idee einer „öffentliche[n] Zirkulation von Ideen" (Hohendahl 2000, 16) eine der grundlegenden Vorstellungen, in deren Fluchtlinie die Aufklärungsbewegung für sich den Anspruch geltend machte, Kommunikations- und Handlungsfähigkeit gegenüber der absolutistischen Staatsgewalt zu erlangen. Im Begriff der ‚öffentlichen Meinung' als dem Produkt öffentlicher Kommunikationen kommt beides zusammen: der Vorgang des Informationsaustausches und das Bemühen um Entmonopolisierung der staatlichen Diskursmacht. Kaffeehäuser, Lesegesellschaften und Vereine trugen als meinungsbildende Sozialinstitute der bürgerlichen Gesellschaft ebenso zur Konstituierung der ideellen Kommunikationsgemeinschaft bei, als die sich die Aufklärungsbewegung verstand, wie die zahlreichen Zeitschriftengründungen des 18. Jahrhunderts, in Deutschland namentlich die *Moralischen Wochenschriften*, die in populärer Form die verschiedensten Gegenstände abhandelten. Sie ermöglichten einen situationsbezogenen Informationsaustausch, bildeten die Grundlage für die Aushandlung von Interessen und erbrachten Integrationsleistungen innerhalb der sich in unterschiedliche Teilöffentlichkeiten ausdifferenzierenden Gesamtöffentlichkeit.

Deutsch als Verkehrssprache

Eine wichtige Voraussetzung für die geforderte Zirkulation von Ideen war die Aufwertung der *deutschen* gegenüber der französischen und lateinischen Sprache als den bis ins 18. Jahrhundert hinein dominierenden Medien der Kommunikation in Wissenschaft und Kultur/Literatur. Dass das Deutsche zu Beginn des 18. Jahrhunderts durchaus noch immer nicht in selbstverständlicher Weise Medium des Austausches und der Diskussion war, lässt sich an Leibnitz' Klage darüber ablesen, dass in „Teutschland [...] man annoch dem Latein und der Kunst zuviel, der Muttersprach aber und der Natur zu wenig zugeschrieben, welches denn sowohl bey den gelehrten als bey der Nation selbst eine schädtliche würckung gehabt" (Leibniz 1986,

809) habe. Dadurch nämlich sei man gegenüber den anderen Nationen ins Hintertreffen gelangt, eben weil so das Wissen als solches begrenzt und exklusiv zugleich geblieben sei. Geschrieben hat Leibniz (der im Übrigen selbst im Wesentlichen in lateinischer und französischer Sprache veröffentlichte) dies 1682/83 in seiner *Ermahnung an die Teutsche, ihren Verstand und Sprache beßer zu üben.* Erst allmählich setzte sich im Laufe des 18. Jahrhunderts das Deutsche auch als Gelehrtensprache durch. Christian Thomasius hat hier mit seiner Rezensionszeitschrift *Freymüthige, Lustige und Ernsthaffte, jedoch Vernunft- und Gesetz-Mässige, Gedancken. Oder Monats-Gespräche über allerhand, fürnehmlich aber Neue Bücher durch alle zwölf Monate des 1688. und 1689. Jahrs* ebenso wichtige Schrittmacherdienste geleistet wie der Mathematiker und Philosoph Christian Wolff mit seinen zwischen 1713 und 1725 veröffentlichten *Vernünftige[n] Gedanken von den Kräften des menschlichen Verstandes und ihrem richtigen Gebrauche in Erkenntnis der Wahrheit.*

Ausdruck und Instrument der ‚öffentlichen Meinung' bzw. der öffentlichen Meinungsbildung wiederum war die Kritik, die im 18. Jahrhundert mit dem Anspruch aufgerüstet wird, als ‚öffentliches Richteramt' in allen Bereichen (politisch, ästhetisch, moralisch, gesellschaftlich) im Für und Wider der Meinungen „gemeinsam die Vernunftstelle zu finden" (Mittelstraß 1989, 344). Kritik meint dabei die Operationen einer alle Lebensbereiche umfassenden Prüfung, Unterscheidung und Rechtfertigung durch bzw. vor der Vernunft. Kant schreibt zu dieser Bedeutung der Kritik in der Vorrede zur *Kritik der reinen Vernunft*: „Unser Zeitalter ist das eigentliche Zeitalter der Kritik, der sich alles unterwerfen muß. *Religion* durch ihre *Heiligkeit* und *Gesetzgebung* durch ihre *Majestät* wollen sich gemeiniglich derselben entziehen. Aber alsdann erregen sie gerechten Verdacht wider sich und können auf unverstellte Achtung nicht Anspruch machen, die die Vernunft nur demjenigen bewilligt, was ihr freie und öffentliche Prüfung hat aushalten können." (Kant, GS 1, IV, 9) Kant war es auch, der 1784 in einem Beitrag zu einer von Johann Friedrich Zöllner im Jahr zuvor ausgelösten Debatte über das Wesen der Aufklärung (*Beantwortung der Frage: Was ist Aufklärung*) den Reformansatz der Aufklärungsbewegung in der Trias von individueller Selbstbefreiung (Selbstdenken/Mündigkeit), kollektiver Selbstaufklärung und intellektueller Unterweisung (Volksaufklärung) zusammengefasst hat. Zu einer Aufklärung, die in der „Reform der Denkungsart" zu sich komme, sei nichts weiter erforderlich, heißt es hier, als Freiheit, „und zwar die unschädlichste unter allem, was nur Freiheit heißen mag, nämlich die: von seiner Vernunft in allen Stücken öffentlichen Gebrauch zu machen." (Kant, GS 1, VIII, 36)

Kant lässt eine Einschränkung dieses Grundprinzips eines freien Gebrauchs der Vernunft lediglich im Hinblick auf Tätigkeiten in einem „bürgerlichen Posten oder Amte" (Kant, GS 1, VIII, 37) gelten: „der öffentliche Gebrauch seiner Vernunft muß jederzeit frei sein, und der allein kann Aufklärung unter Menschen zu Stande bringen; der Privatgebrauch derselben aber darf öfters sehr enge eingeschränkt sein, ohne doch darum den

Kritik

Fortschritt der Aufklärung sonderlich zu hindern." (Kant, GS 1, VIII, 37) Was unter „öffentlichem" und „Privatgebrauch" der allen vernunftbegabten Wesen in gleichem Maße zukommenden Vernunft zu verstehen ist, erläutern die folgenden Sätze: „Ich verstehe aber unter dem öffentlichen Gebrauche seiner eigenen Vernunft denjenigen, den jemand als Gelehrter von ihr vor dem ganzen Publicum der Leserwelt macht. Den Privatgebrauch nenne ich denjenigen, den er in einem gewissen ihm anvertrauten bürgerlichen Posten oder Amte von seiner Vernunft machen darf. Nun ist zu manchen Geschäften, die in das Interesse des gemeinen Wesens laufen, ein gewisser Mechanism nothwendig, vermittelst dessen einige Glieder des gemeinen Wesens sich bloß passiv verhalten müssen, um durch eine künstliche Einhelligkeit von der Regierung zu öffentlichen Zwecken gerichtet, oder wenigstens von der Zerstörung dieser Zwecke abgehalten zu werden. Hier ist es nun freilich nicht erlaubt zu räsonniren; sondern man muß gehorchen." (Kant, GS 1, VIII, 37)

Aufklärung als prozessuales Denkprinzip Die Frage, ob damit das Autonomiepostulat und so auch die Leitidee der Mündigkeit des Subjekts nicht entscheidend geschwächt wird, einmal beiseite: Kant begrenzt hier das Prinzip der Redefreiheit auf den Austausch innerhalb einer Schicht von Gebildeten: den *Gelehrten* und ihrem „Puclikum [in] der *Leserwelt*". Angesprochen ist damit der für die Aufklärungsbewegung grundlegende Glaube an die Bildungsfähigkeit des Menschen, der über die pädagogisch-didaktische Seite hinaus zugleich eine eminent geschichtsphilosophische Bedeutung hat. Die Gewissheit, dass der Mensch die Möglichkeit zur Vervollkommnung besitze, geht so Hand in Hand mit der Vorstellung einer möglichen Vervollkommnung auch der Welt, d.h.: ihrer sukzessiven Annäherung an den Idealzustand einer vollkommenen Glückseligkeit in der Übereinstimmung von Individuum und Staat. Aufklärung bezeichnet von hier aus zunächst einmal primär keine feststehenden Inhalte, sondern ein prozessual verstandenes Denkprinzip. Auf die Frage „Leben wir jetzt in einem *aufgeklärten* Zeitalter?" antwortete Kant in seiner Aufklärungsschrift denn auch folgerichtig: „Nein, aber wohl in einem Zeitalter der *Aufklärung*." (Kant, GS 1, VIII, 40)

Als prozessuales Denkprinzip bringt *Aufklärung* Licht in die Dinge; mit ihr klären sich „die Sachen auf", werden „sichtbar" und können „voneinander unterschieden werden", wie Wieland 1781 in seinen *Sechs Antworten auf sechs Fragen* schreibt, wobei er allerdings auch zwei Einschränkungen vornimmt. Notwendig dafür sei es nämlich, „1) daß Licht genug vorhanden sey, und 2) daß diejenigen, welche dabei sehen sollen, weder blind noch gelbsüchtig seyen, noch durch irgend eine andere Ursache verhindert werden, sehen zu können oder sehen zu wollen." (Wieland 1857, 371) Von hier aus erhebt die Aufklärung ungeachtet aller Widersprüchlichkeiten im Einzelnen den Anspruch zur Verwirklichung einer *innerweltlich* begründeten Utopie.

Moralische Regulierung ‚Praktisch' werden diese Leitvorstellung in der Idee einer moralischen Regulierung der von abstrakten Gesetzen noch kaum zusammengehaltenen Lebenswelt. *Moral* und *Tugend* bilden so die Strahlworte eines bürgerlichen

Selbstverständnisses, unter dessen Auspizien sich die Öffentlichkeit im 18. Jahrhundert zweischrittig als ‚vernünftige‘ organisierte: zunächst als *versachlichte Öffentlichkeit* der aufgeklärten Vernunft, streng rationalistisch in ihrem Zuschnitt und damit verstanden als Verbreitung des Erkenntnisvermögens zum ‚richtigen‘ Denken (*Aufklärung des ‚Verstandes‘*); etwa ab der Mitte des Jahrhunderts dann als *empfindsame Öffentlichkeit*, die zwischenmenschlichen Gefühlen, der geselligen Mitteilung des ‚Herzens‘ und ihren Sprachformen der ‚Natürlichkeit‘, des ‚Mitleidens‘ (der *compassio*), der ‚Sympathie‘, ‚Freundschaft‘ und ‚Menschenliebe‘ Raum gewährt (*Aufklärung des ‚Herzens‘*). Moralische Regulierung heißt dabei stets auch Disziplinierung der Leidenschaften als den Manifestationen der Unmündigkeit (Nicht-Vernunft).

In der Fluchtlinie dieser Überlegungen werden Nützlichkeit und ökonomischer Erfolg im 18. Jahrhundert zu Schlüsselbegriffen der Selbsterfindung eines tätigen Bürgertums, das Wirtschaftlichkeit, Ordnung und Fleiß als Ausdrucksweisen der planvolles Handeln erst ermöglichenden Vernunft verstand. Das Nichtstun dagegen galt als moralisch nichtswürdig und widernatürlich, der (adlige) Müßiggang als Laster in der Nachfolge der Acedia, das moralisch diskreditiert und zugleich pathologisiert wurde; Locke empfiehlt so beispielsweise die Einrichtung von Arbeitshäusern für die nichttätige Stadtbevölkerung. ‚Glück‘ (individuelle wie kollektive Glückserfahrung) auf der anderen Seite der Werteskala wiederum schien der Leitvorstellung des tätigen Bürgers folgend, nur in der Fluchtlinie eines dynamischen Strebens im Dienste des auch ökonomisch messbaren Erfolgs vorstellbar. Dass die Ordnungsfunktion der Moral nun nicht mehr halt macht vor den nach wie vor mangelhaft ausgebauten Institutionen allgemein geltenden Rechts und den vom Souverän monopolistisch verwalteten Institutionen des absolutistischen Staates (Polizei, Gesetzgebung, Militär), markiert dabei den universalen, vor allem auch: den *politischen* Anspruch des Prinzips der moralischen Regulierung.

2. Öffentlichkeit und Theater

Unter den Konstitutionsformen von ‚Öffentlichkeit‘ kommt dem Theater eine besondere Bedeutung zu. Indem es performativ kommunikative Räume öffnet zwischen gleichzeitig anwesenden Akteuren (Spielern und Zuschauern), ist Theater ‚Öffentlichkeit‘ sui generis. Das bildet bei allen Unterschieden im Einzelnen die gemeinsame Grundlage für die im Laufe des 18. Jahrhunderts entwickelten Konzepte von Drama und Theater, auch wenn die Dramatiker, Ästhetiker, Philosophen und Pädagogen der Aufklärung die Bühne zunächst noch nicht als Medium einer *politisch* agierenden Öffentlichkeit im *modernen Verständnis* verstanden haben, sondern vielmehr als *Sittenschule* und *Erziehungsinstitut* – was für sich genommen freilich durchaus ‚politisch‘ war.

Christian Wolff hat diese Vorstellung am Anfang des Jahrhunderts im Abschnitt „Von der Einrichtung des gemeinen Wesens" seiner Abhandlung *Vernünfftige Gedancken von dem Gesellschaftlichen Leben der Menschen*

Theater als Sittenschule und Erziehungsinstitut

Und insonderheit Dem gemeinen Wesen. Zu Beförderung der Glückseeligkeit des menschlichen Geschlechtes (1721) in exemplarischer Weise entwickelt. „Derowegen da die Comoedien Vorstellungen der freudigen Begebenheiten der Menschen durch lebendige Personen sind; hingegen Tragoedien der Trauer-Fälle", so heißt es hier, „so sind Comoedien und Tragoedien sehr dienlich zur Besserung des Menschen, wenn die Tugenden und Laster nach ihrer wahren Beschaffenheit vorgestellet werden, absonderlich aber darauf gesehen wird, daß man zeiget, wie die freudigen Begebenheiten aus der Tugend, hingegen die Trauer-Faelle aus den Lastern kommen, indem es doch endlich bey aller Lenckung des Willens darauf ankommet, daß man den Erfolg der Handlungen vorher siehet." (Wolff [4]1736, 275f.) Wolff sieht darin im Übrigen einen ausgesprochenen Vorteil der Bühnenkunst gegenüber der Textkunst der Historien: „es haben aber Comödien und Tragödien darinnen einen Vorzug vor geschriebenen Historien, daß sie einen größern Eindruck in das Gemüthe des Menschen machen. Denn was man selber mit Augen siehet und mit Ohren höret, bewegt einen mehr und bleibet besser, als was man bloß erzehlen höret." (Wolff [4]1736, 275f.)

Über den Widerspruch zwischen dieser Vorstellung vom Theater als Bildungsinstitut und öffentlichem Forum, auf dem nicht nur die zeitbewegenden Fragen zur Diskussion gebracht werden konnten, sondern mit dessen Hilfe auch eine umfassende Verbesserung der Sitten erreichbar zu sein schien, und der zeitgenössischen Bühnenpraxis waren sich Schriftsteller und Gelehrte bei allen Differenzen über Ziele, Möglichkeiten und Grenzen der Aufklärung hinweg weitgehend einig. Hier setzte der 1730 als außerordentlicher Professor für Poesie und Beredsamkeit an die Universität Leipzig berufene Johann Christoph Gottsched an, der mit seiner später viel gescholtenen *Critischen Dichtkunst vor die Deutschen* (1730) nicht nur eine breitenwirksame Diskussion über die Wesensfragen der Dichtkunst als solcher eröffnete, sondern auch ein umfassendes Reformprogramm für das deutsche Theater entwickelte – und dieses in Zusammenarbeit mit der Schauspieltruppe Caroline Neubers gleich auch unmittelbar umzusetzen versuchte. Gottscheds Überlegungen zu einem zeitgemäßen Theater der Aufklärung hoben im Wesentlichen auf drei Aspekte ab: die Literarisierung des Theaters, die Geschmacksbildung auf Seiten des Publikums und die Befreiung des Theaters aus den Zwängen der höfischen Repräsentation oder der Ökonomie durch die Gründung stehender, von der öffentlichen Hand zu subventionierender Bühnen. Damit sollte sich das neue Theater abheben gleichermaßen von der Künstlichkeit der bei Hof beliebten Opernaufführungen, die Gottsched als Ausdruck der Unnatur verachtete (die Oper ist für ihn „das ungereimteste Werk, das der menschliche Verstand jemals erfunden hat"; Gottsched, AW 6/2, 366), und der Widernatürlichkeit des im öffentlich Raum dargebotenen Schauspieltheaters der Wanderbühnentruppen, die mit einem bunten Repertoire von oft bis zur Unkenntlichkeit bearbeiteten Textvorlagen und Stegreifspielen in der Tradition der Commedia dell'Arte sowie mit sogenannten ‚Haupt- und Staatsaktionen' und possenhaften Nummern ihr Publikum unterhielten.

Gottscheds Theaterreform

1732 schreibt Gottsched in der Vorrede zu seiner Tragödie *Der sterbende Cato* über seine Erfahrung mit dem deutschen Theater (vor Augen hat Gottsched hier die Aufführungen der Dresdner Hofkomödianten, die er 1724 in Leipzig erlebt hatte): „[A]llein ich ward auch die große Verwirrung bald gewahr, darinn diese Schaubuehne steckete. Lauter schwuelstige und mit Harlekins Lustbarkeiten untermengte Haupt- und Staatsactionen, lauter unnatuerliche Romanstreiche und Liebesverwirrungen, lauter poebelhafte Fratzen und Zoten waren dasjenige, was man daselbst zu sehen bekam. Das einzige gute Stueck, so man auffuehrete, war der Streit zwischen Ehre und Liebe, oder *Roderich* und *Chimene*; aber nur in ungebundener Rede uebersetzet. Dieses gefiel mir nun, wie leicht zu erachten ist, vor allen andern, und zeigte mir den großen Unterscheid [!], zwischen einem ordentlichen Schauspiele, und einer regellosen Vorstellung der seltsamsten Verwirrungen, auf eine sehr empfindliche Weise." (Gottsched, AW 2, 5)

Mag Gottscheds Erinnerung an dieser Stelle auch zweckgeleitet sein (vgl. Fischer-Lichte 1993, 88), führt sie mit dem konstruierten Gegensatz zwischen „ordentlichen" (gemeint ist: regelhaften) und „regellosen" Schauspielen doch unmittelbar in das Zentrum seiner dramen- und theaterästhetischen Reformanstrengungen, mit denen er dem Vorbild der für eine höfische Gesellschaft geschriebenen *tragédie classique* nacheiferte. Die Bedingung für deren Einlösung wiederum sah Gottsched in der Einheit von Literatur und gesellschaftlicher Praxis, die er mittels Kanonisierung einer ‚regelgeleiteten Dramatik' durchzusetzen versuchte. Kehrseite der Gottschedschen Theaterreform, die im Kern ein nationalerzieherisches Programm mit dem Ziel der Schaffung einer gebildeten *bürgerlichen* Nation darstellt, war die Marginalisierung der theatralen Ausdrucksformen des Volks- und Unterhaltungstheaters, die als solche Ausdruck „bürgerlich-rationaler Ablehnung [ist] gegenüber jeder Form von Kommunikation und Realitätswahrnehmung, die der vernünftigen Ordnung der Welt zuwiderläuft". (Weiss-Schletterer 2005, 18)

Gottscheds Kritik an den Kontrastfügungen, den Registervermischungen und den derb-burlesken Unterbrechungen der theatralen Darstellung politisch-historischer Stoffe durch lustige Figuren wie den Hanswurst oder den Pickelhäring galt einer „unordentlichen Einbildungskraft" (Weiss-Schletterer 2005, 18), die sich nicht mit der Vorstellung vereinbaren ließ, dass der Zuschauer über die Schau der *schönen* Ordnung zur Erkenntnis der *natürlichen* Ordnung gelangt. Sie stand im Verständnis Gottscheds quer zu der intendierten Vernunft- und Moralerziehung durch das Theater. ‚Regelhaftigkeit' ist in Gottscheds System von hier aus auch mehr als bloß ästhetischer Leitwert für das bürgerliche deutsche Theater der Zukunft. Sie galt Gottsched, wie den andern Frühaufklärern auch, als Ausdruck einer von der Vernunft gesetzten Ordnung.

Gerade von hier aus begründete er seine Ansicht über ästhetische Normsetzungen als Instrument der Bildung und der Aufklärung für den *vernünftigen* Bürger. Die Kunst, und speziell das Theater, hatten seiner Ansicht nach die nach Regeln der Vernunft organisierten Ordnungen der Natur und der

Regelgeleitete Dramatik

Ästhetische Normsetzungen

Gesellschaft abzubilden, indem sie ihrerseits eine Ordnung nach den Regeln der Vernunft herstellt. Nur so könne der Zuschauer über die Natur und Gesellschaft zugrunde liegenden Regeln aufgeklärt werden und als Zuschauer zum *vernünftigen* Bürger werden. Aus diesem Grund lehnte er – anders als nach der Jahrhundertmitte eine junge Dramatikergeneration – nicht nur das Drama Shakespeares ab (vgl. Gottsched 1742, 172). Darum vor allem polemisierte er in den von ihm gegründeten moralischen Wochenschriften *Die vernünftigen Tadlerinnen* (1725/26) und *Der Biedermann* (1727/28) sowie in seinen späteren Schriften auch so unnachgiebig gegen die „unnatürliche[n] Romanstreiche und Liebeswirrungen" und die „pöbelhafte[n] Fratzen und Zoten" der komischen Figuren (Gottsched, AW 2, 5). Und darum plädierte er für eine Einhaltung ästhetischer Regeln. Für Gottsched waren dies zumal die von Nicolas Boileau 1674 in *Art poétique* formulierten Grundsätze des französischen Klassizismus: in erster Linie die durch das Wahrscheinlichkeitsprinzip (*vraisemblance*) gebotene Einhaltung der Einheiten von Handlung, Zeit und Ort, die richtige Personalwahl im Sinne der Ständeklausel und damit nach dem Muster ‚hoch' = Tragödie – ‚tief' = Komödie, die Verwendung einer das Extemporieren verhindernden, von der Alltagssprache deutlich geschiedenen versifizierten Sprache, insbesondere des Alexandriners als angemessenem Tragödienvers, die Mischformen ausschließende Einhaltung von Gattungsgrenzen, *bienséance* in Ausdruck, Gegenständen und Darstellung sowie eine festgelegte Aktstruktur. Diese ‚Regeln' wiederum bestimmte Gottsched als ahistorische, d.h. durch die Zeit gleichbleibende, und überindividuelle Ordnungsmomente: „Die Regeln nämlich, die auch in freyen Künsten eingeführet worden", schreibt er so etwa im 3. Kapitel der *Critischen Dichtkunst* im Zusammenhang mit der Geschmacksbildung, „kommen nicht auf den bloßen Eigensinn der Menschen an; sondern sie haben ihren Grund in der unveraenderlichen Natur der Dinge selbst; in der Uebereinstimmung des Mannigfaltigen, in der Ordnung und Harmonie." (Gottsched AW 6/1, 174)

Ästhetik und Ethik Grundlegend für Gottscheds Reformanstrengungen ist die Gleichsetzung von ästhetischem und ethischem Wert. Mimesis, der auch Gottsched im ausdrücklichen Rückgriff auf Aristoteles eine entscheidende Bedeutung für die Konstituierung von Kunst einräumt, bedeutet für ihn von hier aus nicht etwa Widerspiegelung der empirischen Wahrnehmungswelt, sondern einer *moralischen* Ordnung. In seiner als Verteidigung des Theaters gegen seine Verächter angelegten Rede *Die Schauspiele, und besonders die Tragödien sind aus einer wohlbestellten Republik nicht zu verbannen* (1729) findet sich eine hier ansetzende Bestimmung der Tragödie, die bereits in nuce Gottscheds gesamte Gattungstheorie enthält, wie er sie im zweiten Teil der *Critischen Dichtkunst* (*Von Tragödien oder Trauerspielen*) dann ausführlich darlegen wird. Die Tragödie, heißt es hier, ist eine „allegorische Fabel, die eine Hauptlehre zur Absicht hat, und die staerksten Leidenschaften ihrer Zuhoerer, als Verwunderung, Mitleiden und Schrecken zu dem Ende erreget, damit sie dieselben in ihre gehoerige Schranken bringen moege". (Gottsched, AW 9/2, 494) Daraus folgt nachstehende Definition: „Ich glaube derowegen, eine Fabel am besten zu beschreiben, wenn ich sage: sie sey die Erzaehlung einer unter gewissen Umstaenden moeglichen, aber nicht wirklich vorgefallenen Begebenheit, darunter eine nuetzliche moralische Wahrheit verborgen liegt." (Gottsched, AW 6/1, 204) Von der Fabel fordert Gottsched von daher einen moralischen Lehrsatz (etwas Wahres) und eine Einkleidung dieses Lehrsatzes und die Erweiterung dieses moralischen Satzes zu einem – im Interesse der intendierten Wirkung die Erfordernisse der Wahrscheinlichkeit und der Schicklichkeit nicht außer Acht lassenden – Handlungszusammenhang, um auf diese Weise dem noch nicht zur Verstandeseinsicht gelangten Rezipienten die Einsichten der Moralphilosophie im Medium der Anschauung zu übermitteln.

Dabei ist sich Gottsched durchaus bewusst, dass der sittlichen Bildung die Unterhaltung stützend zur Seite treten müsse, da die „gründlichste Sittenlehre für den großen Haufen der Menschen viel zu mager und zu trocken" sei; die Historie hinwiederum wäre zwar „angenehm", aber eben nicht „erbaulich". In der Poesie dagegen käme beides zusammen: „Die Poesie [...] ist so erbaulich, als die Moral, und so angenehm, als die Historie; sie lehret und sie belustiget, und schicket sich fuer Gelehrte und Ungelehrte: darunter jene die besondre Geschicklichkeit des Poeten, als eines kuenstlichen Nachahmers der Natur, bewundern; diese hergegen einen beliebten und lehrreichen Zeitvertreib in seinen Gedichten finden." (Gottsched AW 6/1, 221)

Unterhaltung und
Erbauung

Erbauung meint hier vor allem moralische Stabilisierung. Entsprechend stellt sich für Gottsched nicht nur die Tragödie als „eine Schule der Geduld und Weisheit, eine Vorbereitung zu Truebsalen, eine Aufmunterung zur Tugend, eine Zuechtigung der Laster" (Gottsched, AW 9/2, 494) dar. Vergleichbares gilt vielmehr auch für die Komödie, die Gottsched „als ein[e] Nachahmung einer lasterhaften Handlung" bestimmt, „die durch ihr laecherliches Wesen den Zuschauer belustigen, aber auch zugleich erbauen" könne (Gottsched, AW 6/2, 348); als Muster dafür wiederum können die regelmäßigen Typenkomödien von Gottscheds Frau Louise Adelgunde (*Pietistrey im Fischbein-Rocke*, 1736; *Die ungleiche Heyrath*, 1743; *Das Testament*, 1745) gelten.

Was die Tragödie angeht, wird für Gottsched moralische Stabilisierung erreicht auf dem Weg der tragischen Affekterzeugung: durch ,Schrecken', ,Mitleiden' (so Gottsched in der für die Gattungspoetologie der Zeit üblichen Übersetzung der aristotelischen Wirkungsbegriffe ,eleos' und ,phobos') und, in Ergänzung dazu, ,Verwunderung' (gemeint ist ,Bewunderung') für die leidende bzw. heroische Tugend. Über die Darstellung von Tugend und Laster schreibt Gottsched 1751 so in seiner *Akademische[n] Vorlesung [...] über die Frage: Ob man in theatralischen Gedichten allezeit die Tugend als belohnt, und das Laster als bestrafet vorstellen müsse*:

Schrecken –
Mitleiden –
,Verwunderung'

Das Trauerspiel sonderlich, soll, nach der Lehre des tiefsinnigen Weltweisen [d.i. Aristoteles], der uns die Regeln desselben vorgeschrieben hat, dazu dienen, daß es die Leidenschaften der Menschen reinige; das ist bessere, und zu einem guten Zwecke lenke. Deswegen muessen eben Schrecken und Mitleiden in der Tragoedie

herrschen; das erste zwar, bey den Unglueckssfällen der Großen, die sehr weit über das gemeine Schicksal der Menschen erhaben zu seyn scheinen; das letzte aber, bey dem Leiden der Unschuldigen, und dem Elende der unterdrueckten Tugend. Wie reiniget aber solches die Leidenschaften? Das erste daempfet den Stolz und die Ehrbegierde der Zuschauer; indem sie sehen, daß auch der hoechste Stand der Menschen vor dem Unglücke nicht versichert; daß auch Krone und Zepter noch den Zufaellen des menschlichen Lebens unterworfen bleiben. Das andre hergegen heilet die Ungeduld und die Verzweifelung: wenn man sieht, daß schon andre vormals, bey aller ihrer Tugend, dennoch viel Ungemaches haben erdulden muessen; daß die Unschuld schon ehemals gedruecket worden, aber dennoch standhaft geblieben: obgleich ihre Huelfe nicht sogar augenscheinlich vorhanden gewesen. So wird nun die Seele der Zuschauer, auch durch die leidende Tugend erbauet, und theils in gegenwaertigen Uebeln kraeftig gestaerket, theils zu Erduldung der kuenftigen gewaffnet.
(Gottsched 1751, 17 f.)

Die Stimulierung der Affekte Schrecken und Abscheu, Mitleid und Bewunderung (Staunen über die unerschütterliche Beharrlichkeit eines klaglos leidenden Helden) als dem Trauerspiel zukommende Aufgabe ist ein Erbe des 17. Jahrhunderts, auch wenn Gottsched in seiner *Critischen Dichtkunst* die Vorbereitung der Zuschauer „zu ihren eigenen Truebsalen" (Gottsched, AW 6/2, 312) bereits als Wirkungsabsicht der antiken Tragödie hat sehen wollen. Allerdings hat Gottsched die Trauerspielkonzeption des 17. Jahrhunderts entscheidend verweltlicht, insofern er der Darstellung von Leiden den eschatologischen Verweisungscharakter genommen hat. Das auf der Bühne in Szene gesetzte Leiden verweist nicht mehr auf die heilsgeschichtliche Erlösungsbedürftigkeit des Menschen, sondern „konfrontiert" diesen Gottscheds Vorstellungen zufolge vielmehr „mit seinen eigenen Grenzen" und ruft ihn „zur vernünftigen Selbstbeschränkung jenseits aller Hybris" auf (Alt 1994, 73).

Gottsched, *Der sterbende Cato*

Mit dem Republikanerdrama *Der sterbende Cato* (1731), einer Bearbeitung von Joseph Addisons *Cato*-Tragödie (1713), hat Gottsched selbst eine Tragödie vorgelegt, die in mustergültiger Weise seine theoretischen Überlegungen zur Funktion der Schaubühne als ständeübergreifender Bildungsinstitution in die Praxis des Dramenschreibens hatte überführen sollen. Dementsprechend hat er sie auch in die sechs Bände umfassende Sammlung der *Deutschen Schaubühne* – für Gottsched die Basis des neuen literarischen Theaters – aufgenommen. Mit dem Titelhelden und seinem Gegenspieler Cäsar hat Gottsched in dieser Tragödie mittlere Charaktere auf die Bühne gestellt; er hat die Einheit von Ort, Zeit und Handlung gewahrt und selbst die Figur der Anagnorisis mustergültig zum Einsatz gebracht (Catos Tochter Portia wird zunächst als Arsene genannte Tochter des Partherkönigs Arsace eingeführt; ihr Kindschaftsverhältnis zu Cato stellt sich erst im Laufe der Handlung heraus). Im Zentrum des Dramas selbst steht mit dem von Theodor Mommsen später als „Wolkenwandler im Reiche der abstrakten Moral" (Mommsen 1976, 163) verspotteten Cato dem Jüngeren (Cato Uticensis) ein stoischer Held, der mit seinem selbstbestimmten Tod die Übereinstimmung von vernünftigem und tugendhaftem Handeln als Grundlage der stoischen Ethik beglaubigt. Gemütsfreiheit, Affektkontrolle, Großmut, Gelassenheit – all diese Eigenschaften machen Cato zum exemplarischen Vertreter der stoischen *constantia*. Im Streit mit Cäsar widersetzt sich der überzeugte Republikaner einerseits den imperialen Ansprüchen des neuen Diktators, muss gleichzeitig aber auch dessen Überlegenheit anerkennen.

Nur um den Preis seines Lebens kann sich Cato, dem Cäsar ein Bündnis zum wechselseitigen Nutzen anbietet, seine moralische Integrität bewahren. Dabei richtet er sein politisches Handeln an einer gewissensregulierten Tugendethik aus, die den Verhältnissen (noch) nicht gewachsen ist. Die letzten Worte des Sterbenden gelten der Sorge um Freunde und Verwandte, sind Aufforderungen an Sohn und Tochter zur Nachfolge in der Beständigkeit – was im Falle der Letzteren, die Cäsar liebt und von diesem geliebt wird, auf die Forderung zur Selbstimmunisierung gegen die Gefährdung des seelischen Gleichgewichts durch die affektive ‚Natur' hinausläuft:

> Getrost, mein Sohn, getrost! Das Reden faellt mir schwer.
> Tritt naeher, Porcius. Wie stehts mit unsern Freunden?
> Sind sie schon eingeschifft? Entkommen sie den Feinden?
> Sprich, ob ich ihnen sonst noch irgend dienen kann?
> Du aber, ruf den Feind nie um Vergebung an.
> Versaeume niemals was, die Freyheit Roms zu retten.
> Itzt folgt sie mir ins Grab! noch sterb ich sonder Ketten.
> Und bin recht sehr erfreut, daß, da ich frey gelebt,
> Ich noch ein Roemer bin, indem man mich begraebt.
> Dem Beyspiel folge nach! […]
> […] Du aber Porcia,
> Die ich vorlaengst verlohr, itzt wenig Stunden sah,
> Und wiederum verliehr; denk meiner Vaterliebe,
> Und folg in allem Thun, dem tugendhaften Triebe,
> Der dich bereits erfuellt. Beweine nicht mein Grab:
> Rom! Rom! dein Vaterland dringt dir die Thraenen ab!
> Verdamme Caesars Glut, die dich zur Sklavinn machet:
> Und weil was roemisches in deiner Brust erwachet,
> So waehle kuenftig mir den Held zum Tochtermann,
> Der den Tyrannen straft und Rom befreyen kann.
> Umarme mich, mein Kind! – Ihr Freunde seht mich sterben!
> Ihr seufzet? thut es nicht! Beweinet Roms Verderben!
> Lebt wohl, seyd Rom treu!
> (Gottsched, AW 2, 112 f.)

Die Gelassenheit, mit der Cato in der Konsequenz seiner Einsicht in die Übermacht der Verhältnisse (und seines Gegners) den Freitod wählt und nicht etwa den heroischen Untergang in einem aussichtslosen Kampf, macht ihn zum Nachfolger der beständigen Helden des barocken Trauerspiels. Im Unterschied zu den barocken Märtyrerfiguren erfolgt Catos ‚Beständigkeit' allerdings hier nun in der Fluchtlinie eines politischen Moralismus, der den Freitod als logische Konsequenz der noch in äußerster Not

Catos ‚Beständigkeit'

behaupteten Willensfreiheit erscheinen lässt. Er ist Akt der Selbstbehauptung eines *zoon politikon.* Stoizismus und Republikanismus gehen in der Figur des sterbenden Cato so ebenso zusammen wie die Idee von republikanischer Freiheit und der Freiheit des Gemüts (vgl. Alt 1994, 112 f.).

Als stoischer Philosoph und politischer Denker steht Cato zwischen den Vorbildern des barocken Märtyrers einerseits und des kämpferischen Helden der heroischen Tragödie andererseits. Hier öffnet sich eine Kluft zwischen Dramenkonzeption und Dramenpraxis, die sich in den poetologischen Ausführungen Gottscheds im Nebeneinander der Wirkungseffekte ,Verwunderung' (bzw. ,Bewunderung') einerseits, ,Mitleiden und Schrecken' andererseits bereits angedeutet hatte. Unübersehbar legt Gottsched hier zwei heterogene dramentheoretische Konzeptionen übereinander: das Modell der heroischen Tragödie und dasjenige der neostoizistischen Abhärtungstragödie. Verschiedentlich ist in der Forschung auf diese Widersprüche hingewiesen worden (vgl. Wölfel [2]1978, 91–93; Alt 1994, 74–76), die Gottsched selbst durchaus gesehen und in der Vorrede zum Drama gegen mögliche Einwände zu verteidigen gesucht hat: „Endlich" müsse „niemand denken, als wenn die Absicht dieses Trauerspiels diese wäre, den Cato als ein vollkommenes Tugendmuster anzupreisen", schreibt er hier:

> Nein, den Selbstmord wollen wir niemals entschuldigen, geschweige denn loben. Aber eben dadurch ist Cato ein regelmaeßiger Held zur Tragoedie geworden, daß er sehr tugendhaft gewesen: doch so, wie es Menschen zu seyn pflegen; daß sie naemlich noch allezeit gewisse Fehler an sich haben, die sie ungluecklich machen koennen. So will *Aristoteles,* daß man die tragischen Hauptpersonen bilden soll. Durch seine Tugend erwirbt sich *Cato* unter den Zuschauern Freunde. Man bewundert, man liebet und ehret ihn. Man wuenschet ihm daher auch einen gluecklichen Ausgang seiner Sachen. Allein er treibt seine Liebe zur Freyheit so hoch, daß sie sich gar in einen Eigensinn verwandelt. Dazu koemmt seine stoische Meynung von dem erlaubten Selbstmorde. Und also begeht er einen Fehler, wird ungluecklich und stirbt: wodurch er denn das Mitleiden seiner Zuhoerer erwecket, ja Schrecken und Erstaunen zuwege bringet.
> (Gottsched, AW 2, 7)

3. Heroisches Trauerspiel

Politik und Moral   *Der sterbende Cato* ist ungeachtet dieser Widersprüche als solches ein Beispiel für die Ausgestaltung des Konflikts zwischen Politik und Moral, der im Zentrum insbesondere der in der ersten Phase der Aufklärung beliebten heroischen Tragödien steht. An der Schwelle zur Neuzeit hatte Machiavelli das politische Handeln aus seiner ethischen Lagerung gelöst und an der Staatsräson als primärem Leitwert ausgerichtet. Das sind die neuen Prämissen, die das politische Denken seit dem 16. Jahrhundert bestimmten (vgl. dazu Leonhard 2011). In Abgrenzung gegenüber einer politischen Staatstheorie, die amoralisches Handeln zur Erlangung oder Erhaltung politischer Macht legitimiert, formuliert das heroische Trauerspiel des 18. Jahrhunderts vor diesem Hintergrund in ersten Ansätzen eine gewissensregulierte Ethik des politischen Handelns aus, die Individualmoral, bürgerliche Freiheiten, die Interessen des Staates und Staatsbürgerpflichten auszutarieren erlaubt und den Exzessen der Herrschaft Grenzen setzt (zur Justierung des Gewissensbegriffs grundlegend Kittsteiner 1991).

„Wie vereiniget man hier Gottes-Dienst und Herren-Dienst? wie die Ehre der Wahrheit und die Erhaltung seiner selbst? die Pflichten des Gewissens und die Pflicht des Unterthanen?" lautet in Zuspitzung der mit der bürgerlichen Aufklärung auf die Tagesordnung gesetzten Frage der Ausgleichung konkurrierender Anspruchssysteme von privater Tugend und Staatsbürgerpflicht die alles entscheidende Frage, die Friedrich Carl von Moser nach der Jahrhundertmitte im 3. Gesang seines Epos *Daniel in der Löwen-Grube* (1763) noch einmal in exemplarischer Weise zur Diskussion gestellt hat (Moser 1763, 66). Im Hintergrund dieser Frage nach der Verhältnisbestimmung von privat/öffentlich steht ein vom Leitbegriff des zu Selbstaufklärung, Selbstwerdung und Selbstdenken befähigten ‚Menschen' her gedachtes Konzept von Gesellschaft als durch Vertrauen, einen gemeinsamen Wertekanon und Homogenität ausgezeichneter Gemeinschaft, in welcher der Widerspruch zwischen individueller Tugend und Politik wenn nicht beigelegt, so doch zumindest entschärft ist. Im Rahmen dieses Konzeptes erfährt die ursprünglich in religiös-theologischen Zusammenhängen gedachte Gewissensethik eine Säkularisierung: als Vorstellung einer sozialen Regulierung durch Selbstkontrolle in Gestalt jenes „wundersamen Vermögens" der moralischen Gesetzgebung „in uns", als das Kant das Gewissen in der *Kritik der praktischen Vernunft* bezeichnet (Kant, GS 1, V, 98). ‚Gewissen' wird mit anderen Worten zur Instanz der (Selbst-)Organisation der bürgerlichen Gesellschaft: „Kern der sittlichen Identität des Menschen" (Mieth 1984, 83) und Ausdruck einer verinnerlichten Handlungssteuerung in Beziehung zu Moral und Recht. Zumal im Trauerspiel werden – *tragisch modellierte* – Gewissenskonflikte von hier aus zum Ausdruck einer Auseinandersetzung mit den ethischen Grundlagen der Gemeinschaft im ‚aufgeklärt'-absolutistischen Staat.

Gewissen

Die Tragizität der Konfliktmodellierung bleibt selbst dort erhalten, wo – wie in dem 1735 durch die Neuber'sche Schauspieltruppe uraufgeführten Trauerspiel *Timoleon, der Bürgerfreund* – die Katastrophe des tödlichen Ausgangs ausbleibt. Auch in diesem Stück des Gottschedianers Georg Behrmann allerdings hat tugendhaftes Handeln seinen Preis. Hin- und hergerissen zwischen zwei konkurrierenden Systemen: Staat und Familie, Bürgerpflicht und Familienloyalität, geht der titelgebende „Bürgerfreund" Timoleon einerseits siegreich aus dem Konflikt zwischen Politik und Moral hervor; andererseits macht er sich zumindest vor dem inneren Gerichtshof seines Gewissens schuldig und verliert mit der Schuld seinen angestammten Platz im bürgerlichen Gemeinwesen, dem er durch sein eingreifendes Handeln erst die Fortexistenz gesichert hat.

Behrmann, Timoleon, der Bürgerfreund

Das Stück setzt ein, nachdem Timoleons Bruder Timophanes mit Hilfe eines Söldnerheeres die Macht in Korinth, einem bürgerschaftlich regierten Gemeinwesen, an sich gerissen hat, was Chaos und Unordnung nach sich

zieht. Timophanes verachtet das Bürgerregiment und setzt mit rücksichtslo-
ser Brutalität seinen Alleinherrschaftsanspruch durch.

> Was, sollt ich mich als Fürst noch Bürgern ähnlich schätzen,
> Und Mitregenten mir statt Unterthanen setzen?
> Ein bürgerhafter Zwang steht keinem Fürsten an.
> […]
> Ich bin Herr von Corinth, ich muß allein befehlen.
> (Behrmann 1741, 41 f.)

In Timophanes Maxime „Ich will kein Bürger seyn" (Behrmann 1741, 28)
findet die Zentrifugalkraft des absolutistischen Herrschaftsanspruches seinen unmittelbaren Ausdruck. Als „Menschenwürger" (Behrmann 1741, 71)
ist der Usurpator das Negativ der Bürgerlichkeit, das Timophanes (und
Timoleons) Mutter Demaristia als Ideal entwirft:

> Ein wahrer [Bürger] ist nur der, der stets zurücke setzt
> Was Amt, Gewissen, Eid, Rath, Volk und Staat verletzt;
> Der nimmer herrschen will, nur auf Befehl regieret,
> Und, wenn er endlich muß, sein Amt mit Zittern führet;
> Der, wenn er Richter ist, den Schuldigen beklagt,
> Und ihm, indem er straft, nie Rath und Trost versagt;
> Der willig übersieht, wenn man aus Schwachheit fehlet,
> Und, wenn es Bosheit ist, die schärfste Strafe wehlet;
> Der Wohlfahrt, Ruh und Fleiß dem Staate willig schenkt;
> Der frey und redlich spricht, und frey und redlich denkt,
> Nie Rotten unterhält, Verräthereyen störet,
> Und sich nichts eigen macht, was Bürgern zugehöret;
> […]
> Wie sicher, wie beglückt, wie ruhig ist der Staat,
> Dem nicht ein Fürst befiehlt, der freye Bürger hat?
> Der, wenn ein König spricht, nicht gleich erschrickt und bebet,
> Und sich nicht höher setzt, als seine Kraft ihn hebet;
> Der nie erschrocken weicht, Gewalt und Macht vertreibt,
> Nicht aufzuwiegeln ist, und in sich einig bleibt;
> Der Fürsten klüglich traut, die Kronensucht verfluchet,
> Und Freyheit schon besitzt, und nicht erst Freyheit suchet.
> (Behrmann 1741, 31–33)

Timoleons anfängliches Beharren darauf, den Bruder durch Einsicht buchstäblich zur ,Vernunft' zu bringen, setzt darauf, den Tyrannen durch
Zuspruch für das Verachtete (Gemeinsinn, Rücksicht) ,sozial', d.h.: den
Bürgern ,ähnlich' machen zu können. Zielpunkt dieses Zuspruchs ist *das
Herz* als Gewissensinstanz. „Liebkose den Gemal, laß keine Reizung fehlen, / Bis du sein Herz gewinnst, bis er uns ähnlich ist" (Behrmann 1741,
58), rät Timophanes Mutter Demaristia ihrer Schwiegertochter zu, und
auch Timoleon begründet seine anfängliche Mahnung zum Maßhalten in
der politischen Auseinandersetzung weniger aus der Einsicht in die militärische Überlegenheit des Tyrannen als vielmehr aus dem Glauben an die

Zuträglichkeit und Zugänglichkeit des moralischen Gewissens-Appells heraus:

> Ich will, daß dein Gemal, der Recht und Ordnung beugt,
> Sich durch sein eignes Herz der Bosheit überzeugt.
> [...]
> Ich bitt ihn, ich ersuch, er überwinde sich.
> Er hat genug getobt, itzt muß er sich bekämpfen.
> (Behrmann 1741, 11)

Dass diese Politik der Mäßigung, des Bittens und der Verhandlungen zu nichts führt, im Gegenteil die Raserei des Tyrannen nur noch mehr befeuert, wird zum Auslöser des tragischen Konflikts: Timophanes ist keinem vernünftigen Argument zugänglich, letztlich weder einsichts- noch bildungsfähig im Sinne einer moralischen Kultivierung und damit für ein ethisches Handeln verloren. Das macht in der Logik des Stücks ein seinerseits unethisches Handeln zur Verteidigung der Freiheit und der Rettung der bürgerlichen Ordnung aus dem Untergang notwendig: den Tyrannenmord, dessen Problematik dadurch verschärft ist, dass er zugleich Brudermord ist. Timoleon muss den Bruder opfern, um ‚Bürgerlichkeit' (die bürgerliche Freiheit) zu retten. *(margin: Tyrannenmord)*

Behrmann löst diesen Widerspruch zwischen Familienloyalität und Bürgerpflicht, Ethik und politischer Notwendigkeit nicht auf, lässt das Stück vielmehr in dem Punkt unversöhnlich enden. Timoleon entscheidet sich für die Staatsbürgerpflicht und gegen die Familie, hält sich selbst zwar aus der Tat heraus (ausgeführt wird die Beseitigung des Tyrannen durch zwei Verbündete), bleibt aber dennoch im eigenen Verständnis verantwortlich für den Tod des Bruders. Zwar ist der Mord gerechtfertigt als politische Notwendigkeit und Mittel zur Erhaltung eines höheren Guts, für Timoleon, der gegenüber der eigenen Familie, nach innen also, die Gewalt auslebt, die der bürgerliche Staat zu seiner Selbsterhaltung ausschließen muss, verliert sie damit allerdings nichts von ihrer tragischen Schwere. Als ‚verdienstvoller' Brudermörder steht der Retter Timoloen am Ende mit blutigen Händen in der wieder befriedeten Gemeinschaft, zerrissen in seiner Gewissensqual. Der Autokrat Timophanes hatte noch bedenkenlos viele gemordet; dem „Bürgerfreund" Timoleon dagegen wird bereits das einmalige Töten unerträglich. Dass er im Unterschied zu dem asozialen Gewaltherrscher an seiner Tat leidet, dass er ein Gewissen hat, erweist letztlich seine Humanität, auch wenn ihm die Mutter Demaristia die ersehnte Exkulpation verwehrt. In der Folge seiner ‚beißenden' Gewissensschuld verbannt Timoleon sich zuletzt selbst aus der Stadt, was ihm nichts von der drückenden Last seiner Schuld von der Schultern nimmt, die bürgerliche Gemeinschaft aber gleichsam ‚rein' hält.

Johann Elias Schlegel hat mit seinem 1746 in Kopenhagen erschienenen Trauerspiel *Canut* einen Gegenentwurf zu dieser tragischen Modellierung des Verhältnisses von Politik und Moral auf die Bühne gebracht, in dem sich der Übergang von der heroisch-rationalistischen Tragödie zum empfindsa- *(margin: Schlegel, Canut)* men Trauerspiel ankündigt – das Neue einer moralisch und politisch vorbildlichen Ordnung gewinnt hier Macht über das überlebte Alte. Dem Titelheld von Schlegels Trauerspiel, das formal noch nahezu alle Merkmale der von Gottsched entwickelten Gattungspoetik aufweist (es ist in Alexandrinern geschrieben, hat fünf Akte, wahrt die drei Einheiten), dem dänischen König Canut, kommt hier die Aufgabe zu, das Herrscherideal des aufgeklärten Absolutismus zu verkörpern, was ihm erst am Ende wirklich gelingt und auch ihm Härten abverlangt.

Ehrgeiz ohne Moral   Diesem idealen Herrscher, der als „Held voll Gütigkeit" (SchW 1 [Canut], 224) sein politisches Handeln ganz am Gemeinwohl ausrichtet, ist in Gestalt seines leidenschaftlich nach Ruhm strebenden Schwagers Ulfo der Vertreter einer vormodernen, heroischen Zeit entgegengestellt, der die Wertewelt einer abgelebten Epoche (Ehre, Mut, Kampfbereitschaft, Egoismus) verkörpert (vgl. Ranke 2009, 17). Was Ulfo zum Feind des ‚guten' Königs macht, sind nicht etwa grundsätzliche politische Differenzen, sondern seine buchstäblich über Leichen gehende „Ruhmbegier" (SchW 1 [Canut], 282), ein Ehrgeiz mithin, der keine Moral kennt. Mit dem Insistieren auf individueller Geltung in einer Zeit, in der Menschlichkeit als oberstes Gut bereits die gesellschaftliche Werteskala anführt, ist Ulfo ein wandelnder Anachronismus, ein „Barbar" (SchW 1 [Canut], 276) und als solcher Fremdkörper im funktionierenden System der „Glückseligkeit" (Schmidt-Neubauer 1982, 36) von Canuts ethisch regulierter Herrschaft. Der Vernunft ist er genauso wenig zugänglich wie der Tyrann Timophanes in Behrmanns *Timoleon*.

Damit wird auch von der Anlage dieser Figur her zunächst einmal der Glaube an die Bildungsfähigkeit des Menschen fraglich, die über die pädagogisch-didaktische Seite hinaus eine eminent geschichtsphilosophische Bedeutung hat, insoweit die individuelle Fort- und Höherentwicklung Voraussetzung und Gegenstück der für möglich gehaltenen Vervollkommnung der Welt selbst, d.h.: ihrer schrittweisen Annäherung an den Idealzustand einer vollkommenen Glückseligkeit ist. Das Stück löst diesen Widerspruch ähnlich wie Behrmanns *Timoleon* durch die Austreibung des ‚Bösen': der keinem Vernunftgrund zugängliche „Barbar", den die bedenkenlose Amoralität unfähig macht zur Gemeinschaft, wird, nachdem alle Versuche seiner ‚Vergesellschaftung' gescheitert sind, wie Timophanes aus der Gemeinschaft ausgeschieden – die gestörte Ordnung gleichsam damit wieder ‚entstört'.

Amoralität   Letztlich wird Ulfo zum Opfer einer Asozialität, die ihn ausscheren lässt aus dem Projekt der Herstellung eines moralisch regulierten Wertsystems der ‚Bürgerlichkeit'. Sein Untergang ist Folge nicht außerhalb seiner Verantwortung stehender äußerer Umstände, sondern Folge seiner Egozentrik und damit eines charakterologischen Defizits. So lautet denn auch Canuts Urteil, nachdem Ulfo die Großmut des bis zuletzt versöhnungsbereiten Königs dazu missbraucht hat, Aufruhr gegen die legitime Herrschaft zu schüren: „Wer nicht will menschlich seyn, sey auch nicht werth, zu leben." (SchW 1 [Canut], 279)

Im Unterschied zu *Timoleon* aber hat diese Entstörung der bürgerlichen Gemeinschaft nicht den bitteren Beigeschmack persönlicher Tragik für den Garanten der neuen Werteordnung. Im Gegenteil wächst Canut an der Auseinandersetzung mit seinem Widersacher. Canut wird im Kampf mit seinem der „Menschheit ganz entrissen[en]" (SchW 1 [Canut], 248) Gegenspieler erst „zu einem Menschen, der Herz und Verstand gleichermaßen einsetzt, und damit zu einem wahrhaft guten, nämlich verantwortungsbewußten König". (Plassmann 2000, 177) Lange hatte er davor zurückgeschreckt, Ulfo als strafender Richter entgegenzutreten, und damit seine Herrschaft und das Glück seiner Untertanen aufs Spiel gesetzt. Zuletzt aber trifft er – buchstäblich schweren Herzens – eine notwendige Gewissensentscheidung im Interesse des Ganzen. Canut bezwingt sich und wird so zum Herrscher, der um den nur engen Spielraum für die Verwirklichung seines Wunsches nach einem milden Regiment weiß. Indem er sein Richteramt als König ergreift, erringt Canut Souveränität – nicht um ihrer selbst willen allerdings, sondern im Interesse der allgemeinen Wohlfahrt. Die Herrschgewalt des Fürsten zur Sicherung des Gemeinwohls, die seine Verfügungsgewalt auch über das Leben seiner Untertanen einschließt, steht damit als solche nicht zur Diskussion (vgl. Plassmann 2000, 179).

Mit *Canut* gibt Schlegel das Beispiel einer gezügelten Herrschaft, die sich selbst Grenzen setzt. Die Gewissens-Regulierung der Herrschgewalt ist der *cordon sanitaire*, den die aufgeklärte Gesellschaft gegenüber dem Rückfall ins Barbarische errichtet, der mit dem Anspruch auf absolutes Herrschertum, wie es Ulfo und Timophanes begehren, droht. Das ist die Lehre, die Schlegel in *Canut* seiner Zeit ins Stammbuch schreibt. Damit erteilt das Stück zugleich der ‚kalten' Staatskunst eine Absage, wie Schlegel selbst sie 1736 in *Die Trojanerinnen*, zehn Jahre vor *Canut* also, in der Figur des Ulyß verkörpert hat, einem seelenlosen Agenten der amoralischen *force majeure*, der im Unterschied zum „Barbaren" Ulfo nicht in irrlichternder Leidenschaftlichkeit agiert, sondern vielmehr mit souveräner Herzenskälte – ohne Gewissen.

Die Trojanerinnen ist eine Tragödie über die Dialektik von Vernunft und Terror und das Verhältnis von Humanität und Politik/Macht, mit der Schlegel seinen Zeitgenossen das Bild eines amoralischen, letztlich inhumanen politischen Zeitalters als *Warnbild* vor Augen geführt hat. Die Ausgangssituation der *Trojanerinnen* ist dabei die gleiche wie in der euripidäischen Tragödie, die vom Unglück der Besiegten erzählt. Troja ist gefallen und die Königin Hekuba erwartet mit ihren Töchtern ihr weiteres Schicksal. Die Unterlegenen kämpfen aus der Position des Opfers heraus um die Zukunft Trojas als Gemeinwesen (und nicht etwa um das persönliche Überleben, um Partialinteressen also), dessen Untergang freilich längst eine im Rat der Griechen beschlossene Sache ist. Ungünstige Winde verzögern die Heimfahrt des siegreichen griechischen Heeres, was dem Fürstenrat und dem Priester Kalchas den Vorwand bietet für einen grausamen Totenkult (angeblich verlangt der ruhelose Geist des Toten die „schönste Beute" (SchW 1 [Trojanerinnen], 155) aus dem Kreis der überlebenden Trojanerinnen für

Gezügelte
Herrschaft

Schlegel,
Die Trojanerinnen

sich) und die finale Auslöschung des trojanischen Herrscherhauses mit der Tötung von Hektors Sohn Atyanax. Rational begründet bzw. begründbar ist die Grausamkeit in beiden Fällen. Dient das Totenopfer ganz offensichtlich dem Zweck, Achills Sohn Pyrrhus mit seiner störenden Rachelust ruhig zu stellen, soll durch die Beseitigung von „Priams letzte[m] Reiß" (SchW 1 [Trojanerinnen], 170) die Generationenkette abgeschnitten und so der möglichen späteren Rache der Besiegten vorgebeugt werden.

Im Zentrum des Stückes selbst steht die Auseinandersetzung zwischen dem Heerführer Agamemnon, dem vor der kalten Logik der Gewalt graut und der auf Menschlichkeit als Grundlage des politischen Handelns setzt (allerdings zu schwach ist, um diese Forderung durchzusetzen), und Ulyß, der im Stück als Sachwalter des Staatsinteresses fungiert. Im dritten Auftritt des dritten Akts argumentiert letzterer nicht nur ganz aus den Prinzipien einer *raison d'etre* heraus für das Menschenopfer; er zeigt sich auch immun gegenüber moralischen Gefühlen der Schuld:

> AGAMEMNON. [...]
> Nimmst du die Schuld auf dich bey diesem Blutvergießen?
> ULYß. Ja! fälle nur getrost, was uns sonst fällen kann.
> Wofern es unrecht ist, hab ich es bloß gethan.
> (SchW 1 [Trojanerinnen], 180)

Das Beispiel dieses Vorgangs einer Schuldumbuchung, mit der sich Agamemnon letztlich aus der Verantwortung stiehlt, zeigt, in welchem Maße der Krieg die Griechen asozial gemacht, er ihre Menschlichkeit zerstört und sie zu den Barbaren gemacht hat, als die sie die Trojaner selbst sehen (und zur Vernichtung freigeben). „Barbar" (SchW 1 [Trojanerinnen], 186), mit diesen Worten tritt Hekuba Ulyß so entgegen, als dieser von ihr die Auslieferung von Hektors Sohn Astyanax verlangt.

Empfindsamkeit | Hatte die deutsche Frühaufklärung ,Tugend' noch als vernunftadäquates Verhalten verstanden wissen wollen, demonstriert Schlegel in den *Trojanerinnen*, dass aus der bloßen Vernunft, d.h. aus einer nur verstandesmäßigen Aufklärung, allein (noch) keine praktikablen Normen und Werte abgeleitet werden können, sofern ihr nicht die Empfindsamkeit des Herzens und des moralischen Gefühls läuternd und hilfreich beiseite springen. Während *Canut* Fortschritt *moralisch* begründet, Modernisierung als Moralisierung konzeptualisiert und Politik (als Vehikel eines von der Aufklärung des Verstandes geleiteten allgemeinen Humanisierungskonzeptes) unmittelbar an die Vorstellung eines gewissensregulierten sittlichen Handelns heranführt, zeigt Schlegel in den *Trojanerinnen*, wie brüchig die neue Ordnung der Vernunft mit ihren Vorstellungskonzepten der Geschichte, des unitären Subjekts und des Zuwachses von ,Humanität' von Anfang an ist.

4. Rührung des Herzens: Der empfindsame Bürger

Bodmer und Breitinger | Die Literatur- und Theaterkonzeption Gottscheds verlor ab der Mitte des Jahrhunderts an Einfluss. Bereits in den vierziger Jahren bringen die beiden

Schweizer Schriftsteller und Ästhetiker Johann Jakob Bodmer und Johann Jakob Breitinger mit dem Wunderbaren Aspekte der diesseitigen und der nicht materiellen Welt gegenüber dem strengen Rationalismus der Gottschedschen Poetik ins Spiel. Im Unterschied zu Gottsched wollten sie im Dichter wieder den Schöpfer im eigentlichen Sinne sehen. Die Einbildungskraft des Dichters (gemeint ist die Imagination als selbständiges, produktives ästhetisches Vermögen im Unterschied zur bloßen Naturnachahmung), bringe die unsichtbaren Dinge „aus dem Stande der Möglichkeit" in „den Stand der Würcklichkeit" (Breitinger 1740, 83), mache mithin das hinter dem Sichtbaren der natürlichen Wirklichkeit Stehende, das nur der Phantasie zugängliche und dem Dichter allein bekannte Unsichtbare, anschaulich. Unproblematisch, so Bodmer in seiner *Critischen Abhandlung von dem Wunderbaren in der Poesie und dessen Verbindung mit dem Wahrscheinlichen*, sei eine Erweiterung des Gegenstandsbereichs der Poesie um das Wunderbare und Phantastische und damit um solche Dinge und Vorgänge, die in der empirischen Welt nicht nachweislich vorhanden seien (dazu gehören auch innerseelische Vorgänge, das Gefühl etc.) dort, wo das Wunderbare sich mit dem Wahrscheinlichen verbinde. „Der Poet", so Bodmer, „bekümmert sich nicht um das Wahre des Verstandes; da es ihm nur um die Besiegung der Phantasie zu thun ist, hat er genug an dem Wahrscheinlichen, dieses ist Wahrheit unter vorausgesetzten Bedingungen, es ist Wahres, so fern als die Sinnen und die Phantasie wahrhaft sind, es ist auf das Zeugniß derselben gebauet." (Bodmer 1740, 47)

Auch wenn Bodmer hier an der *vraisemblance* als Regulativ einer ausschweifenden Phantasie festhält, bricht er mit seinen Überlegungen doch mit Gottscheds Nachahmungsdoktrin, denn als nachahmenswert galt Bodmer (das Gleiche gilt für Breitinger) eben auch das Mögliche. Dieser erweiterte Mimesis-Begriff, dem weniger die *empirische* als die *poetische* Glaubwürdigkeit (künstlerische Stimmigkeit und sinnliche Überzeugungskraft sowie die Wirkung auf den Leser) zum Maßstab wurde, ist zentriert in der Vorstellung von der sinnlichen Evidenz des Kunstschönen. In der *Critischen Dichtkunst* schreibt dazu wiederum Breitinger:

Erweiterter
Mimesis-Begriff

Wie nun der Mahler zur Materie der Nachahmung alles dasjenige nehmen kan, was dem sinnlichen Werckzeuge des Gesichtes durch Licht und Farben kan begreifflich und vorstellig gemachet werden; also stehet es in dem Vermögen der poetischen Mahler-Kunst, alles, was mit Worten und Figuren der Rede auf eine sinnliche, fühlbare und nachdrückliche Weise kan nachgeahmet und der Phantasie, als dem Auge der Seele, eingepräget werden, nach dem Leben und der Natur abzuschildern. Hierinn übertrifft die Poesie alle anderen Künste, da ihr die gantze Natur in ihrem weiten Umkreise zum Muster der Nachahmung dienen muss. Alles was der menschliche Verstand von den Würckungen und Kräften der Natur in seinen Registern aufgezeichnet hat, kan der Poet durch sinnliche Bilder auszieren, und der Phantasie, als in einem sichtbaren Gemählde, vorlegen; so dass sich das Gebiethe der Poesie fast eben so weit erstrecket, als die menschliche Erkenntniss, welche unter dem Nahmen der Weltweissheit alles begreifft, was durch menschlichen Fleiss und Nachforschen von möglichen und würcklichen Dingen kan erkennet werden. (Breitinger 1740, 53)

Katharsis und Illusion

Im Unterschied zu Gottsched, der auf die Literarisierung des Theaters pochte (und dafür eine Publikationspraxis durchsetzte, die Dramen immerhin frei zugänglich machte und sie der literarischen Kritik aussetzte), lenkt Bodmer den Blick zurück wieder auch auf die Ereignishaftigkeit, den Aufführungs- und Verkörperungscharakter der Inszenierung. So erklärt er die Katharsis, die er – darin sind Bodmer und Breitinger sich einig – als eine Reinigung *der* Leidenschaften (nicht *von* ihnen) verstanden wissen will, zum Effekt der Illusionsunterbrechung. Katharsis, so schreibt Bodmer 1729 in einem Brief an den italienischen Autor Pietro die Conti di Calepio, der Eingang gefunden hat in den 1736 auszugsweise veröffentlichten *Brief-Wechsel von der Natur des poetischen Geschmackes*, stelle sich ein mit der plötzlichen Einsicht des Zuschauers in den Fiktionscharakter des auf der Bühne Vorgestellten. Die tragischen Leidenschaften (,Mitleiden', ,Jammer') dagegen enden mit der Bühnenillusion; was sich einstellt, wenn die Illusion endet, sei Lust: „So bald dieser Gegenstand, auf welchem sein Mitleiden gehafftet hatte, zerstoehret ist, verschwindet zugleich sein Schmerzen, er wird auf einmahl der schweren Buerde, die auf ihm gelegen war, entladen; anstatt des Mitleidens stellet sich die Verwunderung ueber den kuenstlichen Betrug ein, der mit ihm gespielet worden. Je hefftiger dann der vorige Schmerzen wird gewesen seyn, je empfindlicher wird das darauf folgende Vergnügen seyn, wann er so plötzlich und auf einmahl alles, was ihm Schmerzen gebracht hatte, abgethan und gehoben siehet." (Bodmer 1736, 86f.) Und weiter: „Das Leid regieret, so lange als der Betrug waehret; wenn derselbe aufhöret, folget die Lust hernach." (Bodmer 1736, 88) Mit einem Argument, das in ähnlicher Weise bereits bei Horaz begegnete, wertet er dabei den Anteil des Spiels und der Spieler auf, wenn es kurz darauf heißt: „Ich habe auch anmercken sollen, daß der Betrug nicht eintzig und alleine von der Kunst des Poeten, sondern zum Theil von der Kunst des Tragoedianten zuwege gebracht wird. Daher dringet die einfaeltige Ablesung einer Tragoedie viel weniger zum Herzen, als die Theatralische Aufführung." (Bodmer 1736, 89)

Der herzgeleitete Mensch

Ganz en passant fällt in dieser Argumentation Bodmers mit dem ,Herz' (zu-Herzen-Dringen) ein Schlüsselbegriff der neuen Epoche der Empfindsamkeit, die in den 1740er Jahren die rationalistische Phase der Aufklärung abzulösen beginnt. In ihrem Zentrum steht der herzgeleitete Mensch als Repräsentant des Wertsystems ,Bürgerlichkeit': ein ,Herz haben', nicht allein ,Verstand haben', wird nun als Voraussetzung des Vollzugs der praktischen Vernunft verstanden; das fühlende Herz ist Medium der erfahrungspraktischen Vernunft. Mit der Aufwertung der Phantasie und Kreativität des Dichters verlagert sich das Interesse vom moralischen Nutzen (der freilich sowohl bei Bodmer als auch bei Breitinger nicht im Grundsatz in Frage gestellt wird) von hier aus auf die Herzens-Rührung; das rhetorisch-didaktische Konzept wird solcherart in den Bereich des Fühlens hinein erweitert.

Poesie soll nun nicht mehr allein den menschlichen Verstand ansprechen, sondern auch das Gemüt. „Ist die Materie, die der Poet erwehlet hat, mit einer eigenthümlichen verwundersamen Neuheit begabet", so Breitinger, „so wird sie das Gemüthe durch ihre eigene Kraft, auch ohne die Hülfe der Kunst, einnehmen und entzücken, wenn sie in ähnlichen Bildern und übereintreffenden Ausdrücken nur einfältig vorgestellet wird. Weil aber der Poet nicht immer neue und ungemeine Dinge findet, oder vorzustellen Gelegenheit hat; so muß er auch wissen, gemeinen und bekannten Wahrheiten durch die Kunst der Nachahmung ein neues Ansehen mitzutheilen, und sie in ihrem vortheilhaftesten Licht vorzustellen." (Breitinger 1740, 53)

Auf der Linie der von Bodmer und Breitinger entwickelten Vorstellungen von einer ‚Gemütserregungskunst' (Breitinger spricht selbst von einer „hertzrührend[en]" [Breitinger, Fortsetzung 1740, 417] Schreibart) erfolgt in der Komödientheorie und -praxis Johann Elias Schlegels eine Aufwertung des „Ergetzens" (Vergnügens) gegenüber dem Belehrenden. Zwar sei das „Lehren ohne Zweifel eine viel wichtigere Sache, als Ergetzen ", schreibt Schlegel so in seiner Abhandlung *Gedanken zur Aufnahme des dänischen Theaters*, gleichwohl sei dasjenige, was „seinem Wesen nach bloß zum Ergetzen gemacht" sei, auch „zum Lehren sehr geschickt" (SchW 3, 271). Wie Breitinger wendet sich auch Schlegel gegen die Verabsolutierung der vernünftigen Moral und plädiert für eine Herzensrührung, die er als Wirkung der Komödie fokussiert, wobei Schlegel sowohl die Ständeklausel für die Komödie aufgibt, als auch den komischen Effekt, das Hervorlocken des Lachens als Ziel der Komödie, aufzugeben bereit ist. „Die allerfeinste Erfindung der Fabel", so Schlegel, „und die allerschönste Ausführung der Charaktere ist vergeblich, wenn dadurch nur der Verstand, und nicht zugleich das Herz eingenommen wird. Der Dichter wird eine schöne Arbeit verfertigt haben, an der niemanden gelegen ist." (SchW 3, 283)

Schlegel selbst hat neben Tragödien auch eine ganze Reihe von Komödien verfasst (*Der geschäftige Müßiggänger*, 1743; *Der gute Rat*, 1745/46; *Der Geheimnisvolle*, 1747; *Der Triumph der guten Frauen*, 1747), von denen kein geringerer als Lessing den 1754 in Hamburg uraufgeführten Einakter *Die stumme Schönheit* als „unstreitig unser bestes komisches Original, das in Versen geschrieben ist" (Lessing, WuB 6, 247), gerühmt hat. Noch verlässt dieses Lustspiel, auch wenn es formal dem Vorbild der von Gottsched favorisierten französischen Komödie klassischen Zuschnitts nicht mehr entspricht, den Rahmen der traditionellen Typenkomödie nicht; allerdings verbindet Schlegel hier bereits die Bloßstellung und das Verlachen lasterhafter Handlungen abseitiger *Typen* (der Geizige, der Hypochonder, die komische Alte etc.) mit subtileren Überlegungen zum Problem der Erziehung, zur Kultur des Gesprächs und zum bürgerlichen Frauenideal. Vor allem aber, das markiert den tieferen Widerspruch zu Gottscheds Komödientheorie, die allein das bloßstellende Verlachen der amoralischen Figur erlaubte, steht die Handlung (eine Kindsvertauschung aus Gewinnsucht) dieses Lustspiels nicht mehr ausschließlich im Dienst einer moraldidaktischen Wirkungsabsicht, gewährt stattdessen deutlich auch dem Ver-

Herzensrührung

Schlegels Komödienkonzept

gnügen Raum. An die Stelle einer Fabel, die mit dem Ziel der Distanzierung des Publikums zu dem auf der Bühne als lächerlich dargestellten ‚unvernünftigen' Handeln von Figuren einen moralischen Satz einkleidet, gibt es in *Die stumme Schönheit* nicht mehr einen ‚Haupthelden', gegenüber dem sich der Zuschauer im Ergebnis überlegen fühlen durfte, sondern nur eine Reihe im Wesentlichen gleichwertiger und gleichgewichtiger Figuren. Helmut Koopmann hat darin ein Plädoyer für die Nachsicht sehen wollen, mit dem Schlegel den „Rigorismus, ja die Brutalität der Gottschedschen Aufklärung, die Radikalität der Belehrung" hinter sich gelassen habe. Schlegel lasse „alles gelten, ohne irgendeinen oder irgend etwas zu verdammen, in dem offensichtlichen Bestreben, auch den Zuschauer zu animieren, daß er ähnlich verfahre und sich ebenfalls eines Urteils und zumal eines negativen Urteils enthalte. Das Stück als ganzes ist darin eine stumme und zugleich eine sehr beredte Aufforderung zur Nachsicht, zu einer Haltung also, die sich bei Gottsched nicht in einer Zeile seiner Poetik findet". (Koopmann 1979, 93)

Rührendes Lustspiel   Die in den ästhetischen Schriften Bodmers und Breitingers theoretisch und in den Dramen von Johann Elias Schlegel dramenpraktisch vorbereitete empfindsame Phase der Aufklärung wird literarisch greifbar im engeren Sinn mit Christian Fürchtegott Gellerts Plädoyer für eine Komödie mit ernstem Gehalt in seiner Leipziger Antrittsvorlesung *Über das rührende Lustspiel* (*Pro comoedia commovente*, 1751), die Lessing ins Deutsche übertragen und 1754 im ersten Stück der *Theatralischen Bibliothek* veröffentlicht hat. Dabei hat Gellert nicht mehr den *vernünftigen* Bürger vor Augen, sondern den *empfindsamen* Bürger, d.h. auch: den zur Empfindung fähigen Menschen. Moralische Anstalt, Sittenschule konnte das Theater seinem Verständnis nach nur dann sein, wenn es an das Herz als den Sitz moralischer Empfindungen des Publikums appellierte und den Zuschauer durch die Darstellung guter Charaktere, genauer: tugendhafter Bürger, in Rührung versetzte. Die Komödie, so Gellert, ist ein dramatisches Gedicht, „welches Abschilderungen von dem gemeinen Privatleben enthalte, die Tugend anpreise, und verschiedene Laster und Ungereimtheiten der Menschen, auf eine scherzhafte und feine Art durchziehe". (Lessing/Gellert, 34)

Ständeklausel   Das hat Konsequenzen zum einen für den Darstellungsbereich der Komödie, die Gellert im Hinblick auf einen „ernsthaften, seiner Natur nach aber angenehmen Inhalt" (Lessing/Gellert, 44f.) aufwertet. Zum anderen fallen damit zugleich auch zwei wesentliche Bedingungen der Dramenästhetik, die noch das frühaufklärerisch-rationalistische Theater im Wesentlichen geprägt hatten. So ist mit der Zentralstellung des Bürgers in einem „ernsthaften" Schauspiel die Ständeklausel berührt: Das personale Gefüge der Genres wird zugunsten eines neuen bürgerlich-empfindsamen Figurenensembles aufgehoben. Zugleich werden die für das bürgerlich-‚private' Leben maßstabsetzenden Verhaltensweisen nunmehr unmittelbar in vorbildlichen Charakteren ästhetisch repräsentiert: Nicht mehr die Schaffung von Distanz zwischen dem auf der Bühne als lächerlich dargestellten ‚unvernünftigen' Handeln von Figuren und dem sich überlegen dünkenden Zuschauer ist das

Ziel des Spiels, sondern seine über das Moment der Herzensrührung vermittelte Identifikation mit den tugendhaften Gestalten des dramatischen Geschehens. Dies markiert den vielleicht zentralen Unterschied zwischen dem empfindsamen Lustspiel und der traditionellen Verlachkomödie, die ihre Normsetzungen indirekt d.h.: in negativer Brechung über das dem Verlachen preisgegebene ‚Laster‘ (z.B. Eitelkeit, Geiz, Verschwendungssucht) an das Publikum adressiert.

Der Vielzahl der auf diesem Wege vermittelten Normen ‚bürgerlichen‘ Verhaltens setzt das ‚rührende‘ oder auch ‚weinerliche‘ Lustspiel im Grunde genommen nur eine einzige Tugend als über allem anderen stehendes Grund- oder Verhaltensmuster entgegen: die Fähigkeit zur Rührung auf Seiten des Zuschauers, die wirkungsästhetisch eng mit dem Mitleiden verwandt ist. Zeugen dieser Rührung, die gegen den Eigennutz höfischer Kultur und den Wirtschaftsegoismus der bürgerlichen Kultur gleichermaßen in Stellung gebracht wird, sind die Tränen. Als Ausdruck eines sympathetischen, *uneigennützigen* Empfindens stehen sie für einen neuen gesellschaftlichen Beziehungstyp ein, der in fast allen Komödien Gellerts dem Leitbild der Nützlichkeit entgegengehalten wird.

Rührung bewirkt Gellerts Vorstellungen zufolge insbesondere das Beispiel der ‚zärtlichen Liebe‘, die er von der ‚heroischen Liebe‘ der Tragödie abgrenzt:

> Man sage mir also, wenn rührt denn diese neue Art von Komödie, von welcher wir handeln? Geschicht es nicht meistentheils, wenn sie eine tugendhafte, gesetzte und ausserordentliche Liebe vorstellet? Was ist aber nun zwischen der Liebe, welche die Tragödie anwendet, und derjenigen, welche die Komödie braucht, für ein Unterscheid? Ein sehr großer. Die Liebe in der Komödie ist nicht jene heroische Liebe, welche durch die Bande wichtiger Angelegenheiten, der Pflicht, der Tapferkeit, des größten Ehrgeizes, entweder unzertrennlich verknüpfet, oder unglücklich zertrennet wird; es ist nicht jene lermende Liebe, welche von einer Menge von Gefahren und Lastern begleitet wird; nicht jene verzweifelnde Liebe: sondern eine angenehm unruhige Liebe, welche zwar in verschiedene Hindernisse und Beschwerlichkeiten verwickelt wird, die sie entweder vermehren oder schwächen, die aber alle glücklich überstiegen werden, und einen Ausgang gewinnen, welcher, wenn er auch nicht für alle Personen des Stücks angenehm, doch dem Wunsche der Zuschauer gemäß zu seyn pflegt.
> (Lessing/Gellert, 36)

Die hier angesprochene ‚Zärtlichkeit‘ (*tendresse*) – ihr Ursprung in der „bürgerlichen Empfindsamkeit" steht neuerdings in Frage (Meyer-Sickendiek 2014) – verschmilzt in Gellerts Vorstellungen als bürgerliche Tugend mit ‚Fürsorge‘, ‚Mitleid‘ und ‚Brüderlichkeit‘, ‚Gemeinschaftssinn‘ und ‚Gemeinnutz‘ als dem Anderen eines vernunftgeleiteten Eigennutzes. So werden die Tugendhaften in Gellerts Komödien auch nicht für Gegenwerte aktiv, sondern weil sie ihre Mitmenschen als Person an sich akzeptieren und ihnen uneigennützig dienen wollen.

In den zwischen 1745 und 1747 entstandenen Stücken *Die Betschwester* und *Die zärtlichen Schwestern* hat Gellert diese Vorstellungen in dramati-

Zärtlichkeit

Gellert,
Die Betschwester

sche Praxis übersetzt. Lustspiele sind sie nur insofern, als sie am Ende gut, und eben nicht tragisch ausgehen. *Die Betschwester* (1745) markiert mit der Darstellung lasterhafter Figuren, denen Repräsentanten der Tugend entgegengestellt werden, deutlich dabei noch das Feld des Übergangs zwischen der konventionellen Form der Verlach- und Typenkomödie und der neuen Leitform einer das mitempfindende Gefühl ansprechenden Komödie. Einerseits setzt der Titel der *Betschwester* so noch Signale im Hinblick auf die Typenkomödie, andererseits zeigt sich in der Gestaltung der weiblichen Figur Lorchen bereits in diesem Stück eine Affektregie als wirksam, die darauf abzielt, beim Zuschauer empfindsame Nächstenliebe zu erzeugen. Entlarvt wird in diesem Stück die titelgebende Betschwester, die reiche Witwe Richardinn, deren fromme Gottgefälligkeit nur Fassade ist, Verkleidung von Geiz, Geldgier und Hartherzigkeit. Sie hat ihre Tochter Christiane zu einem einfältigen und weltfremden, ängstlichen und scheuen Mädchen erzogen. Am Anfang noch mit dem jungen Simon verlobt, gibt sie den Bräutigam, der mittlerweile sein Interesse auf ihre ältere Freundin Eleonore (Lorchen) gerichtet hat, nach einigem Hin und Her der Handlung frei. Allerdings besteht Frau Richardinn auf Einlösung des ihrer Tochter gegebenen Eheversprechens. Sie tut dies allerdings erst, als sie erfährt, dass Simon nun Eleonore zu heiraten beabsichtigt; vorher hatte sie in Unkenntnis dieser neuen Entwicklung Simon vor ihrer Tochter schlecht gemacht und die Einwilligung zur Heirat verweigert. Lorchen hinwiederum wird von Gewissensbissen gequält; schließlich gibt sie zugunsten der Freundin, die so selbstlos ihrer Liebe entsagt hatte, das Simon gegebene Jawort zurück und stellt das frühere Verlöbnis wieder her mit dem Kommentar: „[I]ch opfere die Liebe der Freundschaft auf, mein Herz mag darwider sagen, was es will". (Gellert, GS III [Betschwester], 110) Sie bietet sogar an, nun ihrerseits die vernachlässigte und fehlgeleitete Erziehung Christianchens zu übernehmen. Frau Richardinn muss dem allem am Ende wohl oder übel zustimmen.

Gellert, *Die zärt-
lichen Schwestern*

Stilvermischungen zwischen rührendem Lustspiel und satirischer Typenkomödie, wie sie sich noch an der *Betschwester* beobachten lassen, finden sich in der Nachfolge Gellerts auch weiterhin, etwa bei Johann Christian Krüger (*Der blinde Ehemann*, 1747; *Die Candidaten*, 1748) oder Christian Felix Weiße (*Großmuth für Großmuth*, 1768). Allerdings legt Gellert mit *Die zärtlichen Schwestern* (1747) selbst bereits auch ein unvermischtes Beispiel der neuen Gattung der *comédie larmoyante* vor, in der Empfindungsideologie (Freundschaftsbekundungen, Verzichtserklärungen und Gesten eines sich gegenseitigen Überbietens zärtlicher Regungen) als Erziehung des Herzens in Szene gesetzt ist. Die titelgebenden ‚zärtlichen' Schwestern sind die einander selbstlos zugetanen jungen Frauen Lottchen und Julchen, die wiederum von den zwei Verehrern Siegmund und Damis geliebt werden. Während Lottchen Siegmunds Liebe auf selbstverständliche Weise erwidert, gibt Julchen sich spröde gegenüber ihrem Werber. Sie muss erst zur Zärtlichkeit, zum empfindsamen Fühlen befreit werden; ihr muss die eigene Zärtlichkeit bewusst gemacht werden, damit auch ihr Verstand dem bereits unterschwellig vorhandenen Gefühl folgen kann, kurz: das (vorhandene) Gefühl muss zu sich gebracht werden. Dem dient im Stück eine Intrige: Auf Lottchens Vorschlag hin soll nun Siegmund sich „gegen Julchen zaertlich stellen", um so deren „Herz in Unordnung" zu bringen und von hier aus die „Liebe gegen den Herrn Damis hervorbrechen" (Gellert GS III [Schwestern], 204) zu lassen.

Diesem Intrigenspiel kommt das Laster in Gestalt des Eigennutzes in die Quere, der bei Siegmund durch Julchens (vermeintliche) Aussicht auf ein reiches Erbe geweckt wird. Statt Julchen nur in ihrer Liebe zu Damis zu bestärken, beginnt er ernsthaft um sie zu werben. Am Ende finden zwar Julchen und Damis, wie von Lottchen intendiert, zusammen; Siegmunds treulose Haltung aber kommt ans Licht. Vergeblich beruft sich Siegmund auf sein Herz, auf Liebe und Himmel: Er wird verstoßen. Düpiert wird er zusätzlich dadurch, dass sich die Nachricht von Julchens Erbe als falsch herausstellt (was übrigens ihrer Verbindung mit Damis keinen Abbruch tut). Nicht sie, sondern Lottchen ist Erbin eines Rittergutes, das dem treulosen Liebhaber über die avisierte Heirat zugute gekommen wäre. Der ‚Verräter‘ Siegmund fällt allerdings nicht allzu tief; das Verzeihen geht weit, und zwar von allen Seiten, weit vor allem hinaus über die bloß moralische Verurteilung des treulos-berechnenden Liebhabers. Zwar verliert er Lottchen, gewinnt aber – zu seiner Besserung und zum Schutz der Schwachen – ein kleines Vermögen. Lottchen nämlich ruft dem des Hauses Verwiesenen nach: „Sie werden morgen durch meine Veranstaltung so viel Geld erhalten, daß sie kuenftig weniger Ursache haben, ein redliches Herz zu hintergehn." (Gellert GS III [Schwestern], 261) Das freilich lenkt nur unwesentlich von der Tatsache ab, dass Lottchen, das eigentliche Tugendvorbild des Schauspiels, am Ende männer- und ehelos bleibt. Für sie hält das Lustspiel kein Happy End bereit.

5. Das bürgerliche Trauerspiel

Die Aufwertung der Komödie zum Spiel ernsten Inhalts, das auf das Herz zielt, und der Erfolg des dramatischen Typus eines rührenden Lustspiels bereiten den Boden für den Aufstieg der neuen Gattung des bürgerlichen Trauerspiels, das sich Mitte des 18. Jahrhunderts aus der Tradition der heroischen Tragödie löst und tragische Konflikte in den Bereich einer bürgerlichen Lebenswelt verlagert – wobei diese nicht zwingend deckungsgleich ist mit dem ‚Bürgertum‘ im soziologischen Sinn, vielmehr ein durch gemeinsame handlungsleitende Ordnungsvorstellungen reguliertes Wertsystem mit dem *Bürger* als verantwortlichem Mitglied des Gemeinwesens im Zentrum meint. Mit Lessings rührendem Familienbild *Miss Sara Sampson* und Gottlob Benjamin Pfeils Abhandlung *Vom bürgerlichen Trauerspiele* erscheinen 1755 die ersten literarischen bzw. umfassenden literaturtheoretischen Beiträge zum Bürgerlichen Trauerspiel, von dessen Popularität Cornelia Mönchs strukturanalytische Untersuchung *Abschrecken oder Mitleiden* (Mönch 1993) einen annähernden Eindruck vermittelt; sie basiert auf einem Textcorpus von allein 225 Trauerspielen aus dem 18. Jahrhundert.

Lillo, *The London Merchant*

Als Prototyp der Gattung gilt George Lillos Stück *The London Merchant, or, The History of George Barnwell* (1731 in London uraufgeführt), das allerdings die Gattungsbezeichnung selbst nicht verwendet. Erst seine französische Übersetzung von 1748 weist im Untertitel den Begriff „tragédie bourgeoise" auf, der in Frankreich 1733 erstmalig belegt ist und 1750 in einer (vermutlich von Lessing übersetzten) Besprechung von Voltaires ‚comédie' *Nanine* auf dem Umweg über das Französische als ‚Bürgerliches Trauerspiel' den Weg ins Deutsche findet. Der Begriff selbst ist in dieser frühen Phase seiner Geschichte noch nicht eindeutig festgelegt und verschwimmt als Bezeichnung für solche Tragödien, deren Hauptkennzeichen eine rührende Wirkung ist, mit demjenigen der „comédie larmoyante".

Annäherung von Spiel- und Lebenswelt

Während sich in Lillos Drama das Selbstbewusstsein einer erfolgreichen Kaufmannsschicht ausspricht, stehen im deutschen ‚Bürgerlichen Trauerspiel' vor allem familiär bestimmte Konflikte der bürgerlichen Moral, insbesondere solche zwischen Vätern und Töchtern und solche zwischen dem Wertsystem ‚Bürgerlichkeit' und der höfisch-feudalen Ordnung zur Diskussion. Dem damit im Vergleich zur heroischen Tragödie vollzogenen Wechsel der Perspektive, der Konsequenzen auch für die Modellierung des Tragischen hat, das nun unmittelbar im Inneren des Menschen angesiedelt wird, liegt die Einsicht in die ungleich größere Wirkung eines Theaters zugrunde, das unterscheidende Grenzziehungen zwischen Innen und Außen (Bühne und Zuschauerraum), Wahrnehmendem und Wahrgenommenem durch die Hereinholung des Spiels als fiktiver Welt der Andersheit in den Erfahrensraum des Zuschauers aufzuheben in der Lage ist. Praktisch artikuliert sich diese Wirkungsabsicht in der Abwendung von der mythisch-heroischen bzw. geschichtlich-heroischen Fiktion der Tragödie und einer Annäherung von Spielwelt und Lebenswelt bei der Gestaltung von Konfliktfeldern. Gottlob Benjamin Pfeil verweist in seiner Abhandlung zum Trauerspiel so, was den intendierten Effekt der ‚Herzensrührung' angeht, darauf, dass „das bürgerliche Trauerspiel erstlich unser Herz weit stärker rührt und hernach auch weit eher zu bessern fähig" sei, „als die übrigen Gattungen der Schaubühne". Es berühre mehr, „weil es unserer Eigenliebe mehr schmeichelt. Wir erblicken in dem heroischen Trauerspiele ein Unglück, welches uns die Umstände derjenigen Sphäre in welcher wir leben, nicht so leicht befürchten lassen. Was ist natürlicher als daß wir auch gleichfalls das Mitleiden nicht so stark empfinden, als wir es fühlen würden, wenn wir dieses Mitleiden in einem ähnlichen Falle nöthig zu haben, besorgen müßten". (Pfeil 1755, 17) Tränen sind im Rahmen dieser Vorstellung Ausdruck einer Rührung, der das Berührtwerden durch die auf der Bühne dargestellten Handlungen und Konflikte vorgängig ist.

> Unterdessen ist auch allemal gewiß, daß wir das Laster nicht leicht eher hassen werden, bis wir vor der Abscheulichkeit desselben erschrocken sind, und daß uns die Tugend aldenn am liebenswürdigsten vorkömmt, wenn sie uns Thränen abzwingt. Der unglückliche aber tugendhafte Held in dem heroischen Trauerspiele suchet also unsere Seele in ein sanftes Mitleiden zu versetzen. Der unglückliche aber tugendhafte Bürger in dem bürgerlichen Trauerspiele suchet unsere Tränen mit

eben dem Eifer und erhält sie vielleicht eher, weil sein Stand eine größere Gleichheit mit uns hat.
(Pfeil 1755, 8)

Von diesen Überlegungen her postulieren Pfeil, Lessing und die anderen Theoretiker der Gattung den Bruch mit der Ständeklausel, die letztlich dem Bürgertum die Fähigkeit zu geschichtlichem Handeln abspricht. Im 14. Stück der *Hamburgischen Dramaturgie* (1769) erklärt Lessing: „Das Unglück derjenigen, deren Umstände den unsrigen am nächsten kommen, muß natürlicher Weise am tiefsten in unsere Seelen dringen", woran wenig später der berühmt gewordene Satz anschließt: „Die geheiligten Namen des Freundes, des Vaters, des Geliebten, des Gatten, des Sohnes, der Mutter, des Menschen überhaupt: diese sind pathetischer, als alles; diese behaupten ihre Rechte immer und ewig." (Lessing, WuB 6, 251)

Pfeil, der 1756 mit *Lucie Woodvill* selbst ein Trauerspiel vorgelegt hat, das den Namen der Gattung im Untertitel führte, betonte in erster Linie noch den abschreckenden Charakter des Trauerspiels (Pfeil 1755, 3; 18). Im Unterschied dazu hat Lessing den Akzent ganz auf das Mitleid als Vehikel einer Moraldidaxe gelegt, deren Ziel es ist, dem Menschen Handlungsoptionen im Sinne emfindsamer Humanität in seiner Gegenwart zu eröffnen, das nicht allein also stoischen Gleichmut vermitteln will und auch nicht in einer bloßen Affektregulierung aufgeht. Schrecken/Abschreckung (Furcht) und Bewunderung sind für ihn im Vergleich zum Mitleid nur nachgeordnete Affekte, das eine verstanden als „plötzliche Ueberraschung des Mitleides" (Lessing 1789, 67) (Schrecken), das andere als „das entbehrlich gewordene Mitleiden" (Bewunderung): „Die Staffeln sind also diese: Schrecken, Mitleid, Bewunderung. Die Leiter aber heißt: Mitleid; und Schrecken und Bewunderung sind nichts als die ersten Sprossen, der Anfang und das Ende des Mitleids." (Lessing 1789, 68) In Lessings Mitleidspoetik, die in dem Satz gipfelt, der „*mitleidigste Mensch*" sei „*der beste Mensch*" und wer „uns also mitleidig macht, macht uns besser und tugendhafter" (Lessing 1789, 70), fallen die emotionale und die moralische Wirkung des Theaters in der Zeichenhaftigkeit der Handlung zusammen. Darin bleibt Lessings Fabelgestaltung konventionell. Sie erfolgt in den Bahnen einer Affektregie, deren Ziel die Erzeugung der Furcht als „das auf uns selbst bezogene Mitleid" (Lessing, Hamburgische Dramaturgie, WuB 6, 557) ist.

Ob Lessing mit dieser Bestimmung des Trauerspiels als Mittel zur Steigerung der Mit-Leidensfähigkeit ein für das ‚Bürgerliche Trauerspiel' des 18. Jahrhunderts allgemein gültiges Dramenmodell zur Sprache gebracht hat, oder im bürgerlichen Trauerspiel statt der Verfeinerung der Gefühlskultur nicht eher eine „exemplarische Abschreckungsdidaktik" (Mönch 1993, passim) im Vordergrund gestanden haben mag, Pfeil mithin näher an der Dramenpraxis seiner Zeit war, ist nach wie vor nicht abschließend geklärt. Lessing selbst zumindest hat im 76. bis 78. Stück der *Hamburgischen Dramaturgie* seine Überlegungen dahingehend präzisiert, dass er Katharsis als „Verwandlung der Leidenschaften in tugendhafte Fertigkeiten" (Lessing,

Kultivierung der Mitleidfähigkeit

Furcht

WuB 6, 574) (d.i. humanes Empfinden und Verhalten) verstanden wissen wollte. Als solche hat er sie dann auch mit der ästhetischen Wirkungskategorie der Furcht („phobos") in Einklang zu bringen versucht. Mitleid ohne Furcht sei nichts mehr als „Philanthropie" (Lessing, WuB 6, 563), die bestenfalls in sozialkaritatives Handeln münde; nur durch die Rückbeziehung des Mitleids auf die Furcht werde die emotionale Mitleidserregung zu einer praktischen „Fertigkeit" und damit zu einer über die Dauer der Aufführung hinausgehenden Tugend. „Sobald die Tragödie aus ist, höret unser Mitleid auf, und nichts bleibt von allen den empfundenen Regungen in uns zurück, als die wahrscheinliche Furcht, die uns das bemitleidete Übel für uns selbst schöpfen lassen. Diese nehmen wir mit; und so wie sie, als Ingredienz des Mitleids, das Mitleid reinigen helfen, so hilft sie nun auch, als eine vor sich fortdauernde Leidenschaft, sich selbst reinigen." (Lessing, WuB 6, 566) Unübersehbar hat die sensualistische Empfindungspsychologie (Empfindung als Vorbedingung der Wahrnehmung und Erkenntnis) hier ihre Spuren hinterlassen. Lessing zieht dabei eine klare Trennlinie zwischen den im Zuschauer hervorgerufenen Empfindungen und den ‚Leidenschaften' der Spielfiguren. Mitleid und Furcht seien „die Leidenschaften, die in der Tragödie wir, nicht aber die handelnden Personen empfinden; sind die Leidenschaften, durch welche die handelnden Personen uns rühren, nicht aber die, durch welche sie sich selbst ihre Unfälle zuziehen". (Lessing, WuB 6, 572)

Empfindsames
bürgerliches
Trauerspiel

Lessing,
Miss Sara Sampson

Die das Herz affizierende Gemütserregung einer *compassio* der Selbst- und Wiedererkennung, die als Wirkungsstrategie deutlich geschieden ist von dem Bemühen um rationale Einsicht etwa durch die Bewunderung für ein gegebenes Beispiel, wie sie grundlegend ist für die Poetik der heroischen Tragödie, leitet die Trauerspiele der ersten, empfindsamen Phase. Affektregie, Handlungsführung und Konfliktmodellierung machen Lessings Trauerspiel *Miss Sara Sampson* zum Idealtypus dieser Phase. Schauplatz des Geschehens in diesem 1755 in Frankfurt an der Oder uraufgeführten Stück ist ein „elende[s] Wirthshause" (Lessing, WuB 3, 433) in England. Dort warten auf der Flucht nach Frankreich, wo sie heiraten wollen, der flatterhafte Mellefont und die tugendhafte Sara Sampson auf die Regelung einer Erbschaftsangelegenheit. Sie soll Mellefont, der durch seinen leichtlebigen Lebenswandel nicht nur sein Vermögen verloren, sondern auch seinen Ruf beschädigt hat, ein neues Leben an der Seite Saras ermöglichen. Andererseits dient die ungeklärte Angelegenheit Mellefont auch als Vorwand, die Einlösung seines der Geliebten gegebenen Eheversprechens (die nicht zuletzt auch die verlorene Ehre der dem Vaterhaus Entflohenen wiederherstellen würde) hinauszuzögern.

Die Situation spitzt sich zu, als sowohl Miss Saras Vater als auch Mellefonts langjährige Geliebte Marwood mit der gemeinsamen Tochter Arabella in dem Gasthof eintreffen. Während der alte Sir William als verzeihender Vater seine Tochter zurückholen will, ist es der Marwood, die im Stück als Repräsentantin einer den Frauen nicht zuträglichen, d.h. nicht ‚schicklichen', Rationalität agiert, darum getan, Mellefont zurückzugewinnen. Zwar setzt sie alle ihr zur Verfügung stehenden Druckmittel ein, scheitert letztlich aber mit ihren Plänen. Auch ihr Bemühen darum, der Kontrahentin die Augen zu öffnen über das vermeintlich wahre Wesen Mellefonts, führt sie nicht zum Erfolg; Sara bricht nicht mit dem Geliebten. Die Grenze überschreitet Marwood, als sie einen Schwächeanfall Saras dazu nutzt, um Gift unter die für die Ohnmächtige bereitgestellte Arznei zu mischen. Sara nimmt das Gift und stirbt, nicht ohne zuvor der Intrigantin vergeben zu haben, die sich selbst noch ihrer Tat rühmt und ins Ausland flieht. Zu der Sterbenden tritt Sir William, der – ganz zärtlicher Vater – seiner Tochter längst den Fehltritt verziehen hat. Saras Edelmut wiederum bringt den von Schuldgefühlen gepeinigten Mellefont davon ab, ihren Tod an der Marwood zu rächen. Die väterliche Vergebung Sir Williams, der Mellefont auf Wunsch der sterbenden Tochter in seine Familie aufzunehmen bereit ist, aber kann er nicht annehmen. Mellefont selbst nimmt sich das Leben mit dem Dolch, den die eifersüchtige Marwood ihm zugedacht hatte. Der alte Sampson wiederum wird am Ende selbstlos die verwaiste Arabella, deren Sorge ihm von beiden Sterbenden ans Herz gelegt worden war, an Kindes statt annehmen und mit ihr eine neue (Rumpf-)Familie bilden.

Die versöhnliche Schlusscharakterisierung, die Sir William dem toten Mellefont nachruft („Ach, er war unglücklicher als lasterhaft."; Lessing, WuB 3, 526), ist charakteristisch für die differenzierten Figurenschöpfungen Lessings, der im Dienst der Wirkungssteigerung ‚gemischte' Charaktere mit Fehlern und Tugenden auf die Bühnen stellt. Mellefont, der zwischen zwei konkurrierenden Wertsystemen (Bürgerlichkeit/Tugend/Zärtlichkeit – Adel/Amoralität) zerrissene Mann, ist nicht mehr der bloß höfische Bösewicht und Verführer, denn er hat – und dies von Anfang an – im Unterschied zu der affektgesteuerten Intrigantin Marwood Tränen, was seine Zugehörigkeit zum Kreis der Empfindsamen anzeigt, in den er sterbend so auch durch den zärtlichen Vater wieder aufgenommen wird, während die das soziale Miteinander störende Vertreterin einer im Grunde genommen gefühllosen Leidenschaftlichkeit aus der Gesellschaft vertrieben wird. Auch Sara ist keineswegs das Beispiel allein reiner Tugendhaftigkeit. Sie war vor dem Vater geflohen, und sie legt dessen Verzeihungsbereitschaft als Schwäche aus; nicht zuletzt tritt sie der von Mellefont verlassenen Marwood gegenüber mit dem Gestus moralischer Überlegenheit auf, auch wenn sie als Geliebte eines zweifelhaften Mannes selbst ihre Ehre aufs Spiel gesetzt hat. Die Vorbildlichkeit ihres Sterbens aber löscht diese Fehler. Miss Sara gelangt am Ende so nicht nur zur Einsicht in ihre eigene Fehlerhaftigkeit. Ungewollt schuldig geworden, bewährt sie sich als Repräsentantin der Tugend („Die bewährte Tugend muß Gott der Welt lange zum Beispiele lassen" (Lessing, WuB 3, 524), indem sie vorbildlich ihr Schicksal auf sich nimmt. Als solche findet sie Vergebung, vergibt selbst den Schuldigen – und kann von hier aus zur Identifikationsfigur für den Zuschauer werden, dessen Empfindungsfähigkeit der tränenreiche Schlussakkord des Stückes steigern soll. Marwoods Flucht ins Ausland auf der anderen Seite ist Ab- und Austreibung des Störenden, während sich die eine Zeitlang wankende bürgerliche Ord-

Gemischte
Charaktere

nung als *Familiengemeinschaft* unabhängig von Blutsbanden (Sir William – Arabella) restabilisiert. Am Ende öffnet sich das Trauerspiel so wieder utopisch.

Ständekonflikte im bürgerlichen Trauerspiel

Der empfindsame Typus des ‚Bürgerlichen Trauerspiels' bleibt zwar noch bis in die neunziger Jahre des 18. Jahrhunderts hinein lebendig, tritt als solcher seine Bedeutung allerdings bereits in den siebziger Jahren an einen nun eher ständische Konflikte betonenden Formtypus des Trauerspiels ab, als dessen Prototyp ein anderes Stück Lessings, *Emilia Galotti*, gilt. Die Utopie der ‚empfindsamen' Gesellschaft, die Interessengegensätze ‚moralisch' überwindet, hat ausgespielt in dieser zweiten Entwicklungsphase des ‚Bürgerlichen Trauerspiels'; der Bürger als moralischer oder unmoralischer Privatmensch tritt von der Bühne der Geschichte ab und macht dem Bürger als Vertreter eines genau umrissenen Standes- oder Berufsmilieus bzw. einer ständisch bedingten Mentalität Platz, die sich in einer Interessensspaltung der aus Bürgern und Adeligen gebildeten ‚Mittelschicht' niederschlägt. Zugleich werden die abstrakten Tugend- und Moralkonzepte nun explizit auf ihre gesellschaftlichen Bedingungen zurückgeführt. Zwar richtet sich die nun zur Sprache gebrachte Gesellschaftskritik in erster Linie noch gegen den Adel; bereits allerdings beim späten Lessing, zumindest dann im Drama des Sturm und Drang, das vom ‚Bürgerlichen Trauerspiel' markierte Positionen aufnimmt, modifiziert und transformiert, gerät dabei auch das Bürgertum selbst ins Visier der Kritik. Hier setzen dann die späteren Versuche zu einer Revitalisierung des bürgerlichen Trauerspiels im 19. Jahrhundert (Hebbel, *Maria Magdalene*, 1844; Ibsen, *Vildanden*, 1884; Strindberg, *Fadren*, 1887; Schnitzler, *Liebelei*, 1895) und im 20. Jahrhundert (Gerhart Hauptmann, *Rose Bernd*, 1903; Rainer Werner Fassbinder, *Bremer Freiheit*, 1971; Franz Xaver Kroetz, *Maria Magdalena*, 1974) an.

Lessing, Emilia Galotti

Die Fabel der 1772 uraufgeführten *Emilia Galotti* geht zurück auf einen spektakulären Justizfall, von dem Titus Livius im dritten Buch von *Ab urbe condita* (3.44-58) erzählt. Er führt zurück in die Zeit der Auseinandersetzungen zwischen Patriziern und Plebejern im Rom des 5. vorchristlichen Jahrhunderts. Der zur Gruppe der Decemviri gehörende ehemalige Konsul Appius Claudius verliebt sich in die Tochter des Armeeoffiziers Virginius, eines Plebejers, wird von dieser aber zurückgewiesen. Er lässt sie daraufhin von einem Vertrauten entführen und als dem Virginius nur untergeschobene Sklavin ausrufen, was ihm den Zugriff auf die junge Frau ermöglicht. Virginius weiß in dieser Situation die Ehre Virginias (so ihr überlieferter Name) letztendlich nur dadurch zu retten, dass er sie tötet; nur der Tod von des Vaters Hand, so will es die Logik der Geschichte, kann die Plebejertochter vor den Nachstellungen des gesellschaftlich Höhergestellten bewahren. Dass der Vorfall den Anlass zu einem Aufstand der Plebejer gibt, der letztlich die Wiederherstellung der Republik zum Ergebnis hat, rückt den Tod Virginias ins Licht eines politischen Opfergangs und schreibt der grausamen Tat von hier aus Sinn zu.

Lessing hat diese Geschichte eines doppelt (heroisch, moralisch) konnotierten Opfertodes in das italienische Duodez-Fürstentum Guastalla verlegt und die geschichtsphilosophisch-ideologische Rahmung getilgt, in die Livius das spektakuläre Geschehen noch eingebettet hatte, den Gegensatz zwischen zwei gesellschaftlichen Gruppierungen als Konfliktlinie des tragischen Geschehens aber unverändert beibehalten. Das Begehren eines Höhergestellten, hier des Prinzen Hettore Gonzaga, richtet sich auch bei Lessing mit der Tochter des früheren Obristen Odoardo Galotti auf eine niedriger gestellte Frau. Wie sein Vorbild wird auch er von der Begehrten zurückgewiesen, die eben im Begriff steht einen anderen, den Grafen Appiani, zu heiraten. Und auch Hettore Gonzaga bedient sich mit dem Kammerherrn Marinelli eines Vertrauten, um sich der Widerspenstigen zu bemächtigen. Marinelli inszeniert einen Überfall auf Emilia und ihren Verlobten, der dabei zu Tode kommt, und lässt sie samt ihrer Mutter auf sein Lustschloss Dosalo bringen. Der Prinz selbst stellt dort den Überfall als das Werk von Wegelagerern dar; der Aufenthalt auf seinem Schloss sei eine reine Vorsichtsmaßnahme, um die Frauen (die freilich die wahren Zusammenhänge durchschauen) zu schützen.

Wie in *Miss Sara Sampson* kommt es auch in *Emilia Galotti* in diesem Raum des Aparten zu einer letztlich tragisch endenden Begegnung von Vater und Tochter einerseits, des Prinzen und einer Geliebten andererseits. Auf Dosalo finden sich so im 4. Akt Emilias Vater Odoardo, ein rechtschaffen-biederer Verächter der höfischen Gesellschaft, und die Gräfin Orsina ein, an der Gonzago das Interesse verloren hat, seit er Emilia begegnet ist. Die verletzte Orsina setzt Odoardo nicht nur über die seiner Tochter vom Prinzen her drohende Gefahr ins Bild; sie händigt ihm auch einen Dolch aus, mit dem er den Tod Appianis und zugleich die ihr angetane Demütigung rächen soll. Für Odoardo allerdings steht Gewalt gegenüber einem Fürsten außerhalb jeder Vorstellung. Auf der anderern Seite erlaubt es ihm seine Ehre allerdings auch nicht, seine Tochter schutzlos dem Mächtigen zu überlassen. Angesichts dieses Dilemmas sucht er sie der Welt zu entziehen. Emilia soll sich in ein Kloster zurückziehen, was wiederum der Prinz nicht zugeben will: Unter dem Vorwand einer genaueren gerichtlichen Untersuchung des Überfalls besteht er darauf, Emilia in die Obhut seines Kanzlers Grimaldi zu geben. Hin- und hergerissen zwischen der „Abscheu" vor dem Prinzen und der Angst, gleichwohl der Verführung durch die Welt des schönen Scheins in Grimaldis „Haus der Freude" (Lessing, WuB 7, 369) zu erliegen, sieht Emilia für sich keinen anderen Ausweg als den Tod. Sie bittet den Vater zunächst um Orsinas Dolch, um sich selbst zu töten. Odoardo verweigert dies, tötet sie dann aber selbst, als Emilia ihm die Geschichte der Römerin Virginia in Erinnerung ruft. Den Widerspruch zum absolutistischen Staat löst das Bürgertum in Lessings Trauerspiel nicht revolutionär auf, sondern durch das Selbstopfer: Gewalt richtet sich hier nicht nach außen (auf den Prinzen), sondern nach innen.

Selbstopfer

> EMILIA. […] Mir, mein Vater, mir geben Sie diesen Dolch.
> ODOARDO. Kind, es ist keine Haarnadel.
> EMILIA. So werde die Haarnadel zum Dolche! – Gleichviel.

ODOARDO. Was? Dahin wäre es gekommen? Nicht doch; nicht doch! Besinne
dich. – Auch du hast nur Ein Leben zu verlieren.

EMILIA. Und nur Eine Unschuld!

ODOARDO. Die über alle Gewalt erhaben ist. –

EMILIA. Aber nicht über alle Verführung. – Gewalt! Gewalt! wer kann der Gewalt
nicht trotzen? Was Gewalt heißt, ist nichts: Verführung ist die wahre Gewalt. –
Ich habe Blut, mein Vater; so jugendliches, so warmes Blut, als eine. Auch meine
Sinne, sind Sinne. Ich stehe für nichts. Ich bin für nichts gut. Ich kenne das Haus
der Grimaldi. Es ist das Haus der Freude. Eine Stunde da, unter den Augen meiner Mutter; – und es erhob sich so mancher Tumult in meiner Seele, den die
strengsten Übungen der Religion kaum in Wochen besänftigen konnten! – Der
Religion! Und welcher Religion? – Nichts Schlimmers zu vermeiden, sprangen
Tausende in die Fluten, und sind Heilige! – Geben Sie mir, mein Vater, geben Sie
mir diesen Dolch. –

(Lessing, WuB 7, 369)

Trennung von
Körper und Geist

Mit dem tragischen Ausgang des Trauerspiels tritt die Trennung von Körper
(Sinnlichkeit, Affekte) und Geist (Ratio, Vernunft) als verdrängtes Problem
der Aufklärung in den Blick, das dann in den Dramen des Sturm und Drang
zentral werden wird. Vom Körper her („Ich habe Blut, […], so jugendliches,
warmes Blut, als eine.") formuliert sich an dieser Stelle des Dramas ein
Widerspruch zu der gewalttätig-kalten, abstrakten Tugendmoral, zu der sich
der Anspruch der moralischen Regulierung der Gesellschaft verstiegen hat.
Emilias Angst vor der eigenen Verführbarkeit ist Angst vor der eigenen Kör-
per-Lust und als solche zugleich auch Angst davor, die durch Frömmigkeit
zwanghaft hergestellte Gemütsruhe zu verlieren, d.h. mit sich selbst ent-
zweit zu werden.

So gerät am Ende der Aufklärung das ‚moralische Prinzip' und damit das
Grundkonstituens des ‚Wertsystems Bürgerlichkeit' selbst in die Kritik. Die
Verbindung zur Natur ist gekappt; mit der Un-Natur des ‚Tochtermordes'
tritt die Unnatur einer emanzipatorischen Anstrengung in die Erscheinung,
der das Mittel der moralischen Selbstregulierung zur Selbststrangulierung
zu werden droht.

Damit ist keineswegs dem Verführer und dem durch ihn vertretenen
Staatssystem Absolution erteilt. In der Tat kämpft Lessings Drama, wie Peter-
André Alt geschrieben hat, vielmehr „an zwei Fronten" (Alt 1994, 268), was
es auch zur Tragödie einer historischen Übergangsperiode macht: „[E]s verurteilt die Zwänge fehlverstandener bürgerlicher Moralität ebenso wie die
sittliche Indifferenz einer Aristokratie ohne Verantwortungsbewußtsein.
Daß die Tugend Emilias auf tönernen Füßen steht, weil sie das Resultat einer
restriktiven Erziehung ist, erteilt dem Verführer noch keine Absolution;
umgekehrt kann dessen bedenkenloses Handeln kaum davon ablenken,
daß die moralische Integrität der Galottis eher durch Zwang als durch sittliche Autonomie garantiert wird. Die doppelte Stoßrichtung von Lessings Kritik gemahnt hier erneut an die historische Übergangssituation, die Bürgertum und Adel am Vorabend der Revolution beherrscht; die gesellschaftlichen Antagonismen, die in der ‚Emilia Galotti' aufscheinen, sind damit

auch das Resultat einer scheiternden Selbstbestimmung des Menschen, Ausdruck für die Verfehlung jener freiheitlichen Möglichkeiten, die schon Leibnitz' Theodizee-Schrift dem Individuum zugestanden hatte." (Alt 1994, 268)

Odoardo, gar nicht mehr zärtlicher, verzeihender, als Mörder seiner Tochter vielmehr grausamer Vater, richtet sich im Übrigen nicht selbst, wie dies zu erwarten gewesen wäre; er macht vielmehr zuletzt den Fürsten zu seinem Richter, um ihn als den wahren Schuldigen am Tod seiner Tochter in die Schranken eines höheren Gerichts rufen zu können. Der wiederum versucht mit den letzten im Drama gesprochenen Worten verzweifelt seiner Schuld ledig zu werden und alle Verantwortung auf den schlechten Ratgeber Marinelli abzuwälzen:

Der Fürst als Mensch

> ODOARDO. […] Nun da, Prinz? Gefällt sie Ihnen noch? Reizt sie noch Ihre Lüste? Noch, in diesem Blute, das wider Sie um Rache schreiet? *nach einer Pause*: Aber Sie erwarten, wo das alles hinaus soll? Sie erwarten vielleicht, daß ich den Stahl wider mich selbst kehren werde, um meine Tat wie eine schale Tragödie zu beschließen? – Sie irren sich. Hier! *indem er ihm den Dolch vor die Füße wirft*: Hier liegt er, der blutige Zeuge meines Verbrechens! Ich gehe und liefere mich selbst in das Gefängnis. Ich gehe, und erwarte Sie, als Richter. – Und dann dort – erwarte ich Sie vor dem Richter unser aller!
> Der Prinz *nach einigem Stillschweigen, unter welchem er den Körper mit Entsetzen und Verzweiflung betrachtet, zu Marinelli*: Hier! heb' ihn auf. – Nun? Du bedenkst dich? – Elender! – *indem er ihm den Dolch aus der Hand reißt*: Nein, dein Blut soll mit diesem Blute sich nicht mischen. – Geh, dich auf ewig zu verbergen! – Geh! sag' ich. – Gott! Gott! – Ist es, zum Unglücke so mancher, nicht genug, daß Fürsten Menschen sind: müssen sich auch noch Teufel in ihren Freund verstellen?
> (Lessing, WuB 7, 371)

Dass Lessing in dieser Szene mit einer mehrfachen Schuld(um-)buchung das Muster einer Fürstenkritik aufgreift, die letztlich schlechte Ratgeber für die Missstände im Staat verantwortlich macht, den Fürsten selbst aber schont, unterstreicht den Skeptizismus des Stückes eher noch, als dass es ihn wieder zurücknähme. Die Klage des Fürsten „Ist es, zum Unglücke so mancher, nicht genug, daß Fürsten Menschen sind: müssen sich auch noch Teufel in ihren Freund verstellen?" mutet geradezu wie die Parodie bürgerlicher Reformkonzepte an, die im aufgeklärten Absolutismus das Ziel ihrer Perfektibilisierungshoffnungen sehen wollten, denn die Fürstenaufklärung stößt ausgerechnet am *Menschsein* des Fürsten an seine Grenzen. Dort wo sich der Fürst dem Bürger als ähnlich erweist, in seinem Menschsein, erweist er sich als ,Schurke', affektgeleitet und fehlerhaft: „Ist es, zum Unglücke so mancher, nicht genug, daß Fürsten Menschen sind."

Mit Prinz Gonzagas ,Menschein' stößt der Einfluss einer verstandesgeleiteten Aufklärung an seine Grenzen. Emilia hat der als Gewalt empfundenen Begierde des Fürsten nichts entgegenzusetzen; dass auch dieser der Gewalt seiner Leidenschaft nicht entkommen kann, vielmehr an seiner ,Besessenheit' leidet, weist auf die Neubewertung der Leidenschaft durch die Aufklärung im Vergleich zu ihrer Darstellung im barocken Trauerspiel: sie ist nicht mehr schlechthin Laster, sondern entmündigende Ich-fremde Gewalt, die freilich dann in physische Gewalt bis hin zum Mord ausgetrieben wird. Dem solcherart nur bedingt humanisierbaren Absolutismus wiederum tritt mit dem gegen Ende des Dramas zunehmend ratloser agierenden Odoardo Galotti der Repräsentant eines Bürgertums entgegen, das seine Wertvorstellungen allein in einer Welt des Aparten, d.h. außerhalb, nicht innerhalb des Herrschaftssystems, realisieren kann.

Lessing mögen die Reaktionen des Publikums das Scheitern des Projekts einer Verfeinerung der Gefühlskultur durch das Trauerspiel vor Augen geführt und mit zu dem in seinem Spätwerk zu beobachtenden Übergang von einem sozialpragmatischen zu einem geschichtsphilosophischen Denken beigetragen haben, die sich in dem heute noch überaus populären Toleranzdrama *Nathan der Weise* (1779), in den philosophischen Schriften *Die Erziehung des Menschengeschlechts* (1780) und den Freimaurergesprächen *Ernst und Falk* (1778–1780) niederschlägt. In allen drei Werken wird die Hoffnung auf Fortschritt im Sinne der Aufklärung in eine Perspektive der longue durée gestellt und damit in eine – mehr oder weniger weit entfernte – Zukunft projiziert.

6. Sturm und Drang

„Epoche der genialen Anmaßung"

Nur knapp zwei Jahre nach der Uraufführung von Lessings *Emilia Galotti* erscheint der Briefroman eines jungen Autors, dessen Held eben dieses Trauerspiel auf seinem Nachttisch liegen hat: *Die Leiden des jungen Werthers* (1774). Mit seiner Zentralfigur, dem an der Liebe und der Gesellschaft leidenden bürgerlichen Subjekt, und der in ihm entwickelten Naturvorstellung zählt dieser Roman zu den Zentralwerken einer kaum mehr als die 1770er Jahre umfassenden Epoche, die nach einem 1776 erschienenen Drama Friedrich Maximilian Klingers als *Sturm und Drang* bezeichnet wird. Goethe, der Verfasser dieses zunächst anonym erschienenen Romans, hat im dritten Teil seiner autobiographischen Erinnerungen *Dichtung und Wahrheit* eine aufschlussreiche Charakterisierung dieser Epoche gegeben. „Die Epoche in der wir lebten", heißt es hier, „kann man die fordernde nennen: denn man machte, an sich und andere, Forderungen auf das was noch kein Mensch geleistet hatte. Es war nämlich vorzüglichen, denkenden und führenden Geistern ein Licht aufgegangen, daß die unmittelbare originelle Ansicht der Natur und ein darauf gegründetes Handeln das Beste sei, was der Mensch sich wünschen könne, und nicht einmal schwer zu erlangen." (WA 28, 338 f.) In einem dieser Stelle zugeordneten stichwortartigen 'Abstract' hat Goethe dazu notiert: „Epoche der genialen Anmaßung. Diese mußte nothwendig aus der Tendenz nach unmittelbarer Natur entstehn. Die Individuen wurden von allen Banden der Critik befreyt und jeder konnte seine Kräfte schätzen und überschätzen, wie ihm beliebte." (WA 28, 374)

Mit den Stichworten ,Fordernde Epoche' – ,Natur' – ,geniale Anmaßung' sind Grundkonzepte einer ,Jugend'-Bewegung angesprochen, die in radikaler Weise das Individuum mit seinen Glücksansprüchen in das Zentrum der Literatur rückt und von hier aus die Konflikte weiter noch als dies im ‚Bürgerlichen Trauerspiel' der zweiten Phase der Fall war, aus der realgeschichtlichen Sphäre heraus entfaltet. Einher geht dies mit Abgrenzungen sowohl gegenüber dem moralischen Utilitarismus als auch dem ‚Mitleid' als zentraler Zweckbestimmung der Tragödie. Jakob Michael Reinhold Lenz, einer der Hauptvertreter des Sturm und Drang, beginnt 1774 seinen Essay über Goethes *Götz von Berlichingen* mit einer emphatischen Situationsbeschreibung, die sehr genau den sich aus dem Gefühl des (politischen, sozialen, ästhetischen) Ungenügens heraus speisenden rebellischen Gestus einer neuen Schriftstellergeneration erfasst, zu der neben dem jungen Goethe und Johann Gottfried Herder sowie Lenz selbst insbesondere Heinrich Wilhelm von Gerstenberg, Friedrich Maximilian Klinger, Johann Anton Leisewitz, Heinrich Leopold Wagner und – mit Abstrichen – der junge Friedrich Schiller zu zählen sind:

Rebellischer Gestus

> Wir werden geboren – unsere Eltern geben uns Brot und Kleid – unsere Lehrer drücken in unser Hirn Worte, Sprachen, Wissenschaften, – irgend ein artiges Mädchen drückt in unser Herz den Wunsch es eigen zu besitzen, es in unsere Arme als unser Eigentum zu schließen, wenn sich nicht gar ein tierisch Bedürfnis mit hineinmischt – es entsteht eine Lücke in der Republik wo wir hineinpassen – unsere Freunde, Verwandte, Gönner setzen an und stoßen uns unglücklich hinein – wir drehen uns eine Zeitlang in diesem Platz herum wie die andern Räder und stoßen und treiben – bis wir wenns noch so ordentlich geht abgestumpft sind und zuletzt wieder einem neuen Rade Platz machen müssen – das ist, meine Herren! ohne Ruhm zu melden unsere Biographie – und was bleibt nun der Mensch noch anders als eine vorzüglichkünstliche kleine Maschine, die in die große Maschine, die wir Welt, Weltbegebenheiten, Weltläufte nennen besser oder schlimmer hineinpaßt.
> […] Aber heißt das gelebt? heißt das seine Existenz gefühlt, seine selbstständige Existenz, den Funken von Gott? Ha er muß in was Besserm stecken, der Reiz des Lebens: denn ein Ball anderer zu sein, ist ein trauriger niederdrückender Gedanke, eine ewige Sklaverei, eine nur künstlichere, eine vernünftige aber eben um dessentwillen desto elendere Tierschaft. Was lernen wir hieraus? […] Das lernen wir hieraus, daß handeln, handeln die Seele der Welt sei, nicht genießen, nicht empfindeln, nicht spitzfündeln, daß wir dadurch allein Gott ähnlich werden, der unaufhörlich handelt und unaufhörlich an seinen Werken sich ergötzt: das lernen wir daraus, daß die in uns handelnde Kraft, unser Geist, unser höchstes Anteil sei, daß die allein unserm Körper mit allen seinen Sinnlichkeiten und Empfindungen das wahre Leben, die wahre Konsistenz den wahren Wert gebe, daß ohne denselben all unser Genuß all unsere Empfindungen, all unser Wissen doch nur ein Leiden, doch nur ein aufgeschobener Tod sind. Das lernen wir daraus, daß diese unsre handelnde Kraft nicht eher ruhe, nicht eher ablasse zu wirken, zu regen, zu toben, als bis sie uns Freiheit um uns her verschafft, Platz zu handeln, guter Gott Platz zu handeln und wenn es ein Chaos wäre das du geschaffen, wüste und leer, aber Freiheit wohnte nur da und wir könnten dir nachahmend drüber brüten, bis was herauskäme – Seligkeit! Seligkeit! Göttergefühl das!
> (Lenz, WuB 2, 637f.)

Natur In der Titelfigur von Goethes *Ur-Faust* (entstanden aller Wahrscheinlichkeit nach noch vor seiner Abreise nach Weimar Ende 1775) hat das hier von Lenz geschilderte Ungenügen einen schlagenden Ausdruck gefunden. Dieser frühe Faust ist geradezu die höchste Verkörperung des Stürmers und Drängers als Mensch, der sein Ich ins Allumfassende hinein erweitern will und damit scheitert, ohne dass Goethe ihm wie im Mysterium der Bergschluchten des zweiten Teils der späteren Faust-Dichtung Ausblicke auf Erlösung gewährt. Zugleich wird an ihm das in Goethes Epochencharakterisierung angedeutete grundlegend neue Verständnis der Natur konkret. Die Stürmer und Dränger konzipierten sie in der Tradition des französischen Philosophen Rousseau in ihrer Wertigkeit als Gegenstück zu der (wie im *Werther*) krankmachenden gesellschaftlichen Unnatur. Ihre Sehnsucht nach Unmittelbarkeit wiederum war bezogen auf die Leitvorstellung der Autonomie, der Selbstentfaltung und Selbstverwirklichung des Individuums. Das Freiheitspathos der Stürmer und Dränger steht dabei in erster Linie nicht in der Fluchtlinie einer politischen Programmatik im engeren Sinne (die politische Freiheit wird erst bei Schiller wirklich Gegenstand des Dramas), sondern einer Revolte gegen die Einschränkungen, die das Individuum in allen gesellschaftlichen Bereichen erfahren muss, nicht zuletzt auch im familiären Bereich, der in nahezu allen Dramen des Sturm und Drang als ge- und zerstörte Lebensordnung begegnet. Hier nun spielt der Geniegedanke und damit das gedankliche Herzstück der Sturm-und-Drang-Periode hinein, der in Goethes Formulierung von der „Epoche der *genialen* Anmaßung" anklingt.

Genie Das Genie ist das autonome, sich frei entfaltende Subjekt, der im Unterschied zum fremdbestimmten gesellschaftlichen Individuum *ganze* Mensch. In ihm verschafft sich die *ganze* Natur und damit das Gegenstück der zerrissenen, schon wieder in Konventionen eingepferchten bürgerlichen Gesellschaft Ausdruck. Im Künstlertum, hier verstanden als autonomes Schöpfertum, wiederum nimmt dieses Genietum zuallererst einmal Gestalt an, wenn es auch nicht zwangsläufig mit diesem gleichgesetzt wird. „Das Genie erschafft; das Talent setzt nur ins Werk." (Gerstenberg 1766–1767, 392), heißt es so in einer der zentralen Programmschriften der Genie-Ästhetik, in Heinrich Wilhelm Gerstenbergs *Briefe[n] über Merkwürdigkeiten der Litteratur* (1766–1767). „Der beständige Ton der Inspiration, die Lebhaftigkeit der Bilder, Handlungen und Fictionen, die sich uns darstellen, als wären wir *Zuschauer*, und die wir mit bewunderndem Enthusiasmus dem gegenwärtigen Gotte zuschreiben: diese Hitze, diese Stärke, diese anhaltende Kraft, dieser überwältigende Strohm der Begeisterung, der ein beständiges Blendwerk um uns her macht, und uns wider unsern Willen zwingt, an allem gleichen Antheil zu nehmen – das ist die Wirkung des Genies!" (Gerstenberg 1766–1767, 395f., Hervorhebung N.O.E.)

Shakespeare Dichterisches Genie wiederum erreicht für die Stürmer und Dränger in Shakespeares Werken seinen vollendeten Ausdruck: „Eben das Neue, Erste, ganz Verschiedne", so Herder in seinem Aufsatz *Shakespear* aus den „Fliegende[n] Blättern" *Von deutscher Art und Kunst* (1773), zeige „die Urkraft seines Berufs" (Herder 1773, 90 f.); er gestalte ganz aus der Natur und aus sich heraus, ohne Rücksicht auf äußerliche Regeln und Gattungsgesetze; und statt wie das französische Drama das antike Vorbild zu übernehmen, ohne es den französischen Verhältnissen anzupassen, habe er, „Geschichte, wie er sie fand" genommen und „das Verschiedenartigste Zeug zu einem Wunderganzen" (Herder 1773, 91) zusammengesetzt.

Wie weit Herders Begeisterung für Shakespeare und – wie er im Zusammenhang mit *Othello* schreibt – für seinen „Göttergriff Eine ganze Welt der disparatesten Auftritte zu Einer Begebenheit zu erfassen" (Herder 1773, 97), trägt, zeigt Goethes zwei Jahre zuvor entstandene Rede *Zum Schäkespeares Tag* (erst posthum veröffentlicht). Über seine Begegnung mit den Dramen des Elisabethaners schreibt Goethe hier, er habe danach keinen Augenblick gezweifelt, „dem regelmäßigen Theater zu entsagen": „Es schien mir die Einheit des Orts so kerckermäßig ängstlich, die Einheiten der Handlung und der Zeit lästige Fesseln unsrer Einbildungskrafft." (WA 37, 131) In der „freye[n] Lufft" der Dramen Shakespeares dagegen habe er gefühlt, dass er „Hände und Füsse" (also einen Körper, nicht nur einen Geist) habe (WA 37, 131). Hier sei ihm anders als in den Dramen der Franzosen (und ihrer deutschen Epigonen) die Natur unmittelbar begegnet: „Und ich rufe Natur! Natur! nichts so Natur als Shakespeares Menschen. [...] Und was will sich unser Jahrhundert unterstehen von Natur zu urteilen? Wo sollten wir sie her kennen, die wir von Jugend auf alles geschnürt und geziert an uns fühlen, und an andern sehen. Ich schäme mich offt vor Shakespearen, denn es kommt manchmal vor, dass ich beym ersten Blick dencke, das hätt ich anders gemacht! Hinten drein erkenn ich dass ich ein armer Sünder binn, dass aus Shakespearen die Natur weissagt, und dass meine Menschen Seifenblasen sind von Romangrillen aufgetrieben." (WA 37, 133 f.)

Unterstützt durch eine dramaturgisch innovative Form (Kurzszenen, Bilder- und Episodenreihungen, expressiver, mit Kraftausdrücken und Hyperbeln durchsetzter Sprachgestus) erzählen die Dramen des Sturm und Drang immer wieder von der Zerrissenheit des Menschen, vom Zwiespalt zwischen Geist und Trieb und von der Enge der Verhältnisse, die dem Ich überall Fesseln anlegen und es im schlimmsten Fall (und sei es wie in Lenz' *Hofmeister* aufgrund der Verinnerlichung ihrer Normen) zerschmettern. Beginnend mit Heinrich Wilhelm von Gerstenbergs Trauerspiel *Ugolino* (1768) über Goethes *Götz von Berlichingen* (1. Fassung 1771), *Clavigo* (1774) und *Stella* (1776), Jakob Michael Reinhold Lenz' *Der Hofmeister oder Vortheile der Privaterziehung* (1774) und *Die Soldaten* (1776) bis zu Heinrich Leopold Wagners Tragödie *Die Kindermörderin* (1776), Caroline Louise Klenckes *Der ehrliche Schweitzer* (1776), Christiane Caroline Schlegels *Düval und Charmille* (1778), Klingers *Die Zwillinge* (1776) und Leisewitz' *Julius von Tarent* (1776), hat das Drama des Sturm und Drang mit seinen gegen die Norm des ‚mittleren Helden' verstoßenden, zu überbordenden Leidenschaften neigenden und mit ihren Ansprüchen auf Selbstverwirklichung an die Grenzen einer rigiden Tugendordnung stoßenden ‚Kraftgenies' dabei zwar eine große Wirkung entfaltet – eher aber in der Literatur als auf der Bühne.

Formen und Themen

Goethe, *Götz von
Berlichingen*

Gewöhnlich wird die Begegnung Goethes mit Herder im September 1770 in Straßburg als die Geburtsstunde des Sturm und Drang bezeichnet. Nahezu ein halbes Jahr, bis zu Herders Abreise aus und Lenz' Eintreffen in Straßburg im April 1771, stehen die beiden in einem engen Gedankenaustausch, der über die kurze Phase des persönlichen Umgangs hinaus weiterwirkt. Der ältere Herder macht Goethe „mit allem neuen Streben und mit allen den Richtungen [in der „weiten literarischen Welt"] bekannt, welche dasselbe zu nehmen schien" (WA 27, 308). Vor Herder verschweigt Goethe zunächst sein Interesse am Faust-Stoff und auch an der Gestalt Götz von Berlichingens (WA 27, 321). 1773 veröffentlicht er im Selbstverlag das aus diesem Interesse heraus entstandene Drama *Götz von Berlichingen mit der eisernen Hand*, das Goethe auf einen Schlag berühmt werden lässt (eine erste Fassung hatte er Herder zugeschickt, der sich aber „unfreundlich und hart dagegen äußerte" (WA 28, 198).

Goethe orientiert sich im *Götz von Berlichingen* am Modell der Shakespeareschen Historien. Im Zentrum des Dramas, das auf der Handlungsebene in die Zeit der Bauernkriege zurückführt, steht ein aus der Zeit gefallener, genauer zwischen den Zeiten stehender Held, den Goethe in *Dichtung und Wahrheit* mit der berühmten Charakterisierung als „eines rohen wohlmeinenden Selbsthelfers in wilder anarchischer Zeit" (WA 27, 321) mit den Zügen einer Figur des Übergangs ausgestattet hat. Götz von Berlichingen ist der Vertreter eines historisch überholten Standes, der zwar im Niedergang der gewachsenen Werte- und Ordnungswelt das Neue erahnt, dessen eigene, auf der Basis persönlicher Treueverhältnisse beruhende Utopie aber ‚alt' ist, die keine Zukunft mehr hat, und der darum auch von Kaiser Maximilian, dem Götz sich ja verpflichtet fühlt, aus Gründen der Staatsräson geopfert wird. Götz' Tragik resultiert aus dieser Unzeitgemäßheit, die Goethe in der Kollision zweier rechtlicher Normsysteme, dem gewachsenen Naturrecht auf der einen und dem Abstraktum des römischen Rechts auf der anderen Seite, verspiegelt hat. Ersteres wird verkörpert durch den Titelhelden selbst, Letzteres durch den Bamberger Hof, hier insbesondere durch Götz' ehemaligen Jugendfreund Adelbert von Weislingen, der nicht nur Götz, sondern auch dessen mit ihm verlobte Schwester einer Affäre mit der intriganten Adelheit von Walldorf wegen verrät.

Riss zwischen
Ich und Welt

Vordergründig steht im Drama der Kampf zur Diskussion, den Götz von Berlichingen im Namen der untergehenden Ordnung des alten deutschen Kaiserreiches für ein (zukünftiges) Reich, in dem jedem Menschen seinem inneren Gesetz zu folgen erlaubt ist, mit dem durch den Bamberger Bischof vertretenen ‚modernen' System der Territorialgewalt austrägt. Diese Auseinandersetzung führt den Reichsritter an die Seite der Bauern, deren Aufstand er vergeblich Richtung und Ziel geben zu können hofft, der sich aber nicht kontrollieren lässt; vor der Welt macht diese Parteinahme Götz zum Mitschuldigen an den Grausamkeiten und Gräueln des Krieges. Vor allem aber geht es in Goethes Stück um den Riss, der sich zwischen Ich und Welt auftut, genauer um den Widerstreit zwischen dem einzig wissenden und auf seine Selbstverwirklichung drängenden Individuum und der modernen

Gesellschaft, die dieses Ideal mit der Freisetzung des Menschen aus seinen überkommenen Bindungen zu ermöglichen verspricht und zugleich durch die Hervorbringung neuer Regulierungs- und Selbstregierungstechniken verhindert. Der Dramenheld Götz stirbt am Ende – anders als sein historisches Vorbild – in auswegloser Situation mit einem trotzigen Bekenntnis zur Freiheit auf den Lippen („Es lebe die Freiheit!"; WA 8, 114), wenn auch im Bewusstsein des Heraufkommens einer nichtswürdigen Zeit: „Es kommen die Zeiten des Betrugs [...]. Die Nichtswürdigen werden regieren mit List, und der Edle wird in ihre Netze fallen." (WA 8, 169) Diese letzten Worte des Sterbenden erhalten umso mehr Gewicht, als ihnen nichts mehr entgegengestellt wird.

Mit seinem Freiheitspathos verleiht Goethes 1774 dann in Berlin erstmalig aufgeführtes Drama nicht nur zentralen Vorstellungsmomenten des Sturm und Drang Ausdruck; in *Götz von Berlichingen* macht Goethe Ernst auch mit der Verabschiedung der klassischen Regeln. Er nimmt sich alle Freiheiten des Ort- und Zeitwechsels, hebt die Grenzen der Aktstruktur auf und setzt an ihre Stelle eine Stationenfolge von mehr als fünfzig Szenen, die häufig nicht mehr als einen charakteristischen Moment festhalten. Goethe selbst weist in *Dichtung und Wahrheit* auf die große Bedeutung von Shakespeares Dramatik als Vorbild für diese formale Gestaltung des Stückes hin: „Durch die fortdauernde Theilnahme an Shakespeare's Werken hatte ich mir den Geist so ausgeweitet, daß mir der enge Bühnenraum und die kurze, einer Vorstellung zugemessene Zeit keineswegs hinlänglich schienen, um etwas Bedeutendes vorzutragen. Das Leben des biedern Götz von Berlichingen, von ihm selbst geschrieben, trieb mich in die historische Behandlungsart, und meine Einbildungskraft dehnte sich dergestalt aus, daß auch meine dramatische Form alle Theatergränzen überschritt, und sich den lebendigen Ereignissen mehr und mehr zu nähern suchte." (WA 28, 197)

Nur ein Jahr nach Goethes *Götz* erschien – anonym und von nicht wenigen Zeitgenossen (unter anderem von Wieland) für ein weiteres Werk Goethes selbst gehalten – Jakob Michael Reinhold Lenz' Stück *Der Hofmeister oder die Vortheile der Privaterziehung*. Wie der junge Goethe hat auch Lenz im Werk Shakespeares das Vorbild für eine zeitgemäße Dramatik sehen wollen. In seinen 1771/72 zunächst vor der Straßburger *Société Philosophie et des Belles-Lettres* vorgetragenen *Anmerkungen übers Theater* (veröffentlicht 1774) entwickelte Lenz seinerseits Überlegungen für ein neues Theater, das sich von den als zwanghaft empfundenen Regeln der Dramenkonvention befreit hat. In Übereinstimmung mit Aristoteles sah auch Lenz die Aufgabe des Theaters dabei in der Nachahmung; Gegenstand der Mimesis sollte allerdings primär nicht mehr die Handlung sein, sondern vielmehr der Mensch als solcher, d.h. „die ganze Person in allen ihren Verhältnissen" (Lenz, WuB 2, 668). Die traditionellen Formbegriffe des Theaters, konkretisiert in der „erschröckliche[n] jämmerlichberühmte[n] Bulle von den drei Einheiten" (Lenz, WuB 2, 654), schien ihm als zu eng für die Darstellung der Mannigfaltigkeit des Menschlichen: „Was heißen die drei Einheiten? hundert Einheiten will ich euch angeben, die alle immer doch

Formale
Innovationen

Jakob Michael
Reinhold Lenz

die *eine* bleiben. Einheit der Nation, Einheit der Sprache, Einheit der Religion, Einheit der Sitten – ja was wird's denn nun? Immer dasselbe, immer und ewig dasselbe. Der Dichter und das Publikum müssen die eine Einheit fühlen aber nicht klassifizieren. Gott ist nur Eins in allen seinen Werken, und der Dichter muß es auch sein, wie groß oder klein sein Wirkungskreis auch immer sein mag. Aber fort mit dem Schulmeister, der mit seinem Stäbchen einem Gott auf die Finger schlägt." (Lenz, WuB 2, 655)

Gattungsbegriffe   Folgen hat dies auch für das Gattungsverständnis, wie sich am *Hofmeister* ablesen lässt, der im Untertitel der Druckfassung die Gattungsbezeichnung „Komödie" trägt (in der Handschrift lautete der Untertitel noch „Lust und Trauerspiel", während Lenz das Stück in einem Brief an Daniel Salzmann vom 28. Juni 1772 als „Trauerspiel" [Lenz 1918, 25] bezeichnete). Für die Aufhebung der Grenzen zwischen den dramatischen Gattungen hat Lenz in einer Selbstrezension seines Stückes *Der neue Menoza* (1774) die Welthaltigkeit des neuen Dramas geltend gemacht. Hier definiert er die Komödie entgegen der traditionellen Dramaturgie als „Gemälde der menschlichen Gesellschaft" (Lenz WuB 2, 703), das den *ganzen* Menschen in der Verschränkung von Mensch und Situation auf die Bühne stellen müsse und in dem daher auch nicht zwischen Lachen und Weinen, Komödie und Tragödie unterschieden werden könne. Nicht nur Lenz zieht damit die Konsequenzen aus der Revolte gegen die Regelpoetik im Allgemeinen und der postulierten Vorbildhaftigkeit der ‚unregelmäßigen' Dramatik Shakespeares im Besonderen, die Gerstenbergs Alter ego im 14. der *Briefe über Merwürdigkeiten der Litteratur* mit Blick auf Shakespeare zu dem Ausruf veranlasst hat: „Weg mit der Claßification des Drama!" (Gerstenberg 1890, 111) „Schauspiel ist – Schauspiel, und damit gut!" (Bürger 1776, 442) erklärt Gottfried August Bürger 1776 bündig (und im Widerspruch zu Lessing) in seiner Schrift *Von Eintheilung des Schauspiels:* „Jene Theilung gemahnet mich nicht anders, als wenn man die liebe Mutter Natur in die lachende und weinende, tragikomische und komischtragende tabellieren wollte, da sie doch das alles in Einer, und Eine in dem Allen ist. Wisset ihr nicht, daß sie Freud und Leid, Krieg und Frieden, Ruh und Aufruhr, Haß und Liebe, Versöhnung und Rache, Tod und Leben in Einem Neste brütet?" (Bürger 1776, 442) Darum kenne er „nur Ein Spiel; und das heist Schauspiel. Das sey, wie es wolle. Nur gefalle es den Kindern der Natur". (Bürger 1776, 443) Goethe ist dieser Forderung der Entgrenzung des Dramas aus den Norm- und Regelzwängen der Gattungen ebenso gefolgt, wie Heinrich Leopold Wagner und Friedrich Maximilian Klinger; sowohl *Götz von Berlichingen*, als auch *Die Reue nach der Tat* (Wagner) und *Sturm und Drang* (Klinger) weisen in den Druckfassungen jeweils nur noch die Gattungsangabe „Schauspiel" auf.

Lenz,
Der Hofmeister   Auch Lenz' Held, der titelgebende Hofmeister Läuffer, scheitert an den Verhältnissen, zumal an der Verinnerlichung gesellschaftlicher Normen. Lenz hat dieses Scheitern der Figur mit einem drastischen Bild verbunden: Das mit dem Anspruch auf Selbstermächtigung angetretene Bürgertum kastriert sich am Ende selbst und passt sich an die Verhältnisse an. Der Kandidat der Theologie Läuffer hat im Haus des Majors von Berg eine Anstellung als

6. Sturm und Drang **89**

Hauslehrer angetreten, um dort die Kinder Leopold und Gustchen zu unterrichten, und zwar „in allen Wissenschaften und Artigkeiten und Weltmanieren" (Lenz WuB 1, 43), wie der Hausherr verlangt, ohne dass er klare Vorstellungen davon hätte, was genau damit gemeint sein soll. Läuffer selbst tritt die Stelle im Haus des Majors nur notgedrungen an. Er ist das für die Zeit typische Opfer einer akademischen Überfüllungskrise, die viele Intellektuelle in die demütigende Situation brachte, die Zeit zwischen ihrem Studium und einer Anstellung mit nicht allein schlecht bezahlten, sondern auch schlecht angesehenen Stellen als Hausangestellte (nichts anderes ist ein Hofmeister) zu überbrücken. Dass Läuffer, dem sein Brotherr sehr bald willkürlich das zugesicherte Gehalt kürzt, nicht dagegen rebelliert, auf die Rolle eines Domestiken zurückgesetzt zu werden, zeigt umso deutlicher die deformierende Kraft der Enge und Begrenztheiten, in der sich die gut ausgebildete deutsche Intelligenz noch am Ende des Aufklärungsjahrhunderts mit ihren Emanzipationshoffnungen wiedergefunden hat. Für einen Moment allerdings durchbricht auch Läuffer die Grenzen, als er ein Verhältnis mit der Tochter des Hauses eingeht, die sich verlassen fühlt, da ihr geliebter Cousin Fritz von Berg zum Studium nach Halle gegangen ist. Weil er als Mensch in seinem Menschsein wahrgenommen und angenommen werden will, lässt Läuffer sich auf dieses Verhältnis ein, das zur Schwangerschaft Gustchens führt, bleibt aber auch in dieser Beziehung letztlich nur ein Ersatz – nicht geliebter Mensch, sondern Stellvertreter des eigentlich Gemeinten. Als der Skandal offensichtlich wird, fliehen beide. Läuffer findet Unterschlupf bei dem Schulmeister Wenzeslaus; Gustchen bringt ihr Kind im Verborgenen zur Welt, sucht voller Verzweiflung den Tod durch Ertrinken, wird von ihrem Vater aber in letzter Minute gerettet. Läuffer seinerseits erkennt das Kind an und entmannt sich mit einem Messer in selbstanklägerischer Reue. Die Selbstkastration ist in einem Absage an alle Vaterschaft (Zukunft) und Protest gegen die bedrückenden gesellschaftlichen Verhältnisse, die dem Menschen keine Selbstentfaltungsmöglichkeit lässt. Zuletzt kehrt Fritz von Berg aus Halle zurück, verzeiht Gustchen und nimmt sie mit ihrem Kind auf, wobei er sich schwört, dieses niemals durch Hofmeister erziehen zu lassen; Läuffer selbst heiratet ein unbedarftes Mädchen vom Land, dem seine abhanden gekommene Männlichkeit gleichgültig ist.

Am Ende ist keiner der handlungsleitenden Konflikte wirklich gelöst, die Misere vielmehr total. Mit dem entmannten Läuffer bleibt der politisch ohnmächtige Bürger zurück auf der Bühne, das kastrierte Selbst als Gegenstück des *ganzen* Menschen.

IV. Drama im Zeichen von Klassik und Romantik

1. Das Ideal der Humanität und die Aufführungspraxis um 1800

Reformprogramme
und Aufführungs-
praxis

Wie wenig sich ungeachtet aller Reformanstrengung noch am Ende des Jahrhunderts an der Praxis des Theaters geändert hat, lässt sich ablesen an einer dem Grunde nach nebensächlichen Bemerkung, die Christoph Martin Wieland im Juni 1773 im „Deutschen Merkur" einem Aufsatz Christian Heinrich Schmidts nachgestellt hat. Wieland gibt hier nicht nur en passant eine Definition des Bürgerlichen Trauerspiels als „Privat-Trauerspiel", sondern erklärt auch, dass die Bürgerlichen Trauerspiele und die rührenden Komödien „billig die unsern Umständen und Sitten weniger angemessenen, regelmäßigen Haupt- und Staatsactionen *nach und nach* verdrängen" (Wieland 1773, 210; Hervorhebung N.O.E.), diese also zumindest seiner Beobachtung nach auf den deutschen Bühnen noch vorherrschend seien. Bühnenpraxis, Schauspielkunst und Zuschaukunst scheinen gegen Ende des Jahrhunderts nach wie vor unterentwickelt und damit alle auf die institutionellen Prozesse des Theaters bezogenen Reformanstrengungen Idee geblie-

Georg Forsters
Theaterbriefe

ben zu sein. Das zumindest legen auch die Theaterbriefe nahe, die Georg Forster von seinen Reisen an seine Frau Therese geschrieben hat (Eke 2011). Weit aufgerissen ist in diesen Briefen die Kluft zwischen den Programmen der Theoretiker und Reformer auf der einen und der von den Publikumsbedürfnissen bestimmten theatralischen Praxis auf der anderen Seite. Überall begegnet Forster einer unterentwickelten Schauspielkunst, der Stumpfheit von Empfindung und Geschmack, der Unangemessenheit des gestischen Ausdruckrepertoires und der Deklamationskunst, und dies durchaus nicht allein in der Provinz oder den kleineren Städten. „Es war ein Saus und Braus um uns herum, der ganz erschrecklich war, denn die Herren trieben ihre Conversation, als ob ihnen Morgen ein ewiges Stillschweigen auferlegt werden sollte, oder als ob sie gestern erst aus einer Karthause entlaufen wären", schreibt Forster so am 14. April 1790 nach einem Theaterbesuch in Dünnkirchen über das dortige Publikum. „Sobald es angieng, trallerten die jungen Herren um uns her die Arien nach, und gaben uns ein Schauspiel im Schauspiel, das nicht einmal das Verdienst der Possierlichkeit hatte." (ForW 16, 76f.) Kaum anders sein Eindruck vom Amsterdamer Publikum, wie er ihn einige Tage später an seine Frau Therese übermittelt. „Vielleicht bedarf indessen das hiesige Phlegma eines starken Stachels, um aufgeregt und gekizelt zu werden; welche Nerven mag auch das hiesige Publikum haben, um das entsezliche Gebrüll und Geheul der Schauspieler nicht blos (zu) ertragen, sondern mit dem fürchterlichsten wüthendsten Beyfall zu geniessen? [...] Die Herren hatten nach holländischer Art immer den Hut auf dem Kopf, welches jedoch im Parterre noch unerträglicher als auf der Bühne war, weil man nicht davor sehen konnte. Von der Feinheit des Betragens im Parterre liesse sich viel schreiben. Geplaudert wurde ganz entsezlich, und die ärgsten Plapperer geboten am öftersten Stillschweigen." (ForW 16, 113–115)

Was in Forsters Reisebriefen fassbar wird, ist das Gewöhnliche einer ästhetischen Praxis, die das künstlerische Erleben auf das Genießen der durch das Spiel erzeugten Gefühle oder Erlebnisse beschränkt und damit gerade nicht dem Exzeptionellen der Begegnung von durch den gleichen „prometheischen Funken[]" (ForW 9, 27) beseelten Menschen Raum gibt, die Forster in seinem 1790 im elften Heft von Schillers *Thalia* veröffentlichten Aufsatz *„Über die Humanität des Künstlers"* zum Ideal der Kunst und des Theaters erklärte. Die Realität der von Forster beobachteten Trostlosigkeit der zeitgenössischen Theaterkultur mit ihrer gleichermaßen unterentwickelten Schauspiel- und Zuschaukunst bildet von hier aus das gleichsam rückwärtige Webmuster eines Idealbildes vom Theater als Begegnungsraum sich ihrer selbst bewusster Zeitgenossen.

Die „Humanität des Künstlers"

In Anlehnung an genieästhetische Konzeptionen (Uhlig 2000) entwickelte Forster in seinem ‚Künstler'-Aufsatz so grundlegende Überlegungen zur Autonomie des Schauspielers *und* des Zuschauers, deren Herzstück die Vorstellung ist, dass die Kunst ihr Ziel erst in der dialogischen Begegnung von gleichermaßen ‚reichen Menschenseelen' findet. Dabei geht Forster davon aus, dass es zwei Arten des ästhetischen Genießens gebe: diejenige der einfachen Täuschung (d.i. der Nachgenuss) und diejenige der wahren Kunstrezeption, die Genuss aus der Wahrnehmung der „dem Naturstoff [...] eingeprägte[n] Spur der lebendigwirkenden, umformenden Menschheit" (ForW 9, 26) saugt. Das Gelingen dieser komplexen Kunstrezeption wiederum setzt in Forsters Augen die Ausbalancierung von Naturform und Kunstform, genauer: der Nachahmung der Natur und ihrer künstlerisch gebotenen Überbietung voraus.

Für Forster ist der eigenschöpferisch-kreative Schauspieler/Künstler das ideale Medium der Wirklichkeitserfahrung, da er die Verhältnisse individuell zu erfassen und zu transformieren in der Lage sei. Der Künstler, so Forster in dem Aufsatz *Geschichte der Englischen Litteratur vom Jahre 1790*, kann „seinen Gegenstand durch das Individuelle, worin er sich von andern unterscheidet, neu stempeln". (ForW 7, 166) Das führt zurück auf den Kern der in der Theatertheorie des 18. Jahrhunderts kontrovers diskutierten Frage, wie naturgetreu die dichterische Nachahmung sein dürfe und wie weit sie sich künstlerisch aus dieser entfernen müsse, um wirken zu können. Bereits Francesco Riccoboni hatte in seiner 1750 in Paris erschienenen und noch im selben Jahr von Lessing ins Deutsche übersetzten schauspieltheoretischen Schrift *L'Art du théâtre* (*Die Schauspielkunst*) auf dieses Grundproblem der Schauspielkunst hingewiesen. „Der Ausdruck", so Riccoboni,

Manier und Natur

müsse „natürlich sein: gleichwohl glaubt man gemeiniglich, daß man eben nicht nötig habe sich so genau an die Natur zu binden. Wenn man es täte, sagt man, würde die Wirkung sehr geringe und das Spiel sehr frostig sein. Mein Vater pflegt zu sagen, wenn man rühren wolle, so müsse man zwei Finger breit über das Natürliche gehen; so bald man aber dieses Maß nur um eine Linie überschreite, so werde das Spiel alsobald übertrieben und unangenehm. Diese Art zu reden drückt die beständige Gefahr, worinne der Schauspieler ist, entweder in seinem Ausdrucke zu schwach oder zu stark zu sein, ungemein wohl aus". (Riccoboni 1989, 906)

Forster scheint sich im Künstler-Aufsatz zunächst nur die Kritik an der einfachen *imitatio naturae*, dem Bühnenrealismus, zu eigen zu machen, wenn er schreibt, die „allzusklavisch nachgeahmte Natur" rufe den Widerwillen des „denkenden Geist[es]" (ForW 9, 26) hervor. Eine eher beiläufige Bemerkung in einem seiner Theaterberichte von 1790 zeigt, dass Forster sehr wohl aber auch die andere Seite, das Übertriebene, Gekünstelte des Ausdrucks als Fehlentwicklung der zeitgenössischen Kunst vor Augen stand, die seiner Ansicht nach ebenfalls dazu beiträgt, dass der Zuschauer das Kunstwerk nicht in selbsttätiger Weise aufnimmt. „Diese Würde, diesen Anstand, dieses Gentlemanlike Air, in Königs- und Helden Rollen", schreibt er in einem rückblickenden Resümee seiner Theaterbesuche am 25. Mai 1790 aus London an Ludwig Ferdinand Huber,

> sah ich auf dem deutschen Theater nie, weil man dort bey diesen Gelegenheiten nicht *natürlich* genug ist, oder, wie Koch, *zu* natürlich; mit einem Worte, den Sinn eines grossen Menschen hat man nicht, und ich möchte fast glauben, dass die Familiarität des Umgangs zwischen Menschen aus allen Ständen in England, und das Edle, welches bis in die lezten Klassen hinab, hier in Bildung und Karakter so unverkennbar ist, (lass es mit Einseitigkeit und Unwissenheit über gewisse Gegenstände so sehr versezt seyn, als man will) den Schauspieler hier *natürlich veredeln*. Allein die allgemeine Klage, die wir über *unsere Litteratur* führen, höre ich auch hier im Munde der besten Köpfe; es fehlt an Geschmack im Publikum und in den schönen Wissenschaften an einem competenten Tribunal.
> (ForW 16, 148)

Forsters Vergleich zwischen der deutschen und der englischen Schauspielkunst ist in zweierlei Hinsicht aufschlussreich. Zum einen setzt Forster hier in Weiterführung eines Gedankens, den er bereits am Anfang seines Aufsatzes *Geschichte der Englischen Litteratur vom Jahr 1788* entfaltet hat (vgl. ForW 7, 57 f.), die Entwicklung der Theaterverhältnisse ins Verhältnis zu der Entwicklung der demokratischen Kultur; zum anderen markiert er mit der Äquivalentsetzung von Manier und Natur (genauer gesagt: deren jeweiliger Verabsolutierung) die Irrwege künstlerischer (nicht allein theatraler) Ausdrucksweisen. Das deckt sich vom Grundansatz her mit etwa zeitgleichen Überlegungen Goethes und vor allem auch Schillers, dem Forster seinen Aufsatz ja zum Erstdruck in der „Thalia" überlassen hatte. Während Goethe in seinem 1788 in Wielands *Teutschem Merkur* veröffentlichten Aufsatz *Frauenrollen auf dem römischen Theater durch Männer gespielt* die Frage, warum die Darstellung von Frauenrollen durch Männer Vergnügen bereite, dahingehend beantwortete, dass gerade die reflektierte Überbietung der ‚einfachen' Naturnachahmung ästhetischen Genuss verschaffe (vgl. WA 47, 269–274), bestand für Schiller eine unzureichende Darstellung in der bloßen „Natur des Nachgeahmten" (NA 26, 224). In einer einem Brief an Christian Gottfried Körner vom 28. Februar und 1. März 1793 beigelegten Skizze heißt es: „Der große Künstler [...] zeigt uns den Gegenstand (seine Darstellung hat reine Objektivität) der mittelmäßige zeigt sich selbst (seine Darstellung hat Subjektivität) der schlechte seinen Stoff (die Darstellung wird durch die Natur des Mediums und durch die Schranken des Künstlers bestimmt)." (NA 26, 226)

Für Forster wiederum stellt sich in seinem Künstler-Aufsatz die Frage der Verwirklichung von ‚Humanität' zunächst einmal als eine Frage der künstlerischen Potenz. „Wir selbst", so Forster, „können nicht immer so richtig, so ins Wesentliche eingreifend empfangen, so die unterscheidenden Merkmale der Dinge uns selbst bewußt werden lassen, wie sie uns auffallen, wenn ein Anderer sie vom Außerwesentlichen abgeschieden und in einem Brennpunkt vereinigt hat. Zum Beweise brauchte ich nur an das schwere Studium des so vielfältig und so zart nüancirten Menschencharakters zu erinnern. Je feiner die Schattirungen sind, wodurch sich so nahe verwandte Geschöpfe unterscheiden, desto seltener ist sowohl die Gabe der bestimmten Erkenntniß, als die Kunst der treuen Überlieferung ihres Unterschiedes." (ForW 9, 25) Damit ist auf den ersten Blick das Verhältnis zwischen Schauspieler und Künstler doch wieder ungleichgewichtig, scheint der Zuschauer gegenüber dem Schauspiel-Künstler in einer nachgeordneten Position. Bei genauerem Hinsehen freilich zeigt sich, dass Forster die Grundidee der Wechselseitigkeit gleichrangiger Partner damit keineswegs aufgibt, ‚Humanität' sich für ihn vielmehr allein auf der Ebene des Einverständnisses zwischen Künstler und Publikum einstellt (und darum gerade nicht in der Perspektive der letztlich die Produktionsseite privilegierenden Genieästhetik realisiert).

Letztlich erklärt sich auch diese Prämisse von Forsters Kunstkonzeption aus dem Modell der Reziprozität der Schauspieler-Zuschauer-Beziehungen im Theater. Zwar kann nur der wahre Schauspiel-Künstler im Zuschauer die Zuschaukunst hervortreten lassen und die Humanität des Zuschauers hervorbringen, trifft er aber mit seinem Spiel nicht auf den erkenntnisfähigen und erkenntniswilligen Zuschauer, geht mit seinem perfekten Spiel auch seine Humanität ins Leere. Im Kunstwerk, so Forster, ist die Wahrnehmung der Wirklichkeit „durch die Empfindung eines Andern" gegangen; daraus ästhetischen Genuss zu ziehen, setze eine „frühere, wenn gleich unvollkommene Bekanntschaft mit dem bezeichneten Gegenstande in uns voraus", d.h.: „Die bestimmte Empfänglichkeit des Künstlers für das Individuelle erfordert daher, wenn sie recht geschätzt werden soll, einen kaum geringeren Grad der allgemeinen Empfänglichkeit des Kunstrichters". (ForW 9, 25)

Aufgerufen sind mit Forsters Humanitätsidealismus zentrale Vorstllungen der Weimarer Klassik, auch wenn er Goethes und Schillers Ansichten über

Partnerschaftliche Wechselseitigkeit

den „Primat ästhetischer Erziehung" (Ewert 1993, 199) nicht teilte, den Akzent vielmehr auf die sozioökonomische Bedingtheit und Begrenztheit menschlicher Selbstentfaltung legte.

2. Selbstzweck – Selbstgesetzgebung – Selbstbestimmung

Ästhetische
Autonomie

In gegenläufiger Bewegung zur für die Aufklärung noch maßgeblichen Anbindung der ästhetischen Sphäre an die Diskurse von Erziehung, Moral, Religion und Politik verhelfen Dichtung und Kunsttheorie von Klassik (und auch Romantik) der Idee der ästhetischen Autonomie, d.h. der Vorstellung einer aus den lebenspraktischen Zusammenhängen herausgesprengten, von der Normalität freigestellten und das Artistische in Form und Stil betonenden Kunst, zum Durchbruch wie sie in den Schriften Karl Philipp Moritz' und Kants vorgedacht waren. Schön, so hatte Moritz 1788 in der Schrift *Über die bildende Nachahmung des Schönen* erklärt, sei ein Kunstwerk dann, wenn es nicht funktional im Sinne der aufklärerischen Wirkungsästhetik einem äußeren Zweck (also moral-didaktischen Zielsetzungen) dient, sondern den „Endzweck seines Daseyns in sich selber" (Moritz 1788, 13) habe. Kant wiederum hat dies 1790 in der *Kritik der Urteilskraft* auf die einfache Formel gebracht, ein Kunstwerk bestimme sich als „Zweckmäßigkeit ohne Zweck" (Kant, GS 1, V, 226); es sei das, „was ohne Begriff allgemein" gefalle, ohne einen moralischen Zweck in sich tragen zu müssen (Kant, GS 1, V, 219).

Separation

Goethes Vorstellung, dass „die Cultur durch Kunst ihren eignen Gang gehen" müsse, „daß sie keiner andern subordinirt seyn" könne (NA 37, 97), geht in eine vergleichbare Richtung. Schiller, an den Goethe dies – eingeleitet durch einen kritischen Seitenblick auf das Theater seiner Zeit – am 12. August 1797 von Frankfurt aus schreibt, entwickelt seinerseits Herder gegenüber die Idee der strikten Abtrennung der Poesie von dem, was er „unser Denken und Treiben, unser bürgerliches, politisches, religiöses, wissenschaftliches Leben und Wirken" nennt. Er wisse für „den poetischen Genius kein Heil, als daß er sich aus dem Gebiet der wirklichen Welt zurückzieht und anstatt jener Coalition, die ihm gefährlich sein würde, auf die strengste Separation sein Bestreben" richte. Geradezu „ein Gewinn für ihn" scheine es ihm „zu sein, daß er seine eigne Welt formiret und durch die Griechischen Mythen der Verwandte eines fernen, fremden und idealischen Zeitalters bleibt, da ihn die Wirklichkeit nur beschmutzen würde". (NA 28, 98; Brief Schillers an Herder vom 4.11.1795) Bereits im neunten der 1793 veröffentlichten Briefe *Über die ästhetische Erziehung des Menschen* hatte Schiller die hier entwickelte Idee der „Separation" in Abwehr zumal gegenüber äußeren Eingriffen des „politischen Gesetzgeber[s]" folgendermaßen formuliert:

> Von allem, was positiv ist und was menschliche Conventionen einführten, ist die Kunst, wie die Wissenschaft losgesprochen, und beyde erfreuen sich einer absoluten *Immunität* von der Willkühr der Menschen. Der politische Gesetzgeber kann

ihr Gebiet sperren, aber darinn herrschen kann er nicht. Er kann den Wahrheits-
freund ächten, aber die Wahrheit besteht; er kann den Künstler erniedrigen, aber
die Kunst kann er nicht verfälschen. Zwar ist nichts gewöhnlicher, als daß beyde,
Wissenschaft und Kunst, dem Geist des Zeitalters huldigen, und der hervorbringen-
de Geschmack von dem beurtheilenden das Gesetz empfängt. Wo der Charakter
straff wird und sich verhärtet, da sehen wir die Wissenschaft streng ihre Grenzen
bewachen, und die Kunst in den schweren Fesseln der Regel gehn; wo der Charakter erschlafft und sich auflöst, da wird die Wissenschaft zu gefallen und die Kunst
zu vergnügen streben. Ganze Jahrhunderte lang zeigen sich die Philosophen wie
die Künstler geschäftig, Wahrheit und Schönheit in die Tiefen gemeiner Menschheit
hinabzutauchen; jene gehen darin unter, aber mit eigner unzerstörbarer Lebenskraft
ringen sich diese siegend empor.
(NA 20/1, 333)

Künstlerischen Widerhall findet das hier formulierte Autonomiekonzept in
Goethes Auseinandersetzung mit Kunst und Künstlertum in dem 1789 in
unmittelbarer zeitlicher Nachbarschaft zur Revolution in Frankreich abge-
schlossenen Stück *Torquato Tasso*. Mit dem Dichter Tasso hat Goethe eine
Figur des Übergangs, einen Dichter zwischen den Zeiten, in den Mittelpunkt eines Dramas gestellt, in dem sich die Entstehung neuer, im 19. Jahrhundert dann in moderne Autorschaft übergehender Rollenmodelle des
Künstlertums ankündigten. Tasso ist auf der einen Seite als Mitglied der
absolutistischen Hofhaltung des Fürsten von Ferrara eingebunden in ein
kompliziertes Beziehungs- und Verweissystem aus Konventionen und Regularitäten, das ihm Anpassungen abverlangt – an Etikette und Konvention,
zumal auch an das Repräsentationsinteresse seines Mäzens. Auf der anderen Seite wird an dieser Figur das Neue einer modernen Künstlersubjektivi-
tät und damit ein Kunstideal erahnbar, das im Zirkelschluss von Selbstzweck
(Autonomie der Kunst), Selbstgesetzgebung (des Künstlers) und Selbstbestimmung (hier des Rezipienten der Kunst) das Verhältnis von Kunst und
Gesellschaft auf eine neue Grundlage zu stellen den Anspruch erhebt.

Das formstrenge, auf die Einhaltung der Einheiten von Ort, Zeit und
Handlung bedachte Stück, mit dem Goethe im Übrigen nicht etwa einseitig
Partei ergreift „für die Subjektivität des Künstlers", sondern „auch Ansprü-
che des Hofes zu ihrem Recht kommen" lässt (Dörr 2007, 129), wird eröffnet durch die Szene einer Übergabe: Der Dichter Tasso überreicht auf dem
nahe Ferrara gelegenen Lustschloss Belriguardo seinem Mäzen, dem Herzog von Ferrara, sein endlich vollendetes Epos über das befreite Jerusalem.

Goethe,
Torquato Tasso

ALPHONS Du überraschest mich mit deiner Gabe
    Und machst mir diesen schönen Tag zum Fest.
    So halt' ich's endlich denn in meinen Händen,
    Und nenn' es in gewissem Sinne mein!
    Lang wünscht' ich schon, du möchtest dich entschließen
    Und endlich sagen: Hier! es ist genug.
TASSO Wenn Ihr zufrieden seid, so ist's vollkommen;
    Denn euch gehört es zu in jedem Sinn.
    Betrachtet' ich den Fleiß den ich verwendet,

> Sah ich die Züge meiner Feder an,
> So konnt' ich sagen: Dieses Werk ist mein.
> Doch seh' ich näher an, was dieser Dichtung
> Den innren Werth und ihre Würde gibt,
> Erkenn' ich wohl, ich hab' es nur von euch.
> [...]
> Du warst allein, der aus dem engen Leben
> Zu einer schönen Freiheit mich erhob;
> Der jede Sorge mir vom Haupte nahm,
> Mir Freiheit gab, daß meine Seele sich
> Zu muthigem Gesang entfalten konnte;
> Und welchen Preis nun auch mein Werk erhält,
> Euch dank' ich ihn, denn euch gehört es zu.
> (WA 10, 120-122)

Diese Übergabe-Szene taucht sowohl die Förderung des fürstlichen Gönners als auch die Leistung des Dichters, Gabe und Gegengabe, ins Licht einer – illusionären – Idealität. Als gleichsam rückwärtiges Webmuster der phantasmatischen Überfrachtungen des Dichter-Mäzen-Verhältnisses zeichnet sich im Wechselspiel von Geben, Empfangen und Wiedergeben, bereits in dieser Szene aber auch die Logik der Ökonomie ab, die sich mit der Herausbildung des distinkten Literatursystems im letzten Drittel des 18. Jahrhunderts durchsetzt.

Ästhetische Erziehung   Der utopische Charakter autonomer Kunstproduktion, die Tasso für sich noch nicht zu realisieren vermag, findet eine Entsprechung in der Autonomie des Subjekts, der sie gleichsam vorgreift; sie ist mithin ein Merkzeichen in die Zukunft der von Tasso erträumten Vereinigung von sozialer und politischer Wirklichkeit. Kunst bekommt in dieser Vorstellung die Funktion einer – wenn auch nur mittelbaren (das unterscheidet die goethezeitlichen Autonomiekonzepte vom moraldidaktischen Kunstverständnis der Aufklärungszeit) – Erziehungs- oder Bildungsinstanz.

Wiederum ist es Schiller, der dieser Vorstellung einer ästhetischen Erziehung insbesondere in seinen Briefen *Über die ästhetische Erziehung des Menschen* zum Ausdruck verholfen hat. Erst durch die „Schönheit" wandere man „zu der Freiheit" (NA 20/1, 573) – was letztlich nichts anderes heißt, als dass nur derjenige die politischen Probleme seiner Zeit praktisch zu lösen imstande sei, der sich zuvor im ästhetischen Bereich ausgebildet habe. Damit aber erfolgt auch in den ästhetischen und philosophischen Konzepten der Kunstautonomie keine prinzipielle Entkopplung des Politischen und des Ästhetischen. Während die Wirkungskonzeptionen der Aufklärung aber noch direkt Einfluss zu nehmen sich zum Ziel gesetzt hatten, nimmt die als ‚autonom' erklärte Kunst nunmehr gleichsam einen Umweg: „Der politischen Revolution entspricht ein ästhetisches Konzept, das qua prinzipieller ‚Funktionslosigkeit' politisch unangreifbar ist. Das Unbeflecktsein der Kunst durch Wirklichkeit sichert ihr ein Widerstandspotential gegen alle Geschichte und Politik." (Voßkamp 1988, 252)

Dieses in die Utopie eines ästhetischen Staates hinein verlängerte Konzept setzt voraus, dass der Mensch bildbar ist und dass er sein Menschsein, seine Humanität, erst durch die Ausbildung seiner Anlagen ‚verwesentlicht'. Unmittelbar verzahnt mit dem Ziel einer Veränderung (Veredlung, Vervollkommnung) der Individuen durch Schönheit ist so die Idee der Humanität bzw. einer allgemeinen Humanisierung, die vor allem von Herder, Schiller und Humboldt im Rückgriff auf die Antike als Erziehungs- und Bildungsideal der ganzheitlichen Selbstvervollkommnung des Subjekts bestimmt wurde. Humanität, so Herder 1794 in den *Briefe[n] zu Beförderung der Humanität*, sei „der *Charakter* unsres *Geschlechts*", sei „uns aber nur in Anlagen angeboren" und müsse „uns eigentlich angebildet werden. Wir bringen ihn nicht fertig auf die Welt mit; auf der Welt aber soll er das Ziel unsres Bestrebens, die Summe unsrer Übungen, unser *Wert* sein; denn eine *Angelität* im Menschen kennen wir nicht, und wenn der Dämon, der uns regiert, kein humaner Dämon ist, werden wir Plagegeister der Menschen". Daher sei das „Göttliche in unserm Geschlecht […] also Bildung zur Humanität"; diese sei „der Schatz und die Ausbeute aller menschlichen Bemühungen, gleichsam die Kunst unsres Geschlechtes. Die Bildung zu ihr ist ein Werk, das unablässig fortgesetzt werden muß, oder wir sinken, höhere und niedere Stände, zur rohen Tierheit, zur Brutalität zurück". (Herder 1971, 139) Über die Rolle der Kunst in diesem Bildungsprogramm, dem über politische Ordnungsvorstellungen hinaus universale und zugleich überzeitliche Moral- und Wertvorstellungen zugrunde liegen, schreibt Schiller im neunten Brief *Über die ästhetische Erziehung des Menschen*, alle „Verbesserung im politischen" solle von der „Veredlung des Charakters ausgehen". Deren Werkzeug wiederum sei die Kunst: „wie kann sich unter den Einflüssen einer barbarischen Staatsverfassung der Charakter veredeln? Man müßte also zu diesem Zwecke ein Werkzeug aufsuchen, welches der Staat nicht hergibt, und Quellen dazu eröffnen, die sich bei aller politischen Verderbniß rein und lauter erhalten. / […] Dieses Werkzeug ist die schöne Kunst, diese Quellen öffen sich in ihren unsterblichen Mustern." (NA 20/1, 332 f.) Und im dreiundzwanzigsten Brief ergänzt er: „Mit einem Wort: es giebt keinen andern Weg, den sinnlichen Menschen vernünftig zu machen, als daß man denselben zuvor ästhetisch macht." (NA 20/1, 383)

Goethe hat diese Idee einer Herausbildung des ganzheitlichen Menschen als Subjekt einer Kultur der menschlichen Versöhnung in seinen *Unterhaltungen deutscher Ausgewanderten* (1795) dann in etwa zeitgleich mit Herder im Konzept einer die Leidenschaften und den Meinungsstreit drosselnden „gesellige[n] Bildung" (WA 18, 114) gefasst. Sie ist gedacht als Gegenstück zu dem „Parteigeist" (NA 22, 106), der sich im Windschatten der politischen Revolution in Frankreich lautstark Gehör verschafft habe. „Geselligkeit ist der Grund der Humanität", hatte Herder bereits 1791 gleich zu Beginn seiner *Briefe* geschrieben, „und eine Gesellung menschlicher Seelen, ein wechselseitiger Darleih erworbener Gedanken und Verstandeskräfte vermehrt die Masse menschlicher Erkenntnisse und Fertigkeiten unendlich". (Herder 1971, 12) Das meint nichts anderes als das, was

Humanität

Gesellige Bildung

Schiller in den Briefen *Über die ästhetische Erziehung des Menschen* als utopische Antizipation verwirklichter Humanität im Kleinen, „in einigen wenigen auserlesenen Zirkeln" (NA 20/1, 412), als Harmonisierung und Befriedung der Partikularinteressen vor Augen gestanden hat.

Als Rückzug ins Unverbindliche wäre das Konzept der Separation missverstanden. Zumindest träfe es nicht den Kernpunkt der Kunstautonomie. So scheitert Tasso in Goethes Drama auch aus dem gleichen Grund an den Bedingungen einer dem Ästhetischen nicht zuträglichen Lebenswelt, der sein künstlerisches Gelingen ermöglicht – aufgrund seiner spezifischen ‚Selbstbezüglichkeit' nämlich, die ihn der Welt entfremdet. Autonomie meint nicht den Rückzug aus der Welt in ein von den gesellschaftlichen Bedingungen unberührtes Reich des Nur-Ästhetischen; es meint die Unabhängigkeit des sich seiner selbst bewussten Individuums zur Ausbildung seiner Fähigkeiten und Bedürfnisse. Solcherart wird sie zur Voraussetzung einer über den Einzelnen die Gesamtgesellschaft zielenden Humanisierung als Kern eines Bildungsprogramms, das den politischen Parteienstreit aber hinter sich gelassen hat.

3. Humanität und der vorbildliche „Geist" der Antike

Johann Joachim Winckelmann

Die Ausformulierung der literatur- und kulturpolitischen Grundvorstellungen der Weimarer Klassik erfolgt im Hinblick auf den vorbildlichen „Geist" der griechischen Antike als Ausprägung überzeitlich verbindlicher, menschlich mustergültiger Werte. Johann Joachim Winckelmann (*Gedancken über die Nachahmung der griechischen Wercke in der Mahlerey und Bildhauer-Kunst*, 1755) hat mit seiner Deutung der antiken griechischen Kunst als Ausdruck der „edle[n] Einfalt" (als dem Inbegriff des Wahren und Absoluten der Idee, aber auch der Einheit: Unteilbarkeit, Ganzheit und Vollkommenheit) und „stille[n] Größe" (im Sinne von vollendeter Identität), „sowohl in der Stellung als im Ausdruck" (Winckelmann 1976, 17f.) hier Vorreiterdienste geleistet. Er hat nicht nur im ‚schönen' Menschen die höchste Schöpfung der sich steigernden Natur und im griechischen Volkstum gleich auch den Musterfall eines durch „Geblüt" (Winckelmann 1976, 5), Klima und Erziehung begünstigten Menschentypus sehen wollen; seinem Verständnis nach fallen in der Kunst der Griechen Natur und Kunst auch soweit zusammen, dass er – Goethe und Schiller sind ihm darin gefolgt – „der Nachahmung der Alten vor der Nachahmung der Natur" den „Vorzug" zu geben forderte (Winckelmann 1976, 13; vgl. auch ebd. 23). Von hier aus propagierte er das Ideal von Harmonie, Einheit in der Vielheit und Einfalt in der Größe mit dem Ziel einer zu erkämpfenden Ausgeglichenheit.

Goethe, *Iphigenie auf Tauris*

Für Goethe waren die ästhetisch-poetischen „Gesetze" der Griechen seit seiner Italienreise maßgeblich. Die 1786 in Italien abgeschlossene versifizierte Fassung der *Iphigenie auf Tauris* ist das neben *Egmont* (1788) bedeutendste künstlerische, ethische und politische Zeugnis von Goethes erster Weimaraner Schaffensperiode. Mit diesem Stück, in dem die einst von ihrem Vater zum Opfer auserkorene Iphigenie zu einem geschichtsverändernden Menschsein durch die Anschauung des Mythos (hier im Sinne einer Schicksalsverfallenheit) gelangt, liefert Goethe gleichsam die ästhetische Probe aufs Exempel des klassischen Humanismus, sozusagen die ästhetische Realisierung des utopischen Entwurfs. Ganz „verteufelt human" (NA 39/1, 175; Brief Goethes an Schiller vom 19.1.1802) hat Goethe selbst sein ‚gräcisirendes Schauspiel' in einem vielzitierten Brief an Schiller genannt. Der freilich riet für das von beiden geplante „Wagestück" (Goethe) einer Aufführung in Weimar (zu der es 1802 in einer Bühnenbearbeitung Schillers auch kam), nichts von dem, was Goethe „das *Humane* darinn" geheißen habe, „wegzunehmen" (NA 31, 88; Brief Schillers an Goethe vom 20.1.1802).

Goethe intimisiert in *Iphigenie auf Tauris* nicht allein den Staatskonflikt der attischen Tragödie zum Seelengemälde – der Verzicht auf die kommentierende Ebene des Chors unterstützt diese Intention. Er setzt sich mit der Versifizierung der ursprünglich in Prosa geschriebenen ersten Fassung des Stücks und damit der bewussten ‚Verkünstlichung' des Spiels ganz dezidiert auch wieder von der populären Ausformung der Tragödie im bürgerlichen Trauerspiel ab. In den einführenden Anmerkungen zum Abdruck einiger seiner *Mahomet*-Szenen in den *Propyläen* (1800) äußert er in Weiterführung der ihn dabei leitenden Überlegungen nicht nur den Wunsch zu einer Wiederannäherung an die Formstrenge des französischen Theaters, dass nämlich „unbeschadet des Originalgangs, den wir eingeschlagen haben, die Vorzüge des französischen Theaters auch auf das unsrige herübergeleitet werden möchten"; er betont auch die Notwendigkeit zur „Rückkehr zu einer versifizierten Dramensprache" in Abgrenzung gegenüber der zeitgenössischen Theaterpraxis:

> Die Nothwendigkeit unser tragisches Theater durch Versification von dem Lustspiel und Drama zu entfernen wird immer mehr gefühlt werden.
> Die Aufführung der Wallensteinischen Folgen, der Merope und Zaire nach Gotter und Eschenburg, ja des Hamlets nach der Wilhelm Schlegelischen Übersetzung, wodurch die Berliner Direction ein nachahmungswürdiges Beispiel gegeben hat, läßt uns hoffen, daß diese Bemühung, diese Neigung allgemeiner werden und die Scheue, welche so manchen, der sich einen dramatischen Künstler nannte, bisher ergriff, wenn ihm etwas Rhythmisches angeboten wurde, endlich radical curirt werden könne.
> (WA 40, 67f.)

In das Drama selbst leitet ein Klagemonolog der von der Göttin Artemis-Diana vom Altar des Opfers nach Tauris entrückten Tochter des griechischen Heerführers Agamemnon ein. Mit ihm markiert Goethe gleich am Anfang der *Iphigenie* den Zeit/Raum des Exils. „Das Land der Griechen mit der Seele suchend" (WA 10, 3), sehnt sich die ins Barbarische hinein versetzte Iphigenie nach Heimkehr – hier in das als Kulturraum gedachte Griechenland. Zwar ist Iphigenie im ‚Außerhalb' ihres Exils zum ‚Motor' des kulturellen Fortschritts geworden (der taurische König Thoas hat Iphigenie als Priesterin im Tempel der Göttin Diana eingesetzt, dafür mit dem überlie-

Heimat und Exil

ferten Gesetz gebrochen, das die Opferung aller Landfremden verlangt, und dieses archaische Gesetz auch nicht wieder in Kraft gesetzt). Diese ‚Modernisierung' aber macht den Verlust, die Einbuße des verloren gegangenen ‚guten Alten' (Heimat) nicht wett: Iphigenies Erfahrung des Exils ist die des *anhaltend* entzweiten Lebens. Von daher lehnt sie auch den Heiratsantrag des Herrschers Thoas ab, dem gegenüber sie all die Jahre über ihre Identität und Abstammung verborgen gehalten hat. Die Heirat würde sie für immer von der Heimat fernhalten und obendrein in die „eng-gebunden[en]" (WA 10, 4) Fesseln eines familiären Abhängigkeitsverhältnisses binden; die Möglichkeit autonomer Selbstbestimmung (Iphigenie selbst spricht vom Verlust ‚selbstbewußten Lebens'; WA 10, 7) wäre ihr damit für immer genommen. Beides aber ist sie nicht bereit zu akzeptieren: die Exilierung als Griechin in ein Ausland, das als Zufluchtsort gleichermaßen Fremde ist – ‚zweiter Tod' (WA 10, 4) –, und ihre Festbannung in das ‚andere Ausland' der Fremdbestimmung, in das sie die Eheschließung mit Thoas führen würde: „Ich bin so frei geboren als ein Mann." (WA 10, 81)

Zivilisatorischer
Rückfall In der Konsequenz ihrer Weigerung, Thoas zu heiraten, steht ein zivilisatorischer Rückfall der skythischen Gesellschaft: Thoas beendet das zwischen ihm und Iphigenie bis dahin bestehende Verhältnis relativer Gleichberechtigung zwischen autonomen Subjekten; er kehrt zum hierarchischen Verhältnis zwischen Funktionsträgern (Herrscher und Priesterin) zurück und befiehlt, zwei an der Küste aufgegriffene Fremde dem alten Brauch gemäß nun wieder zu opfern. Bei diesen handelt es sich, was die Beteiligten zunächst nicht wissen, um Iphigenies Bruder Orest, dem ein Orakelspruch Entsühnung von dem Mord an seiner Mutter Klytemnästra unter der Bedingung verheißen hatte, dass er „die Schwester zu Apollen hin" bringe (WA 10, 32) (was Orest als Auftrag versteht, das von den Taurern verehrte hölzerne Standbild der Artemis-Diana, der Schwester Apolls also, nach Griechenland zurückzubringen); begleitet wird er von seinem Herzensbruder Pylades.

Lüge und Wahrheit Das Verhalten beider angesichts des Verhängnisses könnte nicht unterschiedlicher sein. Der Muttermörder Orest, der in der Opfer-Priesterin die eigene Schwester erkennen muss, ist nicht mehr bereit, sich gegen das über ihn verhängte Schicksal aufzulehnen. Er folgt damit der Hoffnung, so den ihn und Iphigenie gleichermaßen in Schuldzusammenhänge festhaltenden mythischen Wiederholungszwang der Gewalt aufzuheben, der bis zum Urvater des Geschlechts, Tantalos, zurückreicht: „Gut, Priesterin! ich folge zum Altar: / Der Brudermord ist hergebrachte Sitte / Des alten Stammes; und ich danke, Götter, / Daß ihr mich ohne Kinder auszurotten / Beschlossen habt." (WA 10, 53) Pylades trägt dagegen nicht nur keine Scheu, die Satzungen der Götter seinen Zwecken anzupassen; er setzt der Todverfallenheit Orests auch einen vitalen Lebenswillen entgegen, in dem sich der Glaube an die Machbarkeit der Geschichte ausspricht. ‚Machbarkeit' heißt im Falle dieses Vertreters einer nüchternen ‚Klugheit', dem die Geschichte nicht zur Last wird, ja, der den Geschlechterfluch schlicht für nicht existent erklärt („Die Götter rächen / Der Väter Missethat nicht an dem Sohn"; WA 10, 31): durch List und Klugheit.

Legt Pylades es von Anfang an auf Verstellung an, um das Götterbild in seinen Besitz zu bringen, und begründet er dies Iphigenie gegenüber als notwendig zweckgerichtetes Handeln zu ihrer und des Bruders Rettung, schafft Orest im dritten Akt durch die Verweigerung gegenüber dem von Pylades eingeforderten strategischen Kalkül der Lüge („zwischen uns / Sei Wahrheit!"; WA 10, 47) die Voraussetzungen zur Lösung seiner Schuld, der er vorausschauend in einer Hadesvision gewahr wird. Den letztlich entscheidenden Schritt aber geht Iphigenie. Obwohl sie Betrug und List verabscheut („eine reine Seele braucht sie nicht"; WA 10, 82), lässt sie sich in der Hoffnung auf Rettung des Bruders anfangs zwar noch dazu verleiten, Pylades' Strategie des ‚klugen' und des ‚falschen Wortes' (WA 10, 60) zu folgen; sie erkennt bald aber, dass sie als Lügende ihr Selbst als „reine Seele" verliert und die Familientradition der Unmenschlichkeit fortsetzt. In dieser Situation geht sie eine Wette auf die Humanität des enttäuschten Königs ein. Voraus geht dem die Enttäuschung ihres anfangs noch festen Glaubens an die Güte der Götter, der in dem Moment dem Zweifel an die Sinnhaftigkeit der Welt weicht, in dem sie sich durch die vermeintlich unausweichliche Notwendigkeit, Schuld auf sich zu nehmen, um sich und Pylades das Leben zu retten, in den mythologischen Wiederholungszwang hineingezwungen sieht. In dieser Situation klagt sie am Ende des 4. Aktes im „Lied der Parzen" (V. 1720–66) die Willkürherrschaft der Götter an („Es fürchte die Götter / Das Menschengeschlecht! / Sie halten die Herrschaft / In ewigen Händen, / Und können die brauchen / Wie's ihnen gefällt."), was in der Anklage irdischer Herrscherwillkür in der dritten Szene des 5. Aktes ein Gegenstück findet: „Er [der König] sinnt den Tod in einer schweren Wolke, / Und seine Boten bringen flammendes / Verderben auf des Armen Haupt hinab; / Er aber schwebt durch seine Höhen ruhig, / Ein unerreichter Gott, im Sturme fort." (WA 10, 79f.)

Rettung erfolgt am Ende des 5. Aktes in der Aufhebung der hier im Verhältnis zwischen Göttern und Menschen gespiegelten Fatalität negativer Herrschgewalt (vgl. Borchmeyer 1994, 152) in der Perspektive des klassischen Humanitätsideals: als ‚kühnes Unternehmen' des ‚wahr'-Sprechens, das die Voraussetzungen dafür schafft, göttliches Gebot (Heimbringung der Schwester) mit menschlicher Moralität zu versöhnen und die im Parzenlied in Frage stehende Humanität des Göttlichen im Spiegelbild humanisierter Herrschaft wieder neu zu denken. Mit der Entscheidung, Thoas nicht zu belügen, ihm vielmehr im Vertrauen auf seine Humanität ‚wahr' sprechend entgegenzutreten, zerstört Iphigenie am Ende den mythologischen Wiederholungszwang der von Pylades beschworenen „ehernen" Notwendigkeit und behauptet sich damit in einer neuen Freiheit (Autonomie). *Iphigenies Freiwerden – Thoas' ‚Königwerden'*

Um diese zu verwirklichen und die Geschichte nicht in die Katastrophe abgleiten zu lassen, allerdings bedarf es eines menschlichen Gegenübers, der sich ihres Mutes und ihres Vertrauens als gleichwertig erweist. Erst dass sie dieses Gegenüber in Thoas findet, verhindert die Katastrophe. Iphigenies Freiwerden findet sein Spiegelbild so im wahren ‚Königwerden' des Skythenfürsten, dem sie sich vertrauend-selbstbewusst in ihrer Menschlichkeit zeigt, den sie in seiner Menschlichkeit anspricht und der sich in seiner Entscheidung zum humanen Handeln in seiner Menschlichkeit erweist. Thoas' Schlusssegen, sein den Blankvers nicht mehr schließendes, so den geschlossenen Raum der Dichtung nach vorn öffnendes „Lebt wohl!", setzt in dieser Hinsicht ein utopisches Zeichen an das Ende des Dramas:

> IPHIGENIE Denk' an dein Wort, und laß durch diese Rede
> Aus einem g'raden treuen Munde dich
> Bewegen! Sieh uns an! Du hast nicht oft
> Zu solcher edlen That Gelegenheit.
> Versagen kannst du's nicht; gewähr' es bald!
> THOAS So geht!
> IPHIGENIE   Nicht so, mein König! Ohne Segen
> In Widerwillen, scheid' ich nicht von dir.
> Verbann' uns nicht! Ein freundlich Gastrecht walte
> Von dir zu uns: so sind wir nicht auf ewig
> Getrennt und abgeschieden. Werth und theuer
> Wie mir mein Vater war, so bist du's mir,
> Und dieser Eindruck bleibt in meiner Seele.
> Bringt der Geringste deines Volkes je
> Den Ton der Stimme mir in's Ohr zurück,
> Den ich an euch gewohnt zu hören bin,
> Und seh' ich an dem Ärmsten eure Tracht;
> Empfangen will ich ihn wie einen Gott,
> Ich will ihm selbst ein Lager zubereiten,
> Auf einen Stuhl ihn an das Feuer laden,
> Und nur nach dir und deinem Schicksal fragen.
> O geben dir die Götter deiner Thaten
> Und deiner Milde wohlverdienten Lohn
> Leb' wohl! O wende dich zu uns und gib
> Ein holdes Wort des Abschieds mir zurück!
> Dann schwellt der Wind die Segel sanfter an,
> Und Thränen fließen lindernder vom Auge
> Des Scheidenden. Leb' wohl! und reiche mir
> Zum Pfand der alten Freundschaft deine Rechte.
> THOAS Lebt wohl!
> (WA 10, 94f.)

Die formale Unabgeschlossenheit des Verses weist auf ein erst noch zu schaffendes ‚humanes' Verhältnis zwischen Fürst und Bürger in einem aufgeklärten Gemeinwesen. Der zum ‚wahren' König gewordene Thoas ist in dieser Hinsicht das Musterbeispiel des ästhetischen Erziehungskonzepts; unter dem Einfluß der Priesterin Iphigenie hat auch er sich zum sittlichschönen Menschen gebildet. So wird *Iphigenie auf Tauris* in der Tat lesbar auch als „‚Fürstenspiegel', der das ideelle Fundament der amtlichen Reformtätigkeit Goethes im ersten Weimarer Jahrzehnt bedeutsam erhellt. In der Entsagung des Thoas, in seinem Verzicht auf Rache, Strafe und die unbeschränkten Möglichkeiten der Macht, in der Fähigkeit, die ‚Stimme / der Wahrheit und der Menschlichkeit' (Vs. 1937f.) zu hören – in all dem

drückt sich das Bild des ‚guten Herrschers' aus, das die bürgerlichen Schriftsteller seit der frühen Aufklärung mit der Idee der Fürstenerziehung vor
Augen hatten". (Borchmeyer 1994, 158)

Das historische Trauerspiel *Egmont* (veröffentlicht 1788), dessen Fabel in   Goethe, *Egmont*
das 16. Jahrhundert (Aufstand der niederländischen Provinzen gegen die
spanische Krone) führt, bildet geradezu ein Gegenstück zu dem in *Iphigenie
auf Tauris* in Szene gesetzten Vorgang einer geglückten Bildung. Beide Stücke bilden in der Darstellung von Gelingen und Scheitern gleichsam eine
dialektische Einheit. Während *Iphigenie* die geschichtsverändernde Kraft
der Humanität zum Gegenstand eines Spiels der Versöhnung von Mensch
und Welt, Individuum und Geschichte macht, hat *Egmont* die Antinomie,
die Gegensätzlichkeit des ‚schönen' Charakters (der Iphigenie am Ende ist)
zur Geschichte und zur politischen Welt zum Thema. Egmont hat Sinnlichkeit und Sittlichkeit, Empfindungs- und Denkvermögen zu harmonischer
Vollendung ausgebildet (oder trachtet zumindest nach dieser Vollendung);
in allen Situationen beweist er in seinem Handeln das Ideal der schönen
Humanität – und er scheitert an der feindlichen, von düsterem Fanatismus
und tiefem Misstrauen gegenüber der Freiheit des Menschen beherrschten
Umwelt. Seine vertrauensvolle Sorglosigkeit bringt ihn gegenüber dem vom
spanischen König zur militärischen Befriedung in die aufrührerischen niederländischen Provinzen entsandten Herzog Alba ins Hintertreffen. Freimü-
tig vertritt Egmont gegenüber dem Herzog seine Freiheits-Utopie und liefert
damit dem Vertreter einer absolutistischen Macht, die es für richtig hält, die
Bürger eines Volkes „zu ihrem eigenen Besten einzuschränken" (WA 8,
270), den Vorwand für seine Verhaftung und Verurteilung zum Tode, den er
in einer visionären Schlussapotheose als notwendiges Opfer für die in der
Zukunft realisierte Freiheit der Niederlande annimmt: „ich sterbe für die
Freiheit, für die ich lebte und focht, und der ich mich jetzt leidend opfre."
(WA 8, 305)

Goethe trägt dem Scheitern seines Helden hier die Hoffnung auf die
Überwindung jener Lebensverhältnisse nach, in der Egmont notwendig
scheitern musste. Zugleich wird sein Sterben mit Sinn aufgeladen: Egmonts
Tod steht nicht im Zeichen eines absoluten ‚Nicht' (also des absoluten
Scheiterns), sondern vielmehr eines ‚*noch* Nicht', was auch dieses Stück am
Ende utopisch öffnet. Ganz explizit wird diese Öffnung auf der paratextuel-
len Ebene, wenn es in den letzten Szenenanweisungen von der Egmont im
Traum erscheinenden Allegorie der Freiheit heißt, sie bedeute Egmont „daß
sein Tod den Provinzen die Freiheit verschaffen werde", erkenne ihn „als
Sieger" an und reiche „ihm einen Lorbeerkranz" (WA 8, 303), zumal Goe-
the das Stück überdies mit einer „Siegessymphonie" enden lässt.

4. Schiller und das Konzept der Klassik

In seiner 1789 im zweiten Band der Zeitschrift *Kritische Übersicht der
neuesten schönen Literatur der Deutschen* erschienenen Rezension der
Goetheschen *Iphigenie auf Tauris* schreibt Schiller, sorgsam den gegen die

Fesseln ästhetischer Normierungen anschreibenden Goethe der ‚Sturm und Drang'-Zeit gegen den späteren Formkünstler abgrenzend:

> Man kann dieses Stück nicht lesen, ohne sich von einem gewissen Geiste des Altertums angeweht zu fühlen, der für eine bloße, auch die gelungenste Nachahmung viel zu wahr, viel zu lebendig ist. Man findet hier die imponierende große *Ruhe*, die jede Antike so unerreichbar macht, die Würde, den schönen Ernst, auch in den höchsten Ausbrüchen der Leidenschaft [...].
> (NA 22, 212)

Schiller selbst hat die intensive Beschäftigung mit der Antike Ende der achtziger Jahre (vgl. dazu seine Euripides- und Vergil-Übersetzungen) zu einem im Vergleich zu seinen dramenästhetischen Vorstellungen der früheren Jahre neuen künstlerischen Ideal der Simplizität und der Klassizität geführt (vgl. dazu das 1788 in einer ersten Fassung erschienene große philosophische Gedicht „Die Götter Griechenlands"). Die Goethesche *Iphigenie auf Tauris* ist ihm dabei ein wichtigstes Vorbild gewesen im Hinblick auf die poetische Form und die glückliche Verbindung antiken Geistes mit der „schönere[n] Humanität unsrer neueren Sitten" (NA 22, 234). Grundlegend ist diese Auseinandersetzung Schillers mit der Antike für alle seine zwischen 1798 und 1804 nach zehnjähriger Bühnen-Abstinenz uraufgeführten Dramen, vom *Wallenstein* (1798/99), über *Maria Stuart* (1800) und *Die Jungfrau von Orleans* (1801) bis hin zu *Wilhelm Tell* (1804). Augenfällig aber ist sie zumal in dem „Trauerspiel mit Chören" *Die Braut von Messina oder Die feindlichen Brüder* (1803), mit der Schiller eine „echte" moderne Tragödie hatte schaffen wollen.

Schiller, *Die Braut von Messina*   *Die Braut von Messina* ist ein von Sophokles' *Ödipus Tyrann* angeregter Versuch, antikes Theater auch formal durch die Verwendung von Chorliedern in hymnischem und odenartigem Versmaß, von Stichomythie und Ekphrasis, zu aktualisieren. Dem Stück selbst hat Schiller eine dramenästhetisch bedeutsame Vorrede („Über den Gebrauch des Chors in der Tragödie") vorausgeschickt, in der er bereits in den Briefen *Über die ästhetische Erziehung des Menschen* behandelte Themen wie die Trennung des Privaten und des Öffentlichen und insbesondere die falschen Konsequenzen, die das bürgerliche Trauerspiel aus dieser Entwicklung gezogen habe, noch einmal aufgreift: „Der Palast der Könige ist jetzt geschlossen", heißt es hier, „die Gerichte haben sich von den Thoren der Städte in das Innere der Häuser zurückgezogen, die Schrift hat das lebendige Wort verdrängt, das Volk selbst, die sinnlich lebendige Masse, ist, wo sie nicht als rohe Gewalt wirkt [wie nämlich in der Revolution], zum Staat, folglich zu einem abgezogenen Begriff geworden, die Götter sind in die Brust des Menschen zurückgekehrt." (NA 10, 11 f.) Aus dieser Beobachtung heraus entwickelt Schiller eine Konzeption des ästhetischen Widerspruchs, die sich dem Weg nach ‚Innen', der Privatisierung des Konflikts mithin, verweigert und den vormodernen Weltzustand ästhetisch revitalisiert: Der Dichter müsse „die Palläste wieder aufthun, er muß die Gerichte unter freien Himmel herausführen, er muß die Götter wieder aufstellen, er muß alles Unmittelbare, das durch die

künstliche Einrichtung des wirklichen Lebens aufgehoben ist, wieder her-
stellen, und alles künstliche Machwerk *an* dem Menschen und *um* denselben, das die Erscheinung seiner innern Natur und seines ursprünglichen
Charakters hindert, wie die Bildhauer die modernen Gewänder, abwerfen,
und von allen äussern Umgebungen desselben nichts aufnehmen, als was
die Höchste der Formen, die menschliche, sichtbar macht". (NA 10, 12)

Das poetische Organ dieser Wiederannäherung an die verlorene Idealität
der Gattung ist für Schiller der Chor, der in der attischen Tragödie noch ein
„natürliches Organ" gewesen sei, das aus der „poetischen Gestalt des wirklichen Lebens" folgte, unter den Bedingungen des modernen Lebens aber
nur mehr als „Kunstorgan" fungieren könne, als Mittel, um die „Poesie *hervor[zu]bringen*" (NA 10, 11). Während in der antiken Tragödie der Chor die
Aufgabe gehabt habe, zwischen Bühne und Wirklichkeit zu vermitteln, setze er in der neuen Tragödie die Bühne im Gegenteil in Kontrast zu den
Gegebenheiten der modernen Welt: er archaisiere das Bühnengeschehen
und setze damit zugleich ein Fremdheitszeichen: „Die Einführung des Chors
wäre der lezte, der entscheidende Schritt – und wenn derselbe auch nur
dazu diente, dem Naturalism in der Kunst offen und ehrlich den Krieg zu
erklären, so sollte er uns eine lebendige Mauer seyn, die die Tragödie um
sich herumzieht, um sich von der wirklichen Welt rein abzuschließen, und
sich ihren idealen Boden, ihre poetische Freiheit zu bewahren." (NA 10,
11) Und weiter: „Der Chor *reinigt* also das tragische Gedicht, indem er die
Reflexion von der Handlung absondert, und eben durch diese Absonderung
sie selbst mit poetischer Kraft ausrüstet; eben so wie der bildende Künstler
die gemeine Nothdurft der Bekleidung durch eine reiche Drapperie in einen
Reiz und in eine Schönheit verwandelt." (NA 10, 13)

Zwar hat Schiller sich des Chors nur im antikisierenden Spiel der *Braut
von Messina* bedient. Ungeachtet dessen aber bleibt er für Schiller Fluchtpunkt seines Ideals vom Theater als Öffentlichkeit spiegelnder und Öffentlichkeit schaffender Institution, welche den Menschen in seinen elementa-
ren Empfindungen trifft. Der Unzeitgemäßheit eines schicksalhaften
Geschehens, eine Grundidee des antiken Theaters, hat Schiller dabei durchaus Rechnung getragen. Tragik entwickelt sich in der *Braut von Messina* so
auch nicht etwa durch die Wirkung eines den handelnden Personen unzu-
gänglichen Schicksals; sie wird vielmehr aus den Charakteren und ihrem
Handeln heraus entfaltet.

Wie Sophokles' *Ödipus* ist auch *Die Braut von Messina* ein analytisches
Drama, in dem im Fortgang der Handlung ein verborgenes Geschehen ent-
hüllt wird. In der sizilianischen Hafenstadt Messina haben die beiden seit
ihrer Kindheit einander schon verhassten Brüder Don Manuel und Don
Cesar nach dem Tod ihres Vaters die Waffen gegeneinander erhoben und
die Bürgerschaft geteilt. Zu Beginn des Stückes ist es ihrer Mutter, der Fürstin Isabella, scheinbar gelungen, die feindlichen Brüder zu versöhnen. Der
Streit allerdings flammt erneut auf, als Donna Isabella den Brüdern ihre im
Verborgenen aufgezogene Schwester Beatrice zuführen will. Der durch
eine Traumoffenbarung vor der Zerstörung seines Geschlechts durch die

Versuch mit dem Chor

ihm geborene Tochter gewarnte Fürst hatte sie gleich nach der Geburt zu töten befohlen; Isabella hatte dies verhindert und die Tochter insgeheim in der Obhut eines Klosters erziehen lassen, da wiederum ihr ein Traum die Versöhnung ihrer Söhne durch eine Tochter in Aussicht gestellt hatte: „Genesen würd ich einer Tochter, / Die mir der Söhne streitende Gemüther / In heißer Liebesglut vereinen würde." (NA 10, 66)

Zwei konkurrierende Traumoffenbarungen also sind der Ausgangspunkt eines mit einer gewissen Zwangsläufigkeit in die Katastrophe führenden dramatischen Geschehens. Es wird dadurch vorangetrieben, dass beide Brüder sich in Unkenntnis der Identität Beatrices und ohne jeweils von den Interessen des Anderen zu wissen, längst in die Schwester verliebt haben, die ihnen bei unterschiedlichen Anlässen zuvor bereits begegnet war: Don Manuel am Rande einer Jagd in der Nähe des Klosters, Don Cesar beim Begräbnis des Vaters. Als Don Cesar Beatrice in einer verfänglichen Situation mit dem Bruder ertappt, tötet er diesen und sühnt seine Tat durch den Tod von eigener Hand, nachdem er hat erkennen müssen, dass er um der gemeinsamen Schwester willen zum Brudermörder geworden ist.

Schicksalsmacht und Freiheit

Mit der *Braut von Messina* ‚übersetzt' Schiller nun nicht einfach das alte Tragödienmodell des schuldlos schuldigen Täters Ödipus, der die Schicksalsmächte kraft seines überlegenen Verstandes besiegt zu haben glaubt und ihnen mit diesem Glauben letztlich in die Falle geht, in seine Zeit. Das eigentliche Thema der Tragödie, das Schiller durch das Mythensubstrat hindurch gestaltet, ist das der Freiheit, konkretisiert hier als Befreiung des Menschen zu sittlicher Selbstbestimmung. Diese Befreiung gelingt nicht auf dem Weg der Überlistung des Geschicks, sondern durch die Anerkennung eigener Schuld und die Übernahme von „Verantwortung" (Ueding 1987, 155). Sowohl die Strategie der Vermeidung, die den Fürsten die Rettung seines Geschlechts in der Tötung der Tochter suchen lässt, wie die Gegenlist der Fürstin verfehlen so auch ihr Ziel – nicht aber, weil das Schicksal sich dem selbstbestimmten Handeln des Menschen gegenüber als unzugänglich erweist, sondern weil die von Fürst und Fürstin gewählten Mittel unzulänglich sind. Freiheit gewährt letztlich nur der von Don Cesar eingeschlagene Weg. Das fasst der Chor in den abschließenden Versen seines Schlussgesangs zusammen:

Dieß Eine fühl ich und erkenn es klar,
Das Leben ist der Güter höchstes *nicht*,
Der Uebel größtes aber ist die *Schuld*.
(NA 10, 125)

Indem Don Cesar Fluch und Schicksalszusammenhang auf ihren wahren Ausgangspunkt, d.h. auf menschliche Handlungen und Verhaltensweisen zurückführt, wird der Schrecken des mythologischen Wiederholungszwangs hier nun gleichsam rationalisiert. Zwar spricht Don Cesar noch vom Fluch, den es zu versöhnen gelte; dies allerdings ist allenfalls noch im metaphorischen Sinn zu verstehen, meint er doch ganz konkret seine Tat, die er allein sich und keiner höheren Instanz mehr anlastet und die so auch nur von ihm allein gesühnt werden kann. Den hier aufreißenden Widerspruch zwischen psychologischer Intimität und dem öffentlichen Charakter der antiken Tragödie vermag Schiller nicht zur Gänze aufzulösen. Bezeichnenderweise wird der Chor, der Repräsentant der Öffentlichkeit also, auch wiederholt der Bühne verwiesen, um den beteiligten Personen die Möglichkeiten zu gewähren, ihr Herz öffnen zu können.

Als Drama der Läuterung steht *Die Braut von Messina* in einer Reihe mit *Maria Stuart* und der *Jungfrau von Orleans*. Während in der *Braut von Messina* der Tod Don Cesars den Gipfelpunkt der Entwicklung darstellt (vgl. Guthke 1994, 260), schließt das physische Ende der Titelheldinnen in diesen Stücken allerdings lediglich einen bereits *vollendeten* Läuterungsprozess äußerlich ab. Maria Stuart ist in Schillers Königinnendrama alles andere so als eine Heilige – zumindest ist sie es nicht zu Beginn der Tragödie, deren erste Akte jeweils einer der beiden Kontrahentinnen gehören –, sondern eine in ihren Fehlern zutiefst menschliche, gleichermaßen unbeugsam-stolze wie hochfahrende, einerseits unbesonnene, andererseits disziplinierte Person. Aber sie besteht im 5. Akt auf ihrer persönlichen Verantwortung vor und in der Geschichte, während die englische Königin Elisabeth umgekehrt die Last der Verantwortung für den über ihre Kontrahentin verhängten Tod los zu werden sucht. In Maria, die ihre Leidenschaften haben schuldig werden lassen, hat sie ein Stück weit auch ihre eigene Schwäche bekämpft, kann Elisabeth doch nur um den Preis einer rigorosen Selbstverhärtung als Frau und Herrscherin Souveränität und Unabhängigkeit behaupten. Die Tragödie *Maria Stuart* ist von der Person Elisabeths aus lesbar so auch als Tragödie der ,raison', der Selbstregierung und Selbstregulierung, in dem sich mit den Kontrahentinnen Maria und Elisabeth zwei Teile einer komplexen Persönlichkeit feindlich gegenübertreten. Triumphieren wird im 5. Akt mit Maria die in diesem Zweikampf physisch Unterlegene, insoweit sie sich, den drohenden Tod vor Augen, zur ,schönen Seele' läutert, von der Schiller in der Abhandlung *Über Anmut und Würde* (1793) schreibt:

> Eine schöne Seele nennt man es, wenn sich das sittliche Gefühl aller Empfindungen des Menschen endlich bis zu dem Grad versichert hat, daß es dem Affekt die Leitung des Willens ohne Scheu überlassen darf, und nie Gefahr läuft, mit den Entscheidungen desselben im Widerspruch zu stehen. Daher sind bei einer schönen Seele die einzelnen Handlungen eigentlich nicht sittlich, sondern der ganze Charakter ist es. Man kann ihr auch keine einzige darunter zum Verdienst anrechnen, weil eine Befriedigung des Triebes nie verdienstlich heißen kann. Die schöne Seele hat kein andres Verdienst, als daß sie ist. [...]. In einer schönen Seele ist es also, wo Sinnlichkeit und Vernunft, Pflicht und Neigung harmonieren, und Grazie ist ihr Ausdruck in der Erscheinung. Nur im Dienst einer schönen Seele kann die Natur zugleich Freiheit besitzen, und ihre Form bewahren, da sie erstere unter der Herrschaft eines strengen Gemüths, letztere unter der Anarchie der Sinnlichkeit einbüßt. (NA 20, 287 f.)

Marias moralischer Apotheose, ihrer Selbstbefreiung zu innerer Schönheit, die dadurch noch unterstrichen wird, dass sie in der Stunde ihres Todes

Schiller, Maria Stuart

äußerlich wieder im Glanz königlicher Pracht erscheint, korrespondiert mit der moralischen Vernichtung der sich verhärtenden Elisabeth, die in der letzten Szene in ihrer ‚Vereinsamung', dem Bild einer schuldhaft selbst hervorgerufenen Isolation vor der Geschichte, angezeigt wird.

Schiller, *Die Jungfrau von Orleans*   In der *Jungfrau von Orleans* hat Schiller diese Konstellation noch einmal variiert. Nur als gepanzerte Frau im wörtlichen, wie im übertragenen Sinn – gepanzert gegen das Gefühl, zugleich entsexualisiert zur ‚reinen' Jungfrau –, kann Johanna ihre historische Mission erfüllen. Sie darf nicht lieben und sie darf keinen Feind schonen. Der Wendepunkt dieser Ausgangssituation ist erreicht, als die auf dem Schlachtfeld unbesiegte Johanna die Armatur ihrer Selbstpanzerung ablegt und sich mit ihrer Liebe zu dem englischen Feldherrn Lionel von der „Schreckensgöttin" (NA 9, 226) zum empfindsamen Geschlechtswesen rückverwandelt (3. Akt, 10. Szene). Dass sie den von ihr im Zweikampf besiegten Lionel nicht zu töten über sich bringt und ihn in der Konsequenz auch ziehen lässt, dass sie damit gleichermaßen gegen das Liebes- und das Mitleidsverbot verstößt, begreift sie selbst als Bruch ihres Gelübdes: „Was hab ich / Getan! Gebrochen hab ich mein Gelübde!" (NA 9, 265) Ihre Verbannung im anschließenden vierten Akt während der Krönungszeremonie zu Reims, nachdem ihr eigener Vater sie der Zauberei angeklagt und sie selbst aus Scham über ihre Liebe zu diesen Vorwürfen geschwiegen hat, steht nur in der Konsequenz dieses Einbruchs des Gefühls in das Territorium der Herzenskälte, die Johanna Freiheit (hier als Handlungsfreiheit in einer männlich dominierten Welt des Krieges) nur begrenzt zu realisieren erlaubt: im Kommando über die (Körper-)Natur und damit der Unterwerfung des corporalen Ichs unter die Vernunft als ‚Willen zur Macht', nicht aber als ‚ganzer' Mensch.

Die disziplinatorische Selbstbeherrschung ermöglicht die Verwandlung des einfachen Bauern-Mädchens zur „Kriegerin des höchsten Gottes" (NA 9, 252) und damit zur Kriegsmaschine. Sie nimmt ihr aber auch ihr Menschliches, ihre Humanität. In diesem Widerspruch wird Johanna zerrissen – und letztlich löst Schiller die hier angesprochene Tragik einer Kollision von Humanitätsideal und dem Gebot, im Interesse eines übergeordneten höheren Ziels nicht menschlich sein zu dürfen, auf der stofflichen Ebene auch nicht auf. Er lässt die mit ihrer Menschlichkeit konfrontierte Heldin andererseits aber Größe beweisen, indem sie sich aus eigener souveräner Entscheidung die ihr auferlegte Märtyrer- und Prophetenrolle neu erobert. Der Tod, den Johanna im fünften Akt auf dem Schlachtfeld erleidet, nachdem sie sich aus der Gefangenschaft der mit den Engländern paktierenden Königinmutter Isabeau befreit und erneut das Schwert für den König ergriffen hat, rückt von hier aus in das Licht einer überirdischen Verklärung, der die Überwindung der ersten wirklichen Anfechtung (der Liebe) zur Voraussetzung hat. Johanna wird am Ende des Dramas auf menschliches Maß zurückgeführt und erhöht zugleich. Das utopische Ziel der Geschichte, das sie von Anfang an zu verkörpern hat, wird damit ungeachtet der religiösen Symbolik, mit denen der Dramenschluss operiert, wieder in die Welt zurückgeholt.

Ein Stück weit erkennbar wird damit, wie weit Schiller die Auseinandersetzung mit der Antike hat abrücken lassen von seiner früheren Konzeption der Schaubühne als „gemeinschaftliche[m] Kanal, in welchen von dem denkenden bessern Theile des Volks das Licht der Weißheit herunterströmt, und von da aus in milderen Stralen durch den ganzen Staat sich verbreitet". (NA 20, 97) Entwickelt hatte er diese Vorstellung in seinem 1784 in Mannheim gehaltenen Vortrag zum Thema „Was kann eine gute stehende Schaubühne eigentlich wirken?" (bekannter unter dem Titel von 1802: *Die Schaubühne als moralische Anstalt betrachtet*). Nur die Schaubühne, hatte es hier geheißen, könne „die unglücklichen Schlachtopfer vernachlässigter Erziehung in rührenden, erschütternden Gemälden an ihm [dem Bürger] vorüberführen; hier könnten unsre Väter eigensinnigen Maximen entsagen, unsre Mütter vernünftiger lieben lernen". (NA 20, 829) Im Gefolge seiner Kant-Studien, die ihn vom Frühjahr 1791 an über einen längeren Zeitraum beschäftigen, bestimmt Schiller in den neunziger Jahren (*Über den Grund des Vergnügens an tragischen Gegenständen; Über die tragische Kunst*, 1790/91) nun die Aufgabe der Tragödie dahingehend, Affekte im Zuschauer durch die Vergegenwärtigung des Leidens und durch die moralische Erhebung über dasselbe zu erregen und auszugleichen. Dabei grenzt er sich scharf ab insbesondere gegenüber der sentimentalen Affekterzeugung der empfindsamen Dramatik, die lediglich „Ausleerungen des Thränensacks und eine wollüstige Erleichterung der Gefäße" bewirke, den Geist „leer" ausgehen lasse und die Stärkung dessen verfehle, was er „die edlere Kraft im Menschen" (NA 20, 199) nennt (*Über das Pathetische*, 1793). Dem setzt er in seinen Überlegungen zu den Wirkungsmöglichkeiten des Tragischen und der Tragödie die Erlangung eines „mit Leiden" erkauften „hohe Freyheitsgefühl[s]" (NA 20, 209) als Ziel der Kunst entgegen.

In der kleinen Schrift *Ueber das Erhabene* hat Schiller das Erhabene in diesem Sinn als ein Prinzip des moralischen Widerstands konzipiert (vgl. Zelle 2005). Die Kraft des Sittengesetzes zeigt sich Schillers Ansicht nach erst im Zustand seiner Gefährdung. In der Schrift *Ueber den Grund des Vergnügens an tragischen Gegenständen* hatte er eben dieses Vergnügen noch darauf zurückgeführt, dass die Tragödie dem Zuschauer den Sieg der Tugend in solchen Gefährdungssituationen vor Augen führe. Vergnügen bereite nicht das Leiden des Helden als solches, bereite nicht der auf der Handlungsebene in Szene gesetzte Schrecken, sondern vielmehr der Sieg des moralischen Bewusstseins. Schiller spricht in diesem Zusammenhang auch von der „moralische[n] Zweckmäßigkeit", deren Sieg die Tragödie demonstriere (NA 20, 139).

Hatte Kant das Erhabene noch allein im Hinblick auf die Anerkennung der Macht des Sittengesetzes bestimmt gesehen, bringt Schiller in seiner Tragödientheorie zusätzlich noch den Autonomieanspruch des Einzelnen zur Geltung. Zwei Weisen der Selbstbehauptung des Ich in seinem Willen gegenüber der Natur stellt Schiller von hier aus am Anfang der Ausführungen *Ueber das Erhabene* zur Diskussion: zum einen die *realistische*, indem das Individuum Gewalt gegen Gewalt setzt und so „als Natur die Natur beherrschet" (Schiller spricht in diesem Zusammenhang von der „physische[n] Cultur"); zum anderen die *idealistische*, indem der Mensch aus der Natur heraustritt, um sie *„dem Begriff nach zu vernichten"* (Schiller spricht in diesem Zusammenhang von der „moralische[n]" Kultur) (NA 21, 39). Zwar anerkennt Schiller die Superiorität der „Natur in ihrer ganzen Grenzenlosigkeit" (NA 21, 43), setzt dagegen aber die Willensfreiheit des Menschen. Hier kommt das Erhabene ins Spiel, das erfahrbar zu machen er der Kunst zur Aufgabe stellt. Im Augenblick des Ergriffenseins (der Gefährdung/ Bedrohung) erfahre sich das Individuum in der Konfrontation mit dem Erhabenen in seiner Freiheit. Katharsis, die Heiterkeit (Erleichterung) des beruhigten Gemütssturms: sie wird nach Schillers Tragödienverständnis durch die furchtbarste Tragödie ausgelöst, „plötzlich und durch eine Erschütterung" (NA 21, 45); sie, nicht der Triumph der Moral, schafft ästhetische Rührung. Von hier aus legitimiert Schiller die Tragödie: als Möglichkeit zur Befreiung des Menschen aus der sinnlichen Welt, der das künstliche Unglück des Pathetischen im Sinne einer „Inokulation" zur Vorbereitung auf künftiges Unglück zweckdienlich macht (NA 21, 51).

Tragik   Diese Absage an das Bestreben nach Harmonisierung in der Kunst (die im übrigen die Utopie des Schönen nicht preisgibt; NA 21, 52 f.) markiert die Schnittstelle zwischen Schillers Affektenlehre und seinem Konzept einer historischen Tragik mit ihrer Kernvorstellung von der ‚Heiterkeit' einer Kunst, die durch das Erhabene den Weg zur Freiheit bereitet. Hier kommen die beiden „Fundamentalgesetze" der tragischen Kunst zusammen, die Schiller zum Schluss des zweiten Teils seiner Abhandlung *Vom Erhabenen* noch einmal zusammenfasst: „Zum *Pathetischerhabenen* werden also zwey Hauptbedingungen erfodert. *Erstlich* eine lebhafte Vorstellung des *Leidens*, um den mitleidenden Affekt in der gehörigen Stärke zu erregen. *Zweytens* eine Vorstellung des *Widerstandes* gegen das Leiden, um die innre Gemütsfreyheit ins Bewußtsein zu rufen. Nur durch das erste wird der Gegenstand *pathetisch*, nur durch das zweyte wird das Pathetische zugleich *erhaben*. / Aus diesem Grundsatz fließen die beiden Fundamentalgesetze aller tragischen Kunst. Diese sind *erstlich*: Darstellung der leidenden Natur; *zweytens*: Darstellung der moralischen Selbstständigkeit im Leiden." (NA 20, 195)

Schiller, Wallenstein   In nachdrücklicher Weise findet diese Theorie des Erhabenen seinen Niederschlag in *Wallenstein*, einem unmittelbar aus Schillers historiographischer Beschäftigung mit dem Dreißigjährigen Krieg erwachsenen Text-Koloss, der mit einer bis dahin nicht gesehenen Weise den Blick öffnet für die Kriegsmaschine als Weltmetapher, gleichzeitig aber auch einer an den empfindsamen Liebesdiskurs gekoppelten Humanisierungsutopie Ausdruck verleiht. Das dreiteilige Drama (*Wallensteins Lager, Die Piccolomini, Wallensteins Tod*), das Schiller nach mehrjähriger Arbeit 1799 abgeschlossen hat (die Uraufführungen fanden am 12. Oktober 1798, am 30. Januar und am 20. April 1799 jeweils in Weimar statt), markiert in gewisser Weise damit den Übergang zwischen den idealistischen und den klassischen Dramen Schillers und die Ablösung eines an der Idee des Fortschritts orientierten teleologischen Geschichtsbilds durch ein dialektisches (vgl. dazu u.a. Dann 2005; Schings 2005).

Das *teleologische* Prinzip der allgemeinen Weltgeschichte kommt zum Ausdruck im Bild der Kette, mit dem Schiller in seiner Jenaer Antrittsvorlesung über Sinn und Zweck der Universalgeschichte (*Was heißt und zu welchem Ende studiert man Universalgeschichte?*) noch argumentiert hatte. Geschichte als „lange Kette von Begebenheiten" (NA 17, 370), die „durch alle Menschengeschlechter sich windet" (NA 17, 376) – diese Vorstellung verlangt geradezu die Partizipation, die Teilhabe, die Mitwirkung, zu der Schiller am Ende dieser Rede folgerichtig auch aufruft, dazu nämlich, im Leser die notwendige „erhebende Empfindung" zu entzünden. *Don Karlos* (1787) ist die Probe aufs Exempel dieses Geschichtskonzepts: die universalhistorische Tragödie mit einem Helden, der Geschichte nach den Grundsätzen der Vernunft machen, der den Zufall vernichten will, der sich eins weiß vor allem mit der vorwärts schreitenden Bewegung der Geschichte. In *Wallenstein* ist alles anders: Schiller entdeckt nun die Politik als Tragödientriebwerk, der Zufall kehrt in Gestalt des politischen Schicksals zurück. Der tröstliche Rahmen des letztendlichen Friedensschlusses, an den der Prolog der Tragödie erinnert, hält nicht, sobald das Geschehen der Tragödie erst einmal angelaufen ist: „Eine universalhistorische Pointe kommt [...] nicht zu Gesicht." (Schings 2005, 594)

Politik als Tragödientriebwerk

Hegel lag so falsch darum auch nicht, als er in Schillers Tragödie allein das sinnlose Zerstörungswerk der Geschichte zum Ausdruck gebracht sah. Eine zur Utopie verwirklichter Humanität leitende Katharsis, so der Schiller-Leser Hegel, finde in diesem Dramenwerk nicht statt: „Wenn das Stück endigt, so ist alles aus, das Reich des Nichts, des Todes hat den Sieg behalten; es endigt nicht als eine Theodizee. [...] Leben gegen Leben; aber es steht nur Tod gegen Leben auf, und unglaublich! abscheulich! der Tod siegt über das Leben! Dies ist nicht tragisch, sondern entsetzlich! Dies zerreißt (s. Xenien) [das Herz], daraus kann man nicht mit erleichterter Brust springen!" (HeW 1, 618–620) Was sich Hegel nicht erschloss, da er allein vom Stofflichen ausging, war dabei allerdings, dass die Tragödie *als Kunst* auch *erheben* sollte (vgl. Oellers 2005, 213). Katharsis, wie Hegel sie vermisste, meint eine Schlusslösung mit ‚moralischen Implikationen' (vgl. Alt 2000, 461), die dem Zuschauer so etwas wie eine sittliche Kraft zum Widerstand gegen die dargestellten Katastrophen vermittelt. Schiller setzte in *Wallenstein* dagegen auf die Leistung der Form (und eben nicht des Stoffs). Über sie sollte die Tragödie ‚erhebend' wirken; die Form sollte die Voraussetzung schaffen für einen souveränen Umgang des Zuschauers mit den dargestellten Katastrophen. Damit delegiert er den Effekt der Freiheit – und das ‚Reich der Freiheit' im Untergang der Großen sichtbar zu machen, ist ja das Ziel seiner Theorie der Tragödie – an die „ästhetisch-moralische Kultur des Zuschauers", an „die widerständige Operation des Erhabenen, zu der ihn die Tragödie anhält". Das aber – ich folge hier Hans-Jürgen Schings' Beobachtungen – „ist eine Freiheit im Widerstand gegen die Geschichte, nicht länger im Bündnis mit ihr". (Schings 2005, 596)

Prolog   Der Stückfolge hat Schiller einen Prolog vorausgeschickt, der vor dem Hintergrund der „finstern" Zeit des Dreißigjährigen Krieges, mit Blick aber auch auf die seit dem Sturm auf die Bastille Europa erschütternden politischen Verwerfungen der eigenen Zeit („Und jetzt an des Jahrhunderts ernstem Ende, / Wo [...] / um der Menschheit große Gegenstände / Um Herrschaft und um Freyheit wird gerungen"; NA 8/2, 455), die titelgebende Figur des Feldherrn Wallenstein als „Des Glückes abentheuerlichen Sohn" (NA 8/2, 456) einführt, welcher der Verführungskraft der Macht zum Opfer fällt. Vorbereitet durch den schließenden Vers dieses Prologs „Sein Lager nur erkläret sein Verbrechen" (NA 8/2, 457) ist der Herzog von Friedland im ersten Teil der Trilogie (*Wallensteins Lager*) anwesend zunächst nur als Projektionsfläche seiner Soldaten, als Abgott des Lagers, das Wallensteins Regimenter vor der Stadt Pilsen in Böhmen aufgeschlagen haben. In einer „Reihe von Gemälden" (NA 8/2, 457), einzelnen Szenen mithin, entwirft Schiller im volkstümlichen Metrum des Knittelverses hier das Bild eines bunt zusammengewürfelten Heerhaufens, der allein durch den charismatischen Führer zusammengehalten wird. Erst im Mittelstück der Trilogie (*Die Piccolomini*), mit der das Stück gleichsam auf die ,Königsebene' wechselt (was sich dann in der Verwendung des klassischen jambischen Tragödienverses auch im Metrum niederschlägt), tritt Wallenstein selbst in Erscheinung. Zugleich damit verlagert sich der Schauplatz der Handlung vom Heerlager in die Stadt Pilsen hinein, wohin Wallenstein seine Heerführer sowie seine Frau und seine Tochter beordert hat.

Octavio und Max   Dass der gegenüber politischen Ambitionen seines Generalissimus miss-
Piccolomini   trauisch gewordene Kaiser bereits an der Absetzung des Herzogs von Friedland arbeitet, wissen zu diesem Zeitpunkt erst der kaiserliche Kriegsrat von Questenberg und Wallensteins Vertrauter, der Generalleutnant Octavio Piccolomini, der einerseits ein über den Verdacht des Opportunismus und Karrierismus erhabener Ehrenmann, der andererseits aus Sorge um die Reichseinheit und die Autorität des Kaisers als alleinigem Schutz gegenüber der drohenden Anarchie eines allgemeinen Bürgerkriegs aber auch ein Doppelspiel im Dienst des kaiserlichen Hofes spielt. Damit stellt er sich gegen seinen Sohn Max, der als Obrist eines Kürassierregiments in Wallensteins Heer dient. Der junge Piccolomini ist ein „Kind des Lagers", das „den Frieden" bislang „nie gesehn" hat (NA 8/2, 520), als Geleitschutz bei der Reise der Herzogin von Friedland und ihrer Tochter Thekla nach Pilsen aber durch vom Krieg unberührte Gegenden gekommen ist und sich nun nach Frieden sehnt. Dass er Thekla in reiner Weise liebt und diese seine Liebe erwidert, verkompliziert die Situation. Denn im Unterschied zu seinem Vater, der die „alten, engen Ordnungen" der kaiserlichen Tradition beschwört (was die Fortsetzung des Krieges bedeutet; NA 8/2, 519), erhofft Max Piccolomini sich von dem von ihm bedingungslos verehrten Herzog von Friedland die Verwirklichung einer über den Parteienstreit der Zeit hinausführenden europäischen Friedensordnung.

Wallenstein   Was Wallenstein, der als böhmischer Adliger und damit als Angehöriger eines unterworfenen Volkes in die Dienste des Kaisers getreten war, dem

Hof verdächtig macht, ist seine undurchsichtige Strategie der Verhandlungs-führung mit Schweden und Sachsen. Diese wiederum ist die unmittelbare Folge der Kränkung, die er durch seine Absetzung auf dem Regensburger Kurfürstentag erfahren hatte. Seitdem verfolgt Wallenstein eigenmächtig das Ziel der Herstellung einer gesamteuropäischen Friedensordnung auch gegen die Interessen des Kaisers. Betrug, List, Doppelspiel und Täuschung sind die von Wallenstein ins Feld geführten Mittel einer Politik, die den status quo bellum des Parteienstreits aufzuheben zum Ziel hat. So führt er Geheimverhandlungen mit den Schweden und Sachsen nur, um sich mit de-ren Hilfe Böhmen zu sichern, den Kaiser einzuschüchtern und sich damit in eine Position zu bringen, die es ihm erlaubt im Interesse der Durchsetzung seiner Friedenspläne beide Seiten gegeneinander auszuspielen. Dass dies nach außen wie Hochverrat erscheinen mag, nimmt er in Kauf, lässt es aber an Entschlusskraft fehlen, als ihm die erneute Absetzung droht.

Dieses Zögern hat seinen Grund in Wallenstein Sternengläubigkeit, die Schiller in seiner Tragödie – nach anfänglichem Widerwillen – als dramati-sches Element zum Einsatz gebracht hat: in Analogie zur numinosen Appa-ratur der antiken Tragödie, insbesondere zur formbestimmenden Rolle des in seiner Bedeutung oft undurchsichtigen Orakels als handlungsübergreifen-dem Mittel des Spannungsaufbaus. Auf dem Regensburger Kurfürstentag mit der Unberechenbarkeit der Politik konfrontiert, glaubt Wallenstein aus der Konstellation der Gestirne Rückschlüsse für sein Handeln ziehen und die Kontingenz der Geschichte in Schach halten zu können, liefert sich damit aber wie die orakelgläubigen Helden der Antike dem Schicksal erst wirklich aus. So wartet Wallenstein auf eine günstige Konstellation seiner „Segens-sterne" (NA 8/2, 613) Venus und Jupiter (Schönheit und Freiheit) gegenüber Mars und Saturn (Krieg und Zwang) und übersieht dabei, dass die planetari-sche Glücks-Konstellation, die er zu Beginn des dritten Teils der Trilogie (*Wallensteins Tod*) dann erkennen zu können glaubt, keineswegs der fakti-schen politisch-militärischen Konstellation entspricht, die ihn längst mit sei-nen Plänen ins Hintertreffen hat geraten lassen: Sein Unterhändler für die Verhandlungen mit den Schweden Sesin ist abgefangen worden, dem Kaiser der Beweis für den Hochverrat seines Feldherrn damit in die Hand gegeben; Wallenstein selbst ist von hier aus in eine Situation gebracht, in der das scheinbar beherrschbare und beherrschte Schicksal in Gestalt des „böse[n] Zufall[s]" (NA 8/2, 616) das Gesetz des Handelns bestimmt. Nun muss er in die Tat umsetzen, was bis dahin lediglich eine Option im Ringen um eine neue Ordnung gewesen war. „So hab ich", muss sich der als Politiker gescheiterte, seiner (Handlungs-)Freiheit beraubte Feldherr schließlich ein-gestehen, „Mit eignem Netz verderblich mich umstrickt, / Und nur Gewalt-that kann es reißend lösen". (NA 8/2, 619) Am Ende hat der große „Rechen-künstler" (NA 8/2, 729) Wallenstein sich buchstäblich verrechnet.

Dass Wallenstein den Aporien politischen Handelns nicht entkommen kann, macht ihn im Unterschied zu Max Piccolomini zum ‚unreinen' (gemischten) Charakter, aber eben auch zur historischen Figur. Max dage-gen steht als Repräsentant der Humanisierungsutopie eines ‚ewigen Frie-

Humanität

dens' (Kant) als nach und nach zu lösender Aufgabe, regelrecht außerhalb der Sphäre der Realgeschichte, der er nicht gewachsen ist. Er wird, nachdem sowohl sein leiblicher Vater Octavio, der ihm die kaiserliche Ordre zu seiner Beförderung nach Wallensteins Sturz gezeigt hat, als auch sein geistiger Vater Wallenstein für ihn jeweils die Grenze zum Verrat überschritten haben, den Tod auf dem Schlachtfeld suchen. Der Moment, in dem Wallenstein ihm mit beschönigenden Worten seinen Hochverrat mitteilt und ihn auffordert, Partei zu ergreifen (das heißt natürlich: ihm, Wallenstein, beizuspringen), wird zur Geburtsstunde des aufgeklärten (vgl. dazu das Bild des Mündigwerdens im folgenden Zitat) als eines ‚unglücklichen', geteilten Bewusstseins, das sich in der Welt verliert.

> MAX Mein General! – Du machst mich heute mündig.
> Denn bis auf diesen Tag war mir's erspart,
> Den Weg mir selbst zu finden und die Richtung.
> Dir folgt' ich unbedingt. Auf dich braucht' ich
> Zu sehn und war des rechten Pfads gewiß.
> Zum ersten Male heut' verweisest du
> Mich an mich selbst und zwingst mich, eine Wahl
> Zu treffen zwischen dir und meinem Herzen.
> […]
> O! welchen Riß erregst du mir im Herzen!
> Der alten Ehrfurcht eingewachsnen Trieb
> Und des Gehorsams heilige Gewohnheit
> Soll ich versagen lernen deinem Namen?
> Nein! wende nicht dein Angesicht zu mir,
> Es war mir immer eines Gottes Antlitz,
> Kann über mich nicht gleich die Macht verlieren;
> Die Sinne sind in deinen Banden noch,
> Hat gleich die Seele blutend sich befreyt!
> (NA 8/2, 638 f.)

Im Bild der blutend befreiten Seele hat Schiller den Preis der Aufklärung benannt und in diesem Preis die Tragödie Max Piccolominis begründet. Das Individuum sieht sich mit seinem Anspruch auf Autonomie (Selbstbestimmung) in der Sphäre der Politik einem neuen Fatum gegenüber, das es zermalmt. Moralische Selbstbestimmung gibt es nur *außerhalb*, nicht *in* der Geschichte. Thekla, der Wallenstein die Ehe mit dem jungen Piccolomini verwehrt hat, da diese nicht in sein politisches Kalkül passt, ist diese Quintessenz des Dramas, das am Ende nur Verlierer kennt (auch Octavio gehört zu ihnen) in den Mund gelegt:

> – Da kommt das Schicksal – Roh und kalt
> Faßt es des Freundes zärtliche Gestalt
> Und wirft ihn unter den Hufschlag seiner Pferde –
> Das ist das Loos des Schönen auf der Erde!
> (NA 8/2, 743)

5. Etwas ganz und gar „Incommensurables" – Goethes Faust-Dichtung

In gewisser Weise quer zu den ästhetischen Formverdichtungen der klassischen Ästhetik steht die *Faust*-Dichtung, die Goethe mit zum Teil langen Unterbrechungen nahezu sein ganzes Leben beschäftigt hat. 1772 nimmt er die Arbeit an diesem großen Werkkomplex auf, den er lange nicht abschließen kann. Mehr als Bruchstücke des Werkes (*Faust. Ein Fragment,* 1790) veröffentlicht er zunächst nicht. Erst 1808, drei Jahre nach dem Tod Schillers, der Goethe zur Weiterarbeit gedrängt hatte, erscheint *Faust. Der Tragödie erster Teil,* der zweite Teil 1832 erst posthum.

Goethe zieht mit diesem Werk gleichsam die Summe seiner theaterästhetischen Überlegungen. *Faust* ist ein Stück zugleich, das mit seiner offenen Struktur, mit der eher an naturwissenschaftlichen Methoden als an den dramenästhetischen Regeln der Zeit orientierten Reihungen von Szenen und Akten, mit der Brüchigkeit der Handlung, den zahlreichen Schauplatzwechseln und der Breite der Themen und Motive die um 1800 konventionalisierten Gattungsmuster sprengt und Wetten annimmt auf ein Theater der Zukunft. Insbesondere im zweiten Teil der Tragödie bedient Goethe sich einer (mit Herder zu sprechen) Dramaturgie der „Sprünge, Würfe, Wendungen" (Herder 1773), die auf die Selbständigkeit der Teile setzt und damit vorausweist auf Techniken des modernen Dramas. Goethe war sich dessen durchaus bewusst, als er 1830 im Gespräch mit seinem Vertrauten Johann Peter Eckermann von seiner Dichtung sagte, sie sei in ihrer offenen Form „ganz etwas Incommensurables, und alle Versuche" sie „dem Verstand näher zu bringen" seien „vergeblich" (Eckermann 1836, 170).

Bereits die erste Bearbeitungsstufe des Dramas, der zwischen 1772 und 1775 in Goethes Sturm- und Drangphase entstandene *Urfaust,* der, lange verschollen, erst 1887 in einer Abschrift des Weimarer Hoffräuleins Luise von Göchhausen wiederentdeckt wurde, ist bestimmt durch die Offenheit der Form (Diskontinuität der Handlung, häufige Schauplatzwechsel, Reihung selbständiger Szenen). Goethe hat dieses dramaturgische Prinzip auch in seiner späteren Dichtung beibehalten, auch wenn der zweite Teil eine fünfaktige Gliederung aufweist. Diese fünf Akte freilich strukturieren die Handlung nicht in der Weise der klassischen Dramenarchitektur; sie organisieren den Text vielmehr in der Art von Gesängen oder Büchern epischer Großformen. In sich selber behalten sie eine lose Szenenfügung, mit Ausnahme des Helena-Aktes, der ein Drama im Drama darstellt, das im ersten Teil fast exakt die Bauform der griechischen Tragödie nachbildet, dann Strukturmomente des Ritterdramas aufnimmt und sich zuletzt ins Opernhafte steigert.

Kein tragischer Held in tragischen Konflikten im eigentlichen Sinn steht im Zentrum dieses ,inkommensurablen', also unvergleichbaren und gleichsam aus der Zeit gefallenen Werkes, sondern das menschliche Handeln im Spannungsfeld von Selbstüberhebung und Scheitern. Faust ist das Subjekt einer menschlichen Welterfahrung, die über die Zwänge und Grenzen von Zeit und Körperlichkeit hinauswill. Geleitet auf seinem Kursus durch die

Theater der Zukunft

Metatheater

Welt zwar vom Teufel, mit dem er eine Wette auf die Erfüllung seines Sehnens eingeht (und von diesem dafür mit der Welt als Genuss abgespeist wird), handelt er als selbstverantwortliches Individuum. Daran ändert auch nichts, dass seine irdische Geschichte ein ‚himmlisches‘ Vorspiel hat, in dem Gott, der „Herr", und der als Stimulanz einer fortlaufenden Höher- und Weiterentwicklung im Kosmos der göttlichen Weltordnung ‚eingeplante‘ Mephisto ein Spiel verabreden, dessen Gegenstand der über sich hinaus strebende Mensch Faust ist: Sollte der nur ein einziges Mal Befriedigung im Erreichten finden und in seiner Sehnsucht nach Über-Menschlichkeit, d.h. nach Ent-Grenzung, innehalten, so die Abmachung, solle er zugrunde gehn.

Als Vertreter einer menschlichen Wissbegierde, die sich aus den Fesseln der kirchlichen Orthodoxie zu befreien und die inneren Zusammenhänge der Natur zu erkennen strebt, ist Faust kein ‚gespielter‘, sondern ein autonom handelnder Mensch. Er scheitert auch als autonomes Individuum – und am Ende, im zweiten Teil der Tragödie, in dem Goethe den anfänglich engen Schauplatz der Bürgerwelt und mit ihr die psychologisierende Darstellung des Menschen hinter sich gelassen, in dem er ‚grundsätzlicher‘ geworden ist und die Denk- und Verhaltensweisen der ‚großen‘ Welt in den Blick genommen hat, wird Faust als autonomes Individuum gerettet (erlöst), nachdem sich zuletzt sein gigantisches Landgewinnungsprojekt mitsamt seinem Traum vom ‚freien Volk auf freiem Grund‘ (WA 15, 316) als Chimäre erwiesen hat. Letztlich bleibt diese Rettung ein Mysterium, wenn Goethe in der letzten, „Bergschluchten" überschriebenen, Szene diese Erlösung Fausts als das Aufsteigen der zur Vollendung drängenden Kraft (Seele) seines Helden aus der Finsternis des gebundenen Erdenlebens ins Geistige und Lichte aus religiösen Vorstellungsbildern heraus entwickelt.

Albrecht Schöne hat das sich im Aufeinanderfolgen der Teile beständig potenzierende Spiel, das bei der Abfolge der drei einleitenden Partien („Zueignung" – „Vorspiel auf dem Theater" – „Prolog im Himmel") nicht endet, treffend beschrieben: *Faust* ist Theater auf dem Theater *als* Theater, das seinerseits das Theater beobachtet und in den Operationen des Beobachtens, d.h. letztlich der Formgewinnung, selbst beobachtet werden will: „Durch die *Zueignung* als dichterische Veranstaltung der 2. Potenz ausgewiesen, rückt das *Vorspiel* seinerseits den *Prolog* (als Bestandteil einer Theateraufführung, deren Beginn das im *Vorspiel* beschriebene Publikum *mit hohen Augenbrauen* erwartet) in die 3. Potenz. Insofern aber der Herr des *Prologs* (nach dem alten Modell des Welttheaters) als Zuschauer des Spiels von Fausts Erdentreiben zu denken ist, versetzt dieser *Prolog* das ihm folgende Spiel im Spiel in die 4. Potenz. Die ins *Faust*-Spiel eingelegten Spiele [Spiele-im-Spiel] [...] erreichen die 5. Potenz. So setzt diese *Zueignung* in Praxis um, was Goethes Aufsatz *Weimarisches Hoftheater* (1802) für ‚höchst nötig‘ erklärt – daß nämlich ‚der Zuschauer erinnert wird: daß das ganze theatralische Wesen nur ein Spiel sei, über das er, wenn es ihm ästhetisch, ja moralisch, nutzen soll, erhoben stehen muß, ohne deshalb weniger Genuß daran zu finden.‘ (FA I 18,849)." (Schöne 1999, 151 f.)

Es ist das alte Spiel vom Doktor Faust, des Vertreters einer menschlichen Wißbegierde, die sich mit dem überlieferten, durch Glauben, Moral und Sitte eingehegten Wissen nicht zufrieden gibt, das Goethe im ersten Teil der Dichtung zunächst in diesen Rahmen seines Metatheaters hineinstellt und nach rund zweitausend Versen im Satyrspiel der Schüler-Szene – sie gehört zu der Groß-Szene „Studierzimmer" – ausklingen lässt, um mit der Gretchen-Tragödie die Seiten zu wechseln. Es setzt ein mit Fausts berühmtem Verzweiflungsmonolog über das Ungenügen der akademisch-rationalen Wissenschaften, mit dem Goethe die irdische Tragödie nach dem bei Sonnenlicht gespielten „Prolog im Himmel" nun bei Nacht, in der drückenden Enge eines *„hochgewölbten, [...] gotischen"* Zimmers, beginnen läßt:

Gelehrtentragödie

> Habe nun, ach! Philosophie,
> Juristerei und Medicin,
> Und leider auch Theologie!
> Durchaus studirt, mit heißem Bemühn.
> Da steh' ich nun, ich armer Thor!
> Und bin so klug als wie zuvor.
> (WA 14, 27)

Die Erfahrung des Scheiterns führt den Gelehrten Faust am Ende seiner sich steigernden Bemühungen darum, das System der sterilen akademischen Wissenschaft zu überwinden und zu einer ganzheitlichen Welterfahrung zu gelangen, in die Arme des Mephistopheles', der ihm den Weg in eine Welt öffnet, die all das im subjektiven Genuss erlangen zu können verspricht, was der Menschheit als Ganzes zugedacht ist: die sich selbst genügende Glückseligkeit der Eudämonie als „etwas Vollendetes, für sich allein Genügendes" und damit „das Endziel des uns möglichen Handelns" (Aristoteles 1967, 14; 1097 b20), Schönheit als „interesseloses Wohlgefallen" (Kant), sich selbst genügende Fülle der Erfahrung, kurz: die Freiheit, „zu leiden, zu weinen, / Zu genießen und zu freuen sich" (WA 2, 78), wie es in Goethes Prometheus-Ode noch geheißen hat. Ein den Vertragsfall etwas undeutlich formulierender und damit den unterschiedlichen Vorstellungen der Partner Raum lassender Pakt bringt das Spiel ins Rollen.

Mit einem Vertragsabschluss, der verschleiert, dass Mephisto lediglich Genuss als Stillstand in der Auslöschung des gerade auch geistigen Wunschpotentials in die Waagschale werfen kann, während Faust auf ein Ziel wettet, das Erfüllung verheißt, öffnet sich der Vorhang für ein neues Spiel: die Tragödie des Gelehrten endet, die des Liebenden beginnt. In der Szene der Hexenküche von Mephisto auf ein Sehnsuchtsziel, die in der mythologischen Helena verkörperte vollkommene Schönheit, hin orientiert, zugleich körperlich verjüngt und damit ertüchtigt zur Bewältigung des von Mephisto ersonnenen Erlebnisplans des Weltgenusses, begegnet Faust der unschuldigen Margarete, verführt sie und zieht sie hinab in einen Strudel von Schuld und Frevel, der in Totschlag und Mord endet: Faust ersticht mit Mephistos Hilfe im Zweikampf Gretchens Bruder, der die Entehrung seiner Schwester rächen will. Margarete vergiftet versehentlich mit einem ihr von Faust aus-

Tragödie des Liebenden: Gretchen

gehändigten Schlafmittel ihre Mutter, tötet, von Faust geschwängert und verlassen, das von ihr geborene Kind und erwartet zum Ende hin im Kerker ihre Hinrichtung. In der Nacht vor der Vollstreckung des über sie verhängten Todesurteils betritt Faust, im erotischen Taumel der Walpurgisnacht durch die ihm vor Augen tretende Erscheinung der (fast schon) toten Margarethe aufgeschreckt und aus der Selbstvergessenheit gerissen, Gretchens Zelle, um die durch seine Schuld Gefallene zu befreien; allein Gretchen, verweigert diese Rettung ihres leiblichen Lebens und wird dadurch im höheren (metaphysischen) Sinne errettet. Gretchen stellt sich dem Gericht in der Gnadenhoffnung – und bekommt recht.

> FAUST   Du sollst leben!
> MARGARETE Gericht Gottes! Dir hab' ich mich übergeben!
> MEPHISTOPHELES zu Faust. Komm! komm! Ich lasse dich mit ihr im Stich.
> MARGARETE Dein bin ich, Vater! Rette mich!
>   Ihr Engel! Ihr heiligen Schaaren,
>   Lagert euch umher, mich zu bewahren!
>   Heinrich! Mir graut's vor dir.
> MEPHISTOPHELES Sie ist gerichtet!
> STIMME von oben   Ist gerettet!
> (WA 14, 238)

,Gerichtet' ist Gretchen im Sinne des disziplinierenden Kirchenglaubens, ,gerettet', aber im Sinne der Gnade als verwirklichter Gottesnähe, während der Teufel unmissverständlich seine Besitzansprüche gegenüber Faust artikuliert: „Her zu mir!" (WA 14, 238).

Der Tragödie zweiter Teil

Fausts Versuch, jenseits der wissenschaftlichen Erkenntnis im Genuss der Welt Gott zu werden, ist an dieser Stelle gescheitert. Aber auch Mephisto hat sein Ziel (noch) nicht erreicht. Völlig neu setzt ,der Tragödie zweiter Teil' nach diesem mit der Klage Gretchens um den Geliebten („Heinrich! Heinrich!" sind die letzten im Text gesprochenen Worte) endenden ersten Teil dann in einer „anmutigen Gegend" wieder ein – mit der Versenkung Fausts in einen heilenden Schlaf des Vergessens, in dem er von Reue und Jammer gereinigt und auf ein Leben des raschen Eingreifens und des Erfolgs eingestellt wird durch die geisterhaften Repräsentanten der Natur.

Wenn Goethe im ersten Entwurf zur Ankündigung des Vorabdrucks der „Helena. Zwischenspiel zu Faust" in *Kunst und Alterthum* (1827) vom 17. Dezember 1826 schreibt, es wäre doch eigentlich naheliegend gewesen (und die Fortsetzer seiner Dichtung hätten dieses Naheliegende verfehlt), „bey Bearbeitung eines zweyten Theils sich nothwendig aus der bisherigen kummervollen Sphäre durchaus [zu] erheben und einen solchen Mann, in höheren Regionen, durch würdigere Verhältnisse durch[zu]führen" (WA 15/2, 199), ist damit die Perspektive angedeutet, welcher der zweite Teil der Faustdichtung mit seinen Terrainerweiterungen nun folgt. Es geht um die Wirklichkeits-„Verhältnisse" nun, durch die Faust als „Geist", der „nach allen Seiten hin sich wendend immer unglücklicher zurückkehrt" (WA 15/2, 198), hin*durchgeführt* wird. Entsprechend ändern sich nun auch die

Spielfelder im Vergleich zu der Bürgerwelt, in der Faust im ersten Teil noch aufgetreten war: Herrscherliche Höfe, antikische Landschaften, Schlachtfelder sind die Sinnbilder der „großen" Welt, in der Faust nun agiert. Zugleich damit tritt die psychologierende Darstellung des Menschen Faust in den Hintergrund, was sich im Rückgang der Redeanteile der Figur spiegelt; zugleich damit zerbricht die personale, chronologische und räumliche Kontinuität und macht einer Dramaturgie Platz, die auf der Selbständigkeit der Teile gründet. Während der erste Teil noch „fast ganz subjektiv" gewesen sei, so hat Goethe selbst diese Änderungen nach Eckermanns Erinnerungen beschrieben, sei im zweiten Teil „fast gar nichts Subjektives" mehr; vielmehr erscheine „hier eine höhere, breitere, hellere, leidenschaftslosere Welt". (Eckermann 1836, 275 f.)

Die Gelehrten- und die Gretchentragödie hatten mit Faust einen Menschen eingeführt, der mit seinem Streben nach Weltgewinn und Ich-Erweiterung gleichsam direkt ins Licht der Sonne zu blicken und „des Lebens Fackel" (WA 15/1, 6) daran zu entzünden versucht hatte. Im Zwischenspiel der „Anmutigen Gegend" begreift er nun, dass dem Menschen das Absolute nur indirekt, als Spiegelung, letztlich heißt das: in der Kunst, im Schönen, zugänglich (und erträglich) ist (der direkte Blick in die Sonne macht blind):

> So bleibe denn die Sonne mir im Rücken!
> Der Wassersturz, das Felsenriff durchbrausend,
> Ihn schau' ich an mit wachsendem Entzücken.
> Von Sturz zu Sturzen wälzt er jetzt in tausend
> Dann abertausend Strömen sich ergießend,
> Hoch in die Lüfte Schaum an Schäume sausend.
> Allein wie herrlich diesem Sturm ersprießend,
> Wölbt sich des bunten Bogens Wechsel-Dauer,
> Bald rein gezeichnet, bald in Luft zerfließend,
> Umher verbreitend duftig kühle Schauer.
> Der spiegelt ab das menschliche Bestreben.
> Ihm sinne nach und du begreifst genauer:
> Am farbigen Abglanz haben wir das Leben.
> (WA 15/1, 7)

Geleitet von dieser Erkenntnis, die ihn in die nächste Selbsttäuschung führen wird, nämlich in Stellvertretung für das Ganze der Welt nun das Schöne in den Besitz nehmen zu können, tritt Faust mit dem 1. Akt ein nun in die Welt des politisch-sozialen Handelns. Aus der amoenen Naturlandschaft führt ihn die erste Etappe seines Kursus durch die ‚große' Welt an den kaiserlichen Hof als dem Zentrum eines durch Unordnung auf allen Ebenen (moralisch, ökonomisch, politisch) gekennzeichneten Staatswesens, in dem Privategoismus, Korruption und Willkür herrschen. Die Finanzen sind ruiniert, die militärische Befehlsgewalt ist zerrüttet, „Aufruhr" (WA 15/1, 11) zerreißt das längst unregierbar gewordene Land, während der Hof sich im Glanz prunkvoller Feste selbst feiert. Mephisto (in der Rolle des Hofnarren und des Einflüsterers des im Staatsrat tonangebenden Astrologen) entwickelt

Am kaiserlichen Hof

in dieser Situation einen Plan zur Sanierung der öffentlichen Finanzen durch die Einführung von Papiergeld. Durch eine inflationistische Geldpolitik entfacht er einerseits einen wahren Konsumrausch, der gedeckt wird durch den gegenseitigen Glauben an das vorhandene Äquivalent von im Boden des Landes vergrabenen Schätzen; er legt andererseits der Gesellschaft damit aber auch „goldgewirkte Schlingen" (WA 15/1, 16). Faust seinerseits beschwört auf Veranlassung des Kaisers mit Hilfe eines von ihm zuvor aus der gestaltenträchtigen Welt der Urbilder (dem „Reich der Mütter") heraufgeholten Dreifusses und einem ihm von Mephisto ausgehändigten Zauberschlüssel „der Schönheit Quelle", welche die Welt erschließt, sie „wünschenswerth, gegründet, dauerhaft" macht (WA 15/1, 84 f.). Aus der Tiefe der Zeit holt er in Gestalt der Helena und des Paris das Schöne in die Welt, genauer: Faust lässt es zum Ergötzen der Hofgesellschaft als Projektion auf einem Nebel geisterhaft Gestalt werden. Er selbst verfällt letztlich diesem selbsterzeugten Schein: Der (Zauber-)Künstler fällt aus der Rolle und macht gegenüber dem Trugbild Paris Besitzansprüche geltend auf die äußerlich-sichtbare Helena. Getrieben von der Sehnsucht, die Welt als solche zu einem Ort zu machen, an dem die Schönheit sich ereignet, ihr damit einen Sinn zu geben, getrieben zugleich von der Begierde, dieses sinngebende Schöne zu besitzen, versucht Faust so, die Scheinwirklichkeit der Helena, den „Abglanz" mithin, ‚real' werden zu lassen. Er versucht, Helena in seine Lebenswirklichkeit hinein zu ziehen und sie damit gleichsam ein zweites Mal zu rauben. Indem er versucht, das Schöne zu ‚besitzen', aber nimmt er sich selbst „des Lebens Athemkraft" (WA 15/1, 85) und vernichtet den schönen Schein. Ein betäubender Schlag streckt ihn zu Boden, die Erscheinungen lösen sich auf, die Szene selbst endet in „Finsterniß" und „Tumult" (WA 15/1, 89).

Das Drama des Ästheten

Faust ist in die Irre gegangen; erst im 3. Akt wird es ihm (vorübergehend) gelingen, sich mit der wahren Gestalt der urbildhaften Schönheit zu verbinden, nachdem er im zweiten Akt einen anderen Weg probiert hat und als neuer Orpheus in das Reich der Toten hinabgestiegen ist, um die Helena nun *poetisch* ins Leben zu ziehen. Dieser zweite Akt führt zunächst noch einmal in die Studierstube des Dramenanfangs zurück, um das Gelehrtendrama auf höherer Ebene mit Fausts altem Famulus Wagner als Schöpfer eines künstlichen Menschen, des Homunculus, als reiner Geistigkeit fortzusetzen. Den von der Explosion bewusstlos zu Boden geworfenen Faust hat Mephisto zu Beginn dieses Aktes in seinem alten Zimmer auf ein Lager gebettet. Von hier wird Faust in die lichte Weite des antiken Raums verbracht, um auf dem Boden des klassischen Griechenland zu genesen. Der zur Gestaltwerdung drängende Homunculus übernimmt für den auf hellenischem Boden unkundig-hilflosen Mephisto die Führerrolle; er kommandiert einen Zaubermantel herbei, auf dem der „Im Wust von Ritterthum und Pfäfferei" (WA 15/1, 105) erkrankte Faust aus der Enge des ‚gothischen' Raums in die Welt der Antike versetzt wird, und er schwebt ihm und Mephisto leuchtend voran zur geisterhaft-antiken Walpurgisnacht, in der jeder der drei ‚Reisenden' seinen jeweils eigenen Weg beschreitet: Mephisto verwandelt sich in die Phorkyas, die uralt häßliche Ungestalt als der für ihn in dieser Welt gemäßen Maske; Faust macht sich, von dem Kentaur Chiron begleitet auf, um Helena im Hades von der Unterweltsgöttin Persephone zu erbitten; Homunculus stürzt sich, seine Verleiblichung suchend, ins Meer, den Urstoff der Welt und das Element der Verwandlungen, wo er seine Metamorphose zum Meeresleuchten erfährt.

Faust kommt (sich) wieder zu Bewusstsein, als er den klassischen Boden berührt. Seine erste Frage gilt der ihm entglittenen Helena: „Wo ist sie?" (WA 15/1, 113) Mit dieser Frage des Erwachenden beginnt das Drama des Ästheten, das im dritten Akt mit dem In-die-Erscheinung-Treten der wiedergeborenen wahren Gestalt der Helena, ihrer Vermählung mit Faust, der Zeugung des gemeinsamen Sohnes Euphorion und dessen Sturz seinen Höhepunkt erfährt. Dieser ‚Helena-Akt' beginnt als antikes Drama „Vor dem Palast des Menelas zu Sparta". Vom Strand her betritt Helena die Szene. Mit einem Gefolge trojanischer Mädchen kehrt sie, von Menelaos vorangeschickt, zurück, voll Sorge um ihre Zukunft („Komm' ich als Gattin? Komm' ich eine Königin? / Komm' ich als Opfer für des Fürsten bittern Schmerz"; WA 15/1, 178). Aus dem Palast tritt ihr Mephisto in der Maske der Phorkyas als angebliche Verwalterin des Hauses entgegen und warnt sie, alles sei im Hause für ihre Opferung vorbereitet, nur die schnelle Flucht könne ihr noch Rettung vor der Rache des gedemütigten Gatten schaffen. Phorkyas/Mephisto verhindert die Entfaltung dieses seine Schatten vorauswerfenden Verhängnisses dadurch, dass er Helena und ihren Frauen die Flucht aus der Tragödie in die andere Gattung eines romantischen Ritterstücks eröffnet. Er versetzt Helena und ihre Frauen auf eine Burg im Gebirge, wo ihnen Faust in der ritterlichen Hofkleidung des Mittelalters entgegentritt. Seiner Werbung gibt Helena alsbald nach und ergötzt sich insbesondere an der Sprechweise der neuen Umgebung. Menelaos, der mit einer Kriegsmacht heranzieht, wird abgewehrt und Faust vermählt sich mit Helena. Auf der allegorischen Ebene werden damit polare Kunsttendenzen, die Erlebniskraft des romantischen Nordens und der Formsinn der griechischen Klassik, zu einer Einheit zusammengeführt, für die Fausts und Helenas Sohn Euphorion als allegorische Gestalt der modernen Poesie steht. Diese unter die Vorzeichen des Arkadischen („Arkadisch frei sei unser Glück!"; WA 15/1, 222) gestellte Synthese freilich erweist sich als nicht von Dauer: Die Subjektivität des modernen Künstlers (Goethe hat hier an Byron gedacht) zerstört das arkadische Idyll. Euphorion will immer höher steigen und fliegt im todestrunkenem Erlebnisdrang dem Untergang entgegen. Helena wiederum folgt ihrem Sohn in den Tod (sie kehrt zurück in den Hades). Faust bleibt von seinem Traum von einem Arkadien der Ästhetik lediglich die äußere Hülle, Helenas Gewand, das sich zur Wolke verwandelt und ihn hinwegträgt, während die ganze antike Welt des Helena-Aktes versinkt.

Mit Helenas Rückkehr in das Totenreich verschwindet die Schönheit endgültig aus Fausts Leben. Zurück bleibt die Häßlichkeit, die sich in Gestalt der Phorkyas riesenhaft aufrichtet.

Helena

Der Vorhang fällt.
PHORKYAS im Proszenium richtet sich riesenhaft auf, tritt aber von den Kothurnen
herunter, lehnt Maske und Schleier zurück und zeigt sich als Mephistopheles, um,
in sofern es nötig wäre, im Epilog das Stück zu kommentieren.
(WA 15/1, 244)

Der Politiker Faust Das Drama des Ästheten ist hier an sein Ende gekommen – es beginnt im vierten Akt das Drama des Politikers Faust, den es nach dem Scheitern seines Traums vom Rein-Ästhetischen nun zu großen gesellschaftspolitischen Taten drängt: Er möchte dem Meer durch Dammbauten fruchtbares Land abgewinnen und so zum Wohl der Menschheit beitragen. Da der Kaiser mittlerweile durch einen Gegenkaiser herausgefordert worden ist und eine entscheidende Schlacht um die Herrschaft im Reich bevorsteht, scheint Mephistopheles die Gelegenheit günstig, dafür durch ein Bündnis mit dem bedrohten Regenten die nötigen Voraussetzungen zu schaffen. Er lässt Faust dem Kaiser seine Unterstützung anbieten und schafft mit Hilfe dreier dämonischer Kreaturen dem kaiserlichen Heer den notwendigen militärischen Erfolg über die Truppen des Gegenkaisers. Dem Sieg folgt die Restauration des Reiches als letzter Schritt der Wiederherstellung von Ordnung nach dem Chaos und der Anarchie der Revolution (dem Aufruhr im Reich). Zum Dank für seine Mithilfe bei der Wiederherstellung der angestammten Herrschgewalt belohnt der Kaiser Faust mit einem Küstenstreifen; allerdings muss er auch, da es nicht verborgen geblieben ist, dass der Sieg nur mit Hilfe teuflischer Kräfte hat erfochten werden können, hohe Abgaben an die Kirche entrichten, unter anderem auch den „Zehnten, Zins und Gaben und Gefälle" (WA 15/1, 289) aus dem wirtschaftlichen Ertrag des ihm zugewiesenen Landes.

Fausts Ende Im fünften Akt beginnt Faust seinen Plan zu verwirklichen – und er verwandelt sich dabei zum Urbild des ausbeuterischen Frühkapitalisten, zum Repräsentanten jener Dialektik der Aufklärung, deren instrumentalistische Rationalität in eine inhumane Lebenspraxis umschlägt. Faust geht bei der Verwirklichung seiner Pläne buchstäblich über Leichen („Menschenopfer mußten bluten, / Nachts erscholl des Jammers Qual"; WA 15/1, 293); er vernichtet im Dienst des Fortschritts die von Pietät gegenüber dem Überlieferten geprägte alte Lebensform – auf seinen Wink hin brennt Mephisto mit seinen Helfern die Hütte zweier unschuldiger Alter nieder – und bedient sich zur Durchsetzung seiner auf titanischem Trotz gegenüber den Elementen beruhenden Plänen der Magie. Im Sinne einer moralischen Vervollkommnung ist Faust hier im 5. Akt noch keinen Schritt weiter als am Anfang – die fortschreitende Versumpfung („Ein Sumpf zieht im Gebirge hin"; WA 15/1, 315) als Kehrseite einer zu forcierten Landgewinnung durch Deichbauten spiegelt diese Situation. Unermüdlich treibt Faust, mittlerweile hundertjährig, von der Sorge heimgesucht, die ihn mit Blindheit, dem Ausdruck seiner „pathologischen Verblendung" (Michelsen 2000, 164) schlägt, sein Werk voran. Dass die von Mephisto herbeikommandierten Lemuren bereits sein Grab schaufeln, sieht er nicht; im Gegenteil glaubt Faust noch im Klirren ihrer Spaten den Fortgang seines Großprojekts zu vernehmen, das Millionen von Menschen neue Lebensräume zwischen Hügel und Meer schaffen soll:

> Wie das Geklirr der Spaten mich ergetzt!
> Es ist die Menge, die mir fröhnet,
> Die Erde mit sich selbst versöhnet,
> Den Wellen ihre Gränze setzt,
> Das Meer mit strengem Band umzieht.
> (WA 15/1, 314)

Mit dem Auftritt der Lemuren beginnt die Todesszene, deren Höhepunkt der umstrittene Schlussmonolog Fausts darstellt.

> FAUST Ein Sumpf zieht am Gebirge hin,
>   Verpestet alles schon Errungene;
>   Den faulen Pfuhl auch abzuziehn,
>   Das Letzte wär' das Höchsterrungene.
>   Eröffn' ich Räume vielen Millionen,
>   Nicht sicher zwar, doch thätig-frei zu wohnen.
>   Grün das Gefilde, fruchtbar; Mensch und Heerde
>   Sogleich behaglich auf der neusten Erde,
>   Gleich angesiedelt an des Hügels Kraft,
>   Den aufgewälzt kühn-emsige Völkerschaft.
>   Im Innern hier ein paradiesisch Land,
>   Da rase draußen Fluth bis auf zum Rand,
>   Und wie sie nascht gewaltsam einzuschießen,
>   Gemeindrang eilt die Lücke zu verschließen.
>   Ja! diesem Sinne bin ich ganz ergeben,
>   Das ist der Weisheit letzter Schluß:
>   Nur der verdient sich Freiheit wie das Leben,
>   Der täglich sie erobern muß.
>   Und so verbringt, umrungen von Gefahr,
>   Hier Kindheit, Mann und Greis sein tüchtig Jahr.
>   Solch ein Gewimmel möcht' ich sehn,
>   Auf freiem Grund mit freiem Volke stehn.
>   Zum Augenblicke dürft' ich sagen:
>   Verweile doch, du bist so schön!
>   Es kann die Spur von meinen Erdetagen
>   Nicht in Äonen untergehn. –
>   Im Vorgefühl von solchem hohen Glück
>   Genieß' ich jetzt den höchsten Augenblick.
>   Faust sinkt zurück, die Lemuren fassen ihn auf und legen ihn auf den Boden.
> (WA 15/1, 315 f.)

Letztlich sitzt der Erblindete hier mit der Vorstellung vom „freien Volk auf freiem Grund" wohl einer Selbsttäuschung auf, denn Freiheit für das Volk, wie er sie antizipiert, würde ja auch Freiheit von seiner Schreckensherrschaft bedeuten. Mephisto allerdings glaubt sich dennoch am Ziel, denn nach dem Wortlaut des Vertrags hätte Faust mit dem Bekenntnis, den

Augenblick zu genießen, sein Leben verwirkt. Gemeinsam mit seinen satanischen Helfern wacht er an der Leiche, um die den Körper verlassende Seele einzufangen. Dass Faust im „Vorgefühl" den höchsten Augenblick genossen habe, allerdings beruht nun seinerseits auf einer Täuschung, genauer: Mephisto geht hier von falschen Voraussetzungen aus. Das „freie Volk auf freiem Grund" ist bestenfalls Vorwegnahme einer Gesellschaft der Zukunft, entspricht nirgends aber der Realität. Zwar fühlt der Teufel sich betrogen (und er steht auch in der Tradition der Oster- und Höllenfahrtsspiele als düpierter Teufel da), als vom Himmel eine Heerschar niederschwebt und Fausts unsterbliche Seele entführt. Aber Mephisto ist nicht wirklich betrogen; letztlich hat er sich nur geirrt, wenn er glaubt die Wette gewonnen zu haben, denn in Fausts letzten Worten offenbart sich doch gerade, dass er im *gegenwärtigen* Augenblick niemals Genüge finden kann. Der „höchste Augenblick" ist Vorschein – Mephisto hat den hypothetischen Konjunktiv in Fausts Äußerung überhört.

Im Hypothetischen der Vergegenwärtigung eines utopischen Glücksmoments universaler Freiheit und Selbstbestimmung allerdings besteht die Voraussetzung des Erlösungsmysteriums der „Bergschluchten". Faust ist am Ende gerettet – und die Engel, die ihn in der Schlussszene in die höhere Sphäre tragen, wissen warum:

> Gerettet ist das edle Glied
> Der Geisterwelt vom Bösen,
> „Wer immer strebend sich bemüht
> Den können wir erlösen."
> Und hat an ihm die Liebe gar
> Von oben Theil genommen,
> Begegnet ihm die selige Schaar
> Mit herzlichem Willkommen.
> (WA 15/1, 330 f.)

Die Engel tragen Fausts „Unsterbliches" fort; der unbrauchbare Erdenrest, das auf sich selbst beharrende Ich, das die Spur seiner Erdentage in Äonen bewahrt wissen will, wird abgestreift. Übrig bleibt nur die Verwandlungspotenz, das Transformationsprinzip: der Eros = die ständige Liebesmühe, die rastlos-vorwärtstreibende Energie.

6. Romantik und Drama

Parallel zur Klassik bildete sich in den 1790er Jahren mit der Romantik eine zweite literarische Strömung in Opposition zum Rationalismus der Aufklärung heraus, die in ihren Ausläufern bis etwa 1840 wirksam bleibt. Ein äußerst produktives Ineinander von Theorie und Poesie steht am Anfang dieser Strömung, die in den 1790er Jahren ihre Stimme mit dem Anspruch erhebt, das, was an der Zeit ist, zur Sprache bringen zu wollen. Die Erfahrung der Französischen Revolution im Rücken und – zumindest anfangs noch – geleitet von der Vorstellung einer notwendigen politischen Verjüngung als

Durchgangsstadium zur Schaffung eines zukünftigen ‚goldenen' Zeitalters, suchte ein um die Zeitschrift *Athenäum* der Brüder August Wilhelm und Friedrich Schlegel versammelter Kreis von Dichtern und Philosophen (Ludwig Tieck, Novalis, Wilhelm Heinrich Wackenroder, Johann Gottlieb Fichte, Friedrich Schleiermacher, Friedrich Wilhelm Schelling) in der Poesie Orientierung in den als Krise im Geschichtsbewusstsein erfahrenen Modernisierungsprozessen, die sich – beschleunigt durch die politische Transformation in Frankreich – am Ausgang des Jahrhunderts der Aufklärung auf allen Ebenen beobachten ließen. Zwar gingen auch diese Autoren in den 1790er Jahren mit der Mehrzahl der deutschen Intellektuellen den in Schillers Ankündigung der *Horen* zum Programm erhobenen Weg eines Rückbezugs aufs Ästhetische; sie gingen diesen Weg allerdings mit deutlicher zeitlicher Verzögerung: bei Friedrich Schlegel markiert der Paradigmenwechsel von der Antike zum Mittelalter als dem utopischen Fluchtpunkt des ‚goldenen Zeitalters' Ende der neunziger Jahre beispielsweise einen Endpunkt der Entwicklung, bei Novalis ist er bereits früher erreicht mit der Konzeption des *poetischen* Staates, der in die Nachfolge der enttäuschten Utopie des *moralischen* Staates tritt.

Hatte die Antike (im Sprachgebrauch der Zeit: die ‚Alten') diese Orientierung und damit gleichsam den Lebenssinn vermeintlich noch in der Mythologie gefunden, galt es dem Verständnis der Romantiker nach nun durch die Poesie eine neue Mythologie zu schaffen, in der sich die Einheit der Epoche bzw. des Lebens rekonstruieren ließe. Den Menschen durch die Kunst in das ursprüngliche (produktive) Chaos der Natur zurückzuversetzen, das ist für Friedrich Schlegel so der eigentlich revolutionäre Akt der Veränderung, der seiner Ansicht nach an der Zeit sei. Die Blickrichtung der Frühromantik – das prophetische, in mythologischen Bezügen gedachten Pathos der ‚krísis' (als entscheidendem geschichtlichem Wendepunkt), kennzeichnet nicht allein dabei die frühromantischen Schriften Friedrich Schlegels – ist so auch eine doppelte, geht vor- und rückwärts zugleich; im Schnittpunkt beider Blickrichtungen aber schärfen sich die Konturen gerade der Gegenwart als eines praktischen Handlungsraums. Entsprechend heißt es bezogen auf das die prima vista disparate moderne Poesie Verbindende in dem für die kulturrevolutionären Vorstellungen der Frühromantik zentralen Aufsatz Friedrich Schlegels *Über das Studium der griechischen Poesie*, der 1795 in zeitlicher Nähe zu Goethes Polemik wider den *Literarischen Sansculottismus* und Schillers Briefen *Über die ästhetische Erziehung des Menschen* entstand: „Wir müssen also nach einer *doppelten* Richtung nach ihrer Einheit forschen; rückwärts nach dem ersten *Ursprunge* ihrer Entstehung und Entwicklung; vorwärts nach dem letzten *Ziele* ihrer Fortschreitung." (Schlegel 1979, 229)

Politische Formveränderung und ästhetische Revolution sind in dieser Schrift noch ganz unmittelbar zusammengedacht (vgl. Oesterle 1977, 176): die erste als Voraussetzung und „glückliche[r] Anstoß" (Schlegel 1979, 362) der zweiten, für die Schlegel die Zeit „reif" sieht (Schlegel 1979, 269f.). Während Schiller als Konsequenz aus dem Verlauf der Französischen Revolution die Vorstellung eines notwendigen Nacheinanders von (erst) ästheti-

Neue Mythologie

scher und (dann) politischer Bildung entwickelte, weist Schlegels kulturrevolutionäres Konzept auf die Freiheit als bedingendes Moment von Schönheit. Geradezu kategorisch resümiert Schlegel gegen Ende des Aufsatzes so: „Die notwendigen Bedingungen aller menschlichen Bildung sind: Kraft, Gesetzmäßigkeit, Freiheit und Gemeinschaft. Erst wenn die Gesetzmäßigkeit der ästhetischen Kraft durch eine objektive Grundlage und Richtung gesichert sein wird, kann die ästhetische Bildung durch *Freiheit der Kunst* und *Gemeinschaft des Geschmacks* durchgängig durchgreifend und *öffentlich* werden." (Schlegel 1979, 360)

Universalpoetisches Drama | Dies bildet den Rahmen für das Modell einer alle Künste und Wissenschaften umfassenden Universalpoesie, mit dem die Romantik die klassische Idee der Kunstautonomie einerseits fortführt, sie andererseits aber gleichzeitig auch durch Vervielfältigung ins Unendliche überbietet. Denn: Wo buchstäblich alle Lebensbereiche dem Ästhetischen zugeordnet werden, wo das Schöne total wird, verliert die Autonomie ihr Gegenüber. Mit dem Modell der Universalpoesie und der ihr als ästhetisches Prinzip *und* Erkenntnismethode zugeordneten Ironie verbindet sich die Vorstellung einer Verschmelzung von Poesie, Philosophie und Naturwissenschaft in einer Gesamtkunst, die schrittweise auf alle Bereiche des Lebens ausgreift und in der Engführung von Gegensätzen, des Disparaten und scheinbar Regellosen seinen Niederschlag findet: in der Gestalt von Fiktionsdurchbrechungen und Fiktionspotenzierungen, durch Erweiterungen des Textes mittels intertextueller Schichtungen, durch Gattungsmischungen und Genreverwischungen, als Spiel mit dem Leser etc.

Die Gattung, in der das durch diese Techniken unterstützte Konzept einer prinzipiell unabgeschlossenen und unabschließbaren Poesie abgesehen vom Fragment ihren nachhaltigsten Ausdruck fand, war der am Ende des 18. Jahrhunderts bei weitem noch nicht anerkannte Roman, der im Verständnis Schlegels alle Formen der Poesie (Erzählung, Reflexion, Philosophie, Märchen, Gesang) integrieren, Individualität und Totalität gleichermaßen zum Ausdruck bringen, die eigene Zeit widerspiegeln und der Utopie des Goldenen Zeitalters zum Durchbruch verhelfen sollte. Es findet seinen Niederschlag aber auch in der auf Totalität hin ausgerichteten Struktur des romantischen Dramas (Auflösung der Finalstruktur, Sequentialisierung und Verselbständigung einzelner Textteile zu einem szenisch organisierten Mosaik) (Stockinger 2004, 3), dessen Neuansatz gegenüber dem klassischen Drama August Wilhelm Schlegel in seiner Vorlesung *Vom Geist des romantischen Schauspiels* im Merkmal der „unauflöslichen" Gattungsmischungen herausgestellt hat: „Die antike Kunst und Poesie geht auf strenge Sonderung des Ungleichartigen, die romantische gefällt sich in unauflöslichen Mischungen; alle Entgegengesetzten, Natur und Kunst, Poesie und Prosa, Ernst und Scherz, Erinnerung und Ahndung, Geistigkeit und Sinnlichkeit, das Irdische und Göttliche, Leben und Tod, verschmilzt sie auf das innigste miteinander." (Schlegel 1967, 111f.) Den Anspruch des romantischen Dramas auf Totalität in der Wiedergabe eines Weltpanoramas verdeutlicht er im Hinblick auf Skulptur und Gemälde als jeweiligen

Formmodellen, in denen sich die Strukturen des antiken und des modernen Dramas abbilden:

> Was nun die dichterische Gattung betrifft, womit wir uns hier beschäftigen, so verglichen wir die antike Tragödie mit einer Gruppe in der Skulptur, die Figuren entsprechen dem Charakter, ihre Gruppierung der Handlung, und hierauf ist, als auf das einzige Dargestellte, die Betrachtung bei beiden Arten von Kunstwerken ausschließlich gerichtet. Das romantische Drama denke man sich hingegen als ein großes Gemälde, wo außer der Gestalt und Bewegung in reicheren Gruppen auch noch die Umgebung der Personen mit abgebildet ist, nicht bloß die nächste, sondern ein bedeutender Ausblick in die Ferne, und dies alles unter einer magischen Beleuchtung, welche den Eindruck so oder anders bestimmen hilft. […]
> Es [das romantische Drama] sondert nicht strenge, wie die alte Tragödie, den Ernst und die Handlung unter den Bestandteilen des Lebens aus; es faßt das ganze bunte Schauspiel desselben mit allen Umgebungen zusammen, und indem es nur das zufällig nebeneinander Befindliche abzubilden scheint, befriedigt es die unbewußten Forderungen der Phantasie, vertieft uns in Betrachtungen über die unaussprechliche Bedeutung des durch Anordnung, Nähe und Ferne, Kolorit und Beleuchtung harmonisch gewordenen Scheines und leiht gleichsam der Aussicht eine Seele.
> Der Wechsel der Zeiten und Örter, vorausgesetzt, daß sein Einfluß auf die Gemüter mitgeschildert ist, und daß er der theatralischen Perspektive in Bezug auf das in der Ferne Angedeutete oder von deckenden Gegenständen halb Versteckte zustatten kommt; der Kontrast von Scherz und Ernst, vorausgesetzt daß sie im Grade und der Art ein Verhältnis zueinander haben; endlich die Mischung der dialogischen und lyrischen Bestandteile, wodurch der Dichter es in der Gewalt hat, seine Personen mehr oder weniger in poetische Naturen zu verwandeln, sind nach meiner Ansicht im romantischen Drama nicht etwa bloße Lizenzen, sondern wahre Schönheiten. (Schlegel 1967, 112 f.)

Paradigmatische Bedeutung für den von Schlegel beschriebenen Formtypus haben weniger die populären romantischen Schicksalstragödien (Zacharias Werner: *Der vierundzwanzigste Februar*, 1809; Adolph Müllner: *Die Schuld*, 1813; Franz Grillparzer: *Die Ahnfrau*, 1817), die in immer neuen Variationen die Verstrickung des Einzelnen in aus der Vergangenheit in die Gegenwart hineinwirkende Schuldzusammenhänge thematisieren, weniger auch die Mythen- und Geschichtsdramen eines Friedrich de la Motte Fouqué (*Der Held des Nordens*, 1810; *Die Invaliden*, 1813/1818; *Herrmann*, 1818), die über vergangenheitsgeschichtliche Sujets die Auseinandersetzung mit der Misere der Gegenwart suchen. Paradigmatische Bedeutung für diesen Formtypus eines ‚universalpoetischen' Dramas haben vielmehr die wohl eher für die „Lesebühne" (Sommersberg 2009) als den Spielplatz des Aufführungstheaters konzipierten Lustspiele, Satiren und Märchenstücke Clemens von Brentanos (*Gustav Wasa*, 1800; *Godwi und Gundine*, Fragment, zusammen mit Bettina Brentano, um 1801; *Ponce de Leon*, 1804) und Ludwig Tiecks (*Der gestiefelte Kater*, 1797; *Die sieben Weiber des Blaubart*, 1797; *Prinz Zerbino oder die Reise nach dem guten Geschmack*, 1799; *Leben und Tod des kleinen Rothkäppchens*, 1800), die ihre Wirkung als literarische (weniger theatrale) Form bis in die politischen Komödien des

Metafiktionalität und Selbstreflexivität

Vormärz entfalten. Metafiktionalität und Selbstreferentialität sind Kennzeichen dieser Komödien. Sie lassen das Spiel(en) selbst gegenständlich werden und verwischen kunstvoll die Grenzen zwischen (ästhetischem) Schein und Wirklichkeit. Indem sie Stücke gleichsam ineinander schachteln, Illusion so lange gegen Illusion ausspielen, bis diese selbst sich wieder aufhebt, indem sie die Figuren aus der Rolle fallen lassen und den immer wieder direkt damit angesprochenen Zuschauer selbst zum ‚Stückwert' in einem ästhetischen Wirbel von Raum und Zeit machen, erfüllen sie die dem Theater von Brentano zugeschriebene Aufgabe, das „zerstreute Leben in sein Symbol erhoben, in unsere Sinne zu stellen" (Arnim/Brentano 1852, 444). Aufgetragen ist diese Forderung Brentanos wiederum auf der Erfahrung des Niedergangs des von ihm nur noch als „köstlich einbalsamirt[em]" Leichnam (Brentano 1922, 206) wahrgenommenen Theaters, das seine Bestimmung als Einrichtung der ästhetischen Erziehung und der Überwindung der nationalen Zersplitterung verloren habe – und dies, weil ihm die ursprüngliche Einheit von Volk (Bürgern) und Bühne verloren gegangen sei. Diese ursprüngliche Bestimmung ruft Brentano in seinem kleinen Bericht „Nach dem Besuche des Theaters" mit der Vision der Entgrenzung von Bühne und Parterre ironisch in Erinnerung:

> Ich begab mich nicht ohne einiges Mißtrauen hinein, und ich fand hier nichts als einen Markt niedriger Lust, eine Börse platter Meinungen, einen Nachtisch übel oder übermäßig genossenen Mittagsmahles. Da mein Gesicht schwach ist, konnte ich mich nicht sehr an dem Anblicke der Schauspieler erfreuen oder ärgern, und meine Ohren waren nur allein ausgesetzt. Ich hörte daher, wie die Meisten unmenschlich logen, gottlos windbeutelten, dumm rasten; sie deklamirten einzeln ganz gut, nur paßte es gar nicht zu den Worten, die sie sagten, es war als hätten sie sich zu ihrem Text in den Worten vergriffen. Einzelne aber deklamirten so, daß es wirklich unmöglich ist in der ganzen Weite menschlichen Lebens Situation und Worte für solche Betonung zu finden; diese gefielen am meisten. [...] Das Wohlgefallen an solchen Ungeheuern ist mir der Beweis eines höhern Bedürfnisses in der Kunst. Ohne es zu wissen, daß sie fallen, richten sie ihren Blick nach diesen tölpelhaften Unebenheiten, die die Haken sind, an denen die ihnen im Fleische vernagelte Idealität sich träumend festhält. [...] Wenn erst alle Schauspieler ganz unnatürlich, lügenhaft und geschraubt spielen, so daß aus gleicher Erhebung falscher Leidenschaft die Unebenheit wieder eine Ebene wird, dann kann aus der Raserei der Priester eine Begeisterung und so ein prophetisches Lied hervorgehen. Umgekehrt ist ein so glückliches Ereigniß in dem Publikum möglich; wenn erst Alle die höchste leidenschaftliche Verkehrtheit des Spieles bewundern, wird sich über die Fläche des Urtheiles höherer Anspruch nach Dichtung und Darstellung emporheben. Trifft einst ein solcher Zustand des Parterres und der Bühne zusammen, dann geschieht ein großer Schlag. Der Vorhang wird aufgehen, Publikum und Schauspieler werden sich einander zugleich lachend und weinend anschauen, Viele werden von der Bühne ins Parterre, Andere aus dem Parterre auf die Bühne steigen.
> (Brentano 1852, 436–438)

Ganz dezidiert hat Adam Müller die hier von Brentano entworfene (und in den Fiktionspotenzierungen von Tiecks Theater-Theater dramatisch eingeholte) Verschüttung der Orchestra in seinen Dresdner *Vorlesungen über dramatische Poesie und Kunst* (1806/07) in ein politisches Koordinatenfeld eingerückt. Unverständlich sei das ,echte Lustspiel' (Müller versteht darunter die aristophanische Komödie) geworden, weil Drama und Theater einerseits und Staat und Gesellschaft andererseits einander so fremd geworden seien wie Bühne und Publikum (Müller 1808, 63 f.).

Die Tragfähigkeit und Beständigkeit der literarischen Form der von Tieck und Brentano geschaffenen Lustspielästhetik zeigt sich, auch wenn ihr kein Bühnenerfolg beschieden war, an einer Literatursatire wie Karl von Holteis *Die beschuhte Katze* (1843) in einer Zeit, in der das Politische sich wieder mit Macht einen Platz in Literatur und Theater eroberte. Als Parodie auf Friedrich Halms *Der Sohn der Wildniß* (1842) bleibt Holteis „Mährchen in drei Akten mit Zwischenspielen" einerseits im Rahmen der romantischen Literatursatire, überschreitet diesen Rahmen andererseits aber immer wieder ex- und implizit in Richtung einer satirischen Auseinandersetzung mit dem ,philosophischen' Zeitgeist als einer *unreifen* Modeerscheinung. Die avancierte Spiel-im-Spiel-Struktur, derer sich Holtei dabei in Anlehnung an Tiecks 1844 dann doch einmal inszeniertes Theater-Theater des *Gestiefelten Katers* auf der dramaturgischen Ebene bedient, kommt dem entgegen. Das Stück spielt in einem Theater, auf dessen Bühne die Geschichte einer Entführung und eines Aufstands der Tiere von „Karl Tücke" aufgeführt wird. Entführt worden ist der Schwertfeger und Waffenhändler Rumpelmeier von einer Gruppe von Walddieben. Um den Vater auszulösen, will sich Rumpelmeiers Tochter Pathetia den Räubern ausliefern, wird aber von der sprechenden Hauskatze Mies (die erste Allusion zielt auf die Freundin von E.T.A. Hoffmanns Kater Murr, die Katze Miesmies) zurückgehalten. Sie will sich den Räubern im Austausch als Geisel anbieten, verfolgt insgeheim aber andere Pläne: den antizivilisatorischen Aufstand der Tiere gegen die Menschen, den sie mit Hilfe der Räuber durchsetzen will (Holtei 1843, 55). Als Revolutionärin in Kinderschuhen (aber ohne Hosen) nennt sie sich denn auch „Saint Mies" (Holtei 1843, 65), was (zweite Namensallusion) auf den Jakobiner St. Just anspielt. Mies gelingt es nicht nur, das Vertrauen des Räuberhauptmanns Nante zu gewinnen, der den alten Rumpelmeier in der Tat freilässt; sie versammelt auch Abgesandte aller Tier zu einem großen ,Nationalkonvent' im Wald, der aber bereits an internen Rangstreitigkeiten und politischen Rankünen zu scheitern droht, als Rumpelmeier nach seiner Freilassung mit einer Gruppe von Häschern wieder die Szene betritt, um seine sprechende Hauskatze einzufangen, die er als Jahrmarktsattraktion vermarkten will. Mies, der nicht ganz selbstlose „Apostel" der Freiheit (Holtei 1843, 59) (immerhin beansprucht die Katze als nahe Verwandte des Löwen, des Königs der Tiere, die Führung der revolutionären Bewegung), will sich auf einem Besen davonmachen, wird aber von einem der Häscher abgeschossen und entpuppt sich zu guter Letzt als Hexe.

Holtei lässt diese als Spiel-im-Spiel auf der Theaterbühne aufgeführte Geschichte ausgiebig durch die anwesenden Theaterzuschauer kommentieren. Diese Kommentare durchbrechen die Bühnenillusion und schaffen

Holtei,
Die beschuhte Katze

dem Spiel eine zweite Ebene. Unter diesen Zuschauern befindet sich eine Gruppe junger Hegelianer mit den teils sprechenden Namen Eimann, Reimann, Freimann, Zweimann, Dreimann und Schreimann – lächerliche Figuren allesamt, „die an nichts glauben, geschweige denn gar an Göthe", die „kaum trocken hinter den Ohren [sind], und [...] Alles besser [wissen], wie wir Alten" (Holtei 1843, 11), wie Holtei die Figur des Zuschauers Leutner klagen lässt. Natürlich applaudieren diese ‚unreifen' Hegelianer in Verkennung der den anderen Zuschauern von Anfang an offensichtlichen Ironie in der Anlage der Herwegh-Leserin (!) Mies gerade den Stellen, an denen die Katze ihr destruktives revolutionäres Programm entwickelt („Das Bestehende soll denn zusammenbrechen! / *Daß* es breche, vergehe, das ist mein Plan. / Wie 's dann werden wird? mögen And're besprechen"; Holtei 1843, 27) – um dann reflexartig zu protestieren, als auch ihnen endlich und verspätet ‚die Augen aufgehen'.

V. „Poesie der Gegenwart": Drama und Theater im Vormärz

1. Terrainerweiterungen

Genausowenig wie die hochartifizielle intertextuelle Metadramatik der Romantik fand Kleists Drama des Exzesses und des Exzessiven einen Platz auf den Theaterbühnen des beginnenden 19. Jahrhunderts. Aufgrund der ihnen eigenen Konsequenz und Unerbittlichkeit, mit der sie der Grausamkeit, dem Zufälligen und der seelischen Verletzbarkeit als Weltprinzipien Raum und Sprache gaben, blieb Kleist mit seinen Stücken ein „Findling" (Müller 2005, 282) in der deutschen Literatur um 1800. Auch mit einer Komödie wie *Der zerbrochenen Krug*, die immerhin Goethe – wenn auch mit verheerender Resonanz – am 2. März 1808 am Weimarer Hoftheater aufführte, konnte er letztlich nicht reüssieren. Hans-Thies Lehmann hat in einem lesenswerten Aufsatz den zentralen Fluchtpunkt von Kleists ästhetischer Schreibpraxis in einer Dramaturgie der Version (Umwendung) bestimmt. Deren „Grundregel" sei es, „eine Anordnung zu errichten, die in einem oder mehreren kleinen Sprüngen sich auflöst, umschlägt, einen Umsprung, Ausbruch und Zusammenbruch manifestiert, ein Dis-Kontinuum". (Lehmann 2001, 92) Der Um-Sprung ist Erfahrens*form* der Überschreitung: Austritt aus einer Ordnung (Liebe, Gesetz, Wissen, Geschichte etc.) und Übergang in eine andere. In *Penthesilea* (1808) markiert so der Einbruch des Anderen, Unbewussten, Körperlichen, Irrationalen in die durch ein bewusst reflektiertes Handeln geregelte, rational verfasste und durch eine binäre (Kriegs-)Logik (Freund/Feind) geordnete Welt diesen Umsprung; in *Prinz Friedrich von Homburg oder die Schlacht bei Fehrbellin* (1809/10) ist es der Umbau des träumerischen Helden durch eine Scheinexekution zur Kriegsmaschine (die Utopie der Versöhnung ist Traum), in der *Hermannsschlacht* (1808) die stellvertretende Verwandlung von Hermanns Gattin Thusnelda vom „schönen Weib" in die „Bärin von Cheruska" (Kleist 1978, 338) im Verlauf eines nationalen Abhärtungsprogramms, dem Hermann sein Volk mit dem Ziel der Mobilisierung der destruktiven Energien als Mittel im nationalen Freiheitskampf unterwirft.

Kleists Scheitern mit der für sein Werk charakteristischen „Sprengung der Logik" (Lehmann 2001, 89) wird verständlich, wirft man einen Blick auf die Dramen, die auf den zeitgenössischen Bühnen um 1800 populär waren. Dominiert wurde das Theater letztlich von Autoren wie Friedrich Ludwig Schröder, August Wilhelm Iffland, Josef Marius von Babo, Gustav Friedrich

Kleist als Fremdkörper

Unterhaltungsdrama um 1800

Wilhelm Großmann und vor allem August von Kotzebue, welche die seit der Gründung der ersten National-, Hof- und Privattheater sukzessive angewachsene Nachfrage nach (technisch) spielbaren und das Zuschauerinteresse befriedigenden (damit auch finanziell einträglichen) Stücken mit einer Mischung aus insbesondere Rührstücken, Familiengemälden, Lust- und Singspielen bedienten (vgl. Krause 1982). Professionalisierung, aber eben auch Trivialisierung bilden die beiden Seiten des Theaterbetriebs um 1800, wobei die Schnittmengen größer sind als das Trennende. Weder kannte der Theaterbetrieb starre Grenzziehungen zwischen den unterschiedlichen Ästhetikkonzeptionen – Birgfeld und Conter sprechen von einer „Ästhetik der Innovation" und einer „Ästhetik der Professionalität" (Birgfeld/Conter 2007, X) – noch Berührungsängste. Goethe hat in Weimar so nicht nur zahlreiche Stücke u.a. des von ihm als ein ‚vorzügliches, aber schluderhaftes Talent' eingeschätzten August von Kotzebue aufführen lassen, um das „Repertorium" „vollständig" und „reich" zu machen (Goethe 1854, 222; Brief Goethes an Knebel vom 17.3.1817); er bediente sich von Fall zu Fall (*Das Jahrmarktsfest zu Plunderweilen, Der Bürgergeneral*) selbst durchaus auch populärer Dramenformen. Schiller wiederum unterhielt einen ausgedehnten Briefwechsel mit August Wilhelm Iffland, der seinerseits wiederum in Berlin Schillers Dramen aufführte.

Johannes Birgfeld und Claude Conter haben zu Recht auf die Verwurzelung auch der populären Dramatik in dem umfassenden Verbürgerlichungsprozess hingewiesen, der sich über das 18. Jahrhundert hinaus fortsetzt. Auch die Unterhaltungsdramatik sei nicht nur „weitgehend mit jener bürgerlich-aufklärerischen Literatur identisch [...], die auf Bedürfnisse des Publikums nach Normendiskussion und Orientierung in lebenspraktischen Fragen reagierte"; sie erscheine darüber hinaus „sogar als jenes *Reflexionsmedium par excellence*, das kulturelle, politische und gesellschaftliche Prozesse der Mittelschichten nicht für eine kleine, hoch begabte, kreative und gebildete Elite, sondern für die breite, weniger ambitionierte und progressive Mehrheit dieser Schicht verhandelt, problematisiert und mit Lösungsangeboten kommentiert." (Birgfeld/Conter 2007, XIIf.) Nicht nur im Einzelfall agierte das Unterhaltungstheater dabei gerade im Kontext der politischen Umbruchprozesse des ausgehenden 18. und beginnenden 19. Jahrhunderts durchaus zeitbezogen-kritisch und kam damit einem wachsenden „Bedürfnis nach Kommunikation und Selbstreflexion" (Birgfeld/Conter 2007, XIII) nach.

Ästhetische Suchbewegungen

Das Bemühen darum, Drama und Theater als Medien eines zeitbezogenen Agierens zu nutzen, verstärkt sich in der politischen Latenzzeit zwischen dem Abschluss des Wiener Kongresses (1815) und der Märzrevolution von 1848. Sowohl in kultureller als auch sozialer Hinsicht sind die auf die Revolution von 1848 zulaufenden Jahre eine Zeit des Aufbruchs und der Bewegung – und dies sowohl in *horizontaler* (Reisen, Migration), als auch in *vertikaler* (Veränderungen im Sozialgefüge) und in *ästhetischer* Perspektive (Ausdifferenzierung des Literatursystems). Technologische Innovationen wandeln die Raum-Zeit-Verhältnisse der vorindustriellen Gesellschaft, verändern die Wahrnehmungslogik, dynamisieren zugleich die sozioökonomischen Strukturen, Kommunikationswege und -formen. Revolutionen und politische Parteienbildungen wirken als Beschleunigungsfaktoren längerfristiger Umsetzungsprozesse, in deren Perspektive sich der Siegeszug der industriell-technologischen (und agrarökonomischen) Revolution vollendet. Zugleich damit verliert das ästhetische Wertsystem der Goethezeit an orientierender Bedeutung und macht – für eine Übergangszeit – auf allen Ebenen einer Vielzahl ästhetischer Suchbewegungen Platz, die erst allmählich von einem Konsolidierungs- und Normierungsprozess aufgefangen werden, der in der Folge zur Ausbildung des Literatursystems des Realismus führt.

Was im zurückliegenden Jahrhundert noch als Freiheit empfunden worden war, funktionale Autarkie nämlich, wurde ab dem zweiten Jahrzehnt des 19. Jahrhunderts zunehmend nun mit sozialer Folgenlosigkeit identifiziert. In der Konsequenz dessen steht in weiten Teilen von Literaturprogrammatik und ästhetischer Praxis zwischen 1815 und 1848 die Ablösung autonomieästhetischer durch wirkungsästhetische Konzepte. In ihnen formiert sich eine durch ästhetische bzw. mediale Formerweiterungen gekennzeichnete Gegenbewegung gleichermaßen zu den ästhetischen und philosophischen Konzepten der Kunstautonomie, wie sie die deutsche Klassik vertreten hatte, und den utopischen Entdifferenzierungsstrategien der Romantik.

Das ‚Ende der Kunstperiode‘

Heinrich Heine hat in der *Romantischen Schule* mit seinen vielzitierten Bemerkungen über die „Endschaft der ‚goetheschen Kunstperiode‘" (DHA 8/1, 125) den Leitgedanken dieser neuen Epoche in der Entwicklung der Literatur auf den Begriff gebracht, die einen gemeinsamen Nenner in der Hinwendung zu einer ‚Poesie des Lebens‘ (vgl. Eke 2008), d. h. einer politischen und eben lebensbezogenen Kunst finden sollte. Die Konturen dieser neuen Literatur, die die Grenzen der politischen Öffentlichkeit neu zu bestimmen suchte, indem sie auf (politische) Teilhabe und Mitgestaltung setzte, schärfen sich im Horizont eines anderen, nicht minder berühmten Diktums Heines. Auch Goethe und Schiller hätten in den *Xenien* Fehden ausgefochten, schreibt er am 4. Januar 1830 an Karl August Varnhagen von Ense, die aber seien innerliterarisch geblieben, nicht zu vergleichen mit den Auseinandersetzungen der heutigen Zeit: „Der Schiller-Göthesche Xenienkampf war doch nur ein Kartoffelkrieg, es war die Kunstperiode, es galt den Schein des Lebens, die Kunst, nicht das Leben selbst – jetzt gilt es die höchsten Interessen des Lebens selbst, die *Revoluzion* tritt ein in die Literatur, und der Krieg wird ernster." (Säkularausgabe 20, 385)

In der *Romantischen Schule* hat Heine der Absage an die Autonomiekonzepte der „ästhetisirende[n], philosophirende[n] Kunstsinnzeit" (Säkularausgabe 20, 390) ein Kunstprogramm an die Seite gestellt, das auf die Durchlässigkeit von Gattungs- und Diskursgrenzen, Unmittelbarkeit, Beweglichkeit, Kürze und Aktualität setzte. Die Schriftsteller des „heutigen jungen Deutschlands", heißt es hier, wollen, „keinen Unterschied machen […] zwischen Leben und Schreiben", „die Politik" nicht mehr „trennen von Wissenschaft, Kunst und Religion"; „zu gleicher Zeit" wollten die jungen Autoren „Künstler, Tribune [= Politiker] und Apostel [= Theologen]" sein, sich also einmischen in *alle* gesellschaftlichen Bereiche (DHA 8/1, 218). Es wäre „nöthig, wie Voltaire und Rousseau zu schreiben [...] Die Kerle schreiben Schwerter und Dolche, sie sind mächtiger als Kanonen und Bajonette". (Ruge 1886, 259 f.), präzisiert der Junghegelianer Arnold Ruge Anfang der 1840er Jahre diese von Heine formulierte Programmatik einer eingreifenden Literatur.

Shakespeare im Vormärz

Mit dem beiläufigen, den Zeitgenossen wohl aber ohne weiteres ersichtlichen Bezug auf Shakespeares *Hamlet* (‚Schwerter und Dolche schreiben') spiegelt sich in Ruges Bemerkung die in der ersten Hälfte des 19. Jahrhunderts anhaltend enthusiastische Shakespeare-Rezeption, die Heinrich Laube in der Einleitung zu seinem Drama *Rokoko oder Die alten Herren* den Stoßseufzer entlockte, „Gott erlöse uns Shakspere von den übertreibenden Bewunderern!" (Laube 1846, 6) Laubes Einspruch wiederum ist Ausdruck einer auf der anderen Seite im Vormärz zu beobachtenden Kritik an einer unfruchtbaren, das Theater lähmenden Shakespearo-Manie, die auch Teile des Shakespeareschen Werkes einschloss. Unüberhörbar sind so die Klagen über „unser schiefes und kritikloses Verhältniß zu Shakespeare" (Hettner 1852, 14), so Hermann Hettner in seinen 1852 veröffentlichten „Aesthetische[n] Untersuchungen" *Das moderne Drama.* Bereits 1827 veröffentlicht Christian Dietrich Grabbe, für dessen antiklassizistische Formversuche Shakespeares Dramen durchaus wichtige Anregungen gegeben haben, eine Abrechnung mit der zeitgenössischen „Shakspearo-Manie", die Shakespeare nicht die Anerkennung in Hinsicht auf Phantasie, Welt- und Geschichtserkenntnis, Humor und Ironie verweigert, insbesondere seinen historischen Dramen aber auch grundlegende kompositorische Schwächen attestiert.

> Daß Shakspeares componirendes Talent ausgezeichnet ist, läugnet Niemand, daß es aber *besser* seyn soll als das vieler anderer Schriftsteller, läugne ich offen. Vor allem rühmt man dieserhalb seine historischen Stücke. Es ist wahr, daß alle seine Vorzüge in ihnen strahlen, und daß da, wo er eigenthümlich ist, kaum Goethe (z. B. im Egmont), noch weniger Schiller mit ihm wetteifern können. Aber vom Poeten verlange ich, sobald er Historie dramatisch darstellt, auch eine *dramatische, concentrische und dabei die Idee der Geschichte wiedergebende Behandlung.* Hiernach strebte Schiller, und der gesunde deutsche Sinn leitete ihn; keines seiner historischen Schauspiele ist ohne dramatischen Mittelpunct und ohne eine concentrische Idee. Sey nun Shakspeare objectiver als Schiller, so sind doch seine historischen Dramen (und fast nur die aus der *englischen* Geschichte genommenen, denn die übrigen stehen noch niedriger) weiter nichts als *poetisch verzierte Chroniken.* Kein Mittelpunct, keine Katastrophe, kein poetisches Endziel läßt sich in der Mehrzahl derselben erkennen.
> (Grabbe, HKA 4, 41)

Grabbe steht mit dieser Kritik, die auf die Feststellung zuläuft, dass die unkritische Nachahmung Shakespeares letztlich zu einer „stereotype[n]", poetisch kraftlosen „*Manier*" führe (Grabbe, HKA 4, 52), keineswegs allein. So stellt etwa Ludolf Wienbarg in seinen für das Selbstverständnis und den

Literaturbegriff des Jungen Deutschland wegweisenden *Ästhetischen Feld-zügen* (erschienen 1834) einerseits zwar den ‚Lebens'-Bezug Shakespeares heraus und begründet von dort aus das ‚Genie' des Elisabethaners (Wienbarg 1834, 82); er weist andererseits aber in seiner im Jahr darauf veröffentlichten Auseinandersetzung mit Karl Immermanns *Trauerspiel im Tyrol* auch auf die Rhetorizität und den historischen Charakter der Stücke Shakespeares hin, die es nicht erlaubten, ‚zeitgemäß' zu schreiben, was Shakespeares Werk seinen Vorbildcharakter für das Theater der Gegenwart nehme (Wienbarg 1835, 93 f.). Diese Beispiele einer kritischen Auseinandersetzung mit dem ‚Vorbild'-Charakter Shakespeares lassen sich zwar beliebig vermehren. Andererseits finden sich im Vormärz durchaus aber auch Beispiele für ein politisches Theater, das gerade in Shakespeares Dramatik ein anschlussfähiges Modell für eine eingreifende Bühnenkunst hat sehen wollen. Erinnert sei hier neben der Camille Desmoulins von Büchner in *Dantons Tod* (1835) in den Mund gelegten Kritik an der blutleeren und lebensfremden Figurengestaltung in klassizistischen Dramen (MBA 3/2, 36 f.) insbesondere an das Kunstgespräch im *Lenz*, in dem Büchner dem Idealismus eine Absage erteilt und im Hinblick auf Shakespeare das ästhetische Programm einer realistischen Lebens-Kunst entfaltet:

> Über Tisch war Lenz wieder guter Stimmung, man sprach von Literatur, er war auf seinem Gebiete; die idealistische Periode fing damals an, Kaufmann war ein Anhänger davon, Lenz widersprach heftig. Er sagte: Die Dichter, von denen man sage, sie geben die Wirklichkeit, hätten auch keine Ahnung davon, doch seyen sie immer noch erträglicher, als die, welche die Wirklichkeit verklären wollten. Er sagte: Der liebe Gott hat die Welt wohl gemacht wie sie seyn soll, und wir können wohl nicht was Besseres klecksen, unser einziges Bestreben soll seyn, ihm ein wenig nachzuschaffen. Ich verlange in allem Leben, Möglichkeit des Daseins, und dann ist's gut; wir haben dann nicht zu fragen, ob es schön, ob es häßlich ist, das Gefühl, daß Was geschaffen sey, Leben habe, stehe über diesen Beiden, und sey das einzige Kriterium in Kunstsachen. Übrigens begegne es uns nur selten, in Shakespeare finden wir es und in den Volksliedern tönt es einem ganz, in Göthe manchmal entgegen. Alles Übrige kann man ins Feuer werfen. Die Leute können auch keinen Hundsstall zeichnen. Da wollte man idealistische Gestalten, aber Alles, was ich davon gesehen, sind Holzpuppen. Dieser Idealismus ist die schmählichste Verachtung der menschlichen Natur.
> (MBA 5, 37)

Heine wiederum skizziert in seiner Einleitung zu *Shakspeares Mädchen und Frauen* im Spiegel der Auseinandersetzung mit Shakespeare die Voraussetzungen einer neuen Ästhetik, in der er sein eigenes Verfahren der Kontrastierung, der Registermischungen und -verwischungen erläutert.

Diese Vermischung der Register, die „Mengung komischer und tragischer Szenen" (Danzel 1956, 388) galt weithin als Kennzeichen der Shakespeareschen – und von hier aus einer realistischen Kunst – in Adam Müllers Augen (*Über die dramatische Kunst*, 1812: *Fragmente über Wilhelm Shakespeare*) überdies als Mittel der Grenzüberschreitung zwischen Zuschauerraum und Bühne. Der Jungdeutsche Theodor Mundt hatte in die-

Registermischungen

sen Kontrastfügungen so gerade die Modernität (was im jungdeutschen Verständnis nichts anderes heißt als: Zeitgemäßheit) der Shakespeareschen Dramaturgie sehen wollen. Im zweiten Teil seiner 1845 erschienenen *Aesthetik* verweist er zunächst auf die Unvergleichbarkeit der antiken Tragödien und Komödien, die „keinen Grundzug ihrer Anschauung gemein" (Mundt 1845, 340) hätten, um von hier aus den Blick auf die geänderte Situation seiner Gegenwart zu richten:

> Anders verhält es sich in der neuern Kunst und im *modernen Drama*, wo das Tragische und Komische sich nicht so entschieden voneinander sondern, sondern mehr und wesentlich ineinanderfallen. […] Dadurch, daß in der modernen Welt die sich bewegenden Lebensformen das Schicksal selbst geworden sind, offenbart sich das moderne Leben am eigenthümlichsten in diesem Reiz der *Kontraste*, welche sich ewig suchen und locken, und worin das Tragische das Komische, und das Komische das Tragische beständig herausfordert und zusammenzuschlingen und ineinanderzubilden strebt. Diese Grundbildung des modernen Lebens weist vorzugsweise das Shakespeare'sche Drama in sich auf, worin besonders das Ineinanderfallen der tragischen und komischen Elemente auf einem und demselben Lebensgrunde charakteristisch ist, und den wahren Höhepunkt der modernen Welt, welchen Shakespeare in seinem Drama erstiegen, bezeichnet.
> (Mundt 1845, 340 f.)

Ein Stück weit zumindest lässt sich vor diesem Hintergrund der Rückgriff auf Positionen der Shakespeare-Rezeption im Sturm und Drang erklären, die unübersehbar Spuren hinterlassen hat in der Auseinandersetzung von Autoren wie Heine und Büchner, aber auch anderer Autoren des Jungen Deutschland (und auch der linkshegelianischen Opposition) mit dem Werk des Elisabethaners. Herders *Shakespear*-Aufsatz aus den Blättern *Von deutscher Art und Kunst* von 1773 liest sich streckenweise so wie ein Vorgriff auf Selbstpositionierungskonzepte des Jungen Deutschland (zumindest bot sie entsprechende Anschlussmöglichkeiten dafür), wenn Herder hier fordert, die dramatische Kunst „aus dem Boden der Zeit" heraus zu schaffen (Herder 1773, 90), wofür Shakespeare ein Beispiel gegeben habe. Während die Hochwertung Shakespeares durch die Romantiker einige Jahre später gerade aus der Beobachtung heraus folgte, dass Shakespeare Welt und Leben nicht einfach abgeschildert, sondern diese gleichsam transzendiert und sich überdies der praktischen Nützlichkeit gegenüber versperrt habe; während die Romantiker solcherart die klassische Kunstautonomie an Shakespeare heranführten und ihn in Anspruch nahmen für das ästhetisches Prinzip und die Erkenntnismethode der Ironie als Form des Paradoxen und als Prinzip der Engführung von Gegensätzen wie dem Alltäglichen und dem Wunderbaren, von Regelhaftem und Willkür, verwendete Herder Shakespeare nach einer Beobachtung Wolfgang Stellmachers gerade „als Argument gegen eine Poesiekonzeption, die sich vom wirklichen Leben abwenden und im ‚Spiel' ihren eigentlichen Sinn finden wollte". (Stellmacher 1985, 116)

2. Theater als „Aggregat des gesellschaftlichen Lebens"

Primär in Zeitungen und Journalen fanden die Autoren im Vormärz eine Plattform für ihre Publikationen. Französische Zeitschriften wie die *Revue des Deux Mondes*, die *Revue des Paris* und das *Journal des Débats politiques et littéraires* waren dabei, was ihre Eleganz und vor allem ihre Spartenvielfalt angeht, beispielgebend für die Interventionen der Jungdeutschen, in deren Werken ein neuer Ton hörbar wird – eingängig, geistreich und amüsant, dabei zuspitzend und polemisch –, ein Ton, den die Jungdeutschen selbst als ‚modern' und ‚zeitgemäß' behaupteten. ‚Jetzig', und das heißt: eingreifend, konnte Literatur ihrer Meinung nach wiederum nur dann sein, wenn sie sich in unmittelbarer Weise der Zeit-Wirklichkeit und ihren Widersprüchen und Konflikten annähert. Ludolf Wienbarg hat im Hinblick darauf vom ‚vulgären' Charakter der neuen Literatur gesprochen, die damit „ihren Ursprung aus, ihre Gemeinschaft mit dem Leben" verrate, „von der andern Seite aber kühner, schärfer, neuer an Wendungen" geworden sei und von hier aus „ihren kriegerischen Charakter, ihren Kampf mit der Wirklichkeit" unter Beweis stelle (Wienbarg 1834, 299 f.).

Dass mit Zeitschriften, Journalen und Büchern nur ein vergleichsweise kleiner Teil der Bevölkerung erreicht worden sein dürfte, in der Regel heißt das: das sogenannte Erwerbs- und Beamtenbürgertum, während diese Form der Öffentlichkeit für die überwiegend von den bürgerlichen Bildungsangeboten ausgeschlossene ländliche Bevölkerung und die städtischen Unterschichten „unerreichbar" (Czezior 2011, 20) blieb, stellte das jungdeutsche Konzept der Zeitgenossenschaft von vornherein vor Probleme (zum eingeschränkten Adressatenkreis des Jungen Deutschland vgl. Müller 2006). Angesichts einer semi-alphabetisierten Kultur, wie sie das frühe 19. Jahrhundert insgesamt noch darstellt und von der aus das Öffentlichkeitskonzept der Jungdeutschen leicht als nutzlose Kunstanstrengung abgetan werden konnte wie in dem zwischen Oktober 1839 und März 1840 in den *Hallischen Jahrbüchern für deutsche Wissenschaft und Kunst* erschienenen Manifest *Der Protestantismus und die Romantik* von Robert Prutz und Theodor Echtermeyer (vgl. Echtermeyer/Ruge 1972, 82a–b), kommt performativen Formen der Öffentlichkeit eine besondere Bedeutung zu: den politisch inszenierten Festen wie dem Wartburg-Fest (1817), dem Hambacher Fest (1832) oder den märzlichen Totenfeiern in Berlin 1848 mit ihrer symbolisch-theatralen Überhöhung (Porrmann/Vaßen 2002, 16), dem gemeinsamen Turnen, zumal auch dem Gesang, und dies nicht allein in den zahlreichen, zunächst in Süd- und Mitteldeutschland aufkommenden Männergesangsvereinen, die bis 1848 allein 100.000 Mitglieder, überwiegend aus bürgerlichen und kleinbürgerlichen Schichten, zählten und schnell überregionale Kommunikationsstrukturen ausbildeten (vgl. Klenke 1998) – nicht zuletzt auch dem Theater, das sich allerdings in Konkurrenz zur Oper befand und sich dieser gegenüber behaupten musste, wie eine Bemerkung Ludwig Wienbargs über den „ungleichen Kampf des Wetteifers" (Wienbarg 1835, 85), in den das Drama verwickelt sei, zu erkennen gibt. Das Drama,

Zeitgenossenschaft

schreibt Wienbarg in diesem Zusammenhang 1835 in seiner Aufsatzsammlung *Zur neuesten Literatur*, müsse „mit dem Mittel ausgerüstet werden, das es befähigt, an der Seite der Oper, ja über derselben seinen Platz zu behaupten". (Wienbarg 1835, 86) Dabei legte er besonderen Wert auf das Moment der Handlung: „Die Handlung, untergeordnet in der Oper, bloße Nebensache, Träger der verschiedenen Eindrücke, die durch Poesie, Musik, Malerei erregt werden, die Handlung muß im Drama Hauptsache seyn. Charaktere, an welche sich das Interesse der Zuschauer zunächst anknüpfen, an welchen es sich festhalten muß, werden geschildert durch Worte, dargestellt durch Handlungen. Erstere Art wendet sich durchs Gehör, letztere Art durchs Auge an die Phantasie. Erstere Art ist oratorisch, recitatorisch und wird auf der Bühne verdrängt durchs Musikalische; letztere Art allein ist theatralisch." (Wienbarg 1835, 86)

Theater und Öffentlichkeit

Als Kunstform, die öffentlich in Erscheinung tritt, ist Theater mehr noch als die lesend rezipierte Literatur einem ständigen Misstrauensvorbehalt ausgesetzt (vgl. Eke 1997, 23–28). „Kein anderer Zweig weder der Literatur noch der Kunst" schreibt Robert Prutz 1847 in seinen *Vorlesungen über die Geschichte des deutschen Theaters*, trete „so unmittelbar in die Oeffentlichkeit des praktischen Lebens ein, kein anderer stellt sich dem Publikum so handgreiflich Aug' in Auge, wie dies, durch Vermittlung des Theaters, mit der dramatischen Literatur der Fall ist. Was ist der Eindruck des gelesensten Buches gegen die glückliche Wirkung eines Stückes! Der Beifall entzündet sich am Beifall, das Publikum selbst tritt mit in die Reihe der Spielenden, Dichter, Darsteller, Zuschauer, alle ergriffen von einem Feuer, alle vereinigt im gemeinsamen Dienste des Genius!" (Prutz 1847, 9f.)

Die Beispiele für die Hochschätzung der Bühne als Konstitutionsform einer performativen Öffentlichkeit sind zahlreich. So heißt es beispielsweise im „Prospectus" des 1839 in erster Auflage erschienenen *Allgemeinen Theater-Lexikons*: „Die Bühne ist für uns Deutsche außer der Kirche fast die einzige Stätte der Oeffentlichkeit. In ihrer Beachtung und Anerkennung vereinigen sich alle Stämme, Staaten und Provinzen des deutschen Volkes, sie ist der Mittelpunkt der intellectuellen und geselligen Einheit Deutschlands, ein die Zeitblätter und Conversation stets rege und lebendig erhaltender, nie sich erschöpfender oder alternder Stoff, und demnach ein unabweisbares Aggregat des gesellschaftlichen Lebens." (Allgemeines Theater-Lexikon 1839, IX) Bereits in Robert Prutz' *Vorlesungen über die Geschichte des deutschen Theaters* aber wird zugleich mit der Bestimmung der *Theater*verhältnisse als Spiegel der *politischen* Verhältnisse unterschwellig ein Vorbehalt erkennbar. So entwirft Prutz das Theater als demokratische (Gegen-)Öffentlichkeit zu der restaurativen Politik, klammert diese Projektion mit einem listigerweise ins Präteritum versetzten Nachsatz aber gleichsam wieder ein: „es hat Zeiten und Völker gegeben, bei denen die Oeffentlichkeit des Theaters die einzige war, die überhaupt noch existirte – und auch sie war von Gensd'armen überwacht." (Prutz 1847, 10) Die Wirklichkeit der

Börnes Kritik an den Theaterverhältnissen

Theaterverhältnisse im Vormärz nimmt sich denn auch bei weitem prosaischer aus als in den zuvor zitierten emphatischen Entwürfen einer kommu-

nikativen Öffentlichkeit, wenn man etwa die Kritik an der Unterentwick-
lung der Theaterkunst auf allen Ebenen – Schauspielkunst, Zuschaukunst,
Regie, Text – zugrunde legt, wie sie Ludwig Börne in der 1829 geschriebenen Vorrede seiner *Dramaturgischen Blätter* formuliert:

> Ich war bald dahintergekommen, daß die Deutschen kein Theater haben, und einen
> Tag später, daß sie keines haben *können*. […] Ein Volk, das nur der Pferch zum Vol-
> ke macht, das, außer demselben, den Wolf fürchtet und den Hund verehrt und,
> wenn ein Gewitter kommt, die Köpfe zusammensteckt und geduldig über sich her-
> donnern läßt; ein Volk, das beim Jahresschlusse der Geschichte gar nicht mitge-
> rechnet wird, ja, das sich selbst nicht zählt, wo es selbst die Rechnung macht, – ein
> solches Volk mag recht gut, recht wollig, ganz brauchbar für das Haus sein; aber es
> wird kein Drama haben, es wird in jedem fremden Drama nur der Chor sein, der
> weise Betrachtungen anstellt, es wird nie selbst ein Held sein.
> (Börne SW 1, 208 f.)

Einige Seiten später präzisiert er noch einmal diese Klage über die desolaten
Theaterverhältnisse in den deutschen Ländern, die das Gegenstück bilden
zu seiner Hochschätzung des Dramas als „Poesie der Gegenwart" (Rötscher
1843, 394):

> Ich wollte, daß ich auch sagen könnte: wer mag vor solchen Menschen *spielen?*
> Aber, warum nicht gut spielen? Das Drama sei, wie es wolle, der Zuschauer sei, wie
> er wolle, gut spielen ist immer möglich und wird immer empfunden und mit Dank
> aufgenommen. Vielleicht kann man den niederen Stand der deutschen Schauspiel-
> kunst erklären, aber zu entschuldigen ist er gewiß nicht. […] Könnte nicht der Regis-
> seur hinter den Kulissen mit einem Stäbchen kommandieren und das Zeichen ge-
> ben, wenn geschrien oder gelispelt, langsam oder geschwind gesprochen, wenn der
> Kopf hängen oder sich gerade halten, der rechte oder der linke Arm sich bewegen
> soll? Die Schauspieler verstehen gewöhnlich das Stück und ihre Rolle nicht. […]
> Man sollte bei jedem Theater einen Dramaturgen anstellen, der jedes neue Stück
> und die einzelnen Rollen darin den Schauspielern kritisch erläuterte. Die Bessern
> unter ihnen würden dadurch belehrt und ausgebildet, und bei denen von minderer
> Fassungskraft wenigstens das gewonnen werden, daß sie den Bau und Zusammen-
> hang des neuen Stücks, daß sie es räumlich kennen lernten. Das wäre schon Vorteil
> genug. Man hat mir von Schauspielern erzählt, die schon zwanzig Jahre in einem
> Stücke aufgetreten sind, ohne dessen Ausgang zu kennen, weil sie lange vor demsel-
> ben abzutreten haben und sie immer, die Zeit nicht zu verlieren, gleich in das Wein-
> haus gingen … Warum keine *Theaterschule?*
> (Börne SW 1, 216 f.)

Diese Misere verschärfend hinzu kam die mit Prutz' Bemerkung über die
‚von Gens'darmen bewachte' Öffentlichkeit bereits angedeutete Beobachtung der Theater durch die Zensurbehörden, die den ökonomischen Druck
verschärfte, dem insbesondere die im Vormärz in großer Zahl als (in der
Regel) Aktiengesellschaften gegründeten städtischen Theater unterlagen,
während den Hof- und Residenztheatern hinsichtlich ihrer künstlerischen
Entfaltung von anderer Seite Grenzen gesetzt waren, insofern sie primär der
Außendarstellung des Souveräns dienten (vgl. Daniel 1995; Zielske 2002).

Zensur

Die Folgen dieses Zensurdrucks beschreibt plastisch ein Abschnitt aus Theodor Mundts 1834 erschienener Erzählung *Moderne Lebenswirren*, in deren Zentrum – dem Literaturprogramm des Jungen Deutschland gemäß – die Hochwertung der Prosa als zeitgemäßer Kunstform und Waffe der Gegenwart im Kampf um die öffentliche Meinung steht. „Das Drama", so lässt Mundt hier seinen Helden, den gerade vom Liberalismus zum Absolutismus bekehrten und von dort aus wieder zum Dichter erweckten Salzschreiber Seeliger, in einer „Phantasie vom Apfelbaum herunter" ausführen,

> ist zu feierlich gemessen, zu thatenmuthig und unmittelbar heraustretend für den heutigen Tag; man muß die Deutschen mit der Novelle fangen. Die Novelle nistet sich noch am meisten in Stuben und Familien ein, sitzt mit zu Tische und belauscht das Abendgespräch, und man kann da dem Herrn Papa zur guten Stunde etwas unter die Nachtmütze schieben oder dem Herrn Sohn bei gemächlicher Pfeife eine Richtung einflüstern, die vielleicht einmal für die ganze Nation Folgen haben mag. Die Novelle ist ein herrliches Aehrenfeld für die politische Allegorie, wozu sie noch viel zu wenig angebaut ist. Man muß große Lebensgebilde erträumen und sie in Novellenform den Deutschen auf's Zimmer schicken. Sie sind zu faul, sich anzuziehn, und selbst hinauszugehn zum Drama; sie können im Drama nur Kotzebue vertragen, der ihnen ihre eigene deutsche Misère jeden Abend lustig einrührte. Man kann auch auf die Deutschen nicht wirken, wenn sie in Schauspielhäusern sitzen. Sie sind da entweder nur modisch aufgelegt, denn sie fühlen sich im Zusammensein nie als eine Nation, oder es graut sie heimlich untereinander vor der Oeffentlichkeit, in der sie sich da gegenübersehen, und man darf ihnen in diesem Zustande kein erregendes Wort sagen, weil sie es gleich von wegen der offenbaren Oeffentlichkeit als gefahrbringend einsehn. Draußen vor dem Schauspielhause ist auch Gensdarmerie und Polizei aufgestellt, und behüten das Drama. (Mundt 1834, 156 f.)

Ökonomischer Druck und politische Überwachung lähmten die Theater im Vormärz gleichermaßen, was dazu führte, dass von den Bühnen ungeachtet ihrer kulturellen Hochwertung kaum innovative ästhetische Impulse ausgingen, die Dramatiker vielmehr auch weiterhin zu großen Zugeständnissen an den Geschmack und an die politischen Gegebenheiten gezwungen waren. Faktisch war das Theater unter den gegebenen gesellschaftlichen Bedingungen weithin auf den Unterhaltungsaspekt beschränkt (vgl. Kortländer 2002, 199 f.), konzentrierte sich dementsprechend auf Zerstreuendes (Oper, Singspiel, Ballett) und vor allem auf die verschiedenen Ausprägungen des bürgerlichen Lachtheaters (Volksstück, Komödie, Posse, Schwank) sowie auf Melodramen und Schauerstücke. Auf der anderen Seite konnte allerdings im Einzelfall auch das Unterhaltungstheater im Vormärz, und dies in steigendem Maße im Zuge der allgemeinen Politisierung in den 1840er Jahren, eher einmal zeitbezogen-kritisch agieren und sich gegenüber den sozialen, ökonomischen und politischen Problemen der Zeit stärker öffnen, als dies den „literarischen Dramen an den repräsentativen Bühnen" (Bayerdörfer 2002, 143) möglich war.

3. Zeitbezogen-kritisches Agieren in der komischen Form

Johann Nepomuk Nestroys Stück *Freiheit in Krähwinkel* (1848), das sich zur Darstellung der Wiener Revolution gleichsam ‚parasitär' der Formen der Posse im Allgemeinen und der Krähwinkeliade mit ihren Figurenstereotypien, Handlungsschemata und Lacheffekten (vgl. Pütz 1977) im Besonderen bedient, ist ein signifikantes Beispiel für diese Weise der politischen Intervention. *Freiheit in Krähwinkel* ist der Versuch einer Stellungnahme zu der unsicheren Situation in Wien nach der erfolgten Revolution mit den Mitteln des Vorstadttheaters; es ist der Versuch, in das Geschehen korrigierend einzugreifen, den Einspruch gegen Fehlentwicklungen zu formulieren, zu warnen auch vor dem Leichtsinn eines vorschnellen Sichzufriedengebens. Einerseits ist Krähwinkel Synonym der verspießerten Provinz; andererseits hat Nestroy in die ‚kleine Welt' Krähwinkels die ‚große' Freiheitsthematik hineingestellt und so das Possenschema für eine Diskussion über die Perspektiven der Revolution, ihre Erfolgsaussichten und ihre Risiken genutzt. Ganz unmittelbar reagiert Nestroy hier mit den Mitteln des im Lokalen verwurzelten Volksstücks (Couplets, Verkleidungsszenen, Verwechslungsdramaturgie, witzige Apperçus, typisiertes Personal etc.) auf die revolutionären Ereignisse der Märzrevolution in Wien, die im Kleinen gespiegelt werden: „Alle Revolutionselemente, alles Menschheitempörende, was sie wo anders in Großen haben, das haben wir Krähwinkler in Kleinen", lässt Nestroy den Redakteur Ultra die Situation in der Kleinstadt beschreiben: „Wir haben ein absolutes Tyrannerl, unsern Bürgermeister, wir haben ein unverantwortliches Ministeriumerl, ein Bureaukratierl, ein Censurerl, Stadtschulderln weit über unsere Kräfterln, also müssen wir auch ein Revolutionerl und durch's Revolutionerl ein Constitutionerl und ein Freyheiterl krieg'n." (Nestroy 1995, 21)

Das Possenschema mit seiner schematischen Handlung hat in dieser Hinsicht „Trägerfunktion" für die politische Thematik (Nestroy 1995, 88). Mit hintersinniger Komik, die ihren Witz in erster Linie dem Wortspiel verdankt, schildert Nestroy einen symbolischen Aufstand: Das Volk zerbricht den Haslinger, die Knute, den (nach der Märzrevolution abgeschafften) Polizeistock des Reaktionärs in Staatsdiensten Klaus. Das Vivatgeschrei der Bürger, kurz der revolutionäre Enthusiasmus, übertönt im letzten aber die Aufforderung zur Tat, die Nestroy dem Redakteur Ultra in den Mund gelegt hat. Statt das Rathaus stürmt das Volk das Kaffeehaus, bringt dem Bürgermeister eine Katzenmusik usw. Angesichts dieser Kindereien hat Ultra nur wenig Möglichkeiten, um die Revolution voranzutreiben. Statt kollektiver und solidarischer Politaktion bleibt allein das individuelle Handeln, da das Volk sich letztlich auf die Rolle des passiven Zuschauers beschränkt („A Bisserl Revolution anschau'n", Nestroy 1995, 48, will es am liebsten, keine machen) – und so hat der Reaktionär Klaus am Ende recht, wenn er sagt: „Nein, ich kenn' die Krähwinkler – man muß sie austoben lassen; is der Raptus vorbey, nacher werd'n s' dasig, und wir fangen s' mit der Hand. Da wollen wir's nacher erst recht zwicken das Volk." (Nestroy 1995, 38) Mit diesen Revolutionären ist einfach kein Staat zu machen.

(Marginalie:) Nestroy, *Freiheit in Krähwinkel*

Die Verbindung von satirisch-kritischem und politischem Anspruch, von Lachdrama/Zeitsatire und Tendenzdrama bleibt in Nestroys politischer Dramaturgie prekär (Rothe 1989, 70). Wolfgang Rothe hat so mit Recht auf eine konzeptionelle Unentschiedenheit des Stückes hingewiesen, die seiner Ansicht nach dessen Wirkung beeinträchtige. Einerseits sollten die Zuschauer „schier um jeden Preis eingenommen, nachdenklich gemacht" und „beeindruckt", d. h. auf die Gefährdungen der Revolution von ‚außen' (von der Seite der alten Mächte her) und von ‚innen' (von Seiten der Siegesgewissheit der revoltierenden Bürger her) hingewiesen werden, wollte Nestroy damit Mut machen und zum Durchhalten auffordern. Andererseits hielt er den vom Erfolg geblendeten Revolutionären mit seiner Posse einen satirischen „Spiegel vor, in dem sie sich unschwer in ihrer ganzen Jämmerlichkeit als egoistische, eitle und hasenfüßige Revolutionsspießer erblicken konnten". (Rothe 1989, 67 f.)

Komik und Satire Nestroys Posse ist nur ein Beispiel dafür, wie das Theater in der politisch angespannten Situation unmittelbar vor der Märzrevolution und um diese herum insbesondere in Komödien und Satiren Kritik an den politischen Zuständen in Deutschland zum Ausdruck zu bringen und damit Ideen und politische Konzepte aus der Wirklichkeit in die Gegenwart des Theaters einzutragen versuchte. Ganz allgemein gewinnen im Schatten der allenthalben in der Theaterprogrammatik des Vormärz zu beobachtenden Reformbemühungen gerade die formal und thematisch breit ausdifferenzierten Ausdrucksformen des Komischen und des Satirischen unabhängig von Gattungsdifferenzen (vgl. Denkler 1970; Eke 2007), unabhängig letztlich von politischen Parteiungen und Strömungen auch im Drama eine wichtige Bedeutung innerhalb der gesellschaftlichen Auseinandersetzungen: Das Komische wird politisch, während umgekehrt das Politische in der Sicht vieler Zeitgenossen sich von seiner komischen Seite erweist. Marx schreibt so 1844 in den „Deutsch-Französischen Jahrbüchern": „Das moderne *ancien régime* ist nur mehr der *Komödiant* einer Weltordnung, deren *wirkliche Helden* gestorben sind. Die Geschichte ist gründlich und macht viele Phasen durch, wenn sie eine alte Gestalt zu Grabe trägt. Die letzte Phase einer weltgeschichtlichen Gestalt ist ihre *Komödie*. Die Götter Griechenlands, die schon einmal tragisch zu Tode verwundet waren im gefesselten Prometheus des Äschylus, mußten noch einmal komisch sterben in den Gesprächen Lucians. Warum dieser Gang der Geschichte? Damit die Menschheit *heiter* von ihrer Vergangenheit scheide. Diese *heitere* geschichtliche Bestimmung vindizieren wir den politischen Mächten Deutschlands." (Marx/Engels 1972, 382)

Das Komische und das Politische Wenn Marx hier den hoffnungslos ‚veralteten' Verhältnissen in Deutschland eine allein noch komische Bedeutung attestiert, ist damit gleichsam die in der zeitgenössischen Ästhetik übel beleumundete Komödie als *zeitgemäße* Gattung rehabilitiert. Dabei lassen sich in der zeitgenössischen Literatur abfällige Bemerkungen über die Komödie bis über die dreißiger Jahre hinaus noch zuhauf finden. So zieht beispielsweise Arnold Ruge in seiner 1837 erschienenen „Neue[n] Vorschule der Aesthetik" gegen das „nichtswürdige Gerümpel" zu Felde, welches „fast all unsre jetzigen Lustspiele in Ermangelung humoristischen Geistes ausstopft" (Ruge 1837, 254), und Georg Gottfried Gervinus urteilt in seiner „Poetischen Nationalliteratur" kurz und bündig über das Wiener Theater, hier treffe man „nichts, was, ganz abgesehen vom ästhetischen Werthe, auch nur historisch von einiger Bedeutung wäre" (während er im protestantischen Berlin immerhin eine deutlich geringere Entfremdung des Lustspiels von der Satire, „die dessen Würze und Werth ist", erkennen zu können glaubte (Gervinus 1842, 689). Darüber hinaus galt den Lustspieltheorien der Zeit das Politische, kurz: die sogenannte ‚Tendenz' als unverträglich mit dem heiteren Charakter des Lustspiels als solchem (vgl. Eke 2007). Verstärkt greifen in der letzten Phase des Vormärz auf der anderen Seite politisch orientierte Autoren wie Heinrich Hoffmann (*Die Mondzügler*, 1843), Robert Prutz (*Die politische Wochenstube*, 1845) oder Albert Dulk (*Die Wände*, 1848) nun aber auf die komisierenden Formen des Lachtheaters als Instrument im politischen Kampf zu einer „Komödirung staatlicher Zustände" (Hettner 1852, 162) zurück, womit dem Grunde nach Marx' geschichtsphilosophische Überlegungen zum komischen Charakter der ‚alten' Verhältnisse eine Übersetzung in theaterpraktische Perspektiven finden. Hierzu zählen auch die kleinen, Grenzen zwischen Gattungen und Medien verwischenden szenischen Formen, wie sie Adolph Glaßbrenner in seinen dialogischen Skizzen *Berlin wie es ist – und trinkt* (1832–1850) für eine humoristische Bloßstellung der Zeitverhältnisse genutzt hat.

Dass die Komödie, wie es in einem 1847 in der *Monatsschrift für Dramatik, Theater, Musik* (Berlin 1847) veröffentlichten Artikel heißt, dazu in der Lage sei, „die verkehrten Richtungen und Zustände der Gegenwart, die Verirrungen und Schiefheiten unserer socialen Verhältnisse, besonders die Ungereimtheiten, in welche ein engherziges Bekämpfen und Unterdrücken der freien Regsamkeit in Wort und Schrift verwickeln, zu komischen Kontrasten zu verarbeiten" (*Monatsschrift für Dramatik, Theater, Musik*, Berlin 1847; siehe auch Rötscher 1843, 403) und von hier aus eine befreiende Wirkung zu entfalten, liefert dem eine ganz unmittelbare politische Begründung. Allerdings setzen die politischen Bedingungen, was das angeht, der Entwicklung des Theaters vor und nach 1848/49 deutliche Grenzen. Noch 1852 nennt Hermann Hettner in seiner Abhandlung *Das moderne Drama* als Haupthindernis für die Komödie der Zukunft, die er in einer Amalgamierung des phantastischen (aristophanisches Lustspiel, romantische Märchenkomödie) und des realistischen Lustspiels sieht, die politische Rückständigkeit Deutschlands: „Unser Staat, der noch immer nicht ein Rechts-, sondern nur ein Polizeistaat ist, erlaubt nicht die Komoedirung staatlicher Zustaende." (Hettner 1852, 162) Die Zukunft des deutschen Lustspiels hänge letztlich davon ab, „ob Deutschland politisch noch eine Zukunft" (Hettner 1852, 176) habe, was ihn wiederum zu folgender Schlussfolgerung führt: „Die Lehre, die wir aus diesen Betrachtungen ziehen muessen, ist einfach diese: Sorgt fuer die Idealitaet der Wirklichkeit, und Ihr werdet die Idealitaet der Komoedie ganz von selbst haben." (Hettner 1852, 180)

Mit diesen theoretischen Begründungen ist die Komödie, wie Horst Denkler herausgearbeitet hat, „als politisches Lustspiel eingeholt, das – zum Zeitstück bestimmt – die von der gegenwärtigen Wirklichkeit angeregten Motive, Stoffe, Ideen und Tendenzen in die Wirklichkeit zurücktragen will, um deren Änderung anzubahnen". (Denkler 1971, 7) In Büchners Lustspiel *Leonce und Lena* (1836) findet diese Liaison des Lachtheaters mit dem zeitkritischen Tendenztheater einen besonders augenfälligen Niederschlag. Das Komische, Lustspielhafte ist in Büchners Drama, dem unter anderem an Brentanos Komödie *Ponce de Leon* anschließt, so trojanisches Pferd zur Implementierung eines nüchternen Blicks auf die politische Leere einer ereignislosen Gegenwart, die allein noch zeremoniell ausgefüllt, durch Zerstreuungen verschiedener Art abgekürzt, auf jeden Fall aber vertrieben werden muss. Mit dem Prinzen Leonce hat Büchner dabei eine Allegorie des unglücklichen Bewusstseins in den Raum seines Theaters gestellt. Leonce ist die Zeit abhanden gekommen. Der Verlust an utopischer Phantasie, die Veränderung als potentielle Möglichkeit zu denken erlaubt, macht dem Prinzen von Popo einerseits die Gegenwart schal, lässt andererseits in ihm den Wunsch nach einem Zustand des Außer-sich-Seins („wer sich einmal auf den Kopf sehen könnte"; MBA 6, 100) entstehen.

Das Wissen um die Ereignislosigkeit der Zeit und das Leiden daran, beides unterscheidet Leonce von seinem ,Sidekick' Valerio, der in der ersten Szene geradezu aus dem Nichts auftaucht, zum Begleiter des traurigen Prinzen wird und subversiv dessen „ästhetisierenden Nihilismus" (Horn 1981, 104) untergräbt. Von Politik ist dabei erst einmal nicht die Rede. Leonce beklagt nicht die Misere der politischen Situation; er beklagt in erster Linie *das Wissen* um den langweiligen Charakter seiner/der Existenz, was ihn davon träumen lässt, ein anderer zu sein, weder „Subjekt der Langeweile noch das ihres Bewußtseins" (Fues 1992, 690).

Leonces Wunsch, ein Anderer zu sein, ist definiert als Freiheit zurückgenommen-reduzierter Art: als Befreiung von der Last des Denkens, als Befreiung damit auch von der Erinnerung an die Idee des Anderen (Utopischen), die als Negativ im Positiv des Wunsches anwesend bleibt. Nicht in die Revolte treibt der Schmerz die Spielfigur Leonce, sondern in den Wunsch nach Nichtwissen, nach Reflexions- und Bewusstlosigkeit mithin (vgl. Bolten 1985, 300 f.). Entsprechend sucht Leonce im spielerischen Zeitvertreib – wie beispielsweise durch die Inszenierung von Intensitäten (Schmerz, Leidenschaft, Liebe) als anderer Erfahrungsweise des Außer-sich-Seins – das schmerzende Bewusstsein der Langeweile zu vertreiben. Der Mangel (Verdruss) gebiert den Traum eines selbstvergessenen Agierens auf der Bühne der Welt.

Büchners Lustspieldramaturgie folgt auf der Ebene des Spiels dabei der Bewegungskurve eines Aufbruchs, der raumgreifenden Bewegung der Flucht vor der Langeweile des Immergleichen, und einer durch die Eheschließung des Prinzen Leon und der Prinzessin Lena formal beglaubigten ,glücklichen' Heimkehr. Mit ihr wird am Ende das Leiden an der Langeweile stillgestellt in einem Spiegelraum der Selbstgenügsamkeit.

Büchner,
Leonce und Lena

LEONCE. [...] Wollen wir ein Theater bauen? (*Lena lehnt sich an ihn und schüttelt den Kopf.*) Aber ich weiß besser was Du willst, wir lassen alle Uhren zerschlagen, alle Kalender verbieten und zählen Stunden und Monden nur nach der Blumenuhr, nur nach Blüthe und Frucht. Und dann umstellen wir das Ländchen mit Brennspiegeln, daß es keinen Winter mehr giebt und die uns im Sommer bis Ischia und Capri hinaufdestilliren, und wir das ganze Jahr zwischen Rosen und Veilchen, zwischen Orangen und Lorbeern stecken.
(MBA 6, 124)

Die Frage, ob die ‚Welt' *aus*schließende *Ein*schließung des Landes zu einem märchenhaften Arkadien in Leonces Vorschlag einen „Zeitraum der Lizenzen" schafft, mithin utopisch konnotiert ist, oder ob Büchner damit vielmehr die „Flucht in eine Gegenwelt" (MBA 6, 347) an das Ende seines Lustspiels stellt, wird in der Forschung seit jeher kontrovers diskutiert. Festzuhalten ist: Das imaginäre Reich des ewigen Sommers, das Leonce in diesem traumhaften Finale prospektiv entwirft, ist gegründet auf einen Generalangriff auf die Zeit, der mit der vom Kairos bestimmten auch die chronologische Zeit (Uhren, Kalender) zum Opfer fällt. Die Traum-Zeit im Reich des neuen Herrschers Leonce ist spielerisch eingestellte, artefaktische Zeit – womit Büchner zunächst einmal ein literarisches Spielmodell aufnimmt, demzufolge die zeitlose Liebe aus der Zeit erlöst.

Leonces Ankündigung einer Wiederholung der Krönungsfeierlichkeiten („Gehn Sie jetzt nach Hause, aber vergessen Sie ihre Reden, Predigten und Verse nicht, denn morgen fangen wir in aller Ruhe und Gemüthlichkeit den Spaß noch einmal von vorn an"; MBA 6, 123) verleiht in diesem Zusammenhang der Vorstellung eines reversiblen Geschichtskreislaufs Ausdruck, der die Idee einer mechanisch bewegten Lebenswelt von anderer Seite her entgegenkommt: „Nun Lena, siehst du jetzt wie wir die Taschen voll haben, voll Puppen und Spielzeug." (MBA 6, 124) D. h.: Die arkadische Utopie bleibt als Vorstellung (Setzung) des Spielers Leonce ein Zukunftsentwurf auf der Ebene eines Spiels zweiter Ordnung: seinerseits spielerisch und illusorisch. Als zeitflüchtiges Paradies, das nur sich selbst reflektiert und als solches Gegenstück des zeitlosen Raums der Langeweile ist, bleibt das Reich des ‚Herrschers' Leonce herausgeschnitten aus dem welthaltigen Raum des Politischen, ohne dass das Lustspiel dies zu verschleiern suchte – im Gegenteil: Die Leere der Geschichte wird durch den tröstlichen Rahmen der letztendlichen Eheschließung lachend überspielt, aber nicht beseitigt. Allein spielerisch (illusorisch) öffnet sich im gattungskonformen Schlussfinale mithin der erzählte Raum der Langeweile. Diese Lösung der Widersprüche wiederum stellt Büchner als eine rein-ästhetische Operation aus, d. h.: er rückt sie ins Licht einer kalkulierten Künstlichkeit, die gar nicht erst den Versuch unternimmt, Realität vorzutäuschen. Der Spaß ist regelrecht verdorben durch die zur Schau gestellte Theaterhaftigkeit der Problemlösung. Nur auf dem Theater ist so der von Büchner an das Ende seines Lustspiels gestellte ‚gute Ausgang' möglich.

Leonces und Lenas Auftritt als animierte Maschinen, die der Schlusslösung des Lustspiels vorausgeht, erscheint in diesem Lichte als Ausdruck der

> ‚Komödierung' der Leere

Abgestorbenheit und Maschinenhaftigkeit der modernen Welt, von der im vormärzlichen Deutschland unter anderem Heine – und später Weerth – schreiben. Das Automatenmotiv ist aber auch ein überdeutlicher Fingerzeig auf die Maskenhaftigkeit der Spielfiguren, der Büchners Theater über die Lustspielebene hinaus keine Plausibilität gewährt. Büchners Figuren bleiben gespielte Figuren im doppelten Sinn: unterworfen einerseits einer Mechanik, der sie nichts entgegenzusetzen haben; andererseits nichts „als Kunst und Mechanismus, nichts als Pappendeckel und Uhrfedern". (MBA 6, 121)

Büchner schließt das Stück damit mit einer Utopie, die um ihre eigene Nichtigkeit weiß und dieses Wissen im Gestus der lachhaften Übersteigerung an das Publikum weiterreicht. Die verstiegene Theaterhaftigkeit nimmt dem ‚guten' Ausgang des Spiels das Beruhigende und vertreibt das Publikum aus dem Manipulationsspiel der Komödie. Das Spiel mit Gattungs- und Genrekonventionen schafft Differenz zwischen der *imaginären* Welt des Theaters, auf dem die Aufhebung der Widersprüche spielerisch möglich ist, und der *realen* Welt als gleichsam rückwärtigem Webmuster der Kunstwelt, in der diese Widersprüche fortbestehen. Solcherart bringt Büchners kalter Blick in den rasenden Stillstand der Moderne die Langeweile gegen die Wirklichkeit in Stellung, lockt er den Zuschauer zunächst hinein in ein ästhetisches System kalmierender Tröstlichkeit, um ihm durch Überfütterung und Übersättigung den Boden zu entziehen.

Zeitsatire   Die geringe Tragfähigkeit des schönen Scheins hatte Büchner zuvor bereits in der Mitte seines Dramas mit einer Szene vorgeführt, die das artifizielle Spiel der poetischen Referenzen mit dem Realitätshintergrund des „Hessischen Landboten" kurzschließt und damit mit einem Mal die Register wechselt: aus dem (scheinbar) romantischen Lustspiel wird ein satirisches Zeitstück.

> *Freier Platz vor dem Schlosse des Königs Peter. Der Landrat. Der Schulmeister. Bauern im Sonntagsputz, Tannenzweige haltend.*
>
> LANDRATH Lieber Herr Schulmeister, wie halten sich Eure Leute?
>
> SCHULMEISTER Sie halten sich so gut in ihren Leiden, daß sie sich schon seit geraumer Zeit an einander halten. Sie gießen brav Spiritus an sich, sonst könnten sie sich in der Hitze unmöglich so lange halten. Courage, Ihr Leute! Streckt Eure Tannenzweige grad vor Euch hin, daß man meint, Ihr wärt ein Tannenwald, und Eure Nasen die Erdbeeren und Eure Dreimaster die Hörner vom Wildbret, und Eure hirschledernen Hosen der Mondschein darin, und merkt's Euch, der Hinterste läuft immer wieder vor den Vordersten, daß es aussieht als wärt Ihr ins Quadrat erhoben.
>
> LANDRATH Und Schulmeister, Ihr stehet vor die Nüchternheit.
>
> SCHULMEISTER Versteht sich, denn ich kann vor Nüchternheit kaum mehr stehen.
>
> LANDRATH Gebt Acht, Leute, im Programm steht: sämtliche Unterthanen werden von freien Stücken reinlich gekleidet, wohlgenährt, und mit zufriedenen Gesichtern sich längs der Landstraße aufstellen. Macht uns keine Schande!
>
> SCHULMEISTER Seyd standhaft! Krazt Euch nicht hinter den Ohren und schneuzt Euch die Nasen nicht mit den Fingern, so lang das hohe Paar vorbeifährt und zeigt die gehörige Rührung, oder es werden rührende Mittel gebraucht werden.

Erkennt was man für Euch thut, man hat Euch grade so gestellt, daß der Wind von der Küche über Euch geht und Ihr auch einmal in Eurem Leben einen Braten riecht. Könnt Ihr noch eure Lection? He? Vi!

DIE BAUERN Vi!

SCHULMEISTER Vat!

DIE BAUERN Vat!

SCHULMEISTER Vivat!

DIE BAUERN Vivat!

SCHULMEISTER So Herr Landrath, Sie sehen, wie die Intelligenz im Steigen ist. Bedenken Sie, es ist *Latein*. Wir geben aber auch heut Abend einen transparenten Ball mittelst der Löcher in unseren Jacken und Hosen, und schlagen uns mit unseren Fäusten Cocarden an die Köpfe.

(MBA 6, 118 f.)

Büchners Lustspielwelt zeigt sich hier ungeschminkt als erschöpft und überlebt, wenn auch als noch stabil. Statt sich die Kokarden, das Emblem der Revolution, an die Brust zu heften, schlagen sich die zur lebenden Kulisse für die Inszenierungen der Macht degradierten ungebildeten Bauern nebst der sie ,erziehenden' (aufklärenden) Intelligenz nur gegenseitig die Augen blau. Gerade hier, wo die Satire verwoben bleibt in eine poetische Schrift, zeigt sich das Politische ganz unmittelbar. Die Komik der Szene stellt den Blick scharf, bricht keineswegs damit aber der satirischen Aussage die Spitze, die unversöhnlich bleibt, kompromisslos und hart. Damit ist sie symptomatisch für den aggressiven Charakter der Satire als solcher, die sich primär von der Seite der Wirkung, nicht der literarischen oder gattungsästhetischen Mittel her definiert: als Akt der Herabsetzung und Verwerfung, die sich verschiedener ästhetischer Mittel, Formen, Gattungen und Medien bedienen kann – auch der Formen des Lachtheaters, auch des romantischen Lustspiels. Satiren gebrauchen/benutzen feststehende Kommunikationsformen, um die Unangemessenheit von Verhaltensweisen, Interaktionsformen oder politischen Konstellationen zu demonstrieren.

Büchners Lustspiel unterscheidet sich darin nicht allzu sehr von Satiren wie *Die Mondzügler* von Heinrich Hoffmann (1843; überarbeitet und mit einem Prolog versehen 1847) und *Das Centrum der Speculation* (1840) von Karl Rosenkranz, die sich jeweils von verschiedenen Seiten mit der politischen Impotenz der Philosophie im vormärzlichen Deutschland auseinandersetzen, um von hier aus die ,komischen' Zustände im veralteten politischen System dem Verlachen auszusetzen. Nicht allein, was die Radikalität der Analyse, sondern auch was die dramatische Form als solche angeht, unterscheidet sich Büchner deutlich aber von diesen eher konventionell gebauten Dramentexten, was sich in seinen anderen Dramen um vieles deutlicher dann zeigen lässt. Das verbindet ihn mit dem Detmolder Dramatiker Christian Dietrich Grabbe, auch wenn er sonst nicht allzu viel mit diesem gemein haben mag. Beide allerdings waren den Theaterverhältnissen im Vormärz weit voraus. Beide haben von verschiedenen Seiten her das Drama aus den bindenden Traditionen der Klassik befreit: *dramaturgisch*, indem sie (das gilt vor allem für Grabbe) die Möglichkeiten des Theaters im

Bruch mit Schauspiel-Konventionen

Vormärz sprengten; *ästhetisch* (das wiederum gilt vor allem für Büchner) durch die Eroberung neuer Gegenstände der Darstellung; *ideengeschichtlich*, insofern sie (und das gilt sowohl für Grabbe als auch für Büchner) mitten in einer vom Glauben an den Fortschritt und die Planbarkeit der Verhältnisse getragenen Zeit den Abgesang auf die Illusionen des Idealismus mit seinem Glauben an die Geschichte, das historische Subjekt, die Vernunft und den Fortschritt anstimmten.

4. Antiklassizismus – Grabbe und Büchner

Der Gestus rigoroser Verwerfung, mit dem insbesondere Grabbe dabei im frühen Vormärz das Ende der Kunstperiode behauptete, irritiert bis heute. Die in der Forschung umlaufenden widersprüchlichen Grabbe-Bilder, angefangen beim anti-traditionalistischen Wegbereiter des modernen Dramas und Visionär des Medienzeitalters über den luziden Geschichtskritiker, den Nihilisten und asozialen (oder auch: anti-sozialen) poéte maudit, bis hin zum „Genealogen des Anti-Humanitarismus" (Wiemer 1997), sind Ausfluss des nach wie vor beträchtlichen Verstörungspotentials eines Werkes, das in seiner Maßlosigkeit in jeder Hinsicht inkommensurabel bleibt. Sie verdanken sich in nicht unerheblichem Maße aber auch der antibürgerlichen Attitüde seines Verfassers, der auf den „Eclat" (Grabbe, HKA 5, 169; Brief Grabbes an Georg Ferdinand Kettembeil vom 12.7.1827), das Nicht-Konforme, Regelwidrige, Anarchische, aber auch Genialische als Mittel zur Selbstpositionierung im sich entwickelnden Literaturmarkt setzte.

Grabbe, *Herzog Theodor von Gothland*

Bereits mit seinem dramatischen Erstling *Herzog Theodor von Gothland*, 1822 abgeschlossen, aber erst 1827 veröffentlicht, erweist Grabbe sich als einer der scharfsinnigsten Analytiker der Leere im politisch ruhig gestellten Deutschland der 1820er und 1830er Jahre. Dramaturgisch noch eng an das Schicksalsdrama angelehnt, beeinflusst zugleich von der Dramatik des frühen Shakespeare (*The Most Lamentable Romaine Tragedie of Titus Andronicus*) und des Sturm und Drang, ist Grabbes dramatischer Erstling ein künstlerischer Amoklauf gegen das idealistische Welt- und Menschenbild (vgl. Kutzmutz 1995; Vaßen 1996; Eke 2001) – und zugleich gegen die Konventionen des zeitgenössischen Theaters. Mitten in der politischen Windstille nach dem Wiener Kongress und der Gründung des Deutschen Bundes reißt der Student Grabbe mit dieser pseudohistorischen Tragödie nicht allein der Illusion einer Kultur der menschlichen Versöhnung die Maske des ‚schönen' Scheins vom Gesicht; zugleich damit verabschiedet er auch deren ästhetisches Äquivalent: die klassisch-idealistische Kunstdoktrin der Einheit von Moral, Wahrheit und Kunstschönem.

In *Herzog Theodor von Gothland* entwirft Grabbe ein Theater unendlicher Schrecken, in dem der Hass regiert. In seinem Zentrum steht der ursprünglich als Sklave aus „Äthiopien" verschleppte, nun als Heerführer und Oberpriester der ‚asiatischen' Finnen gegen das christlich-europäische Schweden Krieg führende buchstäblich ‚schwarze Mann' Berdoa, der mit dem Geschlecht der Gothlands die gehegte, d. h. durch Regeln (Recht und

Gesetz) geordnete ‚schwedisch'-europäische Welt in einen Taumel der Vernichtung reißt. Berdoa ist eine Figur der Alterität; erbarmungslos rächt er seine Erniedrigung zum Sklaven (Nichtmenschen) an dem schwedischen Herzog Theodor von Gothland als dem „Größten / Der Europäer" (Grabbe, HKA 1, 20) und als solchem idealtypischen Repräsentanten der weißen ‚Herren'-Rasse, die dem ‚schwarzen' Afrikaner das Menschsein (im emphatischen Sinne der Aufklärung) abgesprochen und ihn zur Natur-Bestie erklärt hat. Dabei bricht mit Berdoa nicht etwa die besiegte Natur, das Chaotisch-Irrationale und Regellose *von außen* in die wohlgeordnete Welt der Vernunft, das ‚wilde' Afrika in den europäischen Ordnungskosmos ein, wo (nach eigener Einschätzung Gothlands) „schon der Mensch zum Menschen ist geworden" (Grabbe, HKA 1, 32). Die Auflösung erfolgt vielmehr *von innen*: dramaturgisch angelegt als Freisetzung der sorgsam eingehegten ‚Tierheit' des Menschen. Berdoas Intrigenhandeln errichtet nicht die Herrschaft des fremden und fernstehenden Bösen in der Welt, sondern bringt das unter der Oberfläche der Kultur sorgsam versteckt gehaltene destruktive Gewalt- und Vernichtungspotential der schwedisch-abendländischen Gesellschaft zur Implosion.

Das Schreckensszenario des *Gothland*-Dramas ist dramaturgisch noch roh, lässt aber schon den Dramatiker der Geschichte Grabbe zu erkennen, der in Stücken wie *Marius und Sulla* (1827), *Napoleon oder die hundert Tage* (1831), *Hannibal* (1835), und *Die Hermannsschlacht* (1836) immer wieder aufs Neue in ganz eigentümlicher Weise Größe, Souveränität und Freiheit als Themen zur Diskussion stellt. Indem Grabbe der bestialisierten Welt anstatt des Wunschbildes vom *Menschen* nur noch das Zerrbild des *Unmenschen* entgegenhält, erweist er sich bereits hier als einer der Vor-Denker jener ‚schwarzen' Moderne, die der fehlgeleiteten bürgerlichen Aufklärung eine kalte Negativität als Gegenprinzip offeriert wird: das Böse, den Hass, das Irrationale. Überhaupt gehen Politik/Macht und (bürgerliche) Moral in der Figurenkonzeption von Grabbes Geschichtsdramen keine ‚natürliche' Verbindung mehr ein. Selbstbestimmung, Autonomie und Freiheit realisieren sich in Grabbes Dramen allein außerhalb der Grenzen der Moral; in den nach 1830 entstandenen Stücken nicht einmal mehr dort. Hatte das zurückliegende Jahrhundert der bürgerlichen Aufklärung Fortschritt noch *moralisch* begründet, Modernisierung als Moralisierung verstanden und Politik (als Vehikel eines von der Aufklärung des Verstandes geleiteten allgemeinen Humanisierungskonzeptes) damit zugleich unmittelbar an die Vorstellung sittlichen Handelns herangeführt, konstituieren Grabbes Helden historische ‚Größe' im verfügenden Zugriff auf die Körperwelt in einem von ethischen und moralischen ‚Zumutungen' freien Raum.

Die Amoralität der Grabbe'schen Helden ist genuiner Bestandteil dieser Größenkonzeption: Sie folgt dem Gestus der Überschreitung (von Grenzen, Zwängen und Konventionen). Viele von Grabbes Figuren sind so überlebensgroß in ihrem Heroismus, in ihrer Amoralität, in ihrer Grausamkeit, in ihrer Bejahung des Todes (vgl. weiterführend u.a. Schneider 1973; Busse 1986). Sie erfüllen damit gemessen an der von Grabbe beklagten Kleinheit

Größen-konzeptionen

der sozialen, politischen und kulturellen Verhältnisse der Restaurationszeit die Funktion eines Gegenentwurfs. Heroische ‚Größe' ist im Drama Grabbes als Denkfigur so wirkungsstrategisch ausgelegt als Einspruch gegen das Abgemattete, Banale und Ereignislose der Zeit.

Grabbe, Marius und Sulla

Prototyp dieser amoralischen ‚Größen'-Figuren des Wider- und Einspruchs ist vor allem der bedenkenlos über Leichenberge hinweg seine politischen Ziele, die ‚Reinigung' der „Zeit von ihren Auswüchsen" (Grabbe, HKA 1, 393), ansteuernde römische Feldherr Sulla in dem Dramenfragment *Marius und Sulla*. Sulla ist der Repräsentant einer autoritären, auf das Führerprinzip und die Verachtung der Massen zugeschnittenen Ordnungs-Utopie, zugleich aber auch eine Figur des Übergangs. Zwar hebt das Stück die für das Charakterprofil der Grabbe'schen Ausnahme-Helden konstitutive Amoralität tendenziell im geschichtlich Notwendigen auf; im zweckrationalen Handeln des herz- und mitleidlosen Machtpolitikers Sulla aber, der mit den Mitteln des Schreckens die Anarchie im Staate bekämpft, „um dann desto sicherer das Bessere wieder aufrichten zu können" (Grabbe, HKA 1, 393), schärfen sich so bereits auch die Konturen der Trennung von Politik und Moral in ihrem modernen Zuschnitt. Dem von seinem Gegner Marius, dem Repräsentanten eines greisen Heroentums, entfesselten Bürgerkrieg tritt in Gestalt des „Schlaukopf[s]" (Grabbe, HKA 1, 348) Sulla die regulierende Ordnungsmacht der zweckrationalen Vernunft entgegen, die den Teufel mit dem Beelzebub austreibt. Als „einer von den großen Ärzten / Der Menschheit" ertränkt er den Aufstand des zurück an die Macht drängenden „*alte[n]* Weltbeherrscher[s]" (Grabbe, HKA 1, 343; Hervorhebung N.O.E.) Marius regelrecht im Blut: (regulierte) Gewalt exorziert (anarchische) Gewalt (vgl. Kopp 1986, 38). Der Titel *Marius und Sulla* legt auf den ersten Blick den Geschichtsprozess dabei auf eine Alternative hin fest. Zwei konträre Prinzipien scheinen in den titelgebenden Figuren enggeführt, von denen das eine dem anderen als dem vermeintlich moderneren unterliegen wird. Souverän in seiner Befähigung zur rationalen Kalkulierung seiner Mittel, tritt Sulla einem von seinen Leidenschaften regierten Kontrahenten entgegen, an dessen Beispiel Grabbe die Verselbständigung der Gewalt, ihre Loslösung von den primären politischen und historischen Zielen exemplifiziert. Unter der Oberfläche dieses Konfliktschemas entfaltet das Drama aber das letzte Gefecht zweier Repräsentanten eines gleichermaßen ‚übermenschlichen', damit zugleich asozialen Heroentums, die sich wechselseitig liquidieren – im Falle Sullas, der am Ende seinen Gegenspieler verloren hat, mit verzögerter (Langzeit-)Wirkung – und einem neuen Pragmatismus das Feld räumen, der in der glanzlosen (unheroischen) Leere der Restaurationszeit als „Realpolitik" auftritt. Die Titelkonjunktion („Marius *und* Sulla") betont letztlich das Gemeinsame der Figuren. Beide agieren gleichsam von einem historischen Sockel herab: als Standbilder vergangener Größe – mit dem einen Unterschied allerdings, dass der Sockel, auf dem Marius steht, bereits zu Beginn des Dramas bröckelt. Während Sulla mit kühlem Kopf das ihm „Mögliche" tut – und erreicht –, zeigt das Monument des siebenmaligen Konsuls Marius Risse schon, bevor er selbst sich den Untergang bereitet. Immerhin führt Grabbe den „*alte[n]* Riese[n]" (Grabbe, HKA 1, 353) gleich zu Beginn seines Dramas vor in Abhängigkeit von ihm als Person nicht mehr zugänglichen historischen Faktoren (Kutzmutz 1995, 71). Sulla wiederum hat am (von Grabbe nur noch skizzierten) Ende als „Diktator Perpetuus" eine unumschränkte Machtposition erreicht. Er ist *„Herr der Welt"* (Grabbe, HKA 1, 408) – und tritt ab. In dem Moment, in dem er den Gipfel der Macht erklommen hat, verliert er die Möglichkeit der Spiegelung im anderen (ähnlich geht es Grabbes Heinrich VI., der seinen gleichrangigen Gegner verloren hat).

Mit Sullas souveräner Selbstabdankung deutet sich an, was in Grabbes späteren Werken explizit zum Gegenstand wird: die Erkenntnis der Ir-Realität des Heroischen in der ‚bleiernen Zeit' der auf den Wiener Kongress folgenden Restauration. Die nach der Juli-Revolution entstandenen Dramen Grabbes führen das Konzept des ‚großen Ichs' so an sein Ende. Hannibal, der Held des gleichnamigen Dramas, scheitert mit seinen hochfliegenden Plänen am mangelnden politischen Weitblick und dem kleinlichen Egoismus, dem ‚Krämergeist', der karthagischen Führungsschicht, die dem autoritären modernen Ordnungsstaat Roms nichts mehr entgegenzusetzen hat. Und der verbannte Napoleon, der von Elba aus noch einmal zur Eroberung von Macht und Glanz aufbricht, darf in *Napoleon oder die hundert Tage*s zwar noch einmal den Anspruch absoluter Selbstbestimmung verkünden („Ich bin Ich, das heißt Napoleon Bonaparte, der sich in zwei Jahren Selbst schuf"; Grabbe, HKA 2, 390), als Spielfigur seines Geschichtsdramas aber ist der auf dem Schlachtfeld von Belle Alliance endgültig besiegte Imperator lediglich noch das Objekt einer zwiespältigen Erinnerung an das alte Größenkonzept.

Mit der epischen Überformung des klassischen fünfaktigen Dramenaufbaus, den ausgedehnten Massenszenen, insbesondere mit seinen ausgeklügelten Schlachtchoreographien, betritt Grabbe in diesem für die Entwicklung des Geschichtsdramas wegweisenden Drama Neuland im Dienst des Realismus (und nicht etwa im Dienst der Kriegsdarstellung auf dem Theater). Schall und Rauch verwandeln das Theater zum akustischen und optischen Schlachtfeld, zum sinnlichen Erfahrungsraum der Polyphonie des Krieges, womit Grabbe das symbolische Wesen der Kunst suspendiert (Wiemer 1997, 98). Zugleich arbeitet Grabbe, der anfangs noch große Hoffnungen in die Juli-Revolution als Fanal zum Ausbruch aus der Stagnation der restaurativen Verhältnisse gesetzt hatte, sich mit *Napoleon oder die hundert Tage* nicht nur am Mythos einer revolutionären Sinnstiftung ab, wie sie sich für nicht wenige seiner Zeitgenossen nur wenige Jahre nach den Befreiungskriegen wieder mit der Person Napoleons verbunden hat. Er schreibt sich mit seinem Stück einmal mehr auch aus dem geschichtsphilosophischen Kontext des deutschen Idealismus heraus, verweigert die ästhetische Ausformung einer stringenten Geschichtskonzeption und stellt Geschichte unter das Vorzeichen eines naturhaften Prozesses, innerhalb dessen Augenblicke scheinbar sinnhaft erfüllten (heroischen) Handelns zwar die Kreisbewegung der Geschichte an-, diese aber nicht in eine lineare Bewegungsrichtung austreiben. Der

Das Ende des ‚großen Ichs'

‚barocke' Schluss von Grabbes letztem Stück *Die Hermannsschlacht* verwandelt Geschichte in dieser Hinsicht konsequent zurück zum Schauplatz des Zufalls, wenn Grabbe hier den (wie sein Reich als Geschichtsmacht) hinfälligen Augustus im Ton des Einverständnisses die Komödienhaftigkeit der menschlichen Existenz zum Ausdruck bringen lässt. Fern in Germanien verschwindet der Sieger der ‚Varusschlacht' Hermann mit einem halb erstaunten, halb resignierten Kleistschen „Ach" (Grabbe, HKA 3, 377) von der Bühne der Geschichte, als er mit seiner Vision der ‚großen' (geeinten) Nation politisch an der Trägheit und dem mangelnden historischen Weitblick der Massen scheitert; hier in Rom präsentiert sich der unterlegene (und sterbende) Kaiser der staunenden Öffentlichkeit (seiner Familie) als Schauspieler, der seine Rolle ausgespielt hat und nun abtreten muss von der Bühne der Geschichte, auf der andere die Komödie fortsetzen werden.

Bedeutung des Volks | Weder hier noch an anderer Stelle seines Werkes hat Grabbe einen Blick für das Volk, auch wenn er bei der dramaturgischen Gestaltung von Volksszenen eine wichtige Vorreiterrolle gespielt hat. Die Vorstellung, dass es als geschichtsmächtiges Subjekt an die Stelle des aus der Zeit gefallenen singulären Helden-Subjekts würde treten können ist ihm ebenso fremd, wie diejenige, dass es für das titanische Ausnahmesubjekt Objekt fürsorglicher Zuwendung sein könnte. Allenfalls setzen Grabbes Dramen (wie in *Marius und Sulla*) die Idee der autoritär geeinten ‚Volks'-Gemeinschaft in Szene. Das privatfamiliale Modell der Staats-Familie mit dem ‚guten' Vater-Fürsten als einem durch Machtbefugnis, Milde und Menschlichkeit ausgezeichneten Repräsentanten eines geläuterten (aufgeklärten) Absolutismus im Zentrum, von dem aus das bürgerliche Drama noch wenige Jahre zuvor seine Reformkonzepte entwickelt hatte, ist in Grabbes Drama verwandelt von hier aus zum imperialen Führer-Gefolgschafts-Prinzip. Dessen konsequentester Ausdruck wiederum ist das auf Unterordnung und Gehorsam gegründete soldatische Kollektiv mit dem Befehlshaber an der Spitze, das im Drama Grabbes als sozialer Gegenentwurf zum kleinlichen Partikularismus der bürgerlichen Gesellschaft in Erscheinung tritt (vgl. Schröder 1994b, 157; Schneider 1973, 290). Dabei verschmilzt der ‚große' Einzelne im soldatisch-heroischen Kollektiv idealerweise mit den Vielen zum uniformen Kampf-Körper.

Der Blick Grabbes auf das einfache Volk ist imprägniert mit Verachtung. Das unterscheidet Grabbe von Büchner, der in der Konsequenz der Einsicht in das „Verhältnis zwischen Armen und Reichen" als dem „einzige[n] revolutionäre[n] Element in der Welt" (MBA 10/1, 71; Brief Büchners an Karl Gutzkow von Anfang September 1835) in der kurzen Zeitspanne seines Lebens den Schritt von der politischen Reflexion zur sozialrevolutionären Büchner, | Agitation und von hier aus zur Literatur gegangen ist. *Dantons Tod*, fertigge-*Dantons Tod* | stellt in nur wenigen Wochen im Spätjahr 1834 in Darmstadt, ist das erste Ergebnis einer Krise, in die Büchner das Scheitern des „Landboten"-Projekts gestürzt hatte. Rigoros bricht Büchner in diesem Stück, das wechselseitig die Ereignisse des Jahres 1794 in Frankreich und die Situation des Jahres 1834 in den deutschen Ländern miteinander verspiegelt, mit allen revolutionären Illusionen. Zugleich damit ist *Dantons Tod* Exempel einer von

Büchner erprobten neuen „Ästhetik des Widerspruchs" (Knapp ³2000, 25) in der Collagierung vorgefertigten Wirklichkeitsmaterials (Quellen und Vorlagen) mit eigenen Erfindungen zu einem neuen Typus des Geschichtsdramas. Dass sich in *Dantons Tod* zwei ästhetische Wahrnehmungsmuster – die Weltgeschichte als Tragödie und als Narrenspiel – überschneiden, gehört ebenso zu dieser „Ästhetik des Widerspruchs" wie die Verschmelzung von Komischem und Tragischem oder das unaufgelöste Nebeneinander einer Vorstellung von Geschichte als naturwüchsigem Prozess und einer von Geschichte als interaktivem Entscheidungs- und Handlungsprozess (Müller 1988, 81).

Vor allem Adolphe Thiers zehnbändige *Histoire de la Révolution française* (1823–1827) und die sechsunddreißigbändige Kompilation *Unsere Zeit, oder geschichtliche Uebersicht der merkwürdigsten Ereignisse von 1789–1830* (1826–1830) haben Büchner als Materialreservoir für sein Stück gedient, das die Auseinandersetzung zwischen den beiden Revolutionsführern Danton und Robespierre in der Phase des Niedergangs der Jakobinerherrschaft nutzt für eine Auseinandersetzung mit den Möglichkeiten und Perspektiven der Revolution. Geschichte erscheint in *Dantons Tod* als begrifflich nicht auflösbare Verklammerung von subjektiven Möglichkeiten und ihrer Verweigerung. Unversöhnlich stoßen in *Dantons Tod* die Positionen innerhalb des Lagers der bürgerlichen Revolution(äre) aufeinander: zum einen der Libertinismus (oder besser: Hedonismus) des ‚Aussteigers' Danton, dessen Energie sich erschöpft hat, der sich müde gekämpft hat in den Blutbädern der Revolution und der die Politik nicht mehr ertragen kann; zum anderen der schwärmerische Totalitarismus eines Robespierre, der über seinen asketischen Tugendrigorismus das Ziel der Revolution an die Mittel zu seiner Durchsetzung verliert.

Eine einfache, Sympathien eindeutig verteilende Sicht auf die Figuren griffe zu kurz angesichts der komplexen Konfliktmodellierung in Büchners Stück über das Sterben der Revolutionäre. Sie bietet mehr als eine auf das Ende der Titelfigur hin gespannte Kollision unversöhnlicher Grundprinzipien – hier des mit dem Gemeinwohl legitimierten Brutalismus der Partei Robespierres und der Selbstsorge der Dantonisten. Weder verhilft Büchners Danton-Figur allein einem melancholischen Hedonismus zur Bühnenpräsenz noch die Figur Robespierre allein einer terroristischen Erbarmungslosigkeit. So wie Danton mit dem Programm der individuellen Selbstentfaltung in den Grenzen des allgemeinen Sittengesetzes den angestammten Rechten des Körpers (Glück, Genuss) zur Sprache verhilft – *und durch deren Vereinseitigung die soziale Revolution verrät* –, so verhärtet sich Robespierres Tugendrigorismus zu Selbstgerechtigkeit und Menschenverachtung – *womit er seinerseits die humanen Ziele der Revolution verrät*. Im Übrigen erkennen weder Danton und seine Anhänger noch Robespierre und sein Lager, von ganz wenigen Ausnahmen (Lacroix) abgesehen, ihre jeweils eigenen Beschränktheiten, ändert doch weder das Handeln der einen noch der anderen etwas am Hunger als dem drängendsten Problem der Zeit, in dem Büchner selbst seinerseits die Revolutionsfrage zentriert hat. Während

Konfliktmodellierung

die Dantonisten in letzter Konsequenz über das materielle Elend hinwegsehen, speisen die Robespierristen das hungernde Volk buchstäblich mit Ideologie ab. Wo die einen, Danton und seine Anhänger, die Idee dem Leben (oder dem, was sie dafür halten) zum Opfer bringen, opfern die anderen, Robespierre und seine Anhänger, der Idee das Leben (in erster Linie einmal dasjenige der anderen). Gemeinsam allerdings bilden die verfeindeten ‚Brüder' Danton und Robespierre eine dialektische Einheit, in deren Aufspaltung in gegensätzliche und in dieser Gegensätzlichkeit verabsolutierte Standpunkte Büchner die Aporien der Revolution verbildlicht: den fortdauernden *Krieg* zwischen Ideen/Ideologien und Praxis/Politik.

Fortschrittsskepsis   Diese Konfliktmodellierung verabschiedet nun nicht etwa nihilistisch das Projekt der Revolution als solches, sondern kritisiert vielmehr mit der Beschreibung der stecken gebliebenen bürgerlichen Revolution die in den dreißiger Jahren des 19. Jahrhunderts wieder verstärkte Projektion säkularisierter Heilserwartungen auf die Französische Revolution und damit zugleich das aufklärerische Fortschrittskonzept des Bürgertums. Gegensatzbild der bürgerlichen Revolutionsprojektion, die Gleichheit nur im negativen Rahmen einer juristisch verbrämten Gewalt geschaffen hat, bleibt für Büchner so die allgemeine und soziale Revolution, für deren Durchsetzung die historischen Bedingungen noch nicht hinreichend entwickelt waren. So taugt auch bei ihm das Volk in dieser Hinsicht nicht zur Projektionsfläche eines revolutionär codierten Erlösungsdenkens. Die Erkenntnis der eigenen Misere führt in seinem Fall nicht über eine anarchische Gegengewalt hinaus zur politischen Praxis im eigentlichen Sinne. Erlösung ist weder von der Masse (vom Volk) noch vom ‚großen' Einzelnen zu erwarten.

So ist in *Dantons Tod* das Verständnis von Identität, das sich im 18. Jahrhundert in der Fluchtlinie der evolutionären Versprechen der Vernunft herausgebildet hat, auch deutlich bereits der Erfahrung temporaler A-Identität gewichen. Danton verfügt nicht mehr über die Zukunft; d. h.: ihm gelingt es nicht mehr, zeitsouverän zu agieren und die (seine) Gegenwart in einen linear offenen Zukunftshorizont einzustellen: „Will denn die Uhr nicht ruhen? Mit jedem Picken schiebt sie die Wände enger um mich, bis sie so eng sind wie ein Sarg." (MBA 3/2, 70) Was ihm bleibt, ist allein noch der Zeitverbrauch im Genuss als dem Surrogat einer beherrschbaren Zukunft (vgl. Bravin 2012, 146 f.; Eke 2012b). Auf die projektive Kampfansage Camilles „Du wirst den Angriff im Konvent machen" antwortet er in der Eingangsszene des Stücks so mit einer leeren Konjugation der „futurischen Intention" (Niehoff 1991, 69):

> DANTON. Ich werde, du wirst, er wird. Wenn wir bis dahin noch leben, sagen die alten Weiber. Nach einer Stunde werden 60 Minuten verflossen seyn. Nicht wahr mein Junge?
> CAMILLE. Was soll das hier? das versteht sich von selbst.
> DANTON. Oh, es versteht sich Alles von selbst. Wer soll denn all die schönen Dinge ins Werk setzen?
> PHILIPPEAU. Wir und die ehrlichen Leute.

DANTON. Das *und* dazwischen ist ein langes Wort, es hält uns ein wenig weit auseinander, die Strecke ist lang, die Ehrlichkeit verliert den Athem eh wir zusammen kommen. Und wenn auch! – den ehrlichen Leuten kann man Geld leihen,
man kann bey ihnen Gevatter stehn und seine Töchter an sie verheirathen, aber
das ist Alles!
(MBA 3/2, 7)

Damit öffnet sich gleich zu Beginn des Stücks ein Abgrund, den Büchner
bis zum Schluss nicht mehr schließt – auch dort nicht, wo die Akteure für
sich die Identität von Handeln/Politik und Zeit/Geschichte behaupten, wie
dies in der großen Rede der Fall ist, die St. Just im zweiten Akt vor dem Konvent hält. Im Unterschied zu Danton allerdings, der die Revolution nur
noch als einen Prozess wahrzunehmen in der Lage ist, „dessen Gesetze sich
gleichsam hinter dem Rücken der Individuen durchsetzen" (Schwarz 1993,
214 f.), der von Politik nichts mehr wissen will („Will denn das nie aufhö-
ren?"; MBA 3/2, 40), im Unterschied letztlich auch zu Robespierre, der sich
selbst unheimlich geworden ist („Ich weiß nicht, was in mir das Andere
belügt."; MBA 3/2, 27), ist St. Just noch ganz bei sich in dem Bemühen darum, Zukunft aus der Dynamisierung der Lebensverhältnisse abzuleiten und
das Blutvergießen als Motor kultureller Transformation zu legitimieren.
Gewalt/Terror kürzt in seinem Verständnis lediglich einen in langen Zeiträumen rechnenden Entwicklungsprozess ab und verknüpft die Gegenwart mit
der Zukunft:

Ich frage nun: soll die moralische Natur in ihren Revolutionen mehr Rücksicht nehmen, als die physische? Soll eine Idee nicht eben so gut wie ein Gesetz der Physik,
vernichten dürfen, was sich ihr widersezt? Soll überhaupt ein Ereigniß, was die ganze Gestaltung der moralischen Natur d.h. der Menschheit umändert, nicht durch
Blut gehen dürfen? Der Weltgeist bedient sich in der geistigen Sphäre unserer Arme
eben so, wie er in der physischen Vulcane oder Wasserfluthen gebraucht. Was liegt
daran ob sie nun an einer Seuche oder an der Revolution sterben? –
Die Schritte der Menschheit sind langsam, man kann sie nur nach Jahrhunderten
zählen, hinter jedem erheben sich die Gräber von Generationen. Das Gelangen zu
den einfachsten Erfindungen und Grundsätzen hat Millionen das Leben gekostet,
die auf dem Wege starben. Ist es denn nicht einfach, daß zu einer Zeit, wo der Gang
der Geschichte rascher ist, auch mehr Menschen außer Athem kommen?
(MBA 3/2, 46)

St. Just argumentiert an dieser Stelle mit einem negativen Naturbegriff, der
es ihm ermöglicht, im Rückgriff auf ein zyklentheoretisches Transformati-
onsmodell und unter Absehung vom Menschen Gewalt als Beschleuni-
gungsmodus der Geschichte und Fortschrittsprinzip mit dem Bewegungs-
prinzip der Natur zu identifizieren. Revolution, so erklärt er dem Konvent,
sei „nicht grausamer [...] als die Natur und als die Zeit"; die Natur als solche folge „ruhig und unwiderstehlich ihren Gesetzen, der Mensch wird vernichtet, wo er mit ihnen in Conflict kommt". (MBA 3/2, 45) Die „Dissozia-
tion von Lebenszeit und Weltzeit" (Blumenberg 1986, 239 f.) erscheint hier
geradezu als Grundlage der Zukunftsdimension des Fortschritts: Geschichte

findet statt jenseits des Menschen. Von diesem Antihumanitarismus aus kommt dem Traum von der Stillstellung der Zeit, den Büchner Camilles Frau Lucille formulieren lässt, eine eminent politische Bedeutung zu: als Utopie der Rettung des Lebens (der Gegenwart) vor der Zukunft:

> Es darf ja Alles leben, Alles, die kleine Mücke da, – der Vogel. Warum denn er nicht? Der Strom des Lebens müßte stocken, wenn nur der eine Tropfen verschüttet würde. Die Erde müßte eine Wunde bekommen von dem Streich.
> Es regt sich Alles, die Uhren gehen, die Glocken schlagen, die Leute laufen, das Wasser rinnt und so so Alles weiter bis da, dahin – nein! es darf nicht geschehen, nein – ich will mich auf den Boden setzen und schreien, daß erschrocken Alles stehn bleibt, Alles stockt, sich nichts mehr regt.
> (MBA 3/2, 80)

Büchner, *Woyzeck* Gegenstück zu diesem kaltem Blick in den Maschinenraum der Geschichte ist die Bestandsaufnahme der sozialen Wirklichkeit in dem Fragment gebliebenen Drama *Woyzeck,* in dem Büchner mit dem nüchternen Realismus seiner Darstellung des Volkslebens und der Auflösung der Literatursprachlichkeit der Dramenfigur dramatisches Neuland betritt. *Woyzeck* ist die Probe aufs Exempel des in der Novelle *Lenz* der Titelfigur in den Mund gelegten ästhetischen Programms. „Man versuche es einmal", so Büchners Dichterfigur, „und senke sich in das Leben des Geringsten und gebe es wieder, in den Zuckungen, den Andeutungen, dem ganzen feinen, kaum bemerkten Mienenspiel [...] Man muß die Menschheit lieben, um in das eigenthümliche Wesen jedes einzudringen, es darf einem keiner zu gering, keiner zu häßlich seyn, erst dann kann man sie verstehen". (MBA 5, 37f.)

Thema des Dramas ist die ‚Not der Welt', die Büchner in einem Neujahrsbrief an die Eltern 1836 in bitteren Worten beschwört: „Ich komme vom Christkindelsmarkt, überall Haufen zerlumpter, frierender Kinder, die mit aufgerissenen Augen und traurigen Gesichtern vor den Herrlichkeiten aus Wasser und Mehl, Dreck und Goldpapier standen. Der Gedanke, daß für die meisten Menschen auch die armseligsten Genüsse und Freuden unerreichbare Kostbarkeiten sind, machte mich sehr bitter." (MBA 10/1, 79)

Büchners Hauptfigur, der Infanteriesoldat Franz Woyzeck, ist einer der „Geringsten", deren Schicksal im Drama bis dahin weitgehend hinter dem Geschick der ‚Großen' verborgen geblieben war. Drückende Armut und körperliche Ausbeutung sind seine Existenzbedingungen. Woyzeck ruiniert sich (das Leben), um sich das Leben zu erhalten. Neben seinen militärischen Pflichten und Nebenbeschäftigungen, unter anderem als Bursche seines Hauptmanns, verdingt der von Halluzinationen und Fieberphantasien gehetzte ‚gemeine' Soldat sich zu medizinischen Forschungszwecken, nur um seine Geliebte Marie und das gemeinsame Kind zu ernähren; zu einer Heirat reicht es nicht. Während der Hauptmann über zu viel Zeit verfügt, was ihm Vorkehrungen zur Beherrschung der furchteinflößenden Erfahrung der Leere als der eigentlichen (innerlichen) Logik des Fortschritts abverlangt, hat der Infanteriesoldat Woyzeck buchstäblich keine Zeit. Die Unmöglichkeit einer angemessenen Subsistenzsicherung treibt ihn ohne Rast voran.

Was den in das System einer militärischen ‚Leibeigenschaft' eingepressten, von der lauernden Jovialität seines Hauptmanns gedemütigten und dem menschenverachtenden Zynismus des ihn für seine Experimente missbrauchenden Doktors physisch zugrunde gerichteten Woyzeck schließlich endgültig zerstört, ist dann die Untreue Maries, die den Verführungskünsten eines eitlen Tambourmajors erliegt. Woyzeck verliert das Bewusstsein, sprich die Kontrolle, und ersticht die Geliebte.

Durch die Figuren des Hauptmanns und des Doktors zeigt Büchner die Soziale Misere Begründung des Verbrechens in der sozialen Misere. Beide fungieren innerhalb des Fragments als Repräsentanten der staatstragenden Institutionen und als Agenten einer auf Gewalt aufgebauten Gesellschaft: hier das Militär, das den einfachen Soldaten abrichtet wie ein Tier; dort die Wissenschaft, die den Armen nur als Objekt wissenschaftlicher Erkenntnis betrachtet und ihn so gleichermaßen in seinem Menschsein negiert. Nüchtern seziert Büchner in den Figurenkonstellationen Hauptmann – Woyzeck bzw. Doktor – Woyzeck sowie in der Dreieckskonstellation Woyzeck – Marie – Tambourmajor von hier aus das System sozialer Abhängigkeits- und Gewaltverhältnisse ebenso wie die psychosozialen Voraussetzungen der Tat; zugleich diskutiert er am Beispielfall des systematisch von den verschiedenen gesellschaftlichen Instanzen zugrunde gerichteten Paupers Woyzeck den Grundkonflikt zwischen Freiheit und Notwendigkeit bzw. individuellem Freiheitsanspruch und gesellschaftlichen Determinationen.

Büchners *Woyzeck*-Entwürfe (von einem ‚Stück' im eigentlichen Sinne zu sprechen, verbietet sich aufgrund des schlechten Zustands der Manuskripte) sind, gemessen an der Realität der Theaterverhältnisse im Vormärz, ‚unerhört' – nicht allein, was ihren Inhalt, die Geschichte eines am Rand der Gesellschaft vegetierenden Mörders, und den kalten Blick auf eine mitleidlose Welt ohne Ausblick auf Versöhnung betrifft. *Woyzek* bedeutet für das 19. Jahrhundert eine Geschmacksverletzung vor allem auch was seine Form angeht: hinsichtlich der Abfolge kurzer, abgerissen und gedrängt wirkender Szenen, hinsichtlich der Übersteigerung der Realität ins Sur-Reale grotesker Überbietungen, hinsichtlich der Typisierung von Figuren des ‚höheren' Standes, nicht zuletzt hinsichtlich der Verknappungen der aus dem Alltag geschöpften, ungeschminkt realistischen Sprache bzw. des sprachlichen Ausdrucks. Dass diese folgenreichen Innovationen in der Grundentscheidung für die Mittelpunktsfigur des ‚Geringen' begründet liegen, hat die Büchner-Forschung ohne Abstriche anerkannt: „Woyzeck steht von Anfang an tief unten, ein an sich undramatischer ‚Held' ohne die mindeste statusgebene ‚tragische Fallhöhe', derer die Katharsis auslösende Wirkung bedarf. Für ihn, den ‚underdog', mußte die Tragödie, das Drama überhaupt, erst neu erfunden werden." (MBA 2, 740)

VI. Der Realismus und die Realität auf dem Theater. Drama zwischen Nachmärz und Moderne

1. Die „Wiedergeburt der deutschen Poesie"

Richard Wagners
und Julian Schmidts
Kritik am Theater der
Zeit

1852 stellt Richard Wagner in seiner Schrift *Oper und Drama* dem zeitgenössischen Drama und Theater ein vernichtendes Zeugnis aus. Verloren gegangen sei dem modernen Drama in seiner „zwitterhaften, unnatürlichen Gestalt" (Wagner [6]o. J., 15) der szenische Reichtum eines Shakespeare; verloren gegangen sei die Theatralität seines Werks, der auch Tiecks Forderung zur „Wiederherstellung der Shakespeareschen Bühne mit dem Appell an die Phantasie für die Szene" (Wagner [6]o. J., 18) in Wagners Augen nicht habe aufhelfen können. In der Folge habe sich das Drama in zwei Richtungen entwickelt: in das Literaturdrama einerseits und das entsinnlichte, enttheatralisierte Reflexionsdrama andererseits. Die moderne Dramatik taumele zwischen der „antike[n] Kunstform" und dem „praktische[n] Roman unserer Zeit": „Wo sie aus der bloßen literarischen Dramatik sich zur Darstellung des Lebens anließ, ist sie, um szenisch wirkungsvoll und verständlich zu sein, immer in die Plattheit des dramatisierten bürgerlichen Romanes zurückgefallen, oder wollte sie einen höheren Lebensgehalt aussprechen, so sah sie sich genötigt, das falsche dramatische Federgewand allmählich immer wieder vollständig von sich abzustreifen, und als nackter sechs- oder neunbändiger Roman der bloßen Lektüre sich vorzustellen." (Wagner [6]o. J., 27 f.) Für Wagner folgt daraus die „eine bestimmte Wahrheit […]: *daß wir kein Drama haben und kein Drama haben können*; daß unser Literatur-Drama vom wirklichen Drama gerade so weit entfernt steht, als das Klavier vom symphonischen Gesang menschlicher Stimmen; daß wir im modernen Drama nur durch die ausgedachteste Vermittlung literarischer Mechanik zur Hervorbringung von Dichtkunst, wie auf dem Klaviere durch komplizierteste Vermittlung der technischen Mechanik zur Hervorbringung von Musik gelangen können, – das heißt aber – einer seelenlosen Dichtkunst, einer tonlosen Musik". (Wagner [6]o. J., 29)

Zwei Jahre zuvor hatte Julian Schmidt von anderer Seite her das Ende der alten Zeit in der Literatur dekretiert, die zumal von einer den Dilettantismus befördernden Vermischung von Politischem und Ästhetischem gekennzeichnet gewesen sei. Was es nun nach der für ihn inhalts- und prinzipienlosen bzw. forciert emphatischen Literatur der Restaurationszeit und der

Revolutionsjahre zu befördern gelte, so Schmidt in der Zeitschrift *Die Grenzboten*, sei die „Wiedergeburt der deutschen Poesie" (Schmidt 1850, 7). In einem Rückblick auf die „Geschichte der deutschen Literatur im 19. Jahrhundert" hat er zwar eingeräumt, im Vergleich mit dem in der Zeit vor 1848 vorherrschenden „Dilettantismus der Dramatiker" (Schmidt [2]1855, 123) habe die Dramatik zwar mittlerweile durchaus Fortschritte gemacht, nach wie vor aber bestünden gravierende Defizite:

> Die Theaterdichter der Restaurationszeit waren durchweg von idealistischen Motiven ausgegangen, das heißt, sie hatten sich ihre Bedürfnisse und Charaktere nach dem Maßstab ihrer Bedürfnisse ausgedacht. Die Zeit, die sie schilderten, war die poetische, das heißt, die charakterlose, welche der Willkür der dramatischen Erfindung keinen Widerstand entgegensetzte; und die Sache wurde nicht anders, wenn sie diese poetische Zeit durch ein angeblich historisches Costüm aufputzten. Diese Versuche mußten zuletzt scheitern, wenn sie auch im Anfang durch ihre Neuheit einen großen Reiz ausübten. [...] Die Nothwendigkeit einer veränderten Richtung haben unsere neueren Dramatiker richtig empfunden. Sie haben dem romantischen und classischen Idealismus entsagt und ihre poetischen Ideen auf das Studium der Wirklichkeit begründet. Wenn sie sich auch zuweilen noch in eine historische oder vorhistorische Zeit verirren, so liegt ihr eigentliches Interesse doch stets in den Fragen der Gegenwart. [...] Unsere Dichter haben zwar eine starke Anlage, den Zusammenhang der Welt realistisch, selbst materialistisch aufzufassen; sie sind nicht mehr resignirt, wie in früheren Tagen, sondern sie haben ein ausgesprochenes Bedürfniß nach den irdischen Freuden: aber ihre Lebenskunst ist noch immer von dem specifischen Dichtergefühl der Romantik angekränkelt; sie können die Wirklichkeit nicht schildern, weil sie dieselbe nicht kennen. Die meisten unserer Dichter führen nur ein Scheinleben.
> (Schmidt [2]1855, 125 f.)

Bei Wagners und Schmidts kritischen Einwürfen, so unterschiedlich sie in ihren Voraussetzungen auch sein mögen, handelt es sich keineswegs nur um die immer gleiche Klage über die Misere des Theaters, die die Gattungsgeschichte begleitet. Sie sind Indikatoren einer durchaus nicht ganz so einfach von der Hand zu weisenden ästhetischen Schwäche des Dramas nach der gescheiterten Märzrevolution, die – folgt man der zeitgenössischen Diskussion – politische Gründe hat. 1859 bestimmt Robert Prutz, der im Nachgang zu den Revolutionsjahren schon einmal vom Ende des Dramas als zeitgemäßer – und das heißt: für die Darstellung der Widersprüche und Konflikte der politisch veränderten Wirklichkeit tauglicher – Form gesprochen hatte (vgl. Prutz 1851, 701.), die politische Zäsur des Jahres 1849 so als zugleich ästhetische. „So viel Hoffnungen damals auch gescheitert [seien] und so viel Träume sich als nichtig erwiesen" hätten, so Prutz, „gründlicher, als die Niederlage, welche die Hoffnungen der Literatur damals erlitten, dürfte doch kein zweiter von den zahlreichen Schiffbrüchen gewesen sein, welche die Jahre Acht- und Neunundvierzig bezeichnen." (Prutz 1859, 14) Prutz konstatiert von hier aus nicht allein den Anbruch einer „neue[n] Epoche unseres nationalen Lebens und also auch unserer Literatur" (Prutz 1859, 28); er verbindet diese Epochenzäsur vielmehr auch mit

Nachmärz als ästhetische Zäsur

einem einschneidenden Funktionswandel der Literatur: Sie hätte ihre frühere Bedeutung als „kläglicher Nothbehelf für das mangelnde politische Interesse" (Prutz 1859, 63) und damit auch als politische Ersatzöffentlichkeit nach der gescheiterten Revolution nicht weiterführen können. Hier findet dann auch die augenfällige Mäßigung der Kritik in den fünfziger Jahren seiner Ansicht nach ihre Begründung. Peter Uwe Hohendahl hat am Beispiel der Literaturtheorie und -kritik nachgezeichnet, wie sich in den fünfziger Jahren dieser von Prutz behauptete Funktionswandel der Literatur niedergeschlagen hat in einer Veränderung des Politikbegriffs, der nun in entscheidender Weise an den realistischen Machtverhältnissen ausgerichtet wurde (Hohendahl 1985; 1993).

Veränderung des Politikbegriffs

Nun ist es keineswegs so, dass sich das Drama nach der Niederlage der Märzrevolution gänzlich aus der sozialen Wirklichkeit zurückgezogen hätte. Dagegen spricht allein schon die große Zahl derjenigen Dramen, die sich ab der Jahrhundertmitte mit den zurückliegenden Revolutionen – und vermittelt darüber mit der politischen Entwicklung in den deutschen Ländern im Nachmärz – auseinandergesetzt haben (Rudolf Gottschall: *Die Marseillaise*, 1849; *Lambertine von Mericourt*, 1850; Robert Griepenkerl: *Maximilian Robespierre*, 1850; *Die Girondisten*, 1852; Ferdinand von Heinemann: *Robespierre*, 1850; Ernst von Raupach: *Mirabeau*, 1850; Otto Ludwig: *Die Makkabäer*, 1852; Gustav Freytag: *Die Fabier*, 1859; Ferdinand Lasalle: *Franz von Sickingen*, 1859; Albert Brachvogel: *Der Usurpator*, 1860). Allerdings entwerfen die nachmärzlichen Revolutionsdramen Geschichte in augenfälliger Weise manichäisch: als Konflikt der enthusiastischen Repräsentanten einer Idee mit den als solchen negativ gezeichneten Vertretern letztlich verachtungswürdiger, selbstsüchtigen Intentionen folgender Ziele. Und sie stärken dabei den Glauben an die Aufhebung der politischen Widersprüche in einem sinnhaften Gesamtgang der Geschichte (vgl. Eke 1997, Kap 7). Diese Zurichtung des komplexen politischen Prozesses findet seinen Ausdruck wiederum in einer die Widersprüche zwischen Fortschritt und Restauration glättenden Äquivalentsetzung politischer Extreme (Jakobinismus/Anarchie – Absolutismus/Restauration).

In der Konsequenz der Veränderung des Politikbegriffs, wie er in der Bemerkung Robert Gisekes, jetzt sei „die Zeit der Vermittlung, des Kompromisses, das sich ein Verhältniß suchen zu den Thatsachen" (Giseke 1853, 82) in exemplarischen Weise Niederschlag gefunden hat, stehen Anpassungsprozesse der vormärzlichen Realismusprogramme an die Wirklichkeit. Hier haben zumal die dramentheoretischen und -praktischen Reformschriften Albert Brachvogels (*Theatralische Studien*, 1863), Rudolf Gottschalls (*Die Classiker als Nationaleigenthum*, 1867) und insbesondere Gustav Freytags (*Die Technik des Dramas*, 1863) ihren Ort innerhalb der Entwicklung der Gattung. Durchweg handelt es sich bei ihnen um normative Einlassungen zur Gattungsdiskussion, die mit der Vorstellung vom metaphysischen (und eben nicht empirischen) Charakter des Dramas als „Welt innerer Nothwendigkeit" (Hettner 1852, 110) operieren, die Gattung formal auf die ‚aristotelischen' Muster festlegen und von hier aus die Konzentration auf die

Idee sowie die Einheitlichkeit der von Charakteren getragenen Handlung und den Vers zumindest für die Tragödie hohen Stils fordern (vgl. beispielsweise Gottschall 1859). Hier setzen dann wiederum in den siebziger und achtziger Jahren des 19. Jahrhunderts die unterschiedlich gelagerten Versuche von Autoren wie Paul Heyse, Martin Greif, Ernst von Wildenbruch, Adolf Wilbrandt und Ferdinand von Saar zur Erneuerung insbesondere des Geschichtsdramas als Medium der Zeitanalyse und Zeitdarstellung an. Gerichtet ist dies ganz explizit gegen die ‚Entwürdigung' der Dramatik zu einer „streitlustig[en] und tendenzvoll[en]" ‚Verwertung' „gesellschaftliche[r] Verbildungen des wirklichen Lebens", der „Gewaltherrschaft der Reichen", der „gequälte[n] Lage Gedrückter" und der „Stellung der Armen, welche von der Gesellschaft fast nur Leiden empfangen" (Freytag [13]1922, 59).

Kehrseite dieser Entwicklung ist die politische Harmlosigkeit und ästhetische Belanglosigkeit tonangebender oder zumindest häufig inszenierter Stücke wie Albert Emil Brachvogels *Narciß* (1856), Salomon Hermann Mosenthals *Deborah* (1849) oder Gustav Gans zu Putlitz' *Das Testament des Großen Kurfürsten* (1858). Umgekehrt stieß ein heute weitgehend kanonisierter Autor wie Friedrich Hebbel, der in Dramen wie *Agnes Bernauer* (1852) den Konflikt aus der Kollision von subjektiven Interessen (individueller Selbstverwirklichung, Glück) und den Belangen des Staates oder wie in *Gyges und sein Ring* (1856) aus dem Widerspruch von Neu und Alt, Moderne und Tradition entwickelte, mit seinen Tragödien und Trauerspielen bei der zeitgenössischen Kritik auf teils massive Vorbehalte. Bereits 1848 hatte Ferdinand Kürnberger in einer Rezension über Hebbels Trauerspiel *Maria Magdalene* geschrieben, Hebbels „Naturalismus" führe „die Menschheit dahin zurück, wo keine Schuld ist, weil keine Scham, wo kein Ideal herrscht, weil das unverantwortliche, von der Natur fertige Subjekt" gelte, und überschreite damit „die Linie der Schönheit". (Kürnberger 1848, 338) Unter dieser „Schönheit" versteht Kürnberger die „moralische Wahrheit im Kunstwerke", die dann in Erscheinung trete, „wenn sie im Geiste der Versöhnung auftritt". In *Maria Magdalene* fehle diese, hier sei alles „schwarz, grau, cimmerisch, alles voll Kanten, Ecken und Dissonanzen, der menschlichen Natur ist in keinem Charakter ihr volles gutes Recht widerfahren". (Kürnberger 1848, 338)

Genau hier setzt auch Heinrich von Treitschkes Kritik an Hebbels „störrische[r] Abkehrung von allem Lebendigen der Zeit" (Treitschke 1860, 556) an. Hebbel, so Treitschke in einem 1860 erschienenen Porträt, entbehre „jedes Verständnisses der Geschichte" (Treitschke 1860, 555); überdies habe er „die hohe Schule des Dramatikers, den Wechselverkehr mit der Bühne verschmäht". (Treitschke 1860, 556) Das „Mißverständnis zwischen dem beabsichtigten Ideengehalte und der wirklichen lebendigen Kraft", sei „bei mehreren seiner Dramen so groß, daß wir geradezu den trostlosen Eindruck der Impotenz erhalten. Es bedarf eines klaren, unbeirrten Blickes, um die Vorwiegen der Reflexion bei Hebbel zu erkennen. Er haßt die Phrase, niemals tritt bei ihm der Verstand in der prosaischen Form sogenannter

Realismus und Idealismus

schöner Stellen hervor; aber bei aller realistischer Anschaulichkeit im Einzelnen läßt das Ganze kalt, erscheint als gemacht und geklügelt. Und so findet sich bei Hebbel, der nach dem edlen Ziele strebt, alles Geistige zu verleiblichen, das Zusammenfallen von Idee und Bild ebenso selten wie bei Klopstock, von dem ein altes treffendes Wort sagt, er habe alles Leibliche des Körpers entkleidet." (Treitschke 1860, 557)

In diesen Äußerungen spiegelt sich, was Edward McInnes als widersprüchliche Verbindung eines neuen „Wille[ns] zum Tatsächlich-Sozialen […] mit erneuten klassizistischen Bestrebungen" beschrieben hat (McInnes 1996, 363 f.). Zusammen gelesen mit Treitschkes Plädoyer für die ‚hohe' Tragödie, die „eine reine von der Misère alltäglichen Lebens gesäuberte Luft" verlange, „große Verhältnisse", „volle Zurechnung, individuelle Freiheit des Entschlusses der Handelnden" (Treitschke 1859, 119) (er entwickelt diese Kriterien in einer kritischen Besprechung von Otto Ludwigs 1850 uraufgeführtem Erfolgsdrama *Der Erbförster*), enthält diese Kritik so auch bereits wesentliche Programmpunkte realistischer Ästhetik, der die Überlegung zugrunde liegt, dass die Wirklichkeit viele ‚schöne' Aspekte bereithalte, wenn auch in ‚unverklärtem', ‚ungeläutertem' Zustand. Wo die (gerade erst aufgekommene) Photographie die Oberflächenwirklichkeit abbilde, befreie der in die Tiefe gehende Blick des „Geweihten" (des Künstlers) das jenseits der Oberfläche verborgene wesenhaft Schöne der Wirklichkeit. Entsprechend gelten die literarischen Anstrengungen des in den fünfziger Jahren nun tonangebenden programmatischen Realismus dem, was in idealer Gestalt dargestellt werden kann. Er erweist sich hier weniger als Zeitgenosse des sozialkritischen und psychologischen Realismus eines Dickens, Thackeray oder Dostojewski, sondern vielmehr – und dies allen Abgrenzungsanstrengungen zum Trotz – als Erbe der idealistischen Ästhetik, die das Kunstwerk als idealisierte Repräsentation von Welt hatte verstanden wissen wollen.

Verklärung   Aufgabe der Kunst sei es, so formulieren es die Theoretiker des Realismus (Julian Schmidt, Theodor Fontane, Julius Hermann von Kirchmann, Friedrich Theodor Vischer, Moritz Carrière), das wesenhaft Schöne der realen Welt von allem Nichtzugehörenden zu befreien, es also zu verklären oder zu läutern. Sie zeige damit das in der Wirklichkeit nur in vermischtem Zustand vorkommende Schöne in notwendigem und in sich schlüssigem Zusammenhang. Das aber ist nichts anderes als das, was Hegel (*Vorlesungen über die Ästhetik*) in seiner Bestimmung des Schönen als „sinnliche[s] *Scheinen* der Idee" (HeW 13, 151 f.) bezeichnet hat: „Indem das Kunstwerk nun das in dem sonstigen Dasein von der Zufälligkeit und Äußerlichkeit befleckte zu dieser Harmonie mit seinem wahren Begriffe zurückführt, wirft sie alles, was in der Erscheinung demselben nicht entspricht, beiseite und bringt erst durch diese *Reinigung* das Ideal hervor." (HeW 13, 205 f.)

Die Darstellung eines von hungernden Kindern umgebenen sterbenden Proletariers ist einer vielzitierten Äußerung Fontanes aus dem Aufsatz „Unsere lyrische und epische Poesie seit 1848" zufolge Elendsschilderei, ist „Misère", nicht aber Realismus: „Diese Richtung verhält sich zum echten

Realismus wie das rohe Erz zum Metall: die Läuterung fehlt. [...] Das Leben ist doch immer nur der Marmorsteinbruch, der den Stoff zu unendlichen Bildwerken in sich trägt; sie schlummern darin, aber nur dem Auge des Geweihten sichtbar und nur durch seine Hand zu erwecken." (Fontane 1969, 241) Ähnlich lauten die Argumente in einer Rezension Julian Schmidts über Büchners *Nachgelassene Schriften*. „Wenn die Dichtung ein Duplicat des Wirklichen gäbe, so wüßte man nicht, wozu sie da wäre. Sie soll erheben, erschüttern, ergötzen; das kann sie nur durch Ideale. Freilich leisten Marionetten mit himmelblauen Nasen diese Wirkung nicht; darum eben sind sie keine Ideale. Das bloße Wirkliche ist zu elend, um die Seele dauernd zu erregen. – Uebrigens ist dem Dichter auch nicht möglich, einen bloßen Abklatsch des Wirklichen zu geben; er muß idealisiren, er mag wollen oder nicht, und wenn er nicht nach der göttlichen Seite hin idealisirt, so idealisirt er nach der teuflischen, wie die ganze neue Romantik." (Schmidt 1851, 123)

Ausgeschlossen ist damit das Hässliche als Gegenstand der Kunst, wie (vermutlich) Schmidt 1852 noch einmal festhält: „das wirklich Ekelhafte darf auf der Bühne keinen Platz finden, und was nicht in einer idealen Form dargestellt werden kann, hat überhaupt nicht das Recht, künstlerisch dargestellt zu werden." (Schmidt 1852, 93) Von hier aus behauptet der Realismus die Notwendigkeit einer geistig verklärenden Darstellung der Wirklichkeit, die die Ergebnisse wissenschaftlicher Empirie keineswegs ausblendet, deren einfache Widerspiegelung in der Kunst aber ablehnt.

Rudolf Gottschall hat diesen Gedanken im ersten Band seiner *Poetik* bereits ausformuliert: „Der Realismus geht von der Nachahmung der Natur und der Wirklichkeit aus, der Idealismus von der Welt der Ideen, vom Reiche des Geistes. Der einseitige Realismus schafft ein Kunstwerk, in welchem die geistlose Natur herrscht; der einseitige Idealismus eins, in welchem der naturlose Geist herrscht. Nur der Bund von Beiden kann das Schöne, die erscheinende Idee, in ein wahres Kunstwerk bannen, in welchem, je nach der Richtung der Zeit und der Begabung der Talente, wohl der eine oder der andere zu einem Uebergewicht kommen kann, ohne indeß die Harmonie aufzuheben." (Gottschall 1870, 118) Aber er schränkt auch ein (und entscheidet dann letztlich den Streit zwischen Realismus und Idealismus dann doch wieder zugunsten des Idealismus): „Nur die echte Durchdringung von Natur und Geist, Idealismus und Realismus im Bunde schaffen das wahrhaft schöne Dichtwerk! Da aber alle Dichtung aus dem Geiste hervorgeht, eine freie Schöpfung des Geistes ist: so hat das Princip des Idealismus höhere Berechtigung als das des Realismus, welcher diesen freischaffenden Geist an die Galeerenbank der Wirklichkeit schmiedet und zur sclavischen Nachahmung der Natur verdammt." (Gottschall 1870, 123)

Bis in die achtziger Jahre hinein, in denen der Siegeszug Ibsens auf den europäischen Bühnen beginnt, ändert sich zunächst wenig am grundlegenden Charakter der Idee der Verklärung. Drama wird verstanden vor allem als Kunstwerk, das die allgemeingültigen Gesetze des Menschlichen und vor allem die Selbsterhebung des autonomen Menschen über die Macht

Meininger Reformtheater

eines kontingenten Schicksals zu demonstrieren hat. Allerdings entwickelte das Meininger Hoftheater von den siebziger Jahren an auch einen ganz eigenständigen Ansatz zur Lösung des Streits um das Wirkliche, der über die Frage nach der Dramentauglichkeit von Themen und Sujets der empirischen Wirklichkeit hinaus stets ein Streit um die Austarierung von Wirklichkeit und Idee gewesen ist. Mit seinem Leitprinzip absoluter Texttreue und historischer Stimmigkeit von Dekor, Kostüm und Sprechweise, boten die Meininger eine Antwort auf das letztlich ungelöste Grundproblem des Realismus (letztlich auch des ihm nachfolgenden Naturalismus), nämlich der Frage nach den Möglichkeiten und Grenzen der sprachlichen Vermittlung von Wirklichkeit und deren performativer ‚Herstellung‘.

Das Meininger Reformtheater war mit seinen Angeboten zur Befriedigung einer ‚historischen‘ Schaulust (was keineswegs unumstritten war; vgl. dazu Hopfen 1876, 242) einerseits rückwärtsgewandt; mit seinem unbedingten Willen zum Tatsächlich-Lebensechten wies es gleichzeitig aber auch auf ein Theater der Zukunft voraus, das den Idealismus endgültig hinter sich zu lassen ermöglichen und die Bühne wieder gegenüber der Wirklichkeit zu öffnen imstande sein sollte. Die Naturalisten zumindest haben in ihrem Bemühen um einen Realismus der praktisch-politischen Lebensbewältigung, der die Verzahnung von Wirklichkeit (Authentizität) und theatraler Praxis (Illusion) zu leisten imstande war, im Meininger Hoftheater so einen Verbündeten sehen können.

2. Der Naturalismus und das „hartkantig Soziale"

Abwendung vom Realismus

Das Feld des Übergangs zwischen Realismus und Naturalismus wird in gewisser Weise markiert durch Ludwig Anzengrubers Versuche, mittels der Adaption der Menschen- und Milieudarstellung des realistischen Romans für die Bühne zu einem zeit- und sozialkritischen Volksdrama vorzudringen. In Stücken wie *Der Meineidbauer* (1871) und *Der G'wissenswurm* (1874) nahm er dem ruralen Leben die Firnis des verklärenden Scheins; in Dramen wie *Elfriede* (1872), *Die Tochter des Wucherers* (1873) und *Alte Wiener* (1878) demonstrierte er „das Verstricktsein des einzelnen in die ökonomisch-sozialen Prozesse einer aus den Fugen geratenen Gesellschaft" (McInnes 1996, 378 f.). Der entscheidende Anstoß für die Abkehr des Naturalismus vom Realismus freilich kam von außen. Emile Zola, Henrik Ibsen und Leo Tolstoi zumal wurden neben August Strindberg zu Anregern und Vorbildern eines Theaters, das die spekulativen und metaphysischen Welterklärungsmodelle zu überwinden für sich in Anspruch nahm. „Dreimal verflucht sei jegliche Dressur! / Zum Teufel eure kindischen Schablonen! / *Ich bin ein Mensch, ich bin ein Stück Natur!*" (Holz 1886, 320) formuliert Arno Holz in dem Gedicht „An die Conventionellen" programmatisch die Absage an den Idealismus früherer Zeit. Und an das Ende seines „Präludiums", das sein „Erbauungsbuch für meine Freunde" *Unterm Heiligenschein* abschließt (!), setzt er die Verse:

Grosser Zeitgenosse Emile,
Dich auch, Dich hat sie [die Welt und der Zeitgeist] verlästert,
Und der Shakespeare des Romans
Ward zum Dichter der Kloake.

Doch was thuts? Wenn auch die alten
Weiber beiderlei Geschlechts
Prüde sich vor Dir bekreuzgen,
Dein Genie reckt seine Glieder,
Seine giftgeschwollnen Stichler
Fallen von ihm wie die Fliegen
Und sein Haupt ragt in die Wolken!

Zola, Ibsen, Leo Tolstoi,
Eine Welt liegt in den Worten,
Eine, die noch nicht verfault,
Eine, die noch kerngesund ist!

Klammert euch, ihr lieben Leutchen,
Klammert euch nur an die Schürze
Einer längst verlotterten,
Abgetakelten Aesthetik:
Unsre Welt ist nicht mehr klassisch,
Unsre Welt ist nicht romantisch,
Unsre Welt ist nur modern!
(Holz 1891b, 41 f.)

Holz ist es auch, der 1891 mit der Abhandlung *Die Kunst. Ihr Wesen und ihre Gesetze* die zentrale Programmschrift des Naturalismus vorgelegt hat. Mit der Formel „Kunst = Natur – x" (Holz 1891a, 112) und der dazugehörigen Erläuterung „[d]ie Kunst hat die Tendenz, wieder [nicht etwa wider!] die Natur zu sein. Sie wird sie nach Massgabe ihrer jedweiligen Reproductionsbedingungen und deren Handhabung." (Holz 1891a, 117) formuliert er darin das in seiner Konsequenz und Bedeutung nicht unumstrittene ‚Grundgesetz' der neuen Strömung als Forderung zur möglichst genauen Widerspiegelung der Erfahrungswirklichkeit. Damit erschloss der Naturalismus der Literatur Bereiche, die ihr (sieht man von der Pauperismus-Literatur des Vormärz einmal ab) bis dahin eher fremd geblieben waren: das Hässliche und das Kranke, vor allem das Elend der durch die Industrialisierung hervorgebrachten proletarisierten Unterschichten.

Die Hinwendung zur empirischen Wirklichkeit auf der thematischen und die weitgehende Aufgabe der teleologisch gerichteten Handlungsführung zugunsten einer Skizzierung von Zuständen sowie eine die Gattungen vermischende Episierung auf der formalen Seite, bilden die gemeinsame Klammer zwischen den verschiedenen Ausdifferenzierungsformen des naturalistischen Dramas (Hermann Sudermann: *Die Ehre*, 1889; Gerhart Hauptmann: *Vor Sonnenaufgang*, 1889; *Das Friedensfest. Eine Familienkatastrophe*, 1890; *Einsame Menschen*, 1891; Max Halbe: *Jugend*, 1893; *Eisgang*, 1892). Orientiert an der Erfahrungswirklichkeit, sucht der Naturalis-

Formale Konsequenzen

mus die Bedingungen der durch den zweiten Modernisierungsschub der Gründerzeit veränderten neuen Wirklichkeit durch möglichst naturgetreue Darstellung in ihrem Missverhältnis zwischen politischem Anspruch und sozialer Realität zu zeigen, um von hier aus politische und soziale Veränderungen anzustoßen (wobei es den Rezipienten überlassen bleibt, die richtigen Konsequenzen aus den Elendsschilderungen zu ziehen). Milieu-Realismus, die Darstellung des „hartkantig Sociale[n]" (Conradi 1885, II) wird so zur grundlegenden Forderung einer Literatur, die sich programmatisch in den soziokulturellen Kontext der Zeit hineinbegibt.

Als einer der Ersten hat Max Halbe, selbst Verfasser naturalistischer Dramen wie *Freie Liebe* (1890), *Eisgang* (1892) und *Jugend* (1893), 1889 grundlegende Gedanken zu einer naturalistischen Dramaturgie veröffentlicht. In einem „Berliner Brief" überschriebenen Artikel der Zeitschrift „Die Gesellschaft" weist er im Interesse der Lebensdarstellung die Notwendigkeit zur Einhaltung der Gattungsgrenzen zwischen Drama und Roman zurück („*Vollendete, unentrinnliche Illusion* [...], *das* ist das Ideal!"; Halbe 1889, 1177) – ein Argument, das zuvor immer einmal wieder gegen das Drama Ibsens eingewandt worden war – und positioniert sich auch dezidiert gegen Gustav Freytags Regelwerk. Gegen das Argument, dem naturalistischen Drama mangele es an Bühnentauglichkeit, wendet er ein, dass nicht das Drama die Bühne, so wie sie sei, bedienen, sondern die Bühne sich so entwickeln müsse, dass auf ihr diese Dramen auch aufgeführt werden könnten: „Der Naturalismus verzichtet nicht schlechtweg auf die Bühne, aber er weist die Zumutung, daß *er* sich der *Bühne* anpasse, mit Entrüstung zurück und verlangt, daß sich die Bühne *ihm* anpaßt." (Halbe 1889, 1175 f.)

Die Forderung zu einer schonungslosen Art der Naturdarstellung durch das Theater, die der Naturalismus gegen entschiedenen Widerspruch (exemplarisch Spielhagen 1898, 237) erhob und auch praktisch einzulösen für sich in Anspruch nahm, bedeutet nun nicht etwa die Aufgabe der Form traditioneller dramatischer Tektonik, zielte vielmehr auf ihre produktive Weiterentwicklung in der Fluchtlinie einer Verwandlung der Theaterkunst zu einer realistischen (und eben nicht idealisierenden) Lebens-Kunst. Dass sich im Rücken der postulierten Entidealisierung neue Formen der Illusionierung einstellen, gehört dabei zu den immanenten Widersprüchen des naturalistischen Theaters. Es ist Illusionstheater, Vorspiegelung der Wirklichkeit durch den Schein einer *als Kunst* aufgehobenen Kunst, die den Bruch mit den Grundkonstituenten des klassischen Dramas sucht: die geschlossene und zielgerichtete Handlung weicht im naturalistischen Drama der Statik bedrückender Zustandsbeschreibungen und auswegloser Milieudarstellungen (zerrüttete Familienverhältnisse, Krankheit, Not und Ausbeutung), mit der das Individuum *als soziales Lebewesen* in das Zentrum des Theaters rückt (man spricht in diesem Zusammenhang auch von einer Gattungsgrenzen aufhebenden Episierung des Dramas; Halbe 1889); die Handlung büßt ihre konstitutive Bedeutung für das Spiel ein, während das Interesse an Charakteren in den Vordergrund tritt. „Handlung im Drama: das Unwichtigste! das Gleichgiltigste! Das Undarstellbare!", notiert entsprechend Gerhart Hauptmann kurz nach der Jahrhundertwende: „Alles, was die Handlung bewirkt, das Brutale bewirkt und was ihr folgt, ist das, was menschliche Erscheinungsform des Lebens bedeutet." (Hauptmann 1963, 204)

Zugleich damit richtet das naturalistische Drama unter dem Einfluss der sozialen Milieutheorie Zolas und der von Bénédict Augustin Morels *Traité des dégénérescences physiques, intellectuelles et morales de l'espèce humaine* (1857) inspirierten Vererbungs- und Degenerationstheorien seine Aufmerksamkeit auf innerhalb genau definierter Milieus agierende Charaktere, formuliert es in immer neuen Anläufen die Einsicht in die Bedeutung von Trieb, Milieu und Vererbung als den entscheidenden Bewegungsfaktoren des sozialen Lebens. Mit der Akzentuierung biologischer, psychischer und sozialer Determinationen büßt das Individuum seine Tragikfähigkeit weitgehend ein (in Gestalt des biologischen Determinismus kehrt das Schicksal zurück). Die Aufmerksamkeit für die Determinierung sozialer Prozesse und individueller Handlungsoptionen führt zu einer Profilierung der Gattungsform, die über die Unterscheidung zwischen sozialkritischen Dramen, sozialen Milieudramen, gesellschaftskritischen Tendenzdramen, religiösen Wandlungsdramen und psychologischen Enthüllungsdramen als Hauptformen des naturalistischen Dramas (vgl. Meyer 2000b, 66 f.) hinausweist. Konzeptionell stellt sich das naturalistische Drama in den Dienst einer wissenschaftlichen Beobachtung, die über die repräsentierten Konflikte hinaus Aussagen über das soziale System als solches zu treffen erlaubt. Das verleiht dem naturalistischen Drama einen metonymischen Zug, der wiederum die Abgrenzung gegenüber der geschlossenen Form nach sich zieht. Sprache (Dialekt, Soziolekt) ist das wichtigste Transportmedium zur Darstellung und Plausibilisierung der empirischen Realität auf der Bühne. In der Konsequenz führte dies zu einer Abkehr von der Literatur- und Verssprache zugunsten einer am Sprach- und Bildungsniveau der handelnden Personen ausgerichteten Alltagssprache. Ob Milieu- oder Charakterstudie, Familien- oder Geschichtsdrama (zu Letzterem siehe Karl Bleibtreu: *Der Dämon*, 1887; *Schicksal*, 1888; *Harold, der Sachse*, 1887; *Ein Faust der That*, 1889; Gerhart Hauptmann: *Florian Geyer*, 1896): gemeinsamer Grundzug des naturalistischen Dramas bleibt ungeachtet dessen dabei das soziale bzw. sozialkritische Anliegen.

Den Untertitel ‚soziales Drama' trägt bereits Gerhart Hauptmanns Stück *Vor Sonnenaufgang* (auch wenn es sich hier eher um ein Familiendrama handelt), dessen skandalumwitterte Erstaufführung am 20.10.1889 durch die „Freie Bühne" in Berlin dem Naturalismus auf dem deutschen Theater zum Durchbruch verhalf. *Vor Sonnenaufgang* ist ein analytisches Drama im Sinne Szondis (vgl. dazu dessen Ausführungen zum Naturalismus in seiner „Theorie des modernen Dramas" von 1959), insofern der Text der Spielhandlung vorgängige Geschehnisse und Zusammenhänge mit dem Eintreffen eines Außenstehenden, hier des Redakteurs Loth, zur Klärung bringt. Hauptmann entwickelt in diesem Stück die Handlung noch ganz aus der (bürgerlichen) Familienthematik heraus; bereits hier aber bestimmen nicht

Determinierung des Sozialen: Milieu- und Degenerationstheorien

Soziales Drama

große Individuen, sondern das Alltagsleben von Alltagsmenschen Sujet und Handlung: die (klein-)bürgerliche Alltagsmisere.

Hauptmann,
Vor Sonnenaufgang

Im schlesischen Örtchen Witzdorf, wo er für eine Arbeiterzeitung Recherchen anstellt über die soziale Lage der Bergleute, kommt Loth in das Haus seines früheren Jugendfreundes Hoffmann. Während das Stück den ‚linken' Journalisten als Idealisten zeichnet, den auch die Verurteilung zu einem Gefängnisaufenthalt auf der Grundlage des „Gesetzes *gegen die gemeinge-fährlichen Bestrebungen der Sozialdemokratie*" nicht von seinem Glauben an die Möglichkeit zur Verbesserung der ‚sozialen Lage' hat abrücken lassen, hat der Ingenieur Hoffmann die utopischen Träume seiner Jugend begraben. Mit skrupellosen Geschäftspraktiken hat er es in der Kohleindustrie zu ansehnlichem Reichtum gebracht. Obendrein hat er in die begüterte Familie Krause eingeheiratet. Dass die Verhältnisse innerhalb dieser Familie in jeder Hinsicht (moralisch und auch physiologisch) zerrüttet sind, begründet den tragischen Ausgang der Handlung: Sowohl Hoffmanns Schwiegervater als auch seine Frau Martha sind alkoholabhängig; Martha hat ein Verhältnis mit dem Verlobten ihrer jüngeren Schwester Helene, dem Jäger Wilhelm Kahl; der alte Krause wiederum wird im alkoholisierten Zustand gegenüber Helene zudringlich.

Mit Loth und der gebildeten Helene begegnen sich in Hauptmanns Drama zwei Seelenverwandte in einer heillosen Welt; ihre aufkeimende Liebe aber scheitert am moralischen Rigorismus und der Wissenschaftsgläubigkeit des Sozialreformers Loth. Er erwartet von seiner zukünftigen Frau geistige und körperliche Gesundheit sowie Empathie für sein politisches Engagement, sieht dies aber in dem Moment nicht mehr gewährleistet, als er der ‚Wahrheit' der moralischen und physischen Verkommenheit der Familien Krause und Hoffmann ins Auge sehen muss. Als er von dem Arzt Schimmelpfennig, der Martha bei der Geburt ihres zweiten Kindes unterstützen soll (es wird schließlich tot geboren), über den Alkoholismus in der Familie Krause aufgeklärt wird, bricht Loth aus Angst vor der Vererbung der Trunksucht auf seine zukünftigen Kinder die Beziehung zu Helene ab, die sich daraufhin das Leben nimmt.

Gerhart Hauptmann,
Die Weber

Während die eigentliche soziale Problematik, die Lage der Bergarbeiter, in *Vor Sonnenaufgang* in den Hintergrund tritt – zumindest wird sie dramatisch nicht entfaltet –, hat Hauptmann in dem 1893 wiederum durch die „Freie Bühne" uraufgeführten Stück *Die Weber* den Fokus deutlich dann auf die im Titel genannte Gruppe der depravierten Arbeiter gerichtet und so die Konturen des sozialen Dramas geschärft. Hauptmann greift in diesem Stück in aktualisierender Absicht auf einen historischen Fall zurück: den Hungeraufstand der schlesischen Weber im Frühsommer 1844, der ausgelöst worden war durch die Verdrängung des traditionellen Weber*handwerks* durch *maschinelle* und *fabrikmäßige* Produktionsformen. In epischen Reihungen entwirft Hauptmann in diesem Drama ein Bild des Weberaufstands – in von Akt zu Akt wechselnden Konstellationen und an unterschiedlichen Schauplätzen: in der Villa des Fabrikanten Dreißiger, in der Stube eines Häuslers, in einer Schankstube, im Salon des Fabrikanten, zuletzt in der

Wohnung des alten Hilse, der die Augen verschließt vor der Realität und aus den Versprechungen der Religion seine Zukunftsgewissheit bezieht, um am Ende einen sinnlosen Tod zu erleiden (am Aufstand der Weber nimmt er nicht teil und fällt doch einer verirrten Kugel des anrückenden Militärs zum Opfer). Held des Dramas, das den ökonomischen Konflikt nicht als antagonistische Auseinandersetzung autonomer Subjekte entfaltet, ist nicht mehr länger ein großer Einzelner (oder große Einzelne), sondern ein dramatisches Kollektivsubjekt.

Die ‚soziale Frage' bleibt präsent auch im naturalistischen Familiendrama engeren Sinns, das Traditionen des bürgerlichen Trauerspiels aufgreift. Prototyp dafür ist Arno Holz' und Johannes Schlafs Drama *Die Familie Selicke* (1890 ebenfalls durch die Freie Bühne uraufgeführt), das sich in der Einhaltung der drei Ebenen vordergründig eines formalen Klassizismus bedient, die geschlossene Dramenform gleichwohl aufgibt. Holz/Schlaf führen in diesem Stück drastisch den Verfall einer Familie vor. Im Wohnzimmer des Buchhalters Eduard Selicke liegt am Weihnachtsabend das jüngste Kind der Selickes schwer krank. Gemeinsam mit den Söhnen Albert und Walter sowie der Tochter Toni wartet die Frau des Buchhalters Selicke auf die Heimkehr ihres trunksüchtigen Mannes. Toni ist verliebt in den bei den Selickes zur Untermiete wohnenden Theologiekandidaten Gustav Wendt, der eine Stelle auf dem Land anzutreten im Begriff ist und Toni einen Heiratsantrag macht, was diese aus der trostlosen Familiensituation herausführen würde. Toni allerdings lehnt diesen Antrag letztendlich ab, da sie ihre Familie nicht verlassen zu können glaubt. Sie opfert ihr Glück auf, während der Hoffnungsträger Gustav das Elend verlässt, wenn auch mit den letzten im Drama gesprochenen (im Druck obendrein gesperrt gesetzten) Worten „Ich komme wieder!" (Holz/Schlaf 1890, 94)

Vor Sonnenaufgang, *Die Weber* und *Die Familie Selicke* sind Beispiele für die ‚Verwissenschaftlichung' des naturalistischen Dramas in der Fluchtlinie der Milieu- und Degenerationstheorien. Dass sie – anders als dies die dramentheoretische Diskussion vermuten ließe – selten nur aber in der Weise wie in den genannten Dramen wirklich ästhetisch „fruchtbar" geworden sind, hat seinen Grund nach Theo Meyers Beobachtung „in der für den deutschen Realismus weitgehend symptomatischen Verquickung von Naturwissenschaft und Innerlichkeit": „Auch im naturwissenschaftlichen Zeitalter wahrt der romantische Poesiebegriff seine Dignität." (Meyer 2000, 32) Diese Verbindung findet Ausdruck nicht zuletzt in der Entwicklung des sogenannten „intimen Theaters", das als eines der *Reduktion* (weitgehender Verzicht auf äußere Handlung und auf Realitätseffekte der szenischen und bühnentechnischen Ordnungsstrukturen), der *Konzentration* (auf psychologische Vorgänge) und der *Verdichtung* (der Rede, des Dialogs, bei dem das Unwillkürliche, Nichtgesagte, Latente zum eigentlichen Bedeutungsträger wird) wiederum eine Brücke schlägt zu den Literaturströmungen des Impressionismus, des Symbolismus und der Décadence, die um 1900 die durch den Naturalismus zusammengeführten Bereiche des Schönen und des Realen wieder entkoppeln.

Familiendrama

Holz/Schlaf,
Die Familie Selicke

3. Neuansätze: Das Drama um 1900

Friedrich Nietzsche

Von der Mitte der 1890er Jahren ab formiert sich eine Opposition gegen das naturalistische Drama im Namen der Kunst. Die Ästhetik des späten Friedrich Nietzsche bietet Anknüpfungspunkte für die aufkommenden Bewegungen des Ästhetizismus und der Décadence, die mit Vorstellungskraft und Vernunftzentriertheit des wissenschaftlichen Rationalismus und Szientismus brechen und die Ideen des erfüllten Augenblicks und des Ereignishaften beschwören. Bereits in der *Geburt der Tragödie* (1871) hatte Nietzsche nicht nur gegen die Selbstgewissheit einer Ästhetik polemisiert, die glaubte, den Idealismus hinter sich gelassen zu haben; er war in dieser Schrift eingetreten auch für eine über die Begrenztheiten der Wirklichkeit hinausgehende Kunst als dem Ausdruck gelingender Existenz. Die Einführung des Chores, referiert er zunächst Schillers Ausführungen zur *Braut von Messina*, „wäre der entscheidende Schritt, mit dem jedem Naturalismus in der Kunst offen und ehrlich der Krieg erklärt sei", um hieran anzuschließen: „Eine solche Betrachtungsart ist es, scheint mir, für die unser sich überlegen wähnendes Zeitalter das wegwerfende Schlagwort „Pseudoidealismus" gebraucht. Ich fürchte, wir sind dagegen mit unserer jetzigen Verehrung des Natürlichen und Wirklichen am Gegenpol alles Idealismus angelangt, nämlich in der Region der Wachsfigurencabinette." (Nietzsche 1972, 51)

Überwindung des Naturalismus

Mit der Entkopplung der Leitmomente des Realismus, dem Realen und dem Schönen, wird Nietzsche zum einflussreichen Wegbereiter der über den Naturalismus hinausführenden Modernisierungsprozesse in der Kunst. „Es führt von der Poesie kein directer Weg ins Leben, aus dem Leben keiner in die Poesie.", erklärt Hugo von Hofmannsthal 1895 apodiktisch in seinem Vortrag „Poesie und Leben": „Das Wort als Träger eines Lebensinhaltes und das traumhafte Bruderwort, welches in einem Gedicht stehen kann, streben auseinander und schweben fremd aneinander vorüber, wie die beiden Eimer eines Brunnens. Kein äußerliches Gesetz verbannt aus der Kunst alles Vernünfteln, alles Hadern mit dem Leben, jeden unmittelbaren Bezug auf das Leben und jede directe Nachahmung des Lebens, sondern die einfache Unmöglichkeit: diese schweren Dinge können dort ebensowenig leben als eine Kuh in den Wipfeln der Bäume." (Hofmannsthal 1896, 105) Vier Jahre zuvor hatte Hermann Bahr programmatisch die Überwindung des gerade erst sich etablierenden Naturalismus (*Die Überwindung des Naturalismus*, 1891) durch eine Wendung vom ‚Außen' zum ‚Innen' proklamiert, d. h. von der Darstellung der äußeren Wirklichkeit in ihrer sozialen Determination durch eine detaillierte Erfassung psychischer Empfindungen und Gestimmtheiten. Das Stichwort, das Bahr selbst für diese Blickwendung liefert, ist das eines „neuen Idealismus" (Bahr 1891, 157), der den „Nerven" eine bedeutende Rolle einräumt – als Medium einer Kunst der Sensibilität auf der *Produktions-* und als Organ einer veränderten Wahrnehmung auf der *Rezeptions*seite: „Man muss nämlich empfängliche und empfindliche Nerven haben, die leisen Winken gleich gehorchen; sonst kann diese Kunst nicht wirken." (Bahr 1894, 30)

Die Wendung nach Innen setzte eine Vielzahl literarischer Strömungen (Impressionismus, Symbolismus, Décadence, Fin de siécle, Ästhetizismus) frei, die bei allen Unterschieden im Einzelnen eine Abkehr von der (‚hässlichen') Wirklichkeit und einen Rückbezug auf den vom Naturalismus geräumten Innenraum der Kunst verbindet. „Schon der naturalistische Romancier" habe „mit einem recht niedrigen geistigen Niveau auskommen" können, so Paul Ernst in seinem Aufsatz „Das Drama und die moderne Weltanschauung" (Ernst 1899, 171), einer der zentralen Programmschriften der um die Jahrhundertwende sich formierenden Neoklassik (Paul Ernst: *Brunhild*, 1909; Wilhelm von Scholz: *Der Jude von Konstanz*, 1905; Samuel Lublinski: *Der Imperator*, 1901, vgl. auch seine Schriften *Die Bilanz der Moderne*, 1904 und *Der Ausgang der Moderne*, 1909). Diese wiederum wollte die künstlerischen Fragen nur dort berührt sehen, wo der sittliche Mensch bzw. der sittliche Kampf und sittliche Ideale, nicht aber die „Relativität aller Sittlichkeit" (Ernst 1899, 181) (Determination) als Gegenstand des Dramas berührt seien.

> Seine [der „naturalistische Romandichter"] Philosophie brauchte nicht weiter zu gehen, als bis zu Milieu und Vererbung. Aber wenigstens mußte er doch einen großen, umfassenden Blick haben, um einen ganzen Milieuzusammenhang herauszusehen. […] Für den naturalistischen Dramatiker genügte eine noch geringere geistige Kapazität. Er hatte ja nicht durch die Auswahl der Zusammenhänge seine Geschichte begreiflich und in etwas tieferem Sinn verständlich zu machen; er gab einfach seinen Ausschnitt aus dem Leben in Form von Gesprächen und ausführlichen Regiebemerkungen; seine produktive Thätigkeit beschränkte sich auf die bloße Arrangierung der Vorgänge. […] Alle früheren Dichter schufen aus sich heraus, und konnten so Figuren erzeugen, die größer waren als sie selbst; heute beobachtet man nur außen, und weil man mit Erfolg nur das beobachten kann, was unter Einem steht, so konnte man noch nicht einmal Figuren schaffen, die auf dem geistigen Niveau des Dichters standen, so wenig hoch das sein mochte; sie mußten noch unter ihm stehen. So füllte sich die Bühne, wo früher die Könige und Fürsten des Geistes und Herzens geherrscht hatten, mit dem elendesten Proletariergesindel der Seele. (Ernst 1899, 171)

Ein unbedingter Kunstwille, zugleich eine Entfernung von der Natur, und die Forderung nach einer Freisetzung der Kunst von Zweckbindungen sind die Kennzeichen dieser Literaturströmungen, zu deren bedeutendsten Vertretern im Bereich des Dramas die wie Hermann Bahr zur Gruppe des sogenannten Jungen Wien zählenden Autoren Hugo von Hofmannsthal (*Gestern*, 1891; *Der Tod des Tizian*, 1892; *Der Tor und der Tod*, 1898), Arthur Schnitzler (*Anatol*, 1893; *Liebelei*, 1895; *Freiwild*, 1896; *Reigen*, 1903), nicht zuletzt auch Richard Beer-Hofmann gehörten, der mit seiner unvollendet gebliebenen *Historie von König David* eines der bedeutendsten Zeugnisse der kulturellen Rück- und Selbstvergewisserung des Judentums in der Moderne hinterlassen hat.

Fluchtpunkt dieser als Pentalogie (*Jaákobs Traum. Ein Vorspiel*, *Der junge David*, *Vorspiel auf dem Theater zu König David*, *König David* und *Davids Tod*) geplanten *Historie*, die Beer-Hofmann über vier Jahrzehnte vom Spät-

Richard Beer-Hofmann, *Die Historie von König David*

sommer 1898 bis zum Abbruch der Arbeit im April 1937 beschäftigt hat, ist die Geschichte des altjüdischen *nation building*, in der sich die Landnahmeverheißung Gottes an Abraham erfüllt. Mit dem Patriarchen Jaákob stellt Beer-Hofmann im ersten Teil des Zyklus (*Jaákobs Traum*, 1919 uraufgeführt) zunächst den wichtigsten der in der Thora den alten Bund begründenden Verheißungsträger in den Mittelpunkt eines ‚Vorspiels‘ zur Davidsgeschichte. Jaákob ist Ahnherr Davids; er geht David voraus, mit dessen Königtum sich in der jüdischen Geschichtsschreibung die Vorstellung des ‚ganzen‘ Israels verbindet – verstanden hier als die ideelle und religiöse Größe des Gottesvolkes und des Landes. Im Lichte der messianischen Prophezeiungen der alttestamentlichen Überlieferung erscheint der Staatsmann David, der den beim Umbau des zersplitterten Stämmeverbands zu einem in sich geschlossenen Staat gescheiterten Saul ablöst, als *der* Auserwählte schlechthin. Entsprechend wird sein Königtum in der biblischen Überlieferung zum Kristallisationspunkt einer Zukunftsperspektive, die im ‚Blick zurück‘ der Geschichtsschreibung Konturen gewinnt als Inbegriff des idealen Reichs, in dem sich der Gründungsmythos der vorstaatlichen Patriarchenzeit erfüllt. Im Vers „Bruder Töpfer! – der stirbt! – er löste es ein/Was der HERR seinem Volke versprach – " (Beer-Hofmann 1996, 536) aus dem Entwurf der vorletzten Szene des unvollendeten Schluss-Stücks der „Historie" (*Davids Tod*) hat Beer-Hofmann diese Deutungsperspektive der Davidsgeschichte formuliert. Auf sie hin gestimmt ist die ästhetische Transformation der biblischen Überlieferung, in deren Fluchtlinie Beer-Hofmann die politische Theologie des Zionismus in den Raum der theatralen Zeichen versetzt: als Begründung des heimatlosen Judentums *als Kultur* durch ein Theater, das vermittels der ‚Übersetzung‘ jüdischer Nationalgeschichte ins Spiel eine ästhetische Erfahrung jüdischer Identität in prekärer Zeit möglich machen will.

Die *Historie von König David* ist *Historie*, nicht *Tragödie*. Damit ist eine bereits im Titel ausgestellte, formal weitreichende Vorentscheidung über das Verhältnis von Geschichte, Überlieferung, Theater und Welt getroffen. Als ästhetische Um-Schrift der biblischen Überlieferung ist der Zyklus in seiner Gänze wie in seinen Einzelteilen *Spiel*, mit dem an die Stelle des religiösen Eingedenkens zunächst einmal die „Schau des Schönen" (Theison 2005, 89) tritt, die dem Judentum der Galuth die Bühne als (Selbst-)Erfahrungsraum öffnet. Als *Historie* setzt der Zyklus nationale jüdische Geschichte (das Judentum als Nation) in Szene, wobei wie in der biblischen Überlieferung jüdische Auserwähltheitsvorstellungen und Geschichtskonzeption im Rahmen eines ‚Spiels auf Zeit‘ zusammenstimmen. Als Rückschau *auf* und Erinnerung *an* die in der biblischen Überlieferung beschlossene Zukunft, mit der Beer-Hofmann der *körperlosen* „jüdisch-messianischen Daseinsidee" (Theison 2005, 81) durch das *leibhaftige* Spiel der auf der Bühne agierenden Spieler zur Präsenz im Raum der/seiner Kunst verhilft, konstituiert das Spiel der Historie als performativer Akt vor Publikum Anwesenheit (Präsenz).

Kunst des Einakters   Das Großprojekt der *Historie* ist mit seinem Hang zu historistischer Genauigkeit der szenischen Darstellung, in der das Erbe der Meininger fortbesteht, das Gegenstück zur kleinen Form des auf Konzentration, Geschlossenheit und Unmittelbarkeit abzielenden Einakters als der eigentlich genuinen, wenn auch nicht voraussetzungslosen (Vaudeville, *comédie proverbe*) Gattungshervorbringung der Jahrhundertwende (Hugo von Hofmannsthal: *Gestern*, 1891; *Der Tod des Tizian*, 1892; *Der Tor und der Tod*, 1894; Max Dauthendey: *Glück*, 1895; Paul Ernst: *Lumpenpagasch*, 1898; *Im Chambre séparée*, 1898; Hermann Sudermann: *Morituri*, 1896; Otto Erich Hartleben: *Die Befreiten*, 1899) (vgl. Vinçon 2000). Im Einakter findet der Einspruch gegen die traditionelle Dramaturgie und den Bühnen-Illusionismus, der den Aufbruch in die Moderne leitet, seinen unmittelbarsten Ausdruck. Strindberg hat in dem Essay „Die Modernen?" 1895 so die Parole ausgegeben: „Uns genügt *ein* Akt – *der* Akt – von einer Viertelstunde, oder von einer ganzen Stunde für die mit widerstandsfähigeren Nerven. Und weg mit allen Nebenpersonen: den Vertrauten, den Raissoneurs, den sympathischen Gegenspielern. […] Kurz und gut ist die Devise der Moderne." (Strindberg 1895, Sp. 6)

Dabei kann der Einakter Teil durchaus Teil einer Großform wie dem Zyklus werden. Zyklische Struktur gewinnt der Einakter so beispielsweise bei Otto Erich Hartleben (*Die Befreiten*, 1889) und zumal bei Arthur Schnitzler (*Anatol*, 1893; *Lebendige Stunden*, 1902; *Reigen*, 1903; *Marionetten*, 1906). Diese zyklische Form erfordert dabei nicht zwingend eine geschlossene Struktur. In *Anatol* ist die Reihung bzw. Abfolge der Akte so auch relativ beliebig, was Schnitzlers Absicht zur Darstellung des „kernlose[n] Mensch[en]" (Schnitzler 1967, 53) unterstreicht, der allein dem Augenblick hingegeben ist. Gemäß der folgenden Einsicht reiht er mit den einzelnen Akten so Situationen und Augenblicke aneinander: „Die Seele mancher Menschen scheint aus einzelnen gewissermaßen flottierenden Elementen zu bestehen, die sich niemals um ein Zentrum gruppieren, also auch keine Einheit zu bilden imstande sind." (Schnitzler 1967, 53)

Die zyklische Struktur kann aber auch eine streng durchkomponierte Form annehmen, wie sie – wiederum – Schnitzler in dem 1896/97 entstandenen *Reigen* nutzt, einer kreisförmig angeordneten Folge von zehn aufeinander bezogenen Kurzdramen mit identischem Aufbau (wobei ein Teil des die Handlung jeweils tragenden Paares einer Szene Handlungsträger der nachfolgenden ist). Schnitzler entwirft in dieser durch den in allen Teilen sich wiederholenden Vorgang des Geschlechtsaktes, verbundenen Spielfolge ein komplexes soziales Sittenbild der Gesellschaft um die Jahrhundertwende mit ihrer Doppelmoral und ihren Scheinheiligkeiten. Dem iterativen Charakter der Vorgänge auf der Handlungsebene tritt dabei der prototypische Charakter des Figurenensembles an die Seite, das unterschiedliche soziale Milieus und Schichten (von der käuflichen Dirne bis zum Grafen) repräsentiert. Im Missverhältnis der Geschlechter, das sich gleichförmig wie der sich wiederholende Geschlechtsakt durch alle Szenen zieht, spiegelt sich die Lieblosigkeit einer emotional durchfrosteten, durch Moral- und Sittengesetze eingeschnürten Gesellschaft, die das Individuum vereinzelt und es ‚einsam' in eine sinnentleerte Gegenwart entlässt.

Arthur Schnitzler, *Reigen*

Expressionismus

Der antimimetische, gegen die Traditionen des Realismus und Historismus gerichtete Affekt der literarischen Strömungen um 1900 setzt sich fort im Expressionismus, mit dem um 1910 eine Phase der Moderne beginnt, die im europäischen Rahmen betrachtet relativ isoliert in Erscheinung tritt. Er ist inspiriert von der antibürgerlichen Kunst des italienischen Futurismus (Filippo Tommaso Marinettis *Manifeste du futurisme* war im Februar 1909 im Pariser *Figaro* erschienen), der seinerseits nun der Innerlichkeitskunst der Jahrhundertwende die Schönheit des Maschinenzeitalters, Bewegung, Dynamik und Simultaneität, Schockwahrnehmung, Montage und Sprachzertrümmerung – aber auch die Verherrlichung des Krieges als großer Zukunftsproduktion – entgegensetzte. Aus bescheidenen Anfängen heraus wird der Expressionismus bald zur bestimmenden Kraft der von der Erfahrung des Ersten Weltkriegs überschatteten zweiten Dekade des 20. Jahrhunderts, wobei sich zwei Hauptströmungen herausbilden: eine zum politischen Aktivismus drängende, in visionär ekstatischer Weise die Utopie beschwörende Richtung und eine Negativ- und Entfremdungserfahrungen thematisierende, Ich- und Transzendenzverlust, Tod und Untergang reflektierende Tendenz.

Der Expressionismus, der in den von Franz Pfemfert bzw. Herwarth Walden herausgegebenen Zeitschriften *Der Sturm* (1910-1932) und *Die Aktion* (1911-1932) seine wichtigsten Publikationsforen und in literarischen Gruppenbildungen kommunikativen Rückhalt fand, ist eine Phase der sprachlichen Revolutionen; Bilder stellen sich quer, die Syntax zerbirst, traditionelle Gattungsformen lösen sich auf. Der eigentliche Beitrag des frühen Expressionismus besteht insbesondere dabei auf dem Gebiet der Lyrik. Die künstlerische Revolte des Expressionismus hat aber auch vor dem Theater nicht Halt gemacht. Dramen wie Ernst Barlachs *Der tote Tag* (1912), Oskars Kokoschkas *Mörder, Hoffnung der Frauen* (1908), Reinhard Johannes Sorges *Der Bettler* (1912), Reinhard Goerings Antikriegsstück *Seeschlacht* (1917), Georg Kaisers *Von morgens bis mitternachts* (1916), *Gas I* (1918) und *Gas II* (1920), Walter Hasenclevers *Der Sohn* (1914) Friedrich Koffkas *Kain* (1917) oder Ivan Golls *Der Ungestorbene* (1920) stimmen nicht nur in die Kultur- und Wertkritik der lyrischen Wortführer ein; sie erzwingen auch eine Neustrukturierung des Bühnenraums und der szenischen Darstellung. In Gegenwendung zum Naturalismus (und damit in der Frontstellung dem Ästhetizismus verwandt) erteilt das expressionistische Drama dem Realismus und Historismus des 19. Jahrhunderts so eine rigorose Absage. Worum es nun geht, ist „die Totalität der ‚Ansprache' des Publikums auf allen Ebenen der sinnlichen und sprachlichen Wahrnehmung" (Bayerdörfer 2000, 539) und die Entwicklung von Strategien, Raum, Licht, Ton, Sprache und Performance betreffend, die diese ermöglichen.

Innovative
Formexperimente

„Expressive Verstörung[en]" (Bayerdörfer 2000, 540) der ästhetischen, semiotischen oder visuellen Routinen und „artifizielle Konstruktion[en]" (Bayerdörfer 2000, 540) – am weitesten vorangetrieben dabei wohl von August Stramm (*Sancta Susanna*, 1914) – werden zu Gegenankern der Schein-Empirizität des Illusionstheaters und seiner Raumordnungen. Hier findet der weitgehende Verzicht des expressionistischen Dramas auf die Gestaltung psychologischer Charaktere zugunsten von typisierten Ideenträgern seine Begründung (gewissermaßen quer dazu stehen Carl Sternheims Komödien und Satiren *Aus dem bürgerlichen Heldenleben*, 1911–1923, mit ihrer Kritik an der bürgerlichen Vorkriegsgesellschaft und ihres Weiterlebens in den zwanziger Jahren). Hier ordnen sich auch die zahlreichen Bühnenexperimente zu Beginn des 20. Jahrhunderts ein, von der Verkleinerung des Theaterraums (Kammerspiele) über die Einführung der mit der illusionistischen Tradition einer tiefen Raumstaffelung brechenden Reliefbühne, die das Spiel näher an das Publikum heranrückte, bis hin zur Erweiterung der Spielräume in Zirkusarenen und Festhallen hinein, wie sie Max Reinhard ab 1910 mit seinen Inszenierungen erprobte.

Das expressionistische Drama ist im Grundsatz Ideendrama. Wie in der Prosa, deren Aufstieg zum Ausdrucksmedium expressionistischer Wirklichkeitserfahrung mit dem Krieg beginnt, spielen psychologische Motivierungen und Kausalität dabei keine entscheidende Rolle: die *dramatis personae* expressionistischer Dramen sind mehr Laut-Sprecher von Ansprüchen als psychologisch in sich geschlossene Figuren. Entsprechend häufig begegnen in diesen Dramen typisierte Spielfiguren nach dem Muster *der* Sohn, *das* Mädchen, *der* Vater etc. Typologisch genauer zu umreißen ist die dramaturgische Figur des Stationendramas (Hanns Johst: *Der Einsame. Ein Menschenuntergang*, 1917; Paul Kornfeld: *Die Verführung*, 1916; Ernst Barlach: *Der arme Vetter*, 1918; *Die echten Sedemunds*, 1920), mit dem das expressionistische Drama auf die Entwicklung weniger einer Figur als einer Situation zielt: vom alten zum neuen Menschen, wobei die einzelne Station einen Erfahrungs- und Bewusstseinszustand anzeigt, der auf dem Weg der Höher- oder Tieferentwicklung verlassen wird. Es sind Stationen der Ich-Suche und der Wandlung, wie sie exemplarisch begegnen in Georg Kaisers *Von morgens bis mitternachts* (1912) und Ludwig Rubiners *Die Gewaltlosen* (1919).

Gegenstück zu diesen innovativen Formexperimenten sind die inhaltlichen Provokationen des expressionistischen Dramas, das in dezidierter Gegenwendung zu den Entfremdungserscheinungen der mechanisierten Industriewelt dem tradierten Menschenbild den Wunsch nach einer auch anthropologischen Erneuerung entgegenhält. In großer Drastik bringt das expressionistische Drama entlang einer universalen Zivilisationskritik zugleich Zerstörung, Selbstzerstörung und Untergang auf die Bühne (vgl. Reinhard Goering: *Seeschlacht*, 1917; Ernst Toller: *Masse Mensch*, 1920; *Die Maschinenstürmer*, 1922). Insbesondere ein durch die Wissenschaft vermitteltes rationalistisches Weltverhältnis gerät dabei ins Visier einer Kritik, die nach wie vor Aktualität für sich in Anspruch nehmen kann, wie die Auseinandersetzung mit Technik und Industrialisierung als Quelle von Machtkonzentration und (Selbst-)Zerstörung in Georg Kaisers *Gas*-Stücken (*Gas I*, 1918; *Gas II*, 1920) zeigt.

Zivilisationskritik

Im Zentrum von *Gas I* steht ein Gas-Fabrikant (der „Milliardärssohn"), der nach der verheerenden Explosion seines Werkes den Ausstieg aus der indus-

Georg Kaiser, Gas

triellen Produktion von Gas als dem Treibstoff einer fehlgeleiteten Technik („Unser Gas speist die Technik der Welt!"; Kaiser 1971, 12) beabsichtigt. Das unvorhersehbare Unglück hat seinen Glauben an den technischen Fortschritt und seine Beherrschbarkeit grundlegend erschüttert. Von seinen Arbeitern, die anfänglich die Entlassung des verantwortlichen Ingenieurs verlangen, sich zuletzt aber mit diesem als dem Garanten einer Fortführung der industriellen Gasproduktion verbünden, erntet er nur Unverständnis für seine mit großer Emphase vorgetragenen Pläne zum Aufbruch in eine neue Qualität des Menschseins: „Was ihr fordert – erfülle ich: – – Menschen in Einheit und Fülle seid ihr morgen! – – Triften von Breite in Grüne sind neuer Bezirk!" (Kaiser 1971, 47). Sie folgen nicht seiner Utopie des neuen Menschen (eines der Zentralthemen des Expressionismus), sondern dem Ingenieur, der sich erst als Opfer anbietet, dann aber zum neuen Führer der Massen auf dem Weg in eine durch Technik beschleunigte Modernisierung aufschwingt.

> INGENIEUR. Wagt den Ruf!!
> STIMME ausbrechend. Der Ingenieur soll uns führen!
> STIMMEN und STIMMEN. Der Ingenieur soll uns führen!!!
> ALLE FRAUEN und ALLE MÄNNER. Der Ingenieur soll uns führen!
> INGENIEUR. Kommt aus der Halle!! – – ins Werk!! – – von Explosion zu Explosion!! – – Gas!!
> ALLE FRAUEN und ALLE MÄNNER. Gas!!!!
> (Kaiser 1971, 51)

Zwar erzwingt die Regierung die Wiederaufnahme der Gasproduktion im Interesse der Rüstungsindustrie, das Stück allerdings endet mit der Ankündigung der Geburt des neuen Menschen durch die Tochter des Industriellen („Ich will ihn gebären!"; Kaiser 1971, 58). Die Hoffnung des Milliardärssohns auf den Anbruch einer neuen Zeit, die aus den Desastern gelernt hat, wird im zweiten Teil von *Gas*, der in das Vernichtungsgeschehen des Weltkriegs führt, allerdings endgültig enttäuscht. Wieder kann sich der Besitzer, der Enkel des früheren Fabrikanten, mit der Parole „kein Gas!" (Kaiser 1971b, 75) nicht durchsetzen, als der Großingenieur die Fabrikation von Giftgas als Lösung der Widersprüche und als Durchbruch zur Freiheit propagiert („Zündet das Giftgas!!!"; Kaiser 1971b, 87). Die Arbeiter besetzen zwar das Werk, ihr Aufstand aber wird erstickt in der Gewalt des Kriegsgeschehens. Das Stück endet schließlich in der Vision totaler Vernichtung:

> *Langsame Helle: die Halle ist ein Trümmerfeld von Betontafeln, die sich übereinander schieben wie aufgebrochene Grabplatten – ausragend die schon geweißten Skelette der Menschen in der Halle.*
> *Gelbfigur – Stahlhelm, Telephon am Kopf, Draht hinter sich ausrollend – über die Schutthalde anlaufend.*
> GELBFIGUR *hemmt – starr irr – schreit ins Telephon.* Meldung von Wirkung von Beschießung: – – – – kehrt die Geschütze gegen euch und vernichtet euch – – – – die Toten drängen aus den Gruben – – – – jüngster Tag – – – – dies irae – – solvet – – in favil – – – – *Er zerschießt den Rest in den Mund.*

In der dunstgrauen Ferne sausen die Garben von Feuerbällen gegeneinander – deutlich in Selbstvernichtung.
(Kaiser 1971b, 88)

Macht- bzw. Gesellschaftskritik und Moralkritik gehen nicht nur in Dramen wie *Gas* Hand in Hand. So wird die im Vatermord gipfelnde Revolte gegen die väterliche Autorität zum beliebten Motiv des expressionistischen Dramas (vgl. dazu Walter Hasenclever: *Der Sohn*, 1912; Reinhard Johannes Sorge: *Der Bettler*, 1912; Arnolt Bronnen: *Vatermord,* 1920). Sie nimmt im Kleinen das universale Ziel der Befreiung vorweg, wie es sich in den vitalistischen Verschmelzungs- und Entgrenzungsphantasien von Gottfried Benns Einakter *Ithaka* (entstanden 1914) in exemplarischer Weise ausspricht. Der Assistenzarzt Rönne, der am Ende des Dramas unter der Losung „Wir wollen den Traum. Wir wollen den Rausch. Wir rufen Dionysos und Ithaka!" (Benn 2003, 16) mit seinem Chef den prototypischen Vertreter der neuzeitlichen ‚Gehirnigkeit' tötet, macht sich in diesem Stück zum Wortführer einer Revolte gegen die Modernität der ‚Väter' im Namen einer lebenszugewandten ‚Südlichkeit', die Einspruch erhebt gegen das Rationale, was auch heißt: gegen die neuzeitlichen Fraktalisierungen des Ichs: „O so möchte ich wieder werden: Wiese, Sand, blumendurchwachsen, eine weite Flur. In lauen und kühlen Wellen trägt einem die Erde alles zu. Keine Stirne mehr. Man wird gelebt." (Benn 2003, 13) Rönnes visionäre Bestimmung des Anderen hält den ‚kalten' (rationalen) Fortschrittsprojektionen der europäischen Kultur ein Reversbild entgegen (bleibt als solche selbst allerdings auch eine Projektion). Die vitalistische Beschwörung des Südens – „Ja, wir treten den Norden ein. Schon schwillt der Süden die Hügel hoch. Seele, klaftere die Flügel weit; ja, Seele! Seele!" (Benn 2003, 16) – knüpft an das Erfahrungsreservoir des Körpers (Rausch, Geschlecht, Sinnlichkeit) an und trägt damit eine ganzheitliche, d. h. die politisch-soziale und die körperlich-erotische Emanzipation umfassende Utopie in das kalte Wissenschaftssystem ein.

Rönnes Mordtat ist Aufbruch einerseits aus der Enge eines Denkens, das den Menschen verkürzt. Andererseits ist die rauschhafte Revolte gegen die Engstirnigkeit des hegemonialen Rationalismus im Namen des ‚ganzen' Lebens, die das Stück auf der Oberflächenebene vorführt, ethisch gleichsam ‚kaltgestellt'. Das sind die Widerhaken, die Benn dem emphatischen Aufbruch eingebaut hat. Der Mord als Annihilierung des ‚falschen' Lebens eröffnet weder die Möglichkeit einer metaphysischen ‚Wiederverzauberung' der entzauberten Welt, noch führt von ihm aus der Weg zurück hinter die Erfahrung des Nihilismus.

Gottfried Benn, Ithaka

4. Nach dem Expressionismus: Neue Sachlichkeit

Mit der Niederlage der Novemberrevolution von 1918 und der Niederschlagung der Münchner Räterepublik 1919 erlahmte die Hoffnung zahlreicher dem Expressionismus zuzurechnender Autoren auf eine gesellschaftliche

Erneuerung. Der Innovationsgestus des Expressionismus selbst verlor sich in der unmittelbaren Nachkriegszeit. An seine Stelle trat – von den Provokationen des Dadaismus, dessen Erneuerungspotential allerdings nur von begrenzter Dauer war, und des Surrealismus einmal abgesehen – in den zwanziger Jahren vor allem die Bewegung der Neuen Sachlichkeit, deren ‚Epoche machende' Bedeutung allerdings strittig ist und deren zeitliche Erstreckung rückwirkend teils bis vor die Jahrhundertwende und voraus bis in die fünfziger Jahre des 20. Jahrhunderts zu einer Großepoche der „Lebensideologie" ausgedehnt wird (M. Lindner).

‚Sachlichkeit'   Als literarische Erscheinung umfasst ‚Neue Sachlichkeit' ein breites Spektrum teils konkurrierender Schreib- und Funktionsweisen: Reportagen, Dokumentationen, Zeitstück und Zeitroman, Gebrauchslyrik, Hörspiele – und eben auch Dramen. ‚Sachlichkeit' meint dabei in erster Linie die neue, die veränderte Wirklichkeit, die es – als ‚Sache' – in den Blick zu nehmen gilt. ‚Sachlichkeit' meint aber auch die Nüchternheit, Präzision, Schmucklosigkeit, meint einen dezidierten Anti-Psychologismus, der neue Wahrnehmungsweisen zu entwickeln versprach für die industrielle Realität des entzauberten Lebens, meint die Ablehnung des gefühlsmäßigen Pathos und eine Objektivität des Stils, mit der sich die ‚Neue Sachlichkeit' sowohl gegen die bildungsbürgerliche Literatur als auch gegen das expressionistische Pathos, gegen Mystizismus und Utopismus abgrenzte. Bevorzugte Themenbereiche der Neuen Sachlichkeit sind von hier aus Technik und Krieg, alltagskulturelle Erscheinungen (Amerikanisierung, Kollektivierung, Rationalisierung, Sport) und allgemeine Lebensverhältnisse (Jugend, Sexualität, Geschlechterverhältnis). Entscheidend dabei ist die Haltung des Einverständnisses mit den gesellschaftlich-technischen Modernisierungsprozessen, die Faszination für Technikvorgänge, der kalte Blick für die Wirklichkeit auch der kulturellen Modernisierung durch mediale (Fotografie, Rundfunk, Film), industriell-bevölkerungspolitische (Urbanität) und wissenschaftliche Neuerungen (Psychoanalyse, Behaviorismus).

Formenvielfalt   Die Unübersichtlichkeit heterogener Dramenformen und -typen innerhalb dieses Feldes erschwert den Überblick. Boulevardstücke und Komödien verdrängen in den zwanziger Jahren das expressionistische Drama, stehen ihrerseits aber neben aktualitätsorientierten und handlungsanleitenden Zeitstücken und Dokumentarmontagen, die das ganze Spektrum sozialer Themen zur Sprache bringen: die Bigotterie und Verklemmtheit der Gesellschaft (Ferdinand Bruckner: *Krankheit der Jugend*, 1926), die Klassenjustiz (Bruckner: *Die Verbrecher*, 1928), Rassismus (Bruckner: *Die Rassen*, 1933), die geheime Wiederaufrüstung (Peter Martin Lampel: *Giftgas über Berlin*, 1929), Abtreibung (Carl Credé: *Gequälte Menschen. § 218*, 1929; Friedrich Wolf: *Cyankali*, 1929); Provinzialismus (Marieluise Fleißer: *Fegefeuer in Ingolstadt*, 1926; *Die Pioniere von Ingolstadt*, 1929; Ödön von Horvath: *Sladek der schwarze Reichswehrmann*, 1929; *Geschichten aus dem Wienerwald*, 1931; *Kasimir und Karoline*, 1932), Wirtschaft (Walter Mehring: *Der Kaufmann von Berlin*, 1929), und Krieg (nun in der Form von Kriegsstücken wie z. B. Arnold Zweig: *Das Spiel um den Sergeanten Grischa*,

1930; Günther Weisenborn: *U-Boot S 4*, 1928; Friedrich Wolf: *Die Matrosen von Catarro*, 1930; Ernst Toller: *Feuer aus den Kesseln*, 1930) (vgl. dazu Kreidt 1995, 253–258). Formale Neuerungen boten in den zwanziger Jahren insbesondere die Spielmodelle des Agitprop und der ‚Roten Revuen‘ sowie die Formen der visuellen Kommunikation, wie sie in Deutschland Erwin Piscator in Anlehnung an die theaterästhetischen Experimente Wsewolod Meyerholds („Kinofizierung des Theaters") und Sergei Eisensteins („Montage der Attraktionen") in das Theater eingeführt hat. Die großen Revuen Piscators selbst hatten ihren Bezugspunkt dabei in den Bedingungen proletarischer Öffentlichkeit in den zwanziger und frühen dreißiger Jahren. Aufgehoben waren in diesen theatralen Massenveranstaltungen nicht nur die Grenzen zwischen Laien- und Profidarstellern, sondern auch zwischen den Kunstgattungen.

Piscator, der mit Alfons Paquets *Fahnen* 1924 an der Berliner Volksbühne den ersten durchschlagenden Erfolg erzielte, setzte mit seinen Inszenierungen dabei nicht nur Maßstäbe für die neue politische Sachlichkeit im Theater, indem er seine Inszenierungen im Dienst der politischen Aufklärung akribisch mit Hilfe eines wissenschaftlichen Stabs vorbereitete und aufbereitete Fakten, Daten und Statistiken zur Grundlage für seine multimedialen Inszenierungen machte. Piscator war maßgeblich auch an der Durchsetzung des epischen Theaters beteiligt, das die politischen, ökonomischen und sozialen Verhältnisse auf der Bühne analytisch zu durchdringen und die Verwandlung des Zuschauers vom passiven Konsumenten zum Akteur in den politischen Auseinandersetzungen zu verwandeln sich zum Ziel setzte. In seinen 1929 veröffentlichten „Grundlinien der soziologischen Dramaturgie" notierte er über die Bedeutung der Technik und den Schicksalsbegriff der neuen Zeit:

> Aus allem bisher Ausgeführten hat sich wohl mit Deutlichkeit ergeben, daß mir die Technik niemals Selbstzweck gewesen ist. Alle Mittel, die ich angewandt hatte und noch anzuwenden im Begriff stand, sollten nicht der technischen Bereicherung der Bühnenapparatur dienen, sondern der *Steigerung des Szenischen ins Historische*. [...]
> Was sind die Schicksalsmächte unserer Epoche? Was hat diese Generation als ihr Schicksal erkannt, dem sie sich beugen, wenn sie untergehen, das sie überwinden muß, wenn sie leben will? Wirtschaft und Politik und als Resultat beider die Gesellschaft, das Soziale. *Diese drei Faktoren sind unser Schicksal*. Und nur dadurch, daß wir sie anerkennen, sei es durch Bejahung, sei es durch Kampf gegen sie, setzen wir unser Leben in Kontakt mit dem „Historischen" des zwanzigsten Jahrhunderts.
> Wenn ich also als Grundgedanken aller Bühnenhandlungen die Steigerung der privaten Szenen ins Historische bezeichne, so kann damit nichts anderes gemeint sein, als die Steigerung ins Politische, Ökonomische, Soziale. Durch sie setzen wir die Bühne in Verbindung mit unserem Leben.
> (Piscator 1968, 132 f.)

Voraussetzung für die intendierte Überwindung des Grabens zwischen Zuschauerraum und Bühne war in Piscators Augen eine grundlegende Ver-

Episches Theater

änderung der Bühnenpraxis und der Theaterkommunikation, in der Konsequenz damit die Abkehr vom Illusionismus der Guckkastenbühne:

> Bis auf Drehscheibe und elektrisches Licht befand sich die Bühne zu Beginn des 20. Jahrhunderts noch in demselben Zustand, in dem sie Shakespeare zurückgelassen hatte: ein viereckiger Ausschnitt, ein Guckkasten, durch den der Zuschauer den bekannten, „verbotenen Blick" in eine fremde Welt tun durfte. Dieses Indirekte, diese gläserne Mauer zwischen Bühne und Zuschauerraum hat drei Jahrhunderten internationaler Dramatik das Gepräge gegeben. Es war eine „Als-ob-Dramatik". Das Theater hat drei Jahrhunderte lang von der Fiktion gelebt, daß sich *kein Zuschauer im Theater befände.* [...] Vom Proletarischen Theater bis zu „Gewitter über Gottland" wachsen, aus verschiedenen Quellen gespeist, diese meine Bestrebungen, bürgerliche Bühnenformen aufzuheben und an ihre Stelle eine Form zu setzen, die den Zuschauer nicht mehr als fiktiven Begriff, sondern als lebendige Kraft in das Theater einbezieht. Dieser Tendenz, in ihrem Ursprung natürlich politisch, ordnen sich alle technischen Mittel ein.
> (Piscator 1968, 134f.)

Bertolt Brecht Als ganz eigenständiger Entwurf innerhalb der epischen Formungstendenzen des Theaters ist Brechts Konzept des epischen Theaters anzusehen. Bereits Brechts frühe, noch vom Expressionismus beeinflusste Stücke (*Baal*, 1. Fassung 1918; *Trommeln in der Nacht*, 1919; *Im Dickicht der Städte*, 1923) enthalten epische Elemente bzw. Elemente des epischen Theaters (Szenenreihung, antiillusionistische Effekte, Durchlöcherung der dialogischen Basis des Theaterspiels). Erst in der zweiten Hälfte der zwanziger Jahre aber hat Brecht konsequent das Konzept seines epischen Theaters entwickelt, einerseits in Abgrenzung gegenüber dem aristotelischen Theater, andererseits und zugleich gegenüber der psycho-physischen Illusions- und Einfühlungstechnik Stanislawskis, dem Insichhineinversenken des Schauspielers als Voraussetzung seiner Rollenkreation. 1938 notiert er anlässlich des Todes Stanislawskis im dänischen Exil: „Sein Orden ist ein Sammelbecken für alles Pfäffische in der Theaterkunst. [...] Die Verlogenheit der Stanislawskischule mit ihrem Kunsttempel, Wortdienst, Dichterkult, ihrer Innerlichkeit, Reinheit, Exaltiertheit, ihrer Natürlichkeit, aus der man immer fürchtet und fürchten muß, ‚draus' zu kommen, entspricht ihrer geistigen Zurückgebliebenheit, ihrem Glauben an ‚den' Menschen, ‚die' Ideen usw. Das ist ‚echter' Naturalismus, die Natur ist der große Unbekannte, er wird imitiert, indem man seinen falschen Bart imitiert." (GBA 26/1, 324f.) Die Konsequenzen dieser Schauspiel(er)-Ästhetik sind in Brechts Augen fatal: Sie legen den Zuschauer fest auf die Rolle eines passiven, unbeteiligten, in kontemplativer Ergriffenheit verharrenden Adressaten der Bühnenkunst (GBA 23/3, 75f.).

Die Frage, was dann mit der Abkehr von der Einfühlung gewonnen sei, beantwortet er 1939 in seinem Vortrag „Über experimentelles Theater" folgendermaßen:

> Damit ist gewonnen, daß der Zuschauer im Theater eine neue Haltung bekommt. Er bekommt den Abbildern der Menschenwelt auf der Bühne gegenüber jetzt dieselbe Haltung, die er, als Mensch dieses Jahrhunderts, der Natur gegenüber hat. Er

wird auch im Theater empfangen als der große Änderer, der in die Naturprozesse und die gesellschaftlichen Prozesse einzugreifen vermag, der die Welt nicht mehr nur hinnimmt, sondern sie meistert. Das Theater versucht nicht mehr, ihn betroffen zu machen, ihn mit Illusionen auszustatten, ihn die Welt vergessen zu machen, ihn mit seinem Schicksal auszusöhnen. Das Theater legt ihm nunmehr die Welt vor zum Zugriff.
(GBA 22.1/2, 555)

Brechts episches Theater ist der Versuch, die ‚Wirklichkeit' nicht durch Annäherung (Realismus, Spiel) zu erreichen, sondern durch eine Vergrößerung der Distanz: durch eine ‚Durchkältung' (GBA 22.1/2, 203) des Spiels. Hans-Thies Lehmann hat in einer „Dramaturgie des Sprungs, der verkürzten Szene, der löchrigen und von Auslassungen skandierten Fabel" die Grundidee dieses durchkälteten Theaters gesehen. Die eigentliche Lehre des epischen Theaters sei „in den Lücken zu lesen", der Text lebe „von Diskontinuität und Widerspruch bis zur Absurdität. Nicht: ‚eine Szene für die andre', sondern ‚jede Szene für sich'". (Lehmann 2012, 328) Grundlegend dafür sind Techniken des Fremdstellens der Erfahrung und der Gestus des Zeigens. Beides sollte die Wahrnehmung entautomatisieren und die Verhältnisse von der Seite ihrer Veränderbarkeit her demonstrieren.

Viktor Šklovskij hat in *Die Kunst als Verfahren* die Form des Fremdmachens (*ostranenie*) als Strategie beschrieben, die das der Wahrnehmung und dem Gebrauch Entzogene wieder wahrnehmbar macht. In der Entautomatisierung, im Aufzeigen der Grenzen von Automatismen und der Wiedereinführungen notwendiger Differenzierungen, besteht Šklovskijs Verständnis nach die Entfaltungsmöglichkeit bzw. die Aufgabe der Kunst. Durch literarische Techniken wie den ungebräuchlichen Umgang mit dem Gewohnten könne die ‚lebendige' Wahrnehmung wiederhergestellt werden. In der Fluchtlinie solcher Überlegungen arbeitet auch Brecht mit dem epischen Theater an der ‚Historisierung' der Verhältnisse und lenkt durch sogenannte V-Effekte die Aufmerksamkeit vom *Was* der Darstellung auf das *Wie*: Das Bekannte sollte fremd gemacht werden, um es so neu in den Blick treten zu lassen. Die adäquate Form dafür fand Brecht in Durchbrechungen der Bühnenillusion, in Spielabbrüchen und -unterbrechungen, die es dem Zuschauer ermöglichen sollten, der Inszenierung mit eigenen Erfahrungen dazwischenzukommen; mit ihrer Hilfe beabsichtigte er, den Zuschauer wegzuführen von der Repräsentation der fiktiven Vorgänge, um ihn so aus dem passiven und unproduktiven „Zustand der Entrückung" zu lösen, in den ihn seiner Ansicht nach die Stanislawskische Spielweise versetzt.

Unter verfremdenden Abbildungen verstand Brecht dabei solche, die den Gegenstand der Darstellung vom Zuschauer entfernen, um ihn ihm als Fremdes aus der Entfernung heraus neu in die Sichtbarkeit zu stellen. Dabei war es ihm wichtig, die Gegenstände dem Zuschauer nicht zur Gänze zu entziehen, da diese so als unveränderlich erschienen. „Die Abbildungen", heißt es im Schlussstück des *Kleinen Organons*, in dem Brecht 1949 noch einmal seine Überlegungen bündelt, „müssen nämlich zurücktreten vor dem Abgebildeten, dem Zusammenleben der Menschen, und das Vergnügen an ihrer Vollkommenheit soll in das höhere Vergnügen gesteigert werden, daß die zutage getretenen Regeln in diesem Zusammenleben als vorläufige und unvollkommene behandelt sind. In diesem läßt das Theater den Zuschauer produktiv, über das Schauen hinaus. In seinem Theater mag er seine schrecklichen und nie endenden Arbeiten, die ihm den Unterhalt geben sollen, genießen als Unterhaltung, samt den Schrecken seiner unaufhörlichen Verwandlung". (GBA 23/3, 97)

Lehrstück   Eine Sonderform des epischen Theaters stellt das sogenannte Lehrstück dar (*Das Badener Lehrstück vom Einverständnis*, 1929; *Der Jasager*, 1930; *Der Neinsager*, 1931; *Die Maßnahme*, 1930; *Der Ozeanflug*, 1929), in dem Brecht mit vereinfachten Modellen sozialen Handelns und zugespitzten Konfliktmodellierungen arbeitete, die um das Verhältnis von Individuum und Gesellschaft angelegt sind (vgl. Steinweg [2]1976; Krabiel 1993). Lehrstücke sind von der Idee her Übungsstücke für Spielende, nicht Aufführungsstücke. Sie sind für Brecht Vorwegnahme einer „Großen Pädagogik", zu der er (wohl) 1930 notiert:

> Die Grosse Pädagogik verändert die rolle des spielens vollständig sie hebt das system spieler und zuschauer auf >es gibt< sie kennt nur mehr spieler die zugleich studierende sind nach dem Grundgesetz ‚wo das interesse des einzelnen das interesse des staates ist bestimmt die begriffene geste die handlungsweise des einzelnen' wird das imitierende spielen zu einem hauptbestandteil der pädagogik demgegen führt die Kleine Pädagogik in der übergangszeit der ersten revolution lediglich eine demokratisierung des theaters durch die zweiteilung bleibt im grunde bestehen jedoch sollen die spieler möglichst aus laien bestehen (die rollen so sein dass die laien laien bleiben müssen) berufsschauspieler samt dem bestehenden theaterapparat zum zweck der schwächung der bürgerlichen ideologischen positionen im bürgerlichen theater selber verwendet >werden< und das publikum aktiviert werden stücke und darstellungsart sollen den zuschauer in einen staatsmann verwandeln [d]eshalb soll im zuschauer nicht an das gefühl appelliert werden das ihm erlauben würde ästhetisch abzureagieren sondern an seine ratio die *schauspieler müssen dem zuschauer figuren und vorgänge entfremden so dass sie ihm auffallen* der zuschauer muß partei ergreifen statt sich zu identifizieren. (Steinweg [2]1976, 23 f.)

Damit ist die Lehrstückkonzeption selbst praktischer Ausfluss der Vorstellung von einem kommunistisch aufgehobenen Theater in einer Gesellschaft, die mit der Revolutionierung aller Verhältnisse auch die Kunst als Gegenstand einer spezialisierten Produktion hinter sich gelassen hat.

Brecht hat das Lehrstück bereits in der Exilzeit aus praktischen Erwägungen des antifaschistischen Kampfes wieder zugunsten der traditionelleren Ästhetik der moralisierenden (belehrenden) Schaustücke zurückgestellt (*Leben des Galilei*, 1. Fassung 1938; *Mutter Courage und ihre Kinder*, 1939; *Herr Puntila und sein Knecht Matti*, 1940; *Der gute Mensch von Sezuan*, 1941; *Der kaukasische Kreidekreis*, 1944) und das auch in der Nachkriegszeit beibehalten. Die Idee, das Publikum produktiv zu machen, ist damit nicht bei Seite geschoben; nur wandelte Brecht nun sein Konzept des epischen Theaters in entscheidenden Punkten ab (Brecht selbst sprach in den fünfziger Jahren selbst im Übrigen lieber vom ‚dialektischen' statt vom ‚epischen' Theater). So unterstrich Brecht nun wieder den kulinarischen Aspekt eines Theaters, das Spaß machen, Vergnügen und (ästhetischen) Genuss bereiten sollte. „Die Kunst", so Brecht, „sollte ein Mittel der Erziehung sein, aber ihr Zweck ist das Vergnügen." (GBA 27/2, 341) Ziel sei es, auf dem Theater „mit künstlerischen Mitteln ein Weltbild zu entwerfen, Modelle des Zusammenlebens der Menschen, die es dem Zuschauer ermöglichen […], seine soziale Umwelt zu verstehen und sie verstandesmäßig und gefühlsmäßig zu beherrschen." (GBA 22.1/2, 548), denn: „Daß die Menschen so wenig über sich selber wissen, ist schuld daran, daß ihr Wissen über die Natur ihnen so wenig hilft." (GBA 22.1/2, 550) Diese Verschmelzung der unterhaltenden mit der belehrenden Funktionsweise des Theaters ist einer der entscheidenden Ansatzpunkte der von Brecht 1949 dann veröffentlichten 77 Punkte umfassenden Programmschrift *Kleines Organon für das Theater*, an deren Anfang er einen Widerruf stellt: „Widerrufen wir also, wohl zum allgemeinen Bedauern, unsere Absicht, aus dem Reich des Wohlgefälligen zu emigrieren, und bekunden wir, zu noch allgemeinerem Bedauern, nunmehr die Absicht, uns in diesem Reich niederzulassen. Behandeln wir das Theater als eine Stätte der Unterhaltung, wie es sich in einer Ästhetik gehört […]." (GBA 23/3, 66) Das bedeutet nicht die Preisgabe des Theaters an den Amüsierbetrieb. Unverändert betrachtet Brecht das Theater als Mittel der Befreiung. Um dem Theater seine emanzipatorische Wirkung zu gewinnen, bedürfe es nun aber in entscheidendem Maße einer gleichzeitigen Entwicklung der Schauspielkunst und der Zuschaukunst; nur so sei es möglich, die Zuschauer „die besondere Sittlichkeit ihres Zeitalters genießen zu lassen, welche aus der Produktivität fließt". (GBA 23/3, 75)

Wesentliche Grundgedanken des epischen Theaters hat Brecht im Umfeld der Arbeit an der Oper *Aufstieg und Fall der Stadt Mahagonny* (Musik Kurt Weill, Uraufführung 1930) formuliert. *Aufstieg und Fall der Stadt Mahagonny* ist eine „Passionsgeschichte zum Nullpunkt" (Baumgart 1989, 139) hin, die Nachricht gibt vom Scheitern der Hoffnungen auf die Erfüllung individuellen Lebens-Glücks und der auf sie antwortenden Erlösungsversprechen der schönen neuen Welt des Kapitalismus (der als Religionsersatz ebenso wenig einen Ausweg aus der real existierenden Hölle bieten kann wie die Religion selbst). Das künstliche Paradies der Gold- und Netzestadt Mahagonny ist Projektionsfläche, Synonym für Glück und Verderben, Zion und Babylon, Spiegelfläche der (scheiternden bzw. gescheiterten) Sehnsucht nach der Fülle des Lebens, zuletzt des Untergangs, in dem Brecht seine Stadtgeschichte abschließt. Adorno hatte 1930 in seiner Besprechung der Leipziger Uraufführung die Oper von ihrem geheimen utopischen Fluchtpunkt aus (oder dem, was er dafür hielt) gedeutet. Gemessen an der sozialistischen Welt, die sich verschweige, enthülle sich in *Mahagonny*, so Adorno seinerzeit, die *bürgerliche* Welt in ihrer Absurdität und Abgelebtheit (Adorno 1982, 114).

Bereits die Gründung Mahagonnys als Gegenentwurf zu den unwirtlichen großen Städten basiert auf einem Täuschungsmanöver. Die drei flüch-

Brecht, *Aufstieg und Fall der Stadt Mahagonny*

tigen Kriminellen Leokadja Begbick, Willy, der Prokurist, und Dreieinigkeitsmoses gründen die Stadt nicht in Verfolgung jenes Strebens nach Glück, das die Gründerväter Amerikas in den Stand eines Verfassungsrechts erhoben haben, sondern mit dem profanen Ziel der Abschöpfung der Träume durch den Handel mit Illusionen. Sie sind Menschenfischer, die die „eßbaren Vögel" (GBA 2/2, 336) der Unzufriedenen in das Netz ihrer Versprechungen locken. Mahagonny ist kein fehlgeleitetes Utopia, sondern in seiner behaupteten Gegenbildlichkeit (und das von vornherein) ästhetischer Schein: aus der kalten Wirklichkeit der glücklosen Arbeitswelt (Alaska) herausgesprengter Verheißungsort eines ‚großen' Glücks, in dem der (potentiell revolutionäre) Einspruch gegen die ungenügende Welt in kleiner Münze ausgezahlt wird: als zunächst „Spießertraum" (Jesse 1996, 173) aus „Ruhe, Eintracht, Whisky, Mädchen" (GBA 2/2, 353). Ruhe und Eintracht, die beiden Gründungsmaximen der Stadt, stehen metonymisch für eine Stillstellung der Widersprüche und Antagonismen im gelebten Augenblick der Glückserfüllung, dessen Rahmenbedingungen Mahagonny zur Verfügung zu stellen verspricht.

Dass diese Gegenwelt durch die Bestimmung des Glücks als käuflicher Ware ‚im Rahmen' und damit in der (schlechten) Wirklichkeit verankert bleibt, markiert den unaufhebbaren Widerspruch, durch den das künstliche Paradies lediglich die Hölle der auf der Trennung von Glück und Arbeit basierenden bürgerlichen Tauschgesellschaft in den versprochenen Ausnahmezustand ununterbrochener Glückseligkeit hinein verlängert. An diesem Grundwiderspruch, der sich auch an der in Mahagonny keineswegs aufgehobenen Trennung eines primären (Konsumenten, Leistungsempfänger) und eines sekundären (Dienstleistende: Huren, Barpersonal, die Stadtgründer selbst) Marktes und damit der fortgesetzten Trennung von Konsum und Arbeit ablesen lässt, ändert auch die Revolte des Glückssuchers Paul Ackermann wenig, der aus dem diffusen Gefühl des Ungenügens heraus („etwas fehlt"; GBA 2/2, 349) die Illusionierungsstrategien der Warenwelt in Frage stellt. Mit der Verabsolutierung des individuellen Glücksstrebens im Exzess des rücksichtslosen ‚Alles ist erlaubt' gibt Paul auf dem dramatischen Höhepunkt der Oper vor dem Hintergrund des drohenden Naturuntergangs das Zeichen zum Aufbruch aus der sich mit Verboten selbst wiederum Grenzen setzenden Schein-Idylle in die Anarchie des grenzenlosen ‚du darfst alles', dessen Fluchtpunkt die Unermesslichkeit der individuellen Glückserfüllung ist. Nichts anderes bedeutet Pauls Weigerung, *Mensch* zu sein, wo er doch eben *Gott* sein will:

> JAKOB, JOE, HEINRICH: […] *Alle drei brüllend:*
>   Wir schlagen dich einfach nieder
>   Ach, Paule, bis du wieder
>   Ein Mensch bist!
> PAUL *ruhig:*
>   Oh, Jungens, ich will doch gar kein Mensch sein.
>   (GBA 2/2, 351)

Unter der Prämisse des hier formulierten Anspruchs der Ent-Grenzung und damit der Übermenschlichkeit (Göttlichkeit) weist Paul der Mahagonny-Gesellschaft in der „Nacht des Entsetzens" (GBA 2/2, 355) in Umkehrung der in der Bergpredigt postulierten Anspruchslosigkeit den Weg zur Glückseligkeit durch die alle Verbote und Grenzen hinter sich lassende Absolutsetzung des Wunsches zu ihrer Verwirklichung als individuelles Glück auch jenseits von Regeln und Gesetzen.

Zwar setzt mit der Umsetzung seiner ‚frohen Botschaft' eine Umkehrbewegung ein: aus dem beschaulichen Idyll im Winkel („Wunderbar ist das Heraufkommen des Abends/Und schön sind die Gespräche der Männer unter sich!"; GBA 2/2, 349) erwächst der Rausch des Lebens-Festes, den das Stück in vier allegorischen Szenen des hedonistischen Genießens (Fressen, Lieben, Boxen, Saufen) ausmalt. An der grundsätzlichen Bindung der ersehnten Glückserfüllung und damit der Utopie an das Tauschprinzip (Ware/Glück für Geld) aber ändert dies nichts. Der Grundwiderspruch der Mahagonny-Welt überlebt auch den Durchbruch des anarchischen Prinzips der Verausgabung (vgl. Steinweg 1995, 47), das sich als *imitatio naturae* definiert („PAUL: Darum fordere ich euch auf / Tuet alles heut nacht, was verboten ist. / Wenn der Hurrikan kommt, der macht es auch so!"; GBA 2/2, 360).

Der Rest ist Geschichte: Auf der Rückseite der von Paul verkündeten „Gesetze der menschlichen Glückseligkeit" (GBA 2/2, 355) hält ein ungezügelter Konsumismus Einzug in Mahagonny, dem alles an menschlichen Beziehungen zum Opfer fällt und der am Ende auch physisch eben das ‚Leben' kostet. Der leibliche Genuss verwirklicht sich als Völlerei, die Liebe als Prostitution oder allenfalls temporäres Glück; die Unterhaltungsindustrie gerät zum Blendwerk der Ablenkung, Männerfreundschaft und Männersolidarität erweisen sich als Chimären. Paul selbst wird am Ende ein Opfer der monetaristischen Habsucht, die erst die Stadt zum Leben erweckt hat, und büßt auf dem elektrischen Stuhl seine ‚Grundschuld' der Zahlungsunfähigkeit ab – nicht allerdings ohne sich gleichsam am Nullpunkt seiner Hoffnungen noch vom Herold der anarchischen Glückserfüllung zum Kritiker des ‚schönen' Scheins zu verwandeln, der seine Einsicht in das eigene Versagen als Vermächtnis für die (Über-)Lebenden an das Publikum adressiert; die Stadt selbst geht im Chaos unter.

5. Nationalsozialismus und Exil – ein Seitenblick

Die Machtergreifung der Nationalsozialisten am 30. Januar 1933 markiert einen tiefen Einschnitt in das kulturelle Leben in Deutschland. Innerhalb weniger Wochen werden die kulturellen Einrichtungen gleichgeschaltet, Akademien und Schriftstellerverbände ‚gesäubert', Berufsverbote ausgesprochen. Das Spektakel der Bücherverbrennung am 10. Mai bildet den Auftakt zur Zerschlagung der literarischen Moderne, die die Vertreibung und Vernichtung der Juden begleitet.

Die Liste der ins Exil gezwungenen, verfolgten und getöteten Autoren ist lang. Insgesamt verließen nach 1933 mehr als 2000 jüdische, sozialistische,

Emigration und Exil

kommunistische, linksliberale, aber auch konservativ-religiöse Schriftsteller in mehreren Schüben Deutschland und suchten Zuflucht zunächst im europäischen Ausland, als auch dies keine Sicherheit mehr bot dann vor allem in Südamerika und in den USA. In der Folge entstanden für die Zeit des Nationalsozialismus (und zum Teil darüber hinaus) zwei deutsche Literaturen: die Literatur des Exils und die Literatur des Dritten Reichs, auch wenn diese Zweiteilung nicht unproblematisch ist, werden mit ihr doch ästhetisch-formale Kontinuitäten ebenso verschüttet wie bereits vor 1933 bestehende Differenzen verdeckt – etwa zwischen den Avantgarden auf der einen und den antimodernen Strömungen der Heimatkunstbewegung (Gustav Frenssen, Heinrich Böhlau, Wilhelm von Polenz) und der völkisch-nationalen Dichtung (Hans Friedrich Blunck, Will Vesper, Werner Beumelburg, Franz Schauwecker, Edwin Erich Dwinger) auf der anderen Seite.

Die Publizistik war das zentrale Feld vieler Exilautoren; allein Heinrich Mann, der im Exil zu einem der Wortführer des ,anderen' Deutschland wurde, verfasste zwischen 1933 und 1945 über 330 Aufsätze. Zu den bedeutendsten Zeugnissen der Exilliteratur gehört neben den operativ publizistischen Formen der historische Roman (Thomas Mann: *Joseph und seine Brüder*, 1933–1943; Heinrich Mann: *Henri Quatre*, 1935/38; Lion Feuchtwanger: *Der falsche Nero*, 1936) und der Gesellschafts- oder Zeitroman (Johannes R. Becher: *Abschied*, 1940; Ludwig Renn: *Pardon wird nicht gegeben*, 1935; Alfred Döblin: *November 1918*, 1937–1943). Beide Erzählformen wurden zwischen 1933 und 1945 im Sinne der antifaschistischen und humanistischen Zielsetzung weiterentwickelt, während dem Drama mit dem Verlust der Bühne weitestgehend jede Wirkungsmöglichkeit verloren ging. Die im Exil entstandene Dramatik umfasst ca. 700 Stücke (vgl. Simhandl 2001, 258); allerdings konnten sich nur wenige dieser Stücke im Exil auch behaupten, darunter Friedrich Wolfs *Professor Mamlock* (1934) und Ferdinand Bruckners *Die Rassen* (1934). Zwar entstehen zwischen 1933 und 1945 Brechts große Exildramen *Der gute Mensch von Sezuan*, *Mutter Courage und ihre Kinder* und *Das Leben des Galilei*, die Brecht zum Klassiker des modernen Theaters machen; auch diese Stücke aber entfalten ihre Wirksamkeit erst nach Brechts Rückkehr aus dem Exil.

Exildramatik   Thematisch bleiben die Dramen der aus Deutschland emigrierten Autoren bezogen insbesondere auf den Nationalsozialismus und den ihn leitenden Antisemitismus, auf Exil und Widerstand, formal tendieren sie zu traditionellen, darunter insbesondere parabolischen Formen (Ferdinand Bruckner: *Die Rassen*. 1933; Bertolt Brecht: *Die Rundköpfe und die Spitzköpfe*, 1933; *Furcht und Elend des Dritten Reichs*, 1938; *Der aufhaltsame Aufstieg des Arturo Ui*, 1941; Gustav von Wangenheim: *Helden im Keller*, 1934; *Agenten*, 1934; Peter Martin Lempel: *Menschen ohne Paß*, 1936; Ernst Toller: *Pastor Hall*, 1939; Georg Kaiser: *Klawitter*, 1940; Franz Werfel: *Jacobowsky und der Oberst*, 1944), und – bei den Autoren im sowjetischen Exil – der Anpassung an den sozialistischen Realismus (Julius Hay: *Haben*, 1938; Friedrich Wolf: *Das trojanische Pferd*, 1937; Johannes R. Becher: *Winterschlacht*, 1944/45), was der Akkommodation an die Theaterverhältnisse der jeweiligen Aufenthaltsländer geschuldet war (vgl. Friedrich 2009, 366–370, 375 f.). Vorherrschend ist dabei auch hier die Konzentration auf das Zeitstück und vor allem das Geschichtsdrama (Friedrich Wolf: *Beaumarchais oder Die Geburt des Figaro*, 1941; Ödön von Horvath: *Figaro läßt sich scheiden*, 1937; Arnold Zweig: *Bonaparte in Jaffa*, 1934; Georg Kaiser: *Napoleon in New Orleans*, 1937; Peter Martin Lempel: *Das tausendjährige Reich*, 1940; Ferdinand Bruckner: *Der Kampf mit dem Drachen*, 1945; Fritz Hochwälder: *Das Heilige Experiment*, 1943; Bertolt Brecht: *Mutter Courage und ihre Kinder*, 1939).

Im deutschen Reich selbst begann mit der Verabschiedung des Reichskulturkammergesetzes am 22. September 1933 und der am 1. Oktober 1933 erfolgten Gründung der „Reichstheaterkammer", der u.a. die Genehmigung von Spielplänen oblag, in einer Situation noch relativer Richtungsoffenheit der NS-Kulturpolitik die Gleichschaltung der Theater in Deutschland, die mit dem Erlass des Theatergesetzes vom 15. Mai 1934 noch einmal deutlich verschärft wurde. Flankiert durch das Gesetz zur „Wiederherstellung des Berufsbeamtentums" vom 7. April 1933 bedeutete die für Juden ausgeschlossene Pflichtmitgliedschaft in der „Reichstheaterkammer" für alle Bühnenangehörigen faktisch ein Berufsverbot. Nur vorübergehend fand ein Teil der jüdischen Künstler Unterschlupf im „Jüdischen Kulturbund" (1933–1941), der allerdings ausschließlich seinen Mitgliedern Zugang zu geschlossenen Veranstaltungen gewähren durfte. Seine in den eigenen Reihen durchaus nicht unumstrittene, von den Nationalsozialisten durch Spielverbote (1934 Schiller und die Romantiker, 1936 Goethe, später schließlich alle ‚arischen' Autoren) bekämpfte Leitidee war die Vermittlung der Ideale der klassisch-humanistischen Bildung des deutsch-jüdischen Bürgertums.

Die neue politische Situation schlug sich unmittelbar in der Spielplangestaltung der Theater nieder, die bis zu ihrer kriegsbedingten Schließung am 20. August 1944 zumal auch die Repräsentationsbedürfnisse des nationalsozialistischen Staates zu befriedigen hatten: ‚nichtarische' und politisch unzuverlässige Autoren fanden keine Berücksichtigung mehr, während die regimekonformen Autoren eine Aufwertung erfuhren, der Anteil der Gegenwartsdramatik am Repertoire sank drastisch (vgl. Friedrich 2009, 342 f.). Zugleich lassen sich im Bereich der ‚klassischen' Autoren Konzentrations- und Kanonisierungsprozesse beobachten, die Dramatiker als solche (Büchner) oder Teile ihres Werkes (Lessings *Nathan der Weise*, Hebbels *Herodes und Mariamne*, Kleists *Penthesilea* und *Amphitryon*) ins Abseits stellten, andere (Grabbe) aufwerteten.

Ebenso wie die Literatur des Exils weist die nach 1933 in Deutschland geschriebene Literatur kein einheitliches Bild auf. Sie reicht von offen faschistischer bis zu kämpferischer Untergrundliteratur, vom Thingspiel (vgl. Kurt Eggers: *Job der Deutsche*, 1933; Richard Euringer: *Deutsche Passion*, 1933; Kurt Heynicke: *Der Weg ins Reich*, 1935; Eberhard Wolfgang Möller: *Frankfurter Würfelspiel*, 1936) bis zur Naturlyrik Oskar Loerkes, Wilhelm Lehmanns und Georg von der Vrings. Sie umfasst die Spätwerke Ricarda Huchs und Ernst Barlachs oder die KZ-Erinnerungen Ernst Wiecherts (*Der*

Theaterverhältnisse im deutschen Reich

Dramatik unterm Hakenkreuz

Totenwald, geschrieben 1939, aber erst nach 1945 veröffentlicht). Auch existieren einige wenige authentische Berichte aus dem Untergrund wie Jan Petersens Roman *Unsere Straße* (1933/34 entstanden; aus dem Land geschmuggelt und zwischen 1935 und 1938 in verschiedenen Exilverlagen erschienen) oder Heinz Liepmanns Roman *Das Vaterland* (1933).

Zeitstück, Geschichtsdrama, Bauernstück

Hanns Johst, seit 1935 Präsident der Reichsschrifttumskammer, schuf nach Anfängen im Expressionismus (*Stunde der Sterbenden*, 1914; *Der Einsame*, 1917; *Der König*, 1920) mit dem Drama *Schlageter* das Vorbild für ein nationales Kulttheater. Johst stilisiert in diesem vieraktigen Drama den 1923 wegen Spionage und mehreren Sprengstoffanschlägen von einem französischen Militärgericht zum Tode verurteilten Freicorpskämpfer Albert Leo Schlageter zum Märtyrer des Nationalsozialismus. 1933 an Hitlers Geburtstag uraufgeführt, gehört *Schlageter*, zum Typus der zumal in den Anfangsjahren des Dritten Reichs (Friedrich Bethge: *Marsch der Veteranen*, 1935; Paul Joseph Cremers: *Rheinlandtragödie*, 1933; Heinrich Zerkaulen: *Jugend von Langemarck*, 1933), dann wieder während des Krieges (Curt Langenbeck: *Treue*, 1942; Werner Deubel: *Die letzte Festung*, 1942; Hans Rehberg: *Wölfe*, 1944) häufig inszenierten Zeitstücke. Sie gehören neben den Geschichtsdramen (Friedrich Forster: *Alle gegen einer, einer für alle alle*, 1933; Otto Erler: *Thors Gast*, 1936; Heinrich Zerkaulen: *Der Reiter*, 1937; Thilo von Trotha: *Engelbrecht*, 1938) und den Bauernstücken (Max Mell: *Spiel von den deutschen Ahnen*, 1935; Hans Christoph Kaergel: *Andreas Hollmann*, 1933; *Hockewanzel*, 1934; Kurt Kluge: *Ewiges Volk*, 1933; Rudolf Ahlers: *Erde*, 1935) zu den populärsten dramatischen Genres in der Zeit zwischen 1933 und 1944.

Thingspiel

Zeitstück, Geschichtsdrama und Bauernstück allerdings sind keine genuinen dramatischen Hervorbringungen des Dritten Reichs. Das unterscheidet sie von den Thingspielen, deren Anfänge allerdings auch bereits vor 1933 liegen (vgl. Wardetzky 1983; Drewniak 1983; Friedrich 2009; Ketelsen 2009). Als theatrale Massenveranstaltung stand das Thingspiel im Dienst der Herstellung eines ‚völkischen‘ Gemeinschaftserlebnisses. Zwar gelang es der Thingspielbewegung in den Anfangsjahren der nationalsozialistischen Herrschaft in Deutschland 40 eigene Spielstätten im Reich zu schaffen; die in diesen Theatertyp gesetzten Hoffnungen der Versetzung des Publikums in kollektive Zustände des Außer-sich-Seins im Dienst der Erzeugung einer *unio mystica* von Volk und Führer erfüllten sich aber nicht. 1936/37 fand die Thingspiel-Bewegung ein frühes Ende, auch wenn auf lokaler Ebene vereinzelt weiterhin Spiele mit Erfolg aufgeführt wurden.

Heroismus, Tragismus

In formaler Hinsicht fällt die Rückkehr der in Deutschland während des Nationalsozialismus entstandenen Dramatik zu „neoklassischen, geschlossenen Formen" (Friedrich 2009, 353) auf, und zwar unabhängig vom politischen Standort der jeweiligen Autoren – vgl. dazu beispielsweise die klassisch-streng gebauten Dramen des zum Widerstand zählenden Albrecht Haushofer (*Scipio*, 1934; *Augustus*, 1939) und das Spätwerk Gerhart Hauptmanns (*Hamlet in Wittenberg*, 1935; *Ulrich von Lichtenstein*, 1939; *Die Atriden*, 1941–1947) – und ohne dass offene Formen nach 1933 ganz verschwunden wären, auch nicht bei völkisch-nationalen Autoren. Wichtiger waren nach Hans-Edwin Friedrichs Beobachtung Inhalte: „Gefordert war die Haltung des ‚Heroischen' angesichts des Verhängnisses; das Drama sollte in ‚erschütternder Schicksalsaufhellung' die Gültigkeit einer ewigen Ordnung veranschaulichen, was zu einem symbolhaften, typisierenden Stil führte." (Friedrich 2009, 355) Weit über die völkisch-nationalen Autoren hinaus leitet ein Verständnis des Tragischen als ‚Urerscheinung' des Lebens die in Deutschland während der nationalsozialistischen Herrschaft geschriebene Dramatik (Erwin Guido Kolbenheyer: *Gregor und Heinrich*, 1934; *Menschen und Götter*, 1941-1944; Eberhard Wolfgang Möller: *Rothschild siegt bei Waterloo*, 1934; *Der Sturz des Ministers*, 1937; *Untergang Karthagos*, 1938; *Das Opfer*, 1941; Curt Langenbeck: *Alexander*, 1934; *Heinrich VI.*, 1935; *Der getreue Johannes*, 1937; *Der Hochverräter*, 1938; *Das Schwert*, 1940; Richard Billinger: *Die Hexe von Passau*, 1935; *Der Gigant*, 1937; *Paracelsus*, 1943). Dieses Verständnis des Tragischen „war von der antiken Vorstellung einer tragischen Schuld abgekoppelt und ergab sich aus der Annahme der schicksalhaften Bindung an ‚Volk' und ‚Rasse'. Die kühnste Realisierung des Tragischen war das Opfer des heroischen Helden". (Friedrich 2009, 355)

VII. Offene Enden: Drama nach 1945

Reorganisation des
Theaters Bereits unmittelbar nach Kriegsende nahmen inmitten der zerstörten deutschen Städte zahlreiche Theater den Betrieb wieder auf, den sie im August 1944 auf Anweisung Josef Goebbels' hatten einstellen müssen. Die institutionelle Reorganisation des Theaters fand anfänglich hauptsächlich auf der Grundlage des klassischen deutschen Bühnenrepertoires sowie von Werken des internationalen Theaters statt – Giradoux, Anouilh, Sartre, Camus, Miller, O'Neill und Beckett im Westen; Gorki, Ostrowski, Katajew, Simonow, Kornejtschuk im Osten –, was einerseits dem Nachholbedarf des zwölf Jahre von der internationalen Dramatik und der Entwicklung der Spielformen abgeschnittenen Publikums entgegenkam, andererseits aber auch den massiven Eingriffen der Alliierten in die Spielplangestaltung in ihren jeweiligen Einflussbereichen geschuldet war.

Zwar lässt sich an den Spielplänen der Theater im ersten Nachkriegsjahrzehnt die nur geringe Bedeutung der deutschsprachigen Gegenwartsdramatik jenseits des Unterhaltungstheaters ablesen. Pauschale Urteile über die „Schwächung und Lähmung der dramatischen Gattung bis in den Beginn der sechziger Jahre" (Schröder 1994a; dagegen Schmidt 2009), wie sie in der Literaturgeschichtsschreibung häufig begegnen, treffen die Situation aber nur unzureichend, auch wenn die Theaterverhältnisse im Nachkriegsdeutschland der Entwicklung einer auch ästhetisch und dramaturgisch innovativen Dramatik zunächst einmal nicht unbedingt förderlich waren. Diese Erfahrung musste zumindest Brecht machen, als er 1948 nach Deutschland zurückkehrte, um sich in Ostberlin niederzulassen. Allenthalben stieß er hier auf Relikte des ‚alten' bürgerlichen Theaters, das er stets als „Zweig des bourgeoisen Rauschgifthandels" kritisiert hatte (GBA 23/3, 65). Nach einem Besuch der Premiere von Julius Hays Stück *Haben* im Deutschen Theater in Berlin, Brechts erstem Theaterbesuch nach seiner Rückkehr überhaupt, notierte er am 23.10.1948 in seinem *Arbeitsjournal*: „Miserable Aufführung, hysterisch verkrampft, völlig unrealistisch." (GBA 27/2, 280) Brecht selbst ist in seinen Berliner Jahren *als Dramatiker* zwar kaum mehr mit bedeutenden neuen Stücken in Erscheinung getreten. Mit seiner Theatertheorie und zumal den Modellaufführungen eigener und bearbeiteter Stücke (*Mutter Courage und ihre Kinder*, 1949; *Herr Puntila und sein Knecht Matti*, 1949; *Der Hofmeister*, 1950) aber hat er auf lange Sicht nicht allein auf den Inszenierungsstil im deutschen Theater gewirkt, sondern auch großen Einfluss auf die Schreibweisen der nachfolgenden Dramatikergeneration ausgeübt.

Sieht man von den beiden großen Schweizern Friedrich Dürrenmatt und Max Frisch ab, begegnen auf den Bühnen der drei Westzonen und der frühen Bundesrepublik zunächst einmal weithin traditionelle dramatische Muster: das Konversationsstück und die melancholische Komödie, eine epigonale Ibsen-Nachfolge, realistische Spielformen. Erst in der zweiten Hälfte der 1950er Jahre ändert sich dies grundlegend mit der Durchsetzung ästhetisch ambitionierter Parabelstücke wie Frischs *Biedermann und die Brandstifter* (1958) und *Andorra* (1961), Günther Ghirardinis *Der Untergang der Stadt Sun* (1960) oder Siegfried Lenz' *Zeit der Schuldlosen* (1961). Etwa zeitgleich finden sich Ansätze auch zu einer Aneignung von Strukturformen des absurden Dramas und der Groteske (Wolfgang Hildesheimer: *Spiele, in denen es dunkel wird*, d.i.: *Pastorale*, 1958, *Landschaft mit Figuren*, 1959, *Die Uhren*, 1959; *Die Verspätung* 1961; *Nachtstück*, 1963; Günter Grass: *Hochwasser*, 1957; *Onkel, Onkel*, 1958; *32 Zähne*, 1958; *Noch zehn Minuten bis Buffalo*, 1959; *Die bösen Köche*, 1961; *Beritten hin und zurück*, 1959). Zugleich kündigt sich in der zweiten Hälfte der fünfziger Jahre mit Stücken von Carl Zuckmayer (*Das kalte Licht*, 1955) und Erwin Sylvanus (*Korczak und seine Kinder*, 1957) die konkrete Politisierung des Gegenwartsdramas über den abstrakten Rahmen der Parabelstücke hinaus an, welche die 1960er Jahre beherrschen sollte.

,Unpolitisch' war freilich auch das Drama der frühen Nachkriegsjahre nicht gewesen in seiner Auseinandersetzung mit Nationalsozialismus, Krieg und Shoah. Bereits im Dezember 1946 war in München Max Frischs „Versuch eines Requiems" *Nun singen sie wieder* aufgeführt worden (die Uraufführung war im Jahr zuvor in Zürich erfolgt); im November 1947 folgten in Hamburg die deutsche Erstaufführung von Carl Zuckmayers Exil-Stück *Des Teufels General* (Uraufführung Zürich 1946) und die Uraufführung von Wolfgang Borcherts *Draußen vor der Tür*. Alle drei Stücke wirkten auf ihre Weise tendenzbildend.

Draußen vor der Tür, formal angelehnt an das expressionistische Stationendrama und damit symptomatisch für das „Überwintern der expressionistischen Schreibart in der Nazi-Zeit und dessen Weiterleben nach dem Kriege" (Niefanger 1997, 52), ist das erste in einer langen Reihe von Heimkehrerdramen, die den Blick auf die existenzielle Verlorenheit der jungen deutschen Generation *als Opfer* des Nationalsozialismus und der neuen Vergessensgemeinschaft gleichermaßen richteten. Borcherts ,Held' selbst, der kriegsversehrte Unteroffizier Beckmann, steht am Anfang der vielen „anklagenden und richtenden Söhne und Intellektuellen", die bis zu Martin Walsers Drama *Der schwarze Schwan* (1964) immer wieder im deutschen Nachkriegsdrama begegnen (Schröder 1994, 111). Beckmann findet zu keinem Neuanfang. Der Krieg in seinem Kopf hört nicht mehr auf – und gerade von hier aus bleibt er ausgeschlossen aus der Nachkriegsgesellschaft. Er ist der prototypische Vertreter der im Krieg verheizten jüngeren Generation, eingeklemmt zwischen der Vergangenheit, die ihn als Schuldtraum Nacht für Nacht heimsucht, und einer Gegenwart, die sich nicht für ihn interessiert. Für Beckmann, der sich im Widerspruch eines gleichzeitigen Täter-

Dramatische Modelle

Auseinandersetzung mit Nationalsozialismus, Krieg und Shoah

Wolfgang Borchert, *Draußen vor der Tür*

und Opferseins aufreibt, gibt es kein neues Anfangen, auch wenn er dieses geradezu emphatisch beschwört: „Wir wollen doch endlich einmal anfangen" (Borchert [10]1978, 31). Die Zukunft ist auf der Seite der anderen, derjenigen die vergessen haben (oder wollen) und die sich eingerichtet haben in der neuen Zeit. Sie sind ‚drinnen' (in der neuen Gesellschaft). Beckmann dagegen bleibt ‚draußen', „vor der Tür" eben.

Carl Zuckmayer,
Des Teufels General

Zuckmayers Stück *Des Teufels General* wiederum, das dem Publikum mit dem Rückgriff auf das Strukturmodell ‚der *große* Held im Ringen mit der dämonischen Kraft des Nationalsozialismus' ein veritables Identifikationsmuster anbot und obendrein den Entlastungsmythos der ‚sauberen' Wehrmacht ‚bediente', zog eine ganze Folge von Soldatenstücken nach sich, die einer Symbiose aus mystifizierenden Verklärungen und Verdrängungen Ausdruck verliehen (Walter Erich Schäfer: *Die Verschwörung*, 1949; Gustav Faber: *Sturm an der Elbe*, 1952; Hans Breinlinger: *Konzert an der Memel*, 1957). Das Stück ist symptomatisch zugleich für die augenfällige Tendenz im Drama der unmittelbaren Nachkriegszeit, die Erinnerung an die zurückliegenden zwölf Jahre der Barbarei mit der Thematisierung ausgerechnet von Widerstandshandlungen in ein funktional entlastendes Narrativ einzubinden, in dem die Annäherung an das belastende Thema der Mitläuferschaft in Liebe zum ‚Führer' denkwürdig beruhigt ist (Peter Lotar: *Das Bild des Menschen*, 1954; Kurt Radlecker: *Die Weiße Rose*, 1947; Walter Löwen: *Stauffenberg*, entstanden 1949/52; Hans Helmut Kirst: *Aufstand der Offiziere*, 1966; vgl. dagegen von anderer Seite: Günther Weisenborn: *Die Illegalen*, 1946). Ohne Nationalsozialist zu sein, hat sich der Flieger Harras mit dem Regime eingelassen und als Verantwortlicher für Flugzeugbau und Flugzeugerprobung Karriere im Reich Hitlers gemacht. Die Fragwürdigkeit seines Handelns – dass er sich, wie er selbst sagt, dem „Teufel" verschrieben hat – überdeckt Harras nach außen anfänglich noch mit hemdsärmeliger Wurstigkeit („Sie haben mich gebraucht – und sie brauchen mich jetzt erst recht. Außerdem – ist es mir wurscht."; Zuckmayer 1960, 520) und vitalistischer Kraftmeierei. Mehr und mehr aber verliert der General im Lauf des Stückes (es spielt im Spätjahr 1941 vor dem Hintergrund des Überfalls auf die Sowjetunion) den Boden unter den Füßen. Schritt für Schritt lässt Zuckmayer ihn seiner durch Lebenslügen gestützten falschen Selbstsicherheit verloren gehen, um ihn von hier aus auf den Weg zurück zu sich selbst zu schicken – auf einen Weg der Läuterung, der im Tod (als Überwindung des falschen Lebens) seinen finalen Höhepunkt erreicht.

Max Frisch, Nun
singen sie wieder

Schuld und der Umgang mit ihr sind das Thema auch von Max Frischs *Nun singen sie wieder*. Auf Befehl seines Vorgesetzten Herbert hat der deutsche Soldat Karl in einem russischen Dorf einundzwanzig Geiseln, darunter Greise, Frauen und Kinder, erschossen. Dass sie während ihrer Hinrichtung gesungen haben, verstört den Täter: Der Gesang der Toten lässt ihn nicht mehr los. Als Karl auch noch den Popen, der die Toten begraben hat, als lästigen Augenzeugen beseitigen soll, verweigert er den Mordbefehl, desertiert und schlägt sich in die durch das Bombardement der Alliierten zerstörte Heimat durch. Karls Vater, der sich als Beamter (Oberlehrer) immer wieder opportunistisch mit dem Regime arrangiert hat, sieht in den gegnerischen Soldaten „Satane", die es nicht ertragen könnten „daß wir ihnen überlegen sind, [...] daß wir die Welt verbessern wollen, daß wir die Welt verbessern könnten" (Frisch 1962, 96). Die drohenden Konsequenzen von Karls Fahnenflucht für die gesamte Familie vor Augen, fordert er den Sohn zur Rückkehr an die Front auf und verweigert ihm den Zutritt zum Luftschutzkeller, als sich ein neuer Luftangriff der Alliierten ankündigt, von deren Soldaten einige die Deutschen ihrerseits nur als „Satane" (Frisch 1962, 103) wahrnehmen können, die es auszurotten gilt. Von den Verbrechen der Deutschen will der Lehrer zunächst nichts hören; erst am Ende gelangt er zur teilweisen Einsicht in die eigene Schuld („Auch unsere machen das gleiche. Ich sage es jetzt: Auch unsere machen das gleiche."; Frisch 1962, 118), wird deswegen denunziert und von Herbert, seinem besten Schüler, erschossen. Karl hat sich unterdessen erhängt und kehrt als Schatten, getrieben von der Sehnsucht nach Vergebung, an den Ort des Massakers zurück: in die Welt der Toten, in der seine Opfer, bewirtet von dem erschossenen Popen mit Brot und Wein, zu Tisch sitzen und „mit geschlossenem Mund" (Frisch 1962, 127) singen.

Der – zum Stückschluss anschwellende – Gesang der Toten ist als Mahnung und Warnung aus der Vergangenheit Aufforderung zur Vergegenwärtigung der Geschichte. Das Totenmahl in Frischs Stück aber ist keines, das Gemeinschaft stiftet. Zwar lässt Frisch die Lebenden und die Toten gemeinsam auf der Bühne agieren; auf der Ebene des Spiels aber erreicht die eine Welt die andere nicht. Die Lebenden sehen die hinter ihnen auf der Bühne anwesenden Toten nicht, und sie hören die Toten (darunter auch Karls Frau Maria, ihr gemeinsames Kind und die Besatzung einer abgeschossenen amerikanischen Maschine) nicht, die von ihrem Leben erzählen. Während die Toten beklagen, dass die Lebenden „aus unserem Tode [machen], was ihnen gefällt, was ihnen nützt [...] und [sie] uns nicht reifer werden [lassen], als sie selber sind" (Frisch 1962, 147), setzt sich auf der Vorderbühne der katastrophische Verlauf der Geschichte fort. Das ‚falsche‘ Totengedenken der Überlebenden, in dem Frisch sein Stück ganz explizit enden lässt, bleibt taub gegenüber der ‚Erfahrung‘ der Toten.

Von Frischs *Nun singen sie wieder* aus lassen sich Verbindungslinien ziehen zu den grotesken Komödien Friedrich Dürrenmatts, die die Geschichte als sinnlosen Kreislauf der Gewalt behaupten und zugleich die Stärkung der Widerständigkeit und Selbstbehauptungskraft des Subjekts zu stärken suchen (*Romulus der Große*, 1949; *Die Physiker*, 1962). Eine zweite Linie führt von Frischs Stück zu den Parabelstücken, die in den ausgehenden 1950er und den beginnenden 1960er Jahren Entstehungsprozesse und Funktionsweisen totalitärer Herrschaft in der Form abstrakter Spielvorlagen transparent zu machen suchten. Frisch selbst hat mit seinem „Lehrstück ohne Lehre" (so der Untertitel) *Andorra* einen Prototyp dieser Dramenform vorgelegt. *Andorra* ist modellhaft, indem es die Entstehungsmechanismen und Funktionsweisen totalitärer Herrschaft und rassistischer Ausgrenzung, für die niemand Verantwortung zu übernehmen bereit ist, an einem über-

Parabelstücke

Max Frisch, Andorra

schaubaren Geschehen mit ‚einfacher' Modellierung der Gegensätze und Konfliktlinien transparent macht: die Markierung des ‚Anderen' als ‚Fremdem' (hier des in der Familie des Lehrers Can aufgewachsenen Andri, der als angeblich jüdisches Kind von seinem ‚Ziehvater' aus dem Nachbarreich der Schwarzen nach Andorra und damit in Sicherheit gebracht wurde), die Selbstidentifikation des Ausgegrenzten mit dem ihm zugeschriebenen Fremdbild und schließlich seine Ermordung als Konsequenz eines wahnhaften ‚Reinheitsstrebens' der Mehrheitsgesellschaft.

Dass Can Andri *als Juden* vor dem Zugriff der ‚Schwarzen' beschützt hat, ist eine Deckungslüge, mit der er die Wahrheit über seine Beziehung mit einer ‚Schwarzen', aus der das Kind hervorgegangen ist, verbirgt. In Andorra wiederum sehen alle in Andri, was sie sehen sollen und wollen: den Juden. Andri wird mit anderen Worten zum Juden ‚gemacht'. Die Lüge führt in die Katastrophe, als Andri ausgerechnet die Tochter seines Pflegevaters (in Wahrheit seine Stiefschwester) Barblin heiraten will und Can dies aus nahe liegenden Gründen zu verhindern sucht, freilich ohne die Wahrheit über Andris Herkunft auszusprechen. In dieser Situation identifiziert sich der beschämte Andri mit der ihm zugeschriebenen Rollenimago: der ‚gemachte' Jude macht sich selbst zum Juden und lässt auch von dieser Selbstidentifikation nicht mehr ab, als seine leibliche Mutter, die ‚Senora', nach Andorra kommt und das um Andris Herkunft gelegte Lügengespinst zerreißt. Andri stirbt schließlich *als ‚Jude'*, nachdem die ‚Schwarzen' als Rache dafür, dass die ‚Senora' auf ihrem Heimweg durch einen Steinwurf getötet wurde, Andorra überfallen und parallel zur Suche nach dem – angeblich jüdischen – Mörder auch Razzien auf Juden gemacht haben. Bei einer öffentlichen ‚Judenschau', bei der alle Andorraner ihre rassische Zugehörigkeit überprüfen lassen müssen, wird Andri von dem offiziellen „Judenschauer" als Jude identifiziert und schließlich getötet. Die Verantwortung dafür will niemand übernehmen. Im Gegenteil: Alle Andorraner richten sich in ihren selbstgefälligen Lebenslügen ein und weisen jede Form der Mitschuld zurück: „Ich bin nicht schuld." (der Wirt) – „Ich bin nicht schuld, daß es so gekommen ist später." (der Tischler) – „Ich bin nicht schuld, daß sie ihn geholt haben später" (der Geselle) – „Ich habe nur meinen Dienst getan. Order ist Order. Wo kämen wir hin, wenn Befehle nicht ausgeführt werden! Ich war Soldat." (der Soldat mit dem Argument des Befehlsnotstands) – „Auch ich habe mir ein Bildnis gemacht von ihm, auch ich habe ihn gefesselt, auch ich habe ihn an den Pfahl gebracht." (der Pater) – „Was die Soldaten, als sie ihn holten, gemacht haben mit ihm, weiß ich nicht, wir hörten nur seinen Schrei … Einmal muß man auch vergessen können, finde ich." (der Jemand) (Frisch 1971, 216, 221, 228, 247, 254, 276). Eine Ausnahme macht lediglich Andris Halbschwester Barblin: Irr geworden weißelt sie an gegen das vergossene Blut und markiert damit doch die Schuld der Überlebenden.

1. Der alte Mensch in neuen Situationen: ‚Aufbau Ost'

Anders als im Westen erfolgte der Wiederaufbau des Theaterlebens in der SBZ/DDR in der Fluchtlinie einer geschlossenen kulturpolitischen Programmatik: dem Ziel der Errichtung einer ‚antifaschistisch-demokratischen Ordnung', aufbauend auf den humanistischen und fortschrittlichen Werten der deutschen Kultur. Während Inszenierungen von Werken emigrierter Autoren (Hedda Zinner: *Cafehaus Payer*, 1945; Friedrich Wolf: *Professor Mamlock*, 1946; Ernst Toller: *Pastor Hall*, 1947; Bertolt Brecht: *Furcht und Elend des Dritten Reiches*, 1948) die Aufgabe zukam, die kulturpolitisch gewünschte Auseinandersetzung mit dem Nationalsozialismus auf dem Theater zu ermöglichen und zugleich damit eine neue Perspektive auf die ‚andere', nicht-militaristische und demokratische Tradition innerhalb der deutschen Geschichte zu eröffnen, folgte die in den ersten Nachkriegsjahren in der SBZ aufgeführte *neue* Dramatik anfänglich in erster Linie dem Muster einer – dramaturgisch zumeist schematisierenden, von trivialen Mustern durchzogenen – antifaschistischen Wandlungsdramatik, in der politisch indifferente oder fehlgeleitete Personen in der Konsequenz einer oft schockhaften Einsicht in die desaströse Gegenwart (und Vergangenheit) zu Antifaschismus oder Kommunismus vordringen (vgl. Heinrich Goertz: *Peter Kiewe oder die Methode von Thaddäus Wohltat und Dr. Ast*, 1946; Thomas Engel: *Treibgut*, 1948; Peter Podehl: *Kommen und Gehen*, 1948).

Wandlungsdramatik

Die Abrechnung mit dem Nationalsozialismus als solche ist dabei bis in die sechziger Jahre hinein eingebettet in das Narrativ des Widerstands, in erster Linie heißt das des aus der Illegalität heraus geführten antifaschistischen Kampfes, in zweiter Linie aber auch von Formen individueller Widerständigkeit, des Protests und des Einspruchs (vgl. etwa Johannes R. Becher: *Winterschlacht*, 1952/54; Alfred Matusche: *Der Regenwettermann*, 1968). Vom Widerstand gegen Hitler zu erzählen, diente als Brückenschlag aus der Vergangenheit in die Zukunft eines ‚besseren' und ‚wahren' Deutschland. Insofern unterscheidet sich die Dramatik in der DDR im Grunde nur wenig von derjenigen des Westens. Sujet, Fabelkonstruktion und Figurenkonstellation heben die in den ersten Nachkriegsjahren entstandenen Dramen allerdings in entscheidender Weise von der West-Dramatik ab. Die Einordnung des Nationalsozialismus in die Geschichte imperialistischer Unterdrückung bei gleichzeitiger Ausblendung seiner rassistischen Dimension stellt die Erinnerung an die kommunistisch Verfolgten so über die der anderen Verfolgten in der Gedenkkultur der DDR. Denn der Widerspruch zwischen Kapital und Arbeit, Ausbeutern und Ausgebeuteten wurde als der grundlegende und ältere verstanden. Dies wiederum bildete den Fluchtpunkt für die ideologisch aufgeladene Unterscheidung zwischen dem heroischen Widerstand der kommunistisch-antifaschistischen Kämpfer, deren Vermächtnis zu wahren und in politische Perspektiven zu übersetzen die DDR für sich in Anspruch nahm, und dem militärischen Widerstand des 20. Juli, der in der DDR keine größere Rolle spielte.

Narrative des Widerstands

In Hedda Zinners Stücken *Der Teufelskreis* (1953) und *Ravensbrücker Ballade* (1961) findet dies zwei exemplarische Ausformungen. In *Der Teufelskreis* verbindet Zinner das Schicksal des sozialdemokratischen Reichstagsabgeordneten Wilhelm Lühring (eine erfundene Figur) mit der Geschichte des Reichstagsbrand-Prozesses. An Lührings Beispiel verdeutlicht das Stück die fatalen Folgen der Weigerung der sozialdemokratischen Führung, gemeinsam mit den Kommunisten eine Front aller Linksparteien gegen Hitler und die Nationalsozialisten aufzubauen. Als Politiker erleidet der Sozialdemokrat Lühring mit seinem Glauben an die Legalität Schiffbruch auf der ganzen Linie. Als Mensch aber wird er am Ende gerechtfertigt, denn als Opfer der noch in der Nacht des Reichstagsbrandes einsetzenden Verhaftungswelle kommt er nicht nur zu der richtigen Einsicht, mit seinem Antikommunismus den Kampf gegen Hitler entscheidend geschwächt zu haben. Er nimmt auch als Konsequenz dieser Einsicht den eigenen Tod auf sich. Unter der Folter liefert er den Nationalsozialisten mit einer Falschaussage zunächst den dringend benötigten Beweis für die Beteiligung der Kommunisten am Reichstagsbrand, widerruft dann aber vor dem Reichsgericht diese Aussage. Den Anstoß dazu gibt ihm das Vertrauen seines Sohnes, eines aktiven Kommunisten, in das politisch-ethische Unterscheidungsvermögen des Vaters sowie (und vor allem) das souveräne und unerschrockene Auftreten des bulgarischen Revolutionärs Georgi Dimitroff als Angeklagter vor Gericht. Mit dem Bekenntnis zur Einheitsfront („Wir alle gehören zusammen … alle Arbeiter."; Zinner 1973, 261) stirbt Lühring am Ende im Konzentrationslager als Märtyrer des ‚besseren' Deutschlands, während Dimitroff mit einem flammenden Schlussplädoyer für den Kommunismus vor Gericht den Teufelskreis aus Lügen und Intrigen durchbricht. Ihm gibt das Stück das letzte Wort: „Das Rad der Geschichte dreht sich nach vorwärts; und dieses Rad, getrieben durch das Proletariat unter Führung der Kommunisten in aller Welt, wird durch keinerlei Ausrottungsmaßnahmen, durch keine Zuchthausstrafen und Todesurteile aufgehalten werden. Es dreht sich und wird sich drehen bis zum endgültigen Sieg des Kommunismus!" (Zinner 1973, 265 f.)

Ravensbrücker Ballade, eine optimistische Tragödie, nimmt ihren Ausgang von der Weigerung sowjetischer Kriegsgefangener im Frauenkonzentrationslager Ravensbrück, Zwangsarbeit für die deutsche Rüstungsindustrie zu leisten. Um den Widerstand der Frauen zu brechen und zur Abschreckung sollen drei von ihnen erschossen werden. Einer allerdings gelingt die Flucht. Sie wird in einer Lagerbaracke, in der „Politische", rassisch Verfolgte, sogenannte Asoziale und Kriminelle aus verschiedenen Ländern zusammengepfercht sind, von einer politischen Widerstandsgruppe versteckt. Die Suche nach der Flüchtigen wird zur Kraftprobe zwischen der SS und den Häftlingen, die mit ihrem – letztlich erfolgreichen – Kampf für die Rettung der Russin um ihre eigene Würde, ihre Hoffnungen, ihr Menschsein kämpfen. Im Zentrum dieses Kampfes steht die Blockälteste Maria, eine politische Gefangene, die den Widerstand organisiert und obendrein am Ende als stellvertretendes Opfer für die gerettete Russin in einer pathetisch hoch aufgeladenen Szene stirbt: Sie geht den Gefangenen als leuchtendes Vorbild von Menschlichkeit und Solidarität voran, ohne selbst die neue Zeit, deren Anbruch sie immerhin sterbend noch vor Augen hat, erleben zu dürfen. Das Opfer der ‚gläubigen' Kommunistin ist der Preis für die friedliche Zukunft, in deren Fluchtlinie das Stück den opferreichen Kampf der Kommunisten erinnert.

Zwar verschieben sich in der DDR-Literatur in der zweiten Hälfte der fünfziger Jahre die Akzente von der unmittelbaren Darstellung des Krieges und seiner Folgen hin zu einer Thematisierung innerer Umbruchsituationen von jungen Menschen (Hartmann 1977, 313), die mit ihren Erfahrungen aus der zurückliegenden Zeit, mit ihren Irrtümern und Fehlern in die neue sozialistische Gesellschaft hineinwachsen und für diese gewonnen werden müssen. Das Erzählmuster des antifaschistischen Widerstands steuert die literarische Auseinandersetzung mit dem Nationalsozialismus aber weiter bis in die sechziger Jahre hinein. Die den genannten Stücken zugrunde liegende Struktur der Konfliktmodellierung und -lösung blieb maßgeblich im Übrigen auch in denjenigen Stücken, die sich im Zuge des kulturpolitischen Kurswechsels, den die zweite Parteikonferenz der SED im Juli 1952 proklamierte, dem Aufbau des Sozialismus als neuem Sujet zuwandten.

In Gestalt des „didaktischen" bzw. „dialektischen" Theaters kommt es mit dieser perspektivischen Neuausrichtung im Hinblick auf die Probleme der veränderten Wirklichkeit im Sozialismus auch zu neuen Angeboten der Formproblematik. Entschieden forderte eine (durchaus nicht homogene) Gruppe von Theaterpraktikern und Dramatikern, darunter Heiner Müller, Peter Hacks, Heinar Kipphardt und Wolfgang Langhoff, den Theaterapparat im Rückgriff auf die sozialistische Ästhetik der zwanziger Jahre kulturrevolutionär zu verändern. Sie suchten – mehr oder weniger konsequent – eine Synthese zwischen proletkultisch-agitatorischen und klassischen Literaturformen und scherten damit aus den Formvorgaben des sozialistischen Realismus (Darstellung der Wirklichkeit in ihrer revolutionären Entwicklung, positive Identifikationsfiguren, Geschlossenheit der Form, Typisierung, Verzicht auf die als Ausdruck der Dekadenz und des sogenannten Formalismus abgelehnten Techniken des inneren Monologs, der Montage und der Abstraktion etc.) und den Leitlinien der antimodernistischen Erbepflege aus, an denen zu Beginn der fünfziger Jahre schon einmal Bertolt Brecht (*Urfaust*-Inszenierung, 1952) und Hanns Eisler (*Johann Faustus*, 1952) vergeblich zu rühren versucht hatten. Beide waren seinerzeit an den Maßgaben einer Kulturpolitik gescheitert, die unter dem bestimmenden Einfluss der Realismustheorie Georg Lukács' die klassizistische Ästhetik kanonisierte, die Literaturgeschichte in ein fortschrittliches (Klassik, bürgerlicher Realismus) und ein reaktionäres (Romantik, Moderne/Avantgarde) Erbe einteilte und von hier aus die ästhetischen Spielräume der Literatur parteiideologisch einschränkte. Bereits 1951 hatte das 5. Plenum des ZK der SED den ‚Kampf gegen den Formalismus in Kunst und Literatur' ausgerufen und jedes Ausscheren aus der verlangten traditionalistischen Erbepflege unter den Verdacht der ideologischen Abweichung gestellt.

Didaktisches Theater (margin)

Administrative Eingriffe verhinderten nach anfänglicher Tolerierung auch die Reformansätze des didaktisch-dialektischen Theaters. Im Januar 1959 warnte Walter Ulbricht so auf dem 4. Plenum des ZK vor einer Tendenz zur Verengung der „sozialistischen Kunst" zur „Agitpropkunst" und der Verabsolutierung des „,didaktische[n]', Lehrtheater[s]" zu *der* sozialistischen Kunstform „unter Mißachtung der großen realistischen Traditionen unserer Dichtung und unter Verzicht auf echte künstlerische Gestaltung". Derartige „sektiererischen Tendenzen, die der Ausdruck des Unverständnisses für unsere wahrhaft nationale Kunstpolitik sind", seien, so Ulbricht, „ein Hemmnis für die Entwicklung einer großen Literatur und Kunst des Friedens und des Sozialismus, die wirklich zu Millionen Menschen zu sprechen versteht." (Schubbe 1972, 549) Dem Neuerungsanspruch des didaktischen Theaters war damit der Boden entzogen. Von Ausnahmen abgesehen bestimmten in den folgenden Jahren in der Konsequenz dieser politischen Kaltstellung einer abweichenden Theaterästhetik ideologische Schematisierungen weithin den neuen Typus des *Aufbaudramas*: Die Widersprüche der Gesellschaftsentwicklung werden zu den Folgen eines noch nicht hinreichend entwickelten Bewusstseins der Beteiligten erklärt.

Agrodramen   Zum Kernbestand des Aufbaustücks gehören die in den 1950er Jahren ungemein populären ‚Agrodramen', die sich darum bemühten, die sozialistische Umgestaltung auf dem Land als wesentlichen und für die Entwicklung der sozialistischen Gesellschaft zugleich typischen Fortschritt zu begründen (vgl. u. a. Friedrich Wolf: *Bürgermeister Anna*, 1950; Paul Herbert Freyer: *Kornblumen*, 1954; Helmut Sakowski: *Die Entscheidung der Lene Mattke*, 1958; Erwin Strittmatter: *Holländerbraut*, 1960; Helmut Baierl: *Die Feststellung*, 1957; *Frau Flinz*, 1961). Prototyp des Genres ist Friedrich Wolfs *Bürgermeister Anna*, ein ästhetisch bewusst ‚niedrig' gehängtes Stück mit typisiertem Personal, das fortbestehende Abhängigkeitsverhältnisse der Kleinbauern zu den besitzenden Großbauern, Defizite der Planung und das noch nicht hinreichend entwickelte neue Verhältnis der Geschlechter zur Diskussion stellt.

Während *Bürgermeister Anna* heute weitgehend in Vergessenheit geraten ist, hat es Erwin Strittmatters Bauernkomödie *Katzgraben* (1953) aufgrund der ausführlich dokumentierten Inszenierungsarbeit Brechts („*Katzgraben*"-*Notate*) zu einigem Nachruhm gebracht. Dass Strittmatter bei dem Versuch, das Gegeneinander von Alt und Neu aus der konkreten sozialökonomischen Situation auf dem Land heraus zu entwickeln, den Bauern eine versifizierte Sprache in den Mund legte, hob in Brechts Verständnis „die Vorgänge unter so einfachen, ‚primitiven', in den bisherigen Stücken nur unartikulierten Menschen wie Bauern und Arbeitern auf das hohe Niveau der klassischen Stücke" und zeigte „das Edle ihrer Ideen" (GBA 25/5, 426). *Katzgraben* sei nicht Tendenzstück, sondern vielmehr „historische Komödie", kein Drama, das gegen einen bestimmten Missstand Stellung beziehe, sondern Zustimmung signalisiere: „Der Verfasser zeigt seine Zeit und ist für die fortschreitenden, produktiven, revolutionären Kräfte. Er gibt manche Hinweise für Aktionen der neuen Klasse, aber er geht nicht darauf aus, einen bestimmten Mißstand zu beseitigen, sondern demonstriert sein neues, ansteckendes Lebensgefühl." (GBA 25/5, 423)

Avancierter in der Formensprache und der Konfliktmodellierung allerdings waren drei andere Stücke, die in jeweils produktiver Weise Anregungen der Brechtschen Theatertheorie aufnahmen: 1. Heiner Müllers nach der Uraufführung 1961 sofort verbotene Komödie *Die Umsiedlerin oder das Leben auf dem Lande*, die mit ihren einander kreuzenden und sich gegenseitig überlagernden Handlungselementen das Komische und das Tragische verschmilzt, den banalen Alltagston mit dem heroischen Pathos kreuzt, und kompromisslos in der Darstellung von Härten und Konflikten den Umgestaltungsprozess in einem fiktiven Dorf im Osten Deutschlands zwischen der demokratischen Bodenreform von 1945/46 und der Kollektivierung der Landwirtschaft im Jahr 1960 zur Diskussion stellt. 2. Peter Hacks' Komödie *Moritz Tassow* (entstanden 1961, uraufgeführt erst 1965), die den ideologischen Schematismus in der Darstellung der Entwicklung der sozialistischen Gesellschaft als eines natürlichen und organisch fortlaufenden Prozesses durch ein ironisch gebrochenes Happy-End unterlief und mit dem Träumer Tassow den utopischen Stachel innerhalb der Gegenwartsmisere in die Literatur emigrieren lässt, gleichzeitig den Vertreter der Realpolitik zur Auskurierung seiner Leiden in eine Klinik schickt und die Bühne freiräumt damit für einen Anpasser. 3. Hartmut Langes *Marski* (entstanden 1962/63, aber erst 1966 nach Langes Flucht aus der DDR in Frankfurt am Main uraufgeführt), eine unmittelbar an Brechts *Herr Puntila und sein Knecht Matti* anschließende Parabel, in welcher der ländliche Raum zum Schauplatz einer dialektischen Bewegung des Sprungs in eine neue, utopische Qualität des Miteinanders wird; dieser wird als Sterben des ‚großen', auf sich und seinem Besitz bestehenden Subjekts und seiner Wiedergeburt als ‚kollektiver' Mensch in Szene gesetzt. Alle drei Stücke stellen den Widerspruch zwischen Einzelinteressen und Gattungsinteressen, Eigensinn und Gemeinsinn in das Zentrum der dramatischen Wirklichkeitsinspektion. Indem sie Konflikte vorführen, welche die Individuen regelrecht zerreißen, hinterfragen sie die offizielle Ideologie der Übergangsgesellschaft, die alle gesellschaftlichen Widersprüche zu vorübergehenden, prinzipiell lösbaren Problemen des Aufbaus erklärt: zu notwendigen Zwischenstufen auf dem Weg zum angestrebten Sozialismus – und verlassen damit den Rahmen der oft schlicht gewirkten, Konflikte beschönigenden Agrodramen.

Ein Gegenstück findet das Muster des *Agrodramas* im sogenannten *Industriestück* oder auch *Produktionsstück*, das sich von anderer Seite der Probleme der sozialistischen Übergangsgesellschaft annimmt (Peter Hacks: *Die Sorgen und die Macht*, 1960; Hartmut Lange: *Senftenberger Erzählungen oder Die Enteignung*, 1962; Helmut Baierl: *Johanna von Döbeln*, 1969; Erik Neutschs: *Haut oder Hemd*, 1971; Volker Braun: *Kipper Paul Bauch*, 1962–67 [1972]; *Hans Faust/Hinze und Kunze*, 1968). Eines der erfolgreichsten Stücke dieses im Vergleich zu den Agrodramen weitaus langlebigeren Genres (vgl. Volker Braun: *Tinka*, 1976; *Schmitten*, 1982) war Harald Hausers *Am Ende der Nacht*, das bis 1972 allein 39 Inszenierungen erlebte. Die dif-

Produktionsstücke

Heiner Müller,
Der Lohndrücker;
Der Bau

ferenziertesten dieser Stücke aber stammen einmal mehr von Heiner Müller: *Der Lohndrücker* (1958) und *Der Bau* (entstanden 1963/64 und 1965 in
der DDR erstveröffentlicht, aber erst mit langer Verspätung 1980 uraufgeführt), die allerdings die Ebene der realistischen Milieuschilderung und
damit eines für die Mehrzahl der Industrie- und Produktionsstücke maßgeblichen Abbildrealismus verlassen. Nicht die Wirklichkeit der Produktion als
solche steht in *Der Lohndrücker* so zur Diskussion, sondern dessen
geschichtliche Dimension, nicht zuletzt auch die historische Ortsbestim-
mung des durch die Arbeit stimulierten sozialen Erkenntnisprozesses im
Kontext der deutschen Geschichte. Von hier aus stellt das aus fünfzehn
Kurz- und Kürzestszenen montierte Stück anhand einer bekannten
Geschichte den gesellschaftlichen Wandel als widersprüchlichen Vorgang
der Veränderung im Denken und Handeln der *alten* Menschen „in den *neu-
en* Situationen" (Brecht) zur Diskussion – in einer lakonisch spröden Thea-
tersprache, die mit idiomatischen Redewendungen spielt, sie zergliedert,
wörtlich nimmt, jenseits zumal auch der Konventionen einer illusionistischen Fabel- und Lösungsdramaturgie in einer immer wieder durch raum-
zeitliche Stillen und Stillungen unterbrochenen episodischen Struktur.

Der Bau wiederum stellt in einer sprunghaften Abfolge von neun vielfach
zerbrochenen Bildern Schwierigkeiten und Probleme beim Aufbau eines
Industriekombinats im Übergang von der Phase der zentralen Planwirtschaft
zur Politik des Neuen Ökonomischen Systems zur Diskussion, reiht sich
vordergründig dabei mit der Spiegelung der gesellschaftlichen Weiter- und
Höherentwicklung im technischen Fortschritt (hier im Durchbruch zu einer
rational durchstrukturierten industriellen Produktionsweise) in die Folge derjenigen Stücke ein, die sich am konkreten Fall mit dem Aufbau des Sozialismus in der DDR beschäftigen. Allerdings ist das realistische Sujet von einer
ausgreifenden Metaphorik überwuchert, was dem Text eine zweite, allegorische Ebene zuschreibt. Nur noch in Versatzstücken sozialistisch-realisti-
scher Dramatik präsentiert das Stück das Sujet ‚industrieller Aufbau': in der
Fabelführung (es geht um die Einführung neuer Produktionsweisen auf einer
Großbaustelle der DDR gemäß den wirtschaftspolitischen Rahmenvorstel-
lungen der sogenannten ‚Wissenschaftlich-Technischen-Revolution'), in der
Personenkonstellation (es treten auf Brigade, Bauleiter, Parteisekretär, technische Intelligenz) und in der Konfliktmodellierung (vorgeführt wird am Beispiel der Sozialisierung einer anarchischen Brigade und ihres Brigadiers die
Überführung der ‚wilden' Produktion des Sozialismus in einen nach wissen-
schaftlich-technischen Vorgaben strukturierten, zielgerichteten Vorgang).

Dass Müller in *Der Bau* die Gestaltung übergreifender gesellschaftlicher
Mechanismen im Sujet der Arbeitswelt nur noch durch eine Überbietung
der Form ins Metaphorische und Hyberbolische möglich erschien, ist Reflex
bereits auf die Erschöpfung des dramatischen Modells ‚Produktionsstück',
die im Gefolge der Stabilisierung und Konsolidierung der DDR in den sechziger Jahren allenthalben in der Literatur des Landes spürbar wird. Die
Blankverse und Prosa mischende Sprache sprengt den Realismus des Sujets
auf und öffnet das Stück bereits in grundsätzlicher Weise gegenüber einer

geschichtsphilosophischen Fragestellung, die sich – sieht man einmal von Zeitstücken wie Rainer Kerndls *Schatten eines Mädchens* (1961), Claus Hammels *Um neun an der Achterbahn* (1964), Horst Kleineidams *Von Riesen und Menschen* (1967) oder Horst Salomons *Ein Lorbaß* (1967) ab – nicht nur in Müllers Dramen von nun an immer stärker in den Vordergrund der in der DDR geschriebenen Dramatik schiebt.

2. Neue Formen im Zeichen des gesellschaftlichen Wandels: Dokumentardrama, (Alp-)Träume der Revolution, Mythenrezeption

In der Bundesrepublik entsteht in den 1960er Jahren mit dem dokumentarischen Drama ein neuer, strukturell allerdings keineswegs einheitlicher Gattungstypus, der den Zuschauer dem Schock der Realität unmittelbar auszusetzen und dem Theater von hier aus eine Bedeutung als Forum gesellschaftlicher Auseinandersetzungen zu gewinnen versucht. Dieser Paradigmenwechsel erfolgt als solcher in der Fluchtlinie der Politisierung, die die Gesellschaft der Bundesrepublik im Gefolge des Mauerbaus (1961), der Kuba-Krise (1962/63), der Spiegelaffäre (1962), des Vietnam-Kriegs (1964 ff.), nicht zuletzt auch des Jerusalemer Eichmann-Prozesses (1961) und des ersten Frankfurter Auschwitzprozesses (1963–1965) auf nahezu allen Ebenen erfasst (in der Atom- und Wiederaufrüstungsdebatte allerdings bereits auch Vorläufer in den 1950er Jahren hat): Das Ausmaß der Verdrängungen wurde offenkundig und führte zu einer verstärkten Auseinandersetzung mit der NS-Vergangenheit auch auf dem Theater. Eine Vielzahl von Stücken setzte den Verdrängungs- und Abwehrstrategien nun eine dokumentarisch-exakte Erinnerung entgegen, in der Form durchaus divergent, geeint gleichwohl im Widerstand gegen die Vergessensneigung, die kollektive Amnesie und Politikferne der westdeutschen Nachkriegsgesellschaft (u.a. Martin Walser: *Eiche und Angora*, 1962; Rolf Hochhuth: *Der Stellvertreter*, 1963; Peter Weiss: *Die Ermittlung*, 1965; Heinar Kipphardt: *In der Sache J. Robert Oppenheimer*, 1964; *Joel Brand*, 1965; Fritz Hochwälder: *Der Himbeerpflücker*, 1965).

„Das dokumentarische Theater ist ein Theater der Berichterstattung. Protokolle, Akten, Briefe, statistische Tabellen, Börsenmeldungen, Abschlußberichte von Bankunternehmen und Industriegesellschaften, Regierungserklärungen, Ansprachen, Interviews, Äußerungen bekannter Persönlichkeiten, Zeitungs- und Rundfunkreportagen, Fotos, Journalfilme und andere Zeugnisse der Gegenwart, bilden die Grundlage der Aufführung." (Weiss 1971, 91) So hat Peter Weiss 1968 das Genre bestimmt, dem er mit zum Durchbruch verholfen hat. Und weiter heißt es: „Das dokumentarische Theater enthält sich jeder Erfindung, es übernimmt authentisches Material und gibt dies, im Inhalt unverändert, in der Form bearbeitet, von der Bühne aus wieder." (Weiss 1971, 91 f.) Am Anfang dieser dokumentarischen Neuausrichtung des bundesrepublikanischen Theaters steht Rolf Hochhuths umstrittenes Stück *Der Stellvertreter*, das formal deutlich noch von der Tradition der klassisch-idealistischen Dramaturgie zehrt, die das in sittlicher Freiheit und

Dokumentardramatik

Rolf Hochhuth, Der Stellvertreter

Verantwortlichkeit sich selbst bestimmende Individuum zum Ausgangspunkt und Ziel hat. Hochhuth personalisiert in der Auseinandersetzung mit dem Verhältnis von Macht und Moral und der Mitschuld der katholischen Kirche an der Shoah die Konflikte (was eine Simplifizierung komplexer Strukturen mit sich bringt) und macht dem Zuschauer mit seinen Figuren Identifikationsangebote. Entsprechend steht in *Der Stellvertreter* auch nicht die Analyse des Systems ‚Staat' oder ‚Kirche' zur Diskussion, sondern die Analyse der Verhaltensweise einzelner, in einer konkreten historischen Situation innerhalb dieser Systeme agierender Personen, die als Träger historischer Prozesse konzeptualisiert sind.

Mit der Josef Mengele nachempfundenen Figur eines „Doktors" stellt das Stück – gleichsam als Verlängerung ‚alter' dramatischer Muster in die neue Form hinein – dabei noch einmal eine übergroße, ins Dämonische erhobene Figuration des Bösen auf die Bühne, mit dem SS-Mann Kurt Gerstein, der unter Gefahr des eigenen Lebens die Öffentlichkeit ins Bild zu setzen sucht über das Geschehen in den Vernichtungslagern, und dem Pater Riccardo Fontana, der als wahrer Stellvertreter Christi mit den verfolgten Juden in den Tod geht, überdies gleich zwei Figurationen des Erhaben-Heroischen. Das dem Stück beigegebene dokumentarische Material dient in diesem Rahmen einerseits der ‚Bewahrheitung' des Dargestellten, andererseits wird es der Geschichtsauffassung des Autors untergeordnet, der immer wieder als Kommentator und Erzähler in Erscheinung tritt. Es bleibt dem Stück als solches äußerlich und wird nicht in die geschlossene Form integriert.

Über vier Akte folgt Hochhuth in *Der Stellvertreter* den vergeblichen Bemühungen des vom Beispiel des SS-Obersturmbannführers Gerstein angetriebenen Jesuitenpaters Riccardo Fontana, die Amtskirche zum Handeln zu bewegen. Der politisch einfach gestrickte Konservatismus der Kirche macht sowohl die Interventionen Gersteins als auch die Bemühungen Pater Riccardos, den Papst zu einer das Morden aufhaltenden Stellungnahme zu bewegen, zunichte, obwohl es genügend Beispiele eines wirksamen kirchlichen Protestes im Kleinen gegeben hat (das Stück nennt immer wieder solche Beispiele um seine Generalthese zu untermauern). Kurie und Papst nämlich sehen in Hitler nach wie vor ein Bollwerk gegen den Kommunismus, vor dem es die Katholiken Europas, nicht zuletzt auch das Finanzimperium der Kirche zu retten gilt.

> PAPST (*klopft bei jedem Wort auf die Lehne seines Thrones*):
>   Hitler allein, lieber Graf, verteidigt jetzt Europa.
>   Und er wird kämpfen, bis er stirbt,
>   weil ja den Mörder kein Pardon erwartet.
>   Dennoch, der Westen *sollte* ihm Pardon gewähren,
>   solange er im Osten nützlich ist.
>   Wir haben öffentlich im März erklärt, nichts,
>   gar *nichts* zu tun zu haben mit den Zielen
>   der USA und Großbritanniens.
>   Die sollen sich mit Deutschland erst vertragen.
>   Der spanische Außenminister hat das leider

vor aller Welt schon propagiert.
Wie dem auch sei: die Staatsräson verbietet,
Herrn Hitler als Banditen anzuprangern,
er muß verhandlungswürdig bleiben.
Wir haben keine Wahl.
(Hochhuth [33]2000, 274)

Während die Amtskirche so einen Pakt mit dem Teufel eingeht, um den Beelzebub des Kommunismus auszutreiben oder wenigstens in Schach zu halten, beglaubigt der Pater Riccardo am Ende seinen Einsatz im persönlichen Opfer. Er heftet sich demonstrativ den Judenstern an seine Soutane. Mit den Worten „Gott soll die Kirche nicht verderben, / nur weil ein Papst sich seinem Ruf entzieht" (Hochhuth [33]2000, 292) geht er selbst nach Auschwitz (der gesamte letzte Akt des Stückes spielt im KZ), wo er als moralischer Sieger über das Böse und als Märtyrer für die Idee des wahren Papsttums stirbt: in mitleidender Nächstenliebe, während das Morden zunächst weitergeht.

Im Unterschied zu Hochhuth, in dessen *Stellvertreter* sich die Strategien des Dokumentarischen und der Fiktionalisierung letztlich noch in einander blockierender Weise kreuzen, verzichtet Peter Weiss in *Die Ermittlung*, dem zweiten ‚Epoche' machenden Stück dieser Phase des bundesrepublikanischen Theaters, vorderhand auf die Fiktionalisierung und Narrativierung des Wirklichkeitsmaterials – hier der Zeugenaussagen und Verhörprotokolle aus dem Frankfurter Auschwitz-Prozess. Weiss zieht sich als Autor zurück auf die Position eines Arrangeurs des Materials und verzichtet auf die Theatralisierung einer Gerichtsszene. Der Untertitel „Ein Oratorium" ist von hier aus mit Bedacht gewählt. So wie das Oratorium Solo- und Chorstimmen über einen Text legt, in der Regel aber ohne sichtbare Szene auskommt, ist auch *Die Ermittlung* ein Spiel der Stimmen, das die Möglichkeit des Theaterspiels im Bühnenraum zulässt, aber nicht zwingend erfordert, wenn es in elf Gesängen zu jeweils drei Abschnitten eine von der Selektion an der Rampe („Gesang von der Rampe") bis zu den Verbrennungsöfen („Gesang von den Feueröfen") hinführende Topographie der Vernichtung allein durch das gesprochene Wort entwirft und in einer emotional ausgenüchterten Sprache Bericht erstattet über die technische Organisation der Massenvernichtung, über die ‚verbrauchende' medizinische Forschung im KZ, über Folter und den ökonomischen Ertrag des Lagersystems.

Am ‚erzählenden' Charakter auch dieses Verfahrens ändert das nichts; auch Weiss bringt die Quellen ‚in Form'; er montiert und konzeptualisiert damit das dokumentarische Material, unterwirft es einer Narration, die den Nachweis der fortbestehenden Verbindung von (faschistischer) Vergangenheit und Gegenwart im Überdauern ökonomischer und ideologischer Strukturen zu erbringen hat. Auf den Zusammenhang des genozidalen Handelns der Nationalsozialisten und des Systems kapitalistischer Ausbeutung deuten zum einen dabei die wiederholten Erwähnungen der symbiotischen Verbindungen von Wirtschaft und Politik – im Text ist die Rede von der „segensrei-

Peter Weiss,
Die Ermittlung

che[n] Freundschaft / zwischen der Lagerverwaltung und der Industrie" (Weiss 1965, 101) –, zum anderen die Kontinuität in den Biographien der angeklagten und der nur als Zeugen geladenen Täter, die allesamt ihre Karrieren in der Nachkriegsgesellschaft fortsetzen oder zumindest doch sich wieder eine bürgerliche Existenz haben aufbauen können, und zwar – dies ist entscheidend – aufgrund der Konvergenz der Systeme.

> Wir müssen die erhabene Haltung fallen lassen
> daß uns diese Lagerwelt unverständlich ist
> Wir kannten alle die Gesellschaft
> aus der das Regime hervorgegangen war
> das solche Lager erzeugen konnte
> Die Ordnung die hier galt
> war uns in ihrer Anlage vertraut
> deshalb konnten wir uns auch noch zurechtfinden
> in ihrer letzten Konsequenz
> in der der Ausbeutende in bisher unbekanntem Grad
> seine Herrschaft entwickeln durfte
> und der Ausgebeutete
> noch sein eigenes Knochenmehl
> liefern mußte
> (Weiss 1965, 85 f.)

Heinar Kipphardt,
Joel Brand; Bruder
Eichmann

Das wiederum lenkt den Blick ab von der anderen ‚Wahrheit' der von Hannah Arendt beobachteten ‚Banalität des Bösen', mit der sich Heinar Kipphardt zunächst in *Joel Brand* (1965) und ein weiteres Mal kurz vor seinem Tod in dem Stück *Bruder Eichmann* (1983) auseinandergesetzt hat. *Joel Brand* erinnert an den gescheiterten Versuch, 1944 die Deportation der ungarischen Juden in letzter Minute noch durch ein Tauschgeschäft – die Lieferung von 10.000 LKW – zu verhindern, ohne allerdings dem *Stellvertreter*-Modell entsprechend den zwischen Adolf Eichmann und dem Titelhelden Joel Brand verhandelten schmutzigen Deal ‚Blut gegen Ware' zum Modell für moralische oder ideologische Entscheidungen zu überhöhen. Vor allem entdämonisiert Kipphardt in diesem Stück den Sachwalter des Tötens Eichmann, der seit den 1960er Jahren als Täterfigur sui generis in einer Vielzahl von dramatischen Auseinandersetzungen mit dem Nationalsozialismus begegnet – unmittelbar wie in Franz Theodor Csokors *Das Zeichen an der Wand* (1963) oder mittelbar wie in Martin Walsers *Der schwarze Schwan* (1964), Fritz Kortners *Die Zwiesprache* (1964), Thomas Bernhards *Vor dem Ruhestand* (1979) oder Rolf Defranks *Die schlafende Gitarre* (Hörspiel, 1981). In der Fluchtlinie dieser Justierung des Täterbildes lässt er in dem Stück *Bruder Eichmann*, das die Tradition des Dokumentarstücks in den 1980er Jahren fortführt, den Zuschauer schließlich in die Falle der Identifizierung mit dem ‚Menschen' Eichmann laufen, an dessen Beispiel er zu zeigen beabsichtigt, „wie ein ziemlich durchschnittlicher junger Mann aus Solingen [...] auf sehr gewöhnliche Weise zu der monströsen Figur Adolf Eichmann wird, die administrative Instanz im Genozid an den europäischen Juden, ‚ein Rädchen im Getriebe', wie er sich nennt, ein Funktionär des ‚Krieges gegen die Juden', durch Befehl und Eid gewissensgeschützt". (Kipphardt 1986, 205) Eichmann funktioniert präzise und kompetent innerhalb eines vorgegebenen Systems funktionaler Rationalität, das auf Befehl und Gehorsam aufgebaut ist und den Einzelnen von Eigenverantwortung freistellt. Für den ‚Beamten im Dienst' ist der „Verwaltungsmassenmord" (Hannah Arendt) so auch eine Aufgabe wie jede andere, die er zuverlässig erledigt, mit deren Resultaten er aber nicht behelligt werden möchte. Von hier aus erscheint er dem Vernehmungsoffizier Leo Chass weniger als „Monster" denn als „der gewöhnliche funktionale Mensch, der jede Maschine ölt und stark im Zunehmen begriffen ist". (Kipphardt 1986, 80) Dass er dem Vernehmungsoffizier „schrecklicherweise" gerade in diesen Momenten einer furchtbaren Banalität „näher" kommt (Kipphardt 1986, 80), ist der Fluchtpunkt entsetzter Selbsterkenntnis (hier: des Lesers/ Zuschauers im dunklen Spiegel des Mörders), auf die der dokumentarische Gestus des Stückes zielt.

Nicht die Analyse des funktionalen und funktionierenden Menschen macht diesen Nachtrag Kipphardts zum ‚Aufklärungs'-Theater der 1960er Jahre problematisch; es sind die Analogieszenen, die Kipphardt seinem Stück mit dem Ziel eingefügt hat, die Fortdauer des *Eichmann-Prinzips* eines gegenüber ethischen und moralischen Bedenken immunen ‚soldatischen' Agierens in der Gegenwart des Zuschauers zu erweisen, und zwar „im Alltagsbereich wie im politischen Leben wie in der Wissenschaft, von den makabren Planspielen moderner Kriege, die von vornherein in Genozid-Größen denken, nicht zu reden". (Kipphardt 1986, 205) Mit diesem Analogieverfahren, das keinen wesentlichen Unterschied mehr macht zwischen der Shoah und anderen genozidalen Praktiken und Geschehnissen nimmt Kipphardt eine ab den 1980er Jahren immer weiter um sich greifende ‚Vernutzung' der Shoah-Erinnerung vorweg, die allmählich die spezifische Singularität des Vernichtungshandelns in den Konzentrationslagern im Paradigma eines allgemeinen kulturellen Werteverfalls zum Verschwinden bringt.

Bereits auf dem Höhepunkt der Dokumentar-Welle im westdeutschen Theater, hatte Martin Walser dem Dokumentartheater vorgeworfen, entgegen allen anders lautenden Behauptungen weiterhin „im Abbildungsdienst" zu stehen und den Widerspruch zwischen Kunst und Realität „nur zum Schein überwunden" zu haben: „Dokumentartheater ist Illusionstheater, täuscht Wirklichkeit vor mit dem Material der Kunst" – und, so Walser weiter, halte den Zuschauer fest in der Rolle des Voyeurs: „Er hat Kunst gesehen, die sich für Realität ausgab." (Walser 1968, 73 f.) Walsers Einspruch ist Ausdruck der Funktionskrise, die die Literatur in den 1960er Jahren im Zuge der Politisierung ereilte (vgl. dazu das „Kursbuch" 15, in dem nicht nur Hans Magnus Enzensberger generell mit Literatur und Poesie abrechnete, sondern Michael Buselmeier konkret auch die Irrelevanz des Theaters in den Raum stellte). In der Auseinandersetzung mit den politischen und künstlerischen Aporien der revolutionären Umbrüche innerhalb der (deutschen) Geschichte fand diese Erfahrung ein spezifisches Echo um so weiter

Funktionskrise der Literatur – Revolutionssujets

sich die gesellschaftlichen Auseinandersetzungen in diesem für die Entwicklung der Bundesrepublik eminent folgenreichen Jahrzehnt zuspitzten.

Den Ton vorgegeben hatte Peter Weiss mit seinem Stück *Die Verfolgung und Ermordung Jean Paul Marats dargestellt durch die Schauspielgruppe des Hospizes zu Charenton unter Anleitung des Herrn de Sade* (1964), das als Drama der „betrogenen Revolution" (Weiss) ohne dezidierte Lehrmeinung und Lösung vor allem durch seine artifizielle Spiel-im-Spiel-Struktur und die Engführung ganz unterschiedlicher Spielmodelle (Zirkus, geistliches Spiel, Commedia dell'arte, Bilderbogen, absurdes Theater, etc.) innovativ wirkte. In der zweiten Hälfte der 1960er Jahre und den frühen 1970er Jahren häufen sich dann die Stücke mit Revolutionssujet, die thematisch den Bogen weit zu spannen wissen von der Darstellung revolutionärer Aufbruchsstimmungen bis hin zur Reflexion des Scheiterns der Revolutionäre und der Bebilderung der ‚Teutschen Misere', in der Form aber weniger an das *Marat/Sade*-Modell als vielmehr an eher konventionelle Muster des Geschichtsdramas anschließen (u.a. Günter Grass: *Die Plebejer proben den Aufstand*, 1966; Tankred Dorst: *Toller*, 1968; Dieter Forte: *Martin Luther und Thomas Müntzer oder Die Einführung der Buchhaltung*, 1970; Rolf Hochhuth: *Guerillas*, 1970; Peter Weiss: *Trotzki im Exil*, 1970; *Hölderlin*, 1971; Gaston Salvatore: *Büchners Tod*, 1972). Im Unterschied zum DDR-Drama, in dem die Revolutionsthematik mit zeitlicher Verzögerung und unter anderen gesellschaftspolitischen Vorzeichen ab dem Ende der 1970er Jahre eine zunehmende Bedeutung bekommt und hier dann auch zu neuen Ansätzen der dramatischen Formgestaltung führt: Fragmentarisierung (Heiner Müller: *Die Hamletmaschine*, 1979; *Der Auftrag*, 1980), Aufhebung der chronologischen Ordnung (Volker Braun: *Guevara oder der Sonnenstaat*, 1984), Absurdität (Christoph Hein: *Die wahre Geschichte des Ah Q*, 1983), werden in der BRD in der zweiten Hälfte der siebziger Jahre kaum noch Revolutionsdramen geschrieben. Martin Walsers *Sauspiel* (1975) ist kaum mehr als ein Nachtrag zu einem Genre, das Hartmut Lange mit *Die Ermordung des Aias oder Ein Diskurs über das Holzhacken* (1974) gleichsam eingeschlossen hatte in den eisigen Höhen eines dialektischen Denkens, in dem der Revolutionsidealismus seiner eigenen Erschöpfung gegenwärtig wird: Das Ideal lässt sich nur noch um den Preis seiner Aufgabe als politische Praxis behaupten.

Mythos- und Antikerezeption Im Westen geschrieben, steht Langes Rückgriff auf den Sagenkreis des Trojanischen Kriegs in diesem Stück deutlich dabei in der Tradition der Parabel- und Antikenstücke, in denen in der DDR eine von der Kulturpolitik gegängelte Dramatik in den sechziger Jahren Möglichkeiten der Zeitdiagnostik im mythologischen Gewand suchte (Heiner Müller: *Philoktet*, 1964; *Ödipus Tyrann*, 1967; Peter Hacks: *Der Frieden*, 1962; *Die schöne Helena*, 1964; *Amphitryon*, 1968; Karl Mickel: *Nausikaa*, 1968; Joachim Knauth: *Die Weibervolksversammlung*, 1965; Hans Pfeiffer: *Begegnung mit Herakles*, 1966; Armin Stolper: *Amphitryon*, 1967; Hartmut Lange: *Herakles/Der Hundsprozess*, 1964). Die beiden wesentlichen Linien dieser Mythos- und Antikerezeption, die sich in der DDR-Dramatik über die 1960er Jahre hinaus bis in die Umbruchzeit des Mauerfalls fortsetzt (vgl. Heiner Müller: *Zement*, 1972; *Medeaspiel*, 1974; *Verkommenes Ufer Medeamaterial Landschaft mit Argonauten*, 1982; Stefan Schütz: *Odysseus' Heimkehr*, 1977; *Die Amazonen (Antiope und Theseus)*, 1977; *Sappa*, 1982; *Laokoon*, 1980; *Orestobsession*, 1991; Joachim Knauth: *Der Maulheld*, 1973; *Lysistrate*, 1975; Peter Hacks: *Die Vögel*, 1975; *Senecas Tod*, 1978; *Pandorra*, 1980; Peter Gosse: *Palmyra*, 1982; Volker Braun: *Iphigenie in Freiheit*, 1992), verbinden sich mit den Dramen Heiner Müllers und Peter Hacks'. Beide Autoren haben zu Beginn der sechziger Jahre Stücke vorgelegt, die jeweils für sich grundsätzliche Paradigmata begründeten in der Auseinandersetzung mit Mythos und Antike: Heiner Müller die Sophokles-Bearbeitung *Philoktet*, 1964 in der Zeitschrift *Sinn und Form* zwar veröffentlicht, für die Bühnen der DDR aber bis 1974 gesperrt (die Uraufführung fand 1968 in München statt), Peter Hacks die Komödie *Der Frieden*, uraufgeführt 1962.

Philoktet ist eine *tödlich* endende Tragödie über die Dialektik von Vernunft und Terror und das Verhältnis von Wahrheit und Lüge zu Politik/Macht und Geschichte, in der am Ende nicht nur der ausgestoßene Titelheld auf der Strecke bleibt, sondern auch die individuelle Moralität vor der Normativität eines politischen Pragmatismus kapituliert, der buchstäblich über Leichen geht. Mit Philoktet, Neoptolemos und Odysseus treffen in diesem Spiel drei (Selbst-)Erfahrungsformen des Subjekts im Zeitalter der politischen Vernunft aufeinander: das unter dem Diktat politischer Ziele zerbrochene Subjekt (Philoktet), das im Dienst eines höheren Ganzen brüchig gewordene moralische Subjekt (Neoptolemos) und das politische Subjekt, das den Staatsinteressen oberste Priorität einräumt (Odysseus). Die Gemengelage von Vernunft und Terror strukturiert das Feld möglicher Beziehungen zwischen diesen Funktionsträgern der historischen Dialektik; sie dichtet zugleich den politischen Spielraum der Personen in einer von List und Täuschung bestimmten Handlung gegen die subjektive Entscheidungsfreiheit des Einzelnen ab. Am Ende siegt das Politische über die Moral: Philoktet kehrt heim nur als Leichnam, hinterrücks erstochen von Neoptolemos, der sich mit seinem Insistieren auf einer individuellen Moralität selbst in eine ausweglose Lage manövriert hat. Aber noch als Toter wird Philoktet den gewünschten Zweck erfüllen und seine den Kampf verweigernde Mannschaft aus Hass auf die gemeinen Mörder in die Schlacht führen. Die Voraussetzungen dafür schafft Odysseus mit der Lüge, Abgesandte Trojas hätten den griechischen Kriegshelden feige und ungriechisch (hinterrücks!) getötet, da sie den ‚Patrioten' nicht für ihre Sache und damit zum Verrat hätten bewegen können.

Mit der Verwertung von Philoktets Leichnam führt Odysseus das menschenverachtende Kalkül der Realpolitik zu einem perfiden Triumph, den auch Neoptolemos' Versuch, sich der Waffe der Lüge für seine Rache an Odysseus zu bedienen, nicht zu erschüttern in der Lage ist. Neoptolemos nämlich glaubt mit dem von Odysseus ersonnenen Ausweg nun auch seine Chance zur Abrechnung mit seinem Gegner gekommen:

Heiner Müller, Philoktet

> Gehts ohne den jetzt, gehts auch ohne dich.
> Mein bestes nahm ich untern Fuß dir nach
> Lügner, Dieb, Mörder auch in deiner Schule.
> Ich sah den Troer und ich sah ihn töten
> Zwei
> (Müller 2000, 326)

Der überlegenen Vernunft des Odysseus aber ist der Moralist Neoptolemos nicht gewachsen. Kühl erklärt Odysseus ihm, halte er seine Gefühle nicht im Zaume, verliere er damit auch den einzigen Gewährsmann, der ihn von dem Verdacht des Meuchelmords entlasten könne; da jeder um seinen Hass ihm, Odysseus, gegenüber wisse, benötige Neoptolemos ihn als Zeugen, um nicht im Lager der Griechen für einen Verräter gehalten zu werden. In der Welt der rationalen Vernunft erweist sich die Lüge so als letzter Schluss – der Politik wie des Dramas.

Peter Hacks,
Der Frieden

Hacks liefert in in der Komödie *Der Frieden* (nach Aristophanes' *Eirene*) bei gleicher Ausgangssituation – Krieg als alle Städte/Länder gleichermaßen in den Strudel der Vernichtung reißendes menschliches Zerstörungswerk hat sich verselbständigt, das Schlachten ist Selbstzweck geworden – mit der Utopie der Versöhnung im Humanen das Gegenstück zu dieser dem Mythos und dem attischen Drama abgelesenen Modell einer tragischen Geschichtskonzeption. Während bei Müller dem Krieg kein Ende abzusehen ist, klingt Hacks' Stück, das mit einem Klagegesang beginnt („Es ist Krieg, es ist Krieg. O Jammer es ist Krieg. / Ich alter Mann sah seinen Anfang nie, / Und wär ich jung, ich säh doch nicht sein Ende."; Hacks [3]1980, 7), aus im Preis des erreichten Friedens: die alten Kriegsgewinnler (Helmschmied und Waffenkrämer) sind verabschiedet, die alten Kriegsgesänge haben ausgedient.

> KNABE Der Krieg ist vorbei.
> TRYGAIOS Gut. Und jetzt wir beide zusammen.
> TRYGAIOS Die Oliven gedeihn,
> KNABE Der Krieg ist vorbei,
> TRYGAIOS Es tönt die Schalmei,
>   Frieden zog ein.
>   Wir würzen den Wein
>   Mit Zimt und Salbei,
> TRYGAIOS UND KNABE Die Oliven gedeihn,
>   Der Krieg ist vorbei. (Hacks [3]1980, 68 f.)
>   […]
> Der Krieg ist vorbei.
> Gesegnet, gesegnet das Bett
> Und die Wonnen der Liebe.
> (Hacks [3]1980, 71)

In diesem schlichten Preis des Friedens sind die wesentlichen Bestimmungen menschlicher Existenz angesprochen, die erst durch die Sicherheit vor Krieg und Verwüstung freigesetzt werden: Arbeit und Liebe, Produktivität und Freude. Herbstfleiß, die in Aristophanes' Stück noch stumme Göttin des herbstlichen Erntesegens Opora, spricht dies explizit aus im Blick auf die Schwierigkeiten des Anfangs nach der Zeit des zerstörerischen Krieges: „Ich meine es im vollen Ernst; der Frieden ist die Zeit, wo die Menschen wieder den Spaß an der Arbeit genießen dürfen. Am Anfang mag es vielleicht kein Spaß sein, weil sie im Krieg so viel Spaß mit Einreißen vorweggenommen haben." (Hacks [3]1980, 46)

Der ins Licht des Klassenkampfs gerückte Friedenskampf ist Modell einer ‚geglückten' Geschichte. Der Rückgriff auf das Modell der aristophanischen Komödie ist in dieser Hinsicht Programm. Da den gesellschaftlichen Widersprüchen im Sozialismus Hacks' Ansicht nach im Grundsatz kein antagonistischer Charakter mehr zukam, schien ihm nicht allein Müllers Versuch zur Revitalisierung der Tragödie verfehlt, sondern zugleich damit auch das Brechtsche Theatermodell mit seiner unmittelbaren Inanspruchnahme der Kunst für das Politische historisch überholt zu sein. In der Heiterkeit der Kunst spiegele sich dagegen die fortgeschrittene Entwicklung der sozialistischen Gesellschaft, was nichts mit einer Verklärung der Wirklichkeit zu tun haben sollte, denn wenn die Kunst ihr im Bewusstsein der Geschichtsmächtigkeit der Subjekte die humane Utopie entgegenstellte, sollte dies im Verständnis Hacks' das Problembewusstsein auf eine höhere Stufe der Imagination heben. Der Kunst, so Hacks, dürfe es eben nicht um das Registrieren des Gehabten gehen, sondern darum, die Freuden zu proklamieren, um derentwillen gearbeitet und gelitten wird: „Indem Kunst Unbefriedigendes auf zufriedenstellende Weise abbildet", so Hacks 1966 im Vorwort zu seinem Entwurf einer Postrevolutionären Dramaturgie, „ist sie selbst das entzeitlichte Abbild des Verhältnisses von Aufgabe und Lösung." (Hacks 1984, 199) Mit dieser bejahenden Rezeption des antiken Modells hat Hacks nicht nur die Grundlagen geschaffen für seine im Osten wie im Westen gleichermaßen erfolgreichen ‚olympischen Komödien' (*Amphitryon*, 1968; *Omphale*, 1969, etc.). Er hat damit auch die Linie einer märchenhaft-poetischen, utopischen Antike-Rezeption innerhalb der DDR-Dramatik begründet (vgl. beispielsweise die aristophanischen Komödien Joachim Knauths *Die Weibervolksversammlung* und *Lysistrata* und Armin Stolpers *Amphitryon*-Bearbeitung), während Müllers geschichtskritische Mythenlektüre weiterwirkte in einer (nicht allein) dramatischen Literatur, welche die Ambivalenzen des historischen Fortschritts zur Diskussion stellte und durch den Mythos hindurch von den Verkrustungen im realen Sozialismus erzählte, dessen zivilisatorische Struktur zunehmend fraglich erschien (u.a. Kurt Mickels: *Nausikaa*, 1968; Stefan Schütz: *Odysseus' Heimkehr*, 1981; Jochen Berg: *Im Taurerland*, 1978; *Niobe*, 1982).

Heiner Müllers Dramen selbst nahmen in den 1970er und 1980er Jahren zunehmend kulturpessimistische und zivilisationskritische Züge an. Sie sind repräsentativ damit für eine signifikante Linie innerhalb der DDR-Dramatik jener Zeit – jenseits und parallel zu der im sozialistischen Zeitstück zu beobachtenden Akzentuierung des Verhältnisses von Individuum und Gesellschaft (Paul Gratzik: *Umwege*, 1970; *Lisa*, 1977; Rainer Kerndl: *Nacht mit Kompromissen*, 1976; *Der vierzehnte Sommer*, 1977; Georg Sei-

Sinn- und Zivilisationskritik

del: *Kondensmilchpanorama*, 1980; *Jochen Schanotta*, 1985; Armin Müller: *Sieben Wünsche*, 1974; Jürgen Groß: *Match*, 1978; Geburtstagsgäste, 1980; *Denkmal*, 1983; Albert Wendt: *Die Kellerfalle*, 1981) sowie der sich zeitweilig in den Vordergrund drängenden Auseinandersetzung mit den Verwerfungen der deutschen Geschichte und dem Verhältnis von Geist und Macht (Heiner Müller: *Die Schlacht*, 1975; *Germania Tod in Berlin*, 1978; *Leben Gundlings Friedrich von Preußen Lessings Schlaf Traum Schrei*, 1979; Volker Braun: *Simplex Deutsch*, 1980; *Siegfried Frauenprotokolle Deutscher Furor*, 1986; Thomas Brasch: *Rotter*, 1977; Christoph Hein: *Die wahre Geschichte des Ah Q*, 1983; Christoph Hammel: *Die Preußen kommen*, 1981). Was in den 1950er Jahren als Gesinnungsliteratur begann, endete im letzten Jahrzehnt des Bestehens der DDR in einer Sinn- und Zivilisationskritik, die, begleitet von Erweiterungen des formalen Ausdrucksspektrums (Auflösung der dramatischen Tektonik) und keineswegs allein auf die Dramatik beschränkt, immer wieder auch und gerade am mythologischen Modell durchgespielt wurde.

Dies findet eine Parallele auch im Theater der Bundesrepublik, in dem in den achtziger Jahren unter dem Einfluss der französischen Philosophie (Deleuze, Baudrillard, Lyotard) Vorstellungen vom Ende der Meistererzählungen und dem Eintritt der Geschichte in ein Stadium des Posthistoire um sich greifen. Erinnert sei in diesem Zusammenhang an die teils spektakulären, auf jeden Fall ambitionierten Antikenprojekte ausgangs der 1970er, anfangs der 1980er Jahre von so renommierten Regisseuren wie Ernst Wendt, Hans Neuenfels, Wilfried Minks oder Claus Peymann, George Tabori und Roberto Ciulli, vor allem an die seinerzeit vieldiskutierten Großprojekte der Berliner Schaubühne *Die Bakchen* (1974) und *Die Orestie* (1980) in der Regie Klaus-Michael Grubers und Peter Steins. Diese Inszenierungsprojekte wurden getragen von einer den Mythos in zivilisationskritischer Weise aktualisierenden Lektüre-Haltung. Sie waren Versuche allesamt, die historischen und strukturellen Kontinuitäten der in den Mythen eingeschlossenen Widerspruchs- und Konfliktkonstellationen herauszuarbeiten. Erinnert sei aber auch an die Untergangsszenarien im westdeutschen Drama (Tankred Dorst: *Merlin oder das wüste Land*, 1981; Harald Mueller *Das Totenfloß*, 1984), die auf ihre Weise den zivilisationskritischen Diskurs in die Theaterverhältnisse der Bundesrepublik eintrugen.

3. Auffächerung und Vielfalt der Gattungsmerkmale

Pluralität der Formen, Ausdrucksweisen und Stile

Ganz allgemein beginnen sich in den 1970er und dann vor allem in den 1980er Jahren die Theaterverhältnisse Ost und West immer mehr aneinander anzunähern. Die geschlossenen ästhetischen Modelle verlieren an Bedeutung. In einer von Ausdifferenzierungsprozessen auf allen Ebenen begleiteten Entwicklung perspektivischer Öffnungen entsteht über die Systemgrenzen hinweg eine neue Pluralität der Formen, Ausdrucksweisen und Stile.

Alltagsrealismus – Metarealismus

Mit Martin Sperr (*Jagdszenen aus Niederbayern*, 1966; *Landshuter Erzählungen*, 1967; *Münchener Freiheit*, 1971), Rainer Werner Fassbinder (*Kat-

zelmacher, 1968) und Franz Xaver Kroetz (*Heimarbeit, Hartnäckig*, 1971; *Wildwechsel*, 1971; *Stallerhof*, 1972) setzt in der Bundesrepublik etwa zeitgleich mit dem politischen Theater der 1960er Jahre zunächst eine dann von Thomas Strittmatter (*Viehjud Levi*, 1982), Kerstin Specht (*Das glühend Männla*, 1990), Felix Mitterer (*Kein Platz für Idioten*, 1977; *Kein schöner Land*, 1987; *Abraham*, 1993) und Peter Turrini (*Die Minderleister*, 1988) auf andere Weise fortgesetzte Renaissance des Volksstücks ein. Der neue Alltags-Realismus, der damit in der Auseinandersetzung mit Vorurteilen, mit der Diskriminierung und Verfolgung von Außenseitern und Nichtangepassten, zumal mit der Arbeits- und Lebenswelt von Randgruppen, Einzug in die Dramatik hält (vgl. auch z.B. Harald Mueller: *Großer Wolf*, 1970; Karl Otto Mühl: *Rheinpromenade*, 1973; Heinrich Henkel: *Eisenwichser*, 1970), wiederum stellt die Rückseite jenes neuen Subjektivismus dar, der in der Bundesrepublik in den 1970er Jahren tonangebend zu werden beginnt – flankiert von einem auffallenden Rückzug ins Private und einer Tendenz zur Re-Ästhetisierung, in Teilen auch Ent-Politisierung, die das Drama nicht unberührt ließ. Jenseits der realistischen Formensprache des neuen Volksstücks, das seinerseits zunehmend mit symbolischen Überhöhungen arbeitete, treten in auffallender Weise nun metarealistische poetische Verfahrensweisen in den Vordergrund (vgl. dazu Tankred Dorsts: *Auf dem Chimborazzo*, 1975; *Die Villa*, 1980; Gerlind Reinshagen: *Sonntagskinder*, 1976; *Das Frühlingsfest*, 1980; *Tanz, Marie!*, 1989). Für Aufmerksamkeit sorgen insbesondere die von Beziehungslosigkeit und Kommunikationsverlusten in der modernen Gesellschaft erzählenden Stücke von Botho Strauß und Thomas Bernhards wütende Tiraden.

Strauß nahm im Rückgriff auf tradierte Formen des bürgerlichen Theaters, in Anlehnung an Strindbergs Dramaturgie und – teilweise – das expressionistische Stationendrama, zunächst die bürgerliche Alltagskultur mit seismographischer Genauigkeit in den Blick (*Groß und Klein*, 1978; *Die Hypochonder*, 1972; *Bekannte Gesichter, gemischte Gefühle*, 1975; *Trilogie des Wiedersehens*, 1977), öffnete sich dann formal zunehmend gegenüber Mystik und Mythos. Mit Stücken wie *Kalldewey. Farce* (1982), *Der Park* (1983) und *Die Fremdenführerin* (1986), nimmt seine Dramatik eine Entwicklung, die sich über das Wendestück *Schlußchor* (1991) und den umstrittenen Versuch zur Revitalisierung von Mythos und Tragödie in *Ithaka* (1996) bis hin zu der *Titus Andronicus*-Bearbeitung *Schändung* (2005) fortsetzte und letztlich mit der rückkehrenden Wendung zum Guten, Wahren und Schönen kulturkonservative Züge annahm. Vergleichbares gilt für Peter Handke, der in den 1960er Jahren Neuland betreten hatte mit seinen Sprechstücken (*Weissagung; Selbstbezichtigung; Publikumsbeschimpfung*, 1966), die anknüpfend an die Sprachexperimente der „Wiener Gruppe" und die Sprachphilosophie Ludwig Wittgensteins auf traditionelle Formen des Handlungsaufbaus und der Dialoggestaltung verzichteten und den Schauspielern die Imitation von Sprechhaltungen abverlangten, der in den 1980er und 1990er Jahren seine Dramatik aber zunehmend prätentiös verengte und gleichzeitig das Modell des Dichterpriesters und -visionärs wie-

Wendung zum Guten, Wahren und Schönen

der mit Leben zu füllen versuchte (*Über die Dörfer*, 1982; *Die Stunde, da wir nichts voneinander wußten*, 1992; *Zurüstungen für die Unsterblichkeit. Königsdrama*, 1997). Thomas Bernhard wiederum, der 1970 mit seinem Krüppel-Spiel *Ein Fest für Boris* bekannt wurde, das in Weiterführung literarischer Mittel des absurden Theaters die Ausweglosigkeit der deformierten sozialen Wirklichkeit in der körperlichen Versehrtheit seiner Spielfiguren spiegelte, avancierte mit einer monomanischen, um immer wieder dieselben Themen und Motive wie insbesondere das Scheitern des Künstlers kreisenden Dramenproduktion (*Der Ignorant und der Wahnsinnige*, 1972; *Die Jagdgesellschaft*, 1974; *Die Macht der Gewohnheit*, 1974; *Die Berühmten*, 1976; *Minetti, 1976*; *Immanuel Kant*, 1978; *Über allen Gipfeln ist ruh*, 1981; *Am Ziel*, 1981; *Der Theatermacher*, 1984) zum festen Bestandteil des deutschsprachigen Theaters, gefeiert und gehasst zugleich für die seinen Figuren in immer neuen Variationen in den Mund gelegten Schmähreden. Besonders nachdrücklich geriet Bernhards Stilprinzip der Aggression in seiner Auseinandersetzung mit der deutschen und österreichischen Geschichte in *Vor dem Ruhestand* (1979) und *Heldenplatz* (1988).

Während in diesen Dramen zunächst noch weithin Formen der bürgerlichen Dramatik maßgeblich bleiben – und sei es als Referenzfolie der Überschreibung –, wird gerade das DDR-Drama in den 1970er und 1980er Jahren in augenfälliger Weise ,modern' in der Entgrenzung von Formvorgaben des sozialistischen Realismus und der Verweigerung von Kohärenz, dramaturgischer Geschlossenheit und Repräsentation. Zum Teil abseits der Bühnen, die unter dem Diktat der Kulturpolitik diese Angebote nur sehr zögerlich aufnahmen, entstanden in diesen Jahren vielbeachtete Stücke, deren Dramaturgien gleichsam aus dem Nichts gebaut scheinen: vielfach zersprengte Textgebilde, die keine Geschichte mehr ,ganz' erzählen; Stücke, die Fabel und Handlung durch eine fiebrige Logik des Traums ersetzen, auf dialogisches Spiel und Gegenspiel verzichten; Texte, die Schluss machen mit der Illusionierung abgebildeter Realität, die nicht mehr die Welt abbilden und ihr keine Ordnung mehr geben. Dieser Vorgang einer ,Ent-Dramatisierung' wird zunächst vor allem von Heiner Müller vorangetrieben, der in den 1970er Jahren bereits die Grundidee eines dionysisch gefärbten Theaters der Metamorphosen entwickelt, das auf den (körperlichen) Schrecken als Stimulanz kreativer Negation setzt und Brechts negative Pädagogik wieder unmittelbar an das aristotelische Katharsisverständnis der zur lustvollen Befriedigung führenden Affektreinigung heranführt. Enthierarchisierung der Textelemente, Fragmentarisierung der Szenenstruktur, Komplexitätsverdichtungen durch Bildschichtungen – das sind die von Müller in Stücken wie *Die Hamletmaschine* (1979), *Verkommenes Ufer Medeamaterial Landschaft mit Argonauten* (1983) und *Bildbeschreibung* (1985) verstärkt zum Einsatz gebrachten technischen Mittel zur Verwandlung des Dramas in ein Spiel der Stimmen und Wörter, das die einschnürenden Vorgaben des sozialistischen Realismus weit hinter sich ließ. In der Form szenischer Abbreviaturen, die Geschichte(n) nicht mehr repräsentieren, sondern als Gegenstand des Nach-Denkens auf die Bühne bringen, arrangiert Müller in diesen Thea-

Thomas Bernhard

Formentgrenzungen in der DDR-Dramatik

Heiner Müller

tertexten Abwesenheit: der Geschichte, des Subjekts, der Vernunft. Das Drama (der Geschichte) nimmt dabei Züge einer Archäologie an, in der Impulse der utopischen Geschichtsphilosophien Blochs und Benjamins mit der Vorstellung von der subversiven Kraft der Kunst zum ästhetischen Modell einer zerstörerischen *ars memoria*, d. h. einer aufsprengenden Gedächtniskunst, verschmolzen sind und das rationale Denken in der Tradition der Aufklärung mit seinem Anderen konfrontiert wird: dem von der Vernunft kolonisierten Unterbewussten, dem Rausch- und dem Triebhaften als (gedachter, erhoffter) Basis für Veränderung.

Die subversiven Impulse der von Müller entwickelten Schreibverfahren sind auf jeweils eigenständige und eigenwillige Art aufgenommen worden insbesondere von Volker Braun, Thomas Brasch und Lothar Trolle. Braun hat in den späten 1970er und den 1980er Jahren seine Dramenproduktion zunehmend weiter so in Richtung einer experimentellen Dramaturgie verschoben; er hat die Fabel zerschlagen (*Schmitten*, 1981) oder in einer rückläufigen Chronologie aufgelöst (*Guevara oder der Sonnenstaat*, 1977); er hat die plastisch geformte, psychologisch schlüssige ‚große' Figur durch eine „synthetische[…], aus geschichtssegmenten, geschichtswidersprüchen" konstruierte „‚gesamtfigur'" (Braun 1991, 154) ersetzt (*Simplex Deutsch*, 1980) und, wie in *Dmitri* (nach Schillers *Demetrius*-Fragment, 1982), die klassische Dramaturgie des Geschichtsdramas in eine offen fragmentarische Form übersetzt, die mit komischen, grotesken und absurden Mitteln, mit Stil- und Zeitbrüchen arbeitet. Müllers ‚Schüler' Thomas Brasch wiederum, der bereits 1976 die DDR zu verlassen gezwungen war, hat in formaler Nähe zu den Bildschichtungsverfahren seines Mentors in der Bundesrepublik ein Theater der Kollisionen entwickelt, das seinen Fluchtpunkt in einer Dramaturgie der geräumten Mitte findet, die ihrerseits in der Maltechnik Hieronymus Boschs und der ästhetischen Struktur von Brechts *Fatzer*-Fragment Vorbilder hat (*Papiertiger*, 1976; *Lieber Georg. Ein Eis-Kunst-Läufer-Drama aus dem Vorkrieg*, 1980; *Lovely Rita*, 1978; *FrauenKriegLustspiel*, 1988). Er hat mit instabilen Identitäten experimentiert und das Drama zu Spielbaukästen gemacht, die immer wieder die Kunstproduktion als solche reflektieren. Vehement hat er zugleich damit auf einer Theater-Kunst insistiert, die der Störung als produktivem Moment zur Eröffnung neuer oder der Wiedererschließung verschütteter Sehgewohnheiten Raum gibt. Lothar Trolle schließlich hat auf der Linie des von Brasch verfolgten Experiments einer exzentrischen Theaterkunst aus den Anfängen der gemeinsamen Theaterarbeit mit Brasch heraus die Form eines ‚erzählenden' Dramas entwickelt, in dem die Einzelszenen autonomen Charakter gewinnen und sich die Sprache gegenüber der szenischen Ordnung verselbständigt (*K.'s Kasperspiel*, 1985; *Weltuntergang Berlin I*, 1979; *Weltuntergang Berlin II*, 1987; *Hermes in der Stadt*, 1992). *Dihegesis* (Erzählung) tritt an die Stelle von *Mimesis*, Dihegesis im gelegentlichen Wechsel mit dialogischen Passagen und Parekbasen *als* Spiel, Dihegesis aber auch vor allem *anstelle* des theatralen Spiels, das nur noch als hypothetisches durch den *leeren* Rahmen der Erzähltexte entworfen wird. Dieser Dramaturgie des leeren Rahmens an

Volker Braun,
Thomas Brasch,
Lothar Trolle

die Seite gestellt hat er einen Hyper-Realismus, der den Umschlag aus dem nahezu ungefiltert in den theatralen Raum projizierten Alltäglichen ins Utopische sucht, indem er das unter der Oberfläche Verborgene, die Einschränkungen des Subjekts, aber auch den verborgenen Wunsch sich selbst offenbaren lässt (und nicht etwa durch eine Enthüllungsdramaturgie ans Licht holt) (*Die 81 Min. des Fräulein A. Annas zweite Erschaffung der Welt*, 1985; *34 Sätze über eine Frau*, 1985).

Postdramatisches Theater

„Übersetzung von Wirklichkeit" (Müller), nicht deren Versetzung *ins* und damit deren (verdoppelnde) Abbildung *im* Kunstwerk ist gemeinsamer Fluchtpunkt der im Einzelnen verschiedenen Dramaturgien. Damit sind sie, auch wenn sie aus dem Bereich der DDR-Dramatik stammen, symptomatisch für eine signifikante Tendenz im deutschen Gegenwartstheater des ausgehenden zwanzigsten Jahrhunderts. Allenthalben unterlaufen Theatertexte seit den 1980er Jahren – die Wende von 1989/90 markiert in dieser Hinsicht durchaus keine Epochenzäsur – unter dem Einfluss so unterschiedlicher Impulsgeber wie dem Tanztheater Pina Bauschs, dem zeremoniellen Bildertheater Robert Wilsons, Tadeusz Kantors *Theater des Todes* und Antonin Artauds dionysischem Körpertheater sowie der Performance-Kunst die Spiel-Regeln der auf Geschlossenheit und Mimesis beruhenden dramatischen Modelle, dekonstruieren sie gleichermaßen den Text, das Subjekt und den Sinn, konzipieren sie Theater als ästhetische Suchbewegung. Mediale Grenzüberschreitungen stellen mit dem Nebeneinander von Dreidimensionalität (realer Körperlichkeit bzw. konkreter physische Realität des Schauspieler-Akteurs) und Zweidimensionalität (beispielsweise durch Projektionen von Gegenständen, Räumen und Personen auf einem Screen oder einer Leinwand) das Theater in seiner tradierten Form gleich von verschiedenen Seiten her in Frage: zum einen im Hinblick auf die Konstituierung von Raum und Zeit; zum anderen im Hinblick auf die Bedingungen der Theaterkommunikationen.

Nun ist „der Zweifel an der Tragfähigkeit der dramatischen Form", der sich darin Ausdrucksmöglichkeiten verschafft, theatergeschichtlich durchaus „keine wirkliche Neuigkeit", stand das Drama vielmehr, wie dies in den einleitenden Passagen der vorliegenden Darstellung angedeutet worden war, von Anfang an schon „im Zwielicht zwischen seiner Bedeutung als Sprachwerk oder Sprachkunstwerk und seiner Funktion als Spieltext oder Spielvorlage" (Bayerdörfer 2007, 2). Insofern ist auch das sogenannte postdramatische Theater in seiner Abwendung vom dramatischen Text bei gleichzeitiger Hochwertung „performance-naher Theaterformen" (Primavesi 2004, 9) nicht in der Tendenz neu, wohl aber in den Konsequenz der Verwandlung des Theaters vom Schauplatz eines handlungsgeleiteten, durch Figurenrede vermittelten fiktionalen Geschehens in ein selbstreflexives Medium polyphoner asignifikanter Text-Bildlandschaften.

Elfriede Jelinek, Rainald Goetz

Exemplarisch zum Ausdruck kommt diese zeitweilig mit einem Aufmerksamkeitsüberschuss bedachte Tendenz innerhalb eines disparaten Formenspektrums des Gegenwartsdramas in den collagierten Textlandschaften Elfriede Jelineks, in denen das Drama, damit auch Theatralität in den Bewegungen der Sprache stattfindet (*Bambiland*, 2003; *Ulrike Maria Stuart*, 2006; *Das Werk*, 2010; *Winterreise*, 2011), und den hochkomplexen, selbstreflexiven und ironischen szenischen Apparaturen Rainald Goetz', die die Sprache zum Akteur einer ex-zentrischen Kommunikationsverdichtung machen, die allemal offen lässt, ob die agierenden Personen Handlungsträger im engeren Sinne sind oder lediglich Sprech-Funktionen (*Krieg* [Trilogie], 1987/88; *Festung* [Trilogie], 1992/93; *Jeff Koons*, 1999). Dabei sind Jelineks und Goetz' Arbeiten für das Theater über die gleichzeitige Zitation und Dekonstruktion eines Ordnung und Orientierung bietenden Strukturmodells, wie es das Drama darstellt, hinaus immer auch Arbeit mit der Form: Aufhebung der klassischen Formen bei gleichzeitig strenger Formung – im Falle Jelineks in Gestalt einer artifiziellen Durchschichtung von Zitaten und Anspielungen; im Falle Goetz' durch die Ersetzung des Systems herkömmlicher Dramentektonik durch einen neuen Konstruktionsmodus mathematisch-arithmetischer Regularitäten. In dem Bemühen darum, dem Theater ein neues Verhältnis zur Wirklichkeit abzunötigen, kontern Goetz und Jelinek den ‚Realismus' der Oberfläche mit einem Ästhetik-Verständnis aus, das ‚Realismus' nicht als Darstellungsform zu begreifen auffordert, sondern letztlich als Verhältnis des Schreibers zur Wirklichkeit: „Realismus also nicht als Phantasie der Form, sondern als Kategorie der Weltbeobachtung." (Goetz 1999, 308) Sowohl Jelinek als auch Goetz zitieren mit ihren Theatertexten dabei die Dispositive des Theaterspiels als Rahmen des Wahrnehmbaren. Sie reflektieren in einer Bewegung gleichzeitiger Formzertrümmerung und Formgebung die Krise, in die die repräsentationale Theater-Ästhetik mit dem Anspruch, etwas über die Gegenwart zu erzählen, in den vergangenen Jahrzehnten geraten ist. Im Abgesang des Mädchen-Chors in *Heiliger Krieg* hat Goetz diese Krise des Repräsentationstheaters polemisch-pointiert an das Publikum durchgereicht mit der Ausrufung des Theaters zum „Weltnichthaberort", zum „Wahrheitsvernichterort" und „Geschichtenichtkennerort". – Theater verfehlt als Kunstraum die Wirklichkeit: „Das Theater ist der Ort/Der Welt nicht hat" (Goetz 1986, 114f.). Der Abgesang des Chors wiederum markiert mit der Kritik an einer ästhetischen Konvention, welche die Wirklichkeit verfehlt, den Referenzrahmen für die Auseinandersetzung mit dem ‚Realismus der Oberfläche', der vor der Wirklichkeit versagt.

Die „performative Wende hin zum postdramatischen Theater" (Hentschel 2007, 14) und die zeitweilige Dominanz solcherart selbstreflexiver und dekonstruktivistischer Dramaturgien im deutschen Gegenwartstheater allerdings bedeutete weder das Ende des Texttheaters noch des literarischen Theatertextes, was bereits Hans-Thies Lehmann in seiner einflussreichen Studie zum *Postdramatischen Theater* (1999) eingeräumt hat (vgl. Roßbach 2007, 166f.), zumal auch in den Hochphasen des postdramatischen Theaters bzw. der postdramatischen Inszenierungskunst die dramatische Form nichts von ihrer Vitalität einbüßte und auch im avancierten Theater durchaus ihre Bedeutung behielt. Zu Recht hat Joachim Fiebach so auch auf die seit Mitte der neunziger Jahre zu beobachtende Tendenz hingewiesen, „dra-

‚Neodramatik'

matische *Literatur* (wieder) als das primäre Element von Theaterkunst zu nehmen" (Fiebach 2003, 352), was mit dem Begriff ‚Neodramatik' nur unzureichend erfasst ist. So besteht neben den postmodernen Auflösungsformen ein breites Spektrum spielbarer Dramenformen im deutschen Gegenwartstheater. Zu nennen sind hier neben den *well made plays*, die sich unberührt von den Formexperimenten des avancierten Theaters aus dem Fundus realistischer Spielweisen bedienen, symbolisch-parabolische Ausdrucksweisen oder Formen des Kammerspiels und des Konversationsstücks fortschreiben, diejenigen Dramen, die in mehr (Elfriede Müller: *Die Bergarbeiterinnen*, 1988; Friederike Roth: *Das Ganze ein Stück*, 1986; *Erben und Sterben*, 1992; Marlene Streeruwitz: *Waikiki Beach*, 1992; *Elysian Park*, 1993; *New York. New York*, 1993; Dea Loher: *Blaubart, Hoffnung der Frauen*, 1997; *Medea Manhattan*, 1999) oder weniger (Moritz Rinke: *Der Mann, der noch keiner Frau Blöße entdeckte*, 1999; *Republik Vineta*, 2000; *Café Umberto*, 2005; *Wir wissen und lieben nichts*, 2012; Albert Ostermaier: *The Making Of. B.-Movie*, 1999; *Death Valley Junction*, 2000; *Fratzen*, 2009) kritischer Weise an tradierte Strukturformen anschließen, sie modifizieren und weiterführen. Das Spektrum durchaus bühnentauglicher Dramatik reicht von den Traumstücken (*Wondreber Totentanz*, 1998; *Aller Seelen*, 2000; *Bach*, 2004) und Monologen (*Nico. Sphinx aus Eis*, 2002; *Heilig Heilig Heilig*, 2004; *Das Rad des Glücks*, 2005) Werner Fritschs, der in seinen Stücken den Bühnenraum zum Ort einer eigentümlichen Heterochronie verwandelt, über den Rückgriff auf das Religiöse bei Lukas Bärfuss (*Der Bus. Das Zeug einer Heiligen*, 2005), Botho Strauß (*Lotfantasie*, 1999), Falk Richter (*Gott ist ein DJ*, 1999) oder Tankred Dorst (*Die Wüste*, 2005), bis hin zu René Polleschs Dramen aus repetitiven Loops (Schleifen) und Permutationen (also Veränderungen der Textanordnung durch das Vertauschen ihrer Elemente) (*Stadt als Beute*, 2001; *Schändet eure neoliberalen Biographien!*, 2005; *Sozialistische Schauspieler sind schwerer von der Idee eines Regisseurs zu überzeugen*, 2010), in denen nach einer treffenden Bemerkung Thomas Assheuers „sprachlose Körper" zwischen „menschenlosen Sätzen" stehen (Assheuer 2014, 56), und den mal komplex verdichteten, mal filigran-graziösen, beschwingt-leichten Sprachkunstwerken Martin Heckmanns (*Schieß doch, Kaufhaus!*, 2002; *Kommt ein Mann zur Welt*, 2007; *Einer und Eine*, 2012; *Es wird einmal*, 2013).

Neue Formen des Dokumentarischen   Bezeichnend für die neue Pluralität im Gegenwartstheater/Drama ist darüber hinaus gerade auch das Aufkommen neuer Formen des Dokumentarischen (Rimini-Protokoll: *Karl Marx: Das Kapital, Erster Band*, 2006; *Hauptversammlung*, 2009; *Situation Rooms*, 2013; Rolf Hochhuth: *McKinsey kommt*, 2004; Kathrin Röggla: *draußen tobt die dunkelziffer*, 2005; Falk Richter: *Unter Eis*, 2004) und das Interesse für Phänomene der Ökonomie im Zeichen der die Globalisierungsprozesse begleitenden Tendenz zur Einschließung des Individuums in ein Netzwerk von marktbezogenen Imperativen und Appellen (Urs Widmer: *Top Dogs*, 1996; Albert Ostermaier: *Erreger*, 2000; Roland Schimmelpfennig: *Push up 1–3*, 2001; Moritz Rinke: *Café Umberto*, 2005; René Pollesch: *Heidi-Hoh-Trilogie*, 1999-2001; Philipp Löhle: *Das Ding*, 2010). Auch hier sind die Formen wiederum vielfältig, lassen sich die Dramen nicht mehr auf einen formalen Nenner bringen. Verbindet Hochhuth beispielsweise auf der einen Seite so das dramatische Geschehen mit der Form eines meinungsbildenden Essays, verwischt Falk Richter auf der anderen Seite gezielt die Grenzen zwischen Fiktionalisierung und Dokumentation, indem er ‚Dokumente' unmarkiert in die fiktive Stückwelt einschreibt. Kathrin Röggla wiederum verteilt in ihren dokumentarischen Erkundungen unter Verzicht auf fiktive (Handlungs-)Elemente ein aus Interviews destilliertes und (re-)arrangiertes Sprachmaterial aus Jargon, Phrasen, Floskeln und Redewendungen verschiedenster Provenienz (Medien, Werbung, Wirtschaft) auf wenige Sprecher, die sie durchgehend in indirekter Rede sprechen lässt.

Mehr noch als die Zeit um 1900 stellt sich die Dramatik nach 1945 so als von Diskontinuitäten und Verwerfungen gekennzeichnetes Feld kontingenter Bewegungen dar, in dem Stile und Strategien sich nicht immer trennscharf voneinander abgrenzen lassen, ‚alte' Traditionen teilweise weiterlaufen oder in veränderten historischen Konstellationen wieder aufgegriffen werden. Umso mehr sich das deutsche Theater in internationale Kontexte stellt (was spätestens in den 1970er Jahren der Fall ist), sich für nicht-theatrale Kunstformen und neue Medien öffnet (was wiederum nicht ohne Einfluss bleibt auf die textuelle Ausformung des Dramas) und in immer neuen ästhetischen Suchbewegungen den dramatischen Theatertext zum Material einer autonomen Inszenierungskunst zu verwandeln beginnt, umso unübersichtlicher wird die Lage. Mehr als einzelne Tendenzen mit offenen Enden aufzuzeigen, war im Rahmen dieser Darstellung so auch nicht möglich.

Literaturverzeichnis

Adorno, Theodor W.: Mahagonny. In: Ders.: Gesammelte Schriften. Bd. 17: Musikalische Schriften IV. Moments musicaux. Impromptus. Hg. v. Rolf Tiedemann. Frankfurt/M. 1982, S. 114–122.

Alewyn, Richard: Das große Welttheater. Die Epoche der höfischen Feste. 2. erw. Neuauflage. München 1985.

Allgemeines Theater-Lexikon oder Encyklopädie alles Wissenswerthen für Bühnenkünstler, Dilettanten und Theaterfreunde. Unter Mitwirkung der sachkundigsten Schriftsteller Deutschlands, hg. v. R[obert] Blum, K[arl] Herloßsohn und H[ermann] Marggraff. Bd. 1. Altenburg, Leipzig: Expedition des Theater-Lexikons 1839.

Alt, Peter-André: Tragödie der Aufklärung. Eine Einführung. Tübingen, Basel 1994.

–: Schiller. Leben – Werk – Zeit. 2 Bde. München 2000.

–: Klassische Endspiele. Das Theater Goethes und Schillers. München 2008.

Aristophanes: Plutos. In: Ders. Sämtliche Komödien. Übertragen von Ludwig Seeger. Zürich, Stuttgart 1968, S. 637–693.

Aristoteles: Nikomachische Ethik. Übersetzt und kommentiert v. Franz Dirlmeier. Berlin 1967.

–: Poetik. Griechisch/Deutsch. Übersetzt und hg. v. Manfred Fuhrmann, Stuttgart [2]1994.

Arnim, Achim von; Clemens von Brentano: Briefe über das neue Theater (Erstveröffentlichung in „Die Wünschelrute", 1818). In: Clemens Brentano's Gesammelte Schriften. Hg. v. Christian Brentano. Bd. 4: Der kleinen Schriften erster Theil. Frankfurt/M. 1852, S. 439–453.

Assheuer, Thomas: „Schmeiß dein Ego weg". In: Die Zeit, Nr. 38, 11.9.2014, S. 56 f.

Bahr, Ehrhard: Nachwort. In: Ders.: Was ist Aufklärung? Thesen und Definitionen. Stuttgart 1974, S. 71–84.

Bahr, Hermann: Die Überwindung des Naturalismus. In: Ders.: Zur Kritik der Moderne. Zweite Reihe. Dresden 1891, S. 152–158.

–: Studien zur Kritik der Moderne. Frankfurt/M. 1894.

Baumeister, Theofried: Das Theater in der Sicht der Alten Kirche. In: Theaterwesen und dramatische Literatur. Beiträge zur Geschichte des Theaters. Hg. v. Günter Holtus. Tübingen 1987, S. 109–125.

Baumgart, Reinhard: Selbstvergessenheit. Drei Wege zum Glück: Thomas Mann, Franz Kafka, Bertolt Brecht. München, Wien 1989.

Baur-Reinhold, Margarete: Theater des Barock. Festliches Bühnenspiel im 17. und 18. Jahrhundert. München 1966.

Bayerdörfer, Hans-Peter: Dramatik des Expressionismus. In: Naturalismus, Fin de siècle, Expressionismus 1890–1918. Hg. v. York Gothart Mix. München, Wien 2000, S. 537–554.

–: ‚Lokalformel' und ‚Bürgerpatent'. Ausgrenzung und Zugehörigkeit in der Posse zwischen 1815 und 1860. In: Theaterverhältnisse im Vormärz. Hg. v. Maria Porrmann und Florian Vaßen (FVF Jahrbuch 2001). Bielefeld 2002, S. 139–173.

–: Vom Drama zum Theatertext? Unmaßgebliches zur Einführung. In: Ders. (Hg.): Vom Drama zum Theatertext? Zur Situation der Dramatik in Ländern Mitteleuropas. Tübingen 2007, S. 1–14.

Beer-Hofmann, Richard: Die Historie von König David und andere dramatische Entwürfe. Hg. v. Norbert Otto Eke (= Richard Beer-Hofmann. Werke. Bd. 5). Paderborn 1996.

Behrmann, Georg: Timoleon der Bürgerfreund. Ein Trauerspiel. Hamburg 1741.

Benjamin, Walter: Ursprung des deutschen Trauerspiels. In: Gesammelte Schriften. Unter Mitwirkung von Theodor W. Adorno und Gershom Scholem, Bd. 1.1. Hg. v. Rolf Tiedemann und Hermann Schweppenhäuser. Frankfurt/M. 1980, S. 203–430.

Benn, Gottfried: Ithaka. In: Ders.: Sämtliche Werke, Stuttgarter Ausgabe. Hg. v. Gerhard Schuster und Holger Hof. Bd. 7/1: Szenen, Dialoge, Das Unaufhörliche, Gespräche und Interviews, Nachträge, medizinische Schriften. Stuttgart 2003, S. 7–16.

Berger, Peter L.: Erlösendes Lachen. Das Komische in der menschlichen Erfahrung. Berlin, New York 1998.

Bergmann, Rolf: Katalog der deutschsprachigen geistlichen Spiele u. Marienklagen des Mittelalters. München 1986.

Bidermann, Jakob: Cenodoxus. Deutsche Übersetzung von Joachim Meichel. Hg. v. Rolf Tarot. Stuttgart 1986.

Birgfeld, Johannes; Claude Conter: Das Unterhaltungsstück um 1800. Funktionsgeschichtliche und gattungstheoretische Vorüberlegungen. In: Das Unterhaltungsstück um 1800. Literaturhistorische Konfigurationen – Signaturen der Moderne. Zur Geschichte des Theaters als Reflexionsmedium von Gesellschaft, Politik und Ästhetik. Hg. v. Johannes Birgfeld und Claude Conter. Hannover 2007, S. VII–XXIV.

Birken, Sigmund von: Teutsche Rede- bind- und Dicht-Kunst. Hildesheim 1973.

Blumenberg, Hans: Lebenszeit und Weltzeit. Frankfurt/M. 1986.

[Bodmer, Johann Jacob:] Brief-Wechsel von der Natur des poetischen Geschmackes, Eurisus an Hypsäus. 30. August 1729. Zürich 1736.

–: Critische Abhandlung von dem Wunderbaren in der Poesie und dessen Verbindung mit dem Wahrscheinlichen. Zürich 1740.

Bolten, Jürgen: Geschichtsphilosophische Einsicht, Langeweile und Spiel. Zu Büchners ‚Leonce und Lena'. In: Archiv für das Studium der neueren Sprachen und Literaturen 137 (1985), S. 293–305.

Borchert, Wolfgang: Draußen vor der Tür und ausgewählte Erzählungen, Reinbek bei Hamburg [10]1978.

Borchmeyer, Dieter: Das gebannte Schicksal und seine Wiederkehr. Goethes ‚Iphigenie' im Blick auf das Drama um 1800: ‚Wallenstein'. In: Inevitabilis vis fatorum. Der Triumph des Schicksalsdramas auf der europäischen Bühne um 1800. Hg. v. Roger Bauer in Verbindung mit Michael de Graat und Johannes von Schlebrügge. Bern u.a. 1990, S. 102–112.

–: Weimarer Klassik. Portrait einer Epoche. Weinheim 1994.

Borgstedt, Thomas: Andreas Gryphius: *Catharina von Georgien*. Poetische Sakralisierung und

Horror des Politischen. In: Dramen vom Barock bis zur Aufklärung. Stuttgart 2000, S. 37–66.

Börne, Ludwig: Dramaturgische Blätter. Vorrede. In: Ders.: Sämtliche Schriften. Neu bearbeitet und hg. v. Inge und Peter Rippmann. Bd. 1. Düsseldorf 1964, S. 205–218.

Bornscheuer, Lothar: Trauerspiele. In: Deutsche Literatur. Eine Sozialgeschichte. Hg. v. Horst Albert Glaser. Bd. 3: Zwischen Gegenreformation und Frühaufklärung: Späthumanismus, Barock 1572–1740. Hg. v. Harald Steinhagen. Reinbek bei Hamburg 1985, S. 268–283.

Braun, Volker: Texte in zeitlicher Folge. Bd. 6: Anekdoten, Verstreute Gedichte 1969–1978, Simplex Deutsch, Dmitri, Schriften. Halle, Leipzig 1991.

Bravin, Daniela: Zeit und ihre Nutzung im Werk Georg Büchners. Eine Untersuchung zeitgenössischer Quellen. Bielefeld 2012.

Brecht, Bertolt: Große kommentierte Berliner und Frankfurter Ausgabe in 30 Bänden. Hg. v. Werner Hecht, Jan Knopf, Werner Mittenzwei und Klaus-Detlef Müller. Berlin, Weimar 1988–2000 [zitiert GBA].

Breitinger, Johann Jacob: Critische Dichtkunst. Worinnen die Poetische Mahlerey in Absicht auf die Erfindung im Grunde untersuchet und mit Beyspielen aus den berühmtesten Alten und Neuern erläutert wird. 2 Bde. Zürich 1740.

–: Johann Jacob Breitingers Fortsetzung der *Critischen Dichtkunst*. Worinnen die poetische Mahlerey in Absicht auf den Ausdruck und die Farben abgehandelt wird, mit einer Vorrede von Johann Jacob Bodemer [!]. Zürich 1740.

Brentano, Clemens von: Nach dem Besuche des Theaters. In: Clemens Brentano's Gesammelte Schriften. Hg. v. Christian Brentano. Bd. 4: Der kleinen Schriften erster Theil. Frankfurt/M. 1852, S. 436–438.

–: Über die auf der modernen europäischen Schaubühne zur Hauptsache gewordenen Nebensachen Kostüm und Dekoration in Gegenwirkung mit Poesie und Schauspielkunst [Rezension]. In: Deutsche Rundschau 192 (1922), Ausgabe 93, S. 206.

Bucher, Max; Werner Hahl, Georg Jäger, Reinhart Wittmann (Hg.): Realismus und Gründerzeit. Manifeste und Dokumente zur deutschen Literatur 1848–1880. 2 Bde. Stuttgart 1975f.

Büchner, Georg: Sämtliche Werke und Schriften. Historisch-kritische Ausgabe mit Quellendokumentation und Kommentar. Hg. im Auftrag der Akademie der Wissenschaften und der Literatur, Mainz v. Burghard Dedner. Darmstadt 2000–2013 [zitiert MBA].

Bürger, Gottfried August: Aus Daniel Wunderlichs Buch. In: Deutsches Museum, 5. Stück, Mai 1776, S. 440-450.

Busse, Dietrich: „Aus Nichts schafft Gott, wir schaffen aus Ruinen!" Geschichte als Prozeß im Werk Christian Dietrich Grabbes. In: Grabbe Jahrbuch 5 (1986), S. 11–20.

Calderòn de la Barca, Don Pedro: Das große Welttheater. Übersetzt von Joseph Freiherrn von Eichendorff. Werke 4 (DKV-Ausgabe). Frankfurt/M. 1988.

Conradi, Hermann: Unser Credo. Einleitung von Hermann Conradi. In: Moderne Dichter-Charaktere. Mit Einleitungen von Hermann Conradi und Karl Henckell, hg. v. Wilhelm Arent, Leipzig [1885], S. I–IV.

Czezior, Patricia: Lesen zwischen Zensur und Biedermeier. Das geänderte Selbstverständnis von Autoren und ihrem Publikum. In: Literaturbetrieb und Verlagswesen im Vormärz. Hg. v. Christian Liedtke (FVF Jahrbuch 2010). Bielefeld 2011, S. 19–37.

Daniel, Ute: Hoftheater. Zur Geschichte des Theaters und der Höfe im 18. und 19. Jahrhundert. Stuttgart 1995.

Dann, Otto: Schillers *Geschichte des Dreißigjährigen Krieges*, geschrieben zur Zeit der französischen Revolution. In: Études Germaniques 60 (2005), S. 761–771.

Danzel, Theodor Wilhelm: Shakspeare und noch immer kein Ende (1850). In: Meisterwerke deutscher Literaturkritik. Hg. v. Hans Mayer. Bd. 2: Von Heine bis Mehring. Berlin 1956, S. 370–407.

Denkler, Horst: Aufbruch der Aristophaniden. Die aristophanische Komödie als Modell für das politische Lustspiel im deutschen Vormärz. In: Der Dichter und seine Zeit – Politik im Spiegel der Literatur. Drittes Amherster Kolloquium zur modernen deutschen Literatur 1969. Hg. v. Wolfgang Paulsen. Heidelberg 1970, S. 134–157.

–: Einleitung. In: Der deutsche Michel. Revolutionskomödien der Achtundvierziger. Hg. v. Horst Denkler. Stuttgart 1971, S. 5–18.

Dietl, Cora: Das frühe deutsche Drama von den Anfängen bis zum Barock, Helsinki 1998.

Dörr, Volker C.: Weimarer Klassik. Paderborn 2007.

Drewniak, Boguslaw: Das Theater im NS-Staat. Szenarien deutscher Zeitgeschichte 1933–1945. Düsseldorf 1983.

Düllo, Thomas: Kultur als Transformation. Eine Kulturwissenschaft des Performativen und des Crossover. Bielefeld 2012.

Echtermeyer, Theodor; Arnold Ruge: Der Protestantismus und die Romantik. Zur Verständigung über die Zeit und ihre Gegensätze. Ein Manifest. Hg., kommentiert und mit einem Vorwort versehen von Norbert Oellers. Hildesheim 1972.

Eckermann, Johann Peter: Gespräche mit Goethe in den letzten Jahren seines Lebens. 1823–1832. Zweiter Theil. Leipzig 1836.

Eke, Norbert Otto: Signaturen der Revolution. Frankreich – Deutschland: deutsche Zeitgenossenschaft und deutsches Drama zur Französischen Revolution um 1800. München 1997.

–: „Alle Ehre deiner Narbe." Die Spur des Körpers im Werk Grabbes. In: Grabbes Welttheater. Christian Dietrich Grabbe zum 200. Geburtstag. Hg. v. Detlev Kopp und Michael Vogt. Bielefeld 2001, S. 71–101.

–: Politische Dramaturgien des Komischen. Satire im Vormärz (mit Blick auf das Drama). In: Georg Weerth und die Satire im Vormärz. Hg. v. Michael Vogt unter Mitwirkung von Bernd Füllner und Fritz Wahrenburg. Bielefeld 2007, S. 13–36.

–: „Man muß die Deutschen mit der Novelle fangen". Theodor Mundt, die Poesie des Lebens und die „Emancipation der Prosa" im Vormärz. In: Der nahe Spiegel. Vormärz und Aufklärung. Hg. v. Wolfgang Bunzel, Norbert Otto Eke und Florian Vaßen. Bielefeld 2008, S. 295–312.

–: Dem „Haufen genügt die Täuschung". Georg Forster und das Theater. In: Georg-Forster-Studien XVI. Hg. im Auftrag der Georg-Forster-Gesellschaft von Stefan Greif und Michael Ewert. Kassel 2011, S. 153–175.

–: Beobachtungen beobachten. Beiläufiges aus germanistischer Sicht zum Umgang mit einer Literatur der Gegenwärtigkeit. In: Doing Contemporary Literature. Praktiken, Wertungen, Automatismen. Hg. v. Maik Bierwirth, Anja Johannsen und Mirna Zeman. München 2012, S. 23–40 [zitiert 2012a].

–: Büchner und die Zeit. In: Georg Büchner und das 19. Jahrhundert. Hg. von Ariane Martin und Isabelle Stauffer. Bielefeld 2012, S. 11–28 [zitiert 2012b].

–: „Besser als die Engländer haben die Deutschen den Shakspear begriffen." Shakespeare im Vormärz und Richard Wagners Oper „Das Liebesverbot oder Die Novize von Palermo" (1836). In: Das ungeliebte Frühwerk. Richard Wagners Oper „Das Liebesverbot". Hg. v. Laurenz Lütteken. Würzburg 2014, S. 45–72.

Emmerich, Wolfgang: Kleine Literaturgeschichte der DDR. Erweiterte Neuausgabe. Leipzig 1996.

Emrich, Wilhelm: Deutsche Literatur der Barockzeit. Königstein/Ts. 1981.

Ernst, Paul: Das Drama und die moderne Weltanschauung. In: Ethische Kultur 7 (1899), S. 170–172 u. S. 180–183.

Ewert, Michael: „Vernunft, Gefühl und Phantasie, im schönsten Tanze vereint". Die Essayistik Georg Forsters. Würzburg 1993.

Felix, M. Minucius: Octavius. Lateinisch und deutsch. Hg u. übersetzt v. Bernhard Kytzler. Stuttgart 1993.

Fiebach, Joachim: Manifeste europäischen Theaters. Grotowski bis Schleef. Berlin 2003.

Fischer-Lichte, Erika: Geschichte des Dramas. Epochen der Identität auf dem Theater von der Antike bis zur Gegenwart. 2 Bde. Tübingen, Basel 1990.

–: Kurze Geschichte des deutschen Theaters. Tübingen, Basel 1993.

–: Ritual und/oder Theater? Anmerkungen zu den geistlichen Spielen des Mittelalters. In: Theater Kunst Wissenschaft. Hg. v. Edda Fuhrich, Hilde Haider. Weimar 2004, S. 143–154.

Flemming, Willi: Geschichte des Jesuitentheaters in den Landen deutscher Zunge. Berlin 1923.

Fontane, Theodor: Unsere lyrische und epische Poesie seit 1848. In: Ders.: Sämtliche Werke. Hg. v. Walter Keitel. Bd. 1: Aufsätze und Aufzeichnungen. Hg. v. Jürgen Kolbe. München 1969, S. 236–260.

Forster, Georg: Werke. Sämtliche Schriften, Tagebücher, Briefe. Hg. v. der Akademie der Wissenschaften der DDR. Zentralinstitut für Literaturgeschichte. Berlin 1958-2003 [zitiert ForW].

Freytag, Gustav: Die Technik des Dramas. Leipzig [13]1922.

Friedrich, Hans-Edwin: Drama und Theater. In: Nationalsozialismus und Exil 1933–1945. Hg. v. Wilhelm Haefs. München, Wien 2009, S. 336–391.

Frisch, Max: Andorra. In: Ders.: Stücke 2. Frankfurt/M. 1971, S. 199–309.

–: Nun singen sie wieder. Versuch eines Requiems. In: Ders.: Stücke 1. Frankfurt/M. 1962, S. 85–148.

Fritsch, Werner: Hieroglyphen des Jetzt – Theater. Sprache. Hörspiel. Film. In: Werner Fritsch. Hieroglyphen des Jetzt. Materialien und Werkstattberichte. Hg. v. Hans-Jürgen Drescher und Bert Scharpenberg. Frankfurt/M. 2002, S. 227–235.

Fues, Wolfram Malte: Die Entdeckung der Langeweile. Georg Büchners Komödie Leonce und Lena. In: Deutsche Vierteljahrsschrift für Literaturwissenschaft und Geistesgeschichte 66 (1992), S. 687–696.

Gellert, Christian Fürchtegott: Gesammelte Schriften. Kritische, kommentierte Ausgabe. Hg. v. Bernd Witte, Bd. III: Lustspiele. Berlin, New York 1988.

[Gerstenberg, Heinrich Wilhelm von:] Briefe über Merkwürdigkeiten der Litteratur. Schleswig, Leipzig 1766–1767.

Gervinus, Georg Gottfried: Neuere Geschichte der poetischen National-Literatur der Deutschen. Zweiter Theil. Von Göthes Jugend bis zur Zeit der Befreiungskriege (= Historische Schriften von G. G. Gervinus. Bd. 6: Geschichte der deutschen Dichtung V). Leipzig 1842.

Giseke, Robert: Carrière! Ein Miniaturbild aus der Gegenwart. Bd. 1. Leipzig 1853.

Goethe, Johann Wolfgang: Briefwechsel zwischen Goethe und Knebel (1774–1832). Zweiter Theil. Leipzig 1854.

Goethe, Johann Wolfgang: Werke. Hg. im Auftrag der Großherzogin Sophie von Sachsen. Weimar 1887–1919 [zitiert WA].

Goetz, Rainald: Heiliger Krieg. In: Ders.: Krieg. Stücke. Frankfurt/M. 1986.

–: Abfall für alle. Roman eines Jahres. Frankfurt/M. 1999.

Gottschall, Rudolf: Ueber die historische Tragödie. In: Jahrbuch der Illustrirten Deutschen Monatshefte 6 (1859), S. 661–669.

–: Poetik. Die Dichtkunst und ihre Technik. Vom Standpunkte der Neuzeit. 2., wesentlich verbesserte und vermehrte Auflage. Bd. 1. Breslau 1870.

Gottsched, Johann Christoph: Akademische Vorlesung […] über die Frage: Ob man in theatralischen Gedichten allezeit die Tugend als belohnt, und das Laster als bestrafet vorstellen müsse. In: Das Neueste aus der anmuthigen

Gelehrsamkeit. Hg. v. Bernhard Christoph Breitkopf. Bd. 1. Leipzig 1751, S. 17 f.

–: Beyträge Zur Critischen Historie Der Deutschen Sprache, Poesie und Beredsamkeit, hg. v. einigen Liebhabern der deutschen Litteratur. Bd. 8. Leipzig 1742.

–: Ausgewählte Werke. Hg. v. Joachim Birke und Brigitte Birke. Berlin, New York 1968–2013 [zitiert AW].

Grabbe, Christian Dietrich: Werke und Briefe. Historisch-kritische Gesamtausgabe in sechs Bänden. Hg. v. der Akademie der Wissenschaften in Göttingen, bearbeitet v. Alfred Bergmann. Emsdetten, Darmstadt 1960–1973 [zitiert HKA].

Gryphius, Andreas: Dramen. Hg. v. Eberhard Mannack. Frankfurt/M. 1991.

Guthke, Karl S.: Schillers Dramen. Idealismus und Skepsis. Tübingen 1994.

Gutzkow, Karl: Die Mode und das Moderne. In: Ders.: Gesammelte Werke. Vollständig umgearbeitete Ausgabe. Bd. 9: Säkularbilder I. Frankfurt/M. 1846.

Hacks, Peter: Der Frieden. Nach Aristophanes. In: Ders.: Stücke nach Stücken. Berlin, Weimar ³1980, S. 5–71.

–: Essais. Leipzig 1984.

Halbe, Max: Berliner Brief. In: Die Gesellschaft. Monatsschrift für Litteratur und Kunst 5 (1889). Bd. 2. H. 8, S. 1171–1186.

Harsdoerffer, Georg Philipp: Poetischer Trichter. Darmstadt 1969.

Hartmann, Karl-Heinz: Das Dritte Reich in der DDR-Literatur. Stationen erzählter Vergangenheit. In: Gegenwartsliteratur und Drittes Reich. Deutsche Autoren in der Auseinandersetzung mit der Vergangenheit. Hg. v. Hans Wagener. Stuttgart 1977, S. 307–328.

Hauptmann, Gerhart: Die Kunst des Dramas. Über Schauspiel und Theater. Zusammengestellt von Martin Machatzke. Frankfurt/M., Berlin 1963.

Hauschild, Jan-Christoph: Georg Büchner. Biographie. Stuttgart, Weimar 1993.

Hegel, Georg Wilhelm Friedrich: [Über Wallenstein]. In: Ders.: Werke, auf der Grundlage der Werke von 1832–1845 neu edierte Ausgabe. Redaktion: Eva Moldenhauer und Karl Markus Michel, Bd. 1: Frühe Schriften. Frankfurt/M. 1986, S. 618–620.

–: Vorlesungen über die Ästhetik I. In: Ders.: Werke, auf der Grundlage der Werke von 1832–1845 neu edierte Ausgabe. Redaktion: Eva Moldenhauer und Karl Markus Michel, Bd. 13: Frühe Schriften. Frankfurt/M. 1986.

Heine, Heinrich: Säkularausgabe. Werke, Briefwechsel, Lebenszeugnisse. Hg. v. den Nationalen Forschungs- und Gedenkstätten der klassischen deutschen Literatur in Weimar und dem Centre National de la Recherche Scientifique in Paris [hier: Briefe]. Berlin, Paris 1970–1984 [zitiert Säkularausgabe].

Heldmann, Georg: Die griechische und lateinische Tragödie und Komödie in der Kaiserzeit. In: Würzburger Jahrbücher für die Altertumswissenschaft 24/2000, S. 185–205.

Hentschel, Ingrid: Dionysos kann nicht sterben. Theater in der Gegenwart. Berlin 2007.

Herder, Johann Gottfried: Shakespear. In: Von deutscher Art und Kunst. Einige fliegende Blätter. Hamburg 1773, S. 73–113.

–: Briefe zur Beförderung der Humanität. 2 Bände, Bd 1. Berlin, Weimar 1971.

Hettner, Hermann: Das moderne Drama. Aesthetische Untersuchungen. Braunschweig 1852.

Hochhuth, Rolf: Der Stellvertreter. Ein christliches Trauerspiel. Hamburg ³³2000.

Höfele, Andreas: Drama und Theater: Einige Anmerkungen zur Geschichte und gegenwärtigen Diskussion eines umstrittenen Verhältnisses. In: Forum Modernes Theater 6 (1991), H. 1, S. 3–24.

Hofmannsthal, Hugo von: Poesie und Leben (aus einem Vortrage). In: Die Zeit (1896), Nr. 85, S. 104–106.

Hohendahl, Peter Uwe: Literarische Kultur im Zeitalter des Liberalismus: 1830–1870. München 1985.

–: Geschichte – Opposition – Subversion. Studien zur Literatur des 19. Jahrhunderts, Köln u.a. 1993.

–: (Hg. unter Mitarbeit von Russel A. Berman, Karen Kenkel und Arthur Strum): Öffentlichkeit – Geschichte eines kritischen Begriffs. Stuttgart, Weimar 2000.

Hollonius, Ludwig: Somnium Vitae Humanae. Hg. v. Dorothea Glodny-Wiercinski. Berlin 1970.

Holtei, Karl von: Die beschuhte Katze. Ein Mährchen in drei Akten mit Zwischenspielen. Berlin 1843.

Holz, Arno: Das Buch der Zeit. Lieder eines Modernen. Zürich 1886.

–: Die Kunst. Ihr Wesen und ihre Gesetze. Berlin 1891 [zitiert 1891a].

–: Unterm Heiligenschein. Ein Erbauungsbuch für meine Freunde. In: Ders.: Die Kunst. Ihr Wesen und ihre Gesetze. Berlin 1891, S. 28–61 [zitiert 1891b].

–; Johannes Schlaf: Die Familie Selicke. Drama in drei Aufzügen. Berlin 1890.

Hopfen, Hans: Die Meininger in Berlin (1875). In: Ders.: Streitfragen und Erinnerungen. Stuttgart 1876, S. 237–267.

Horaz (Quintus Horatius Flaccus): Ars Poetica/ Die Dichtkunst. Lateinisch und deutsch. Übersetzt und mit einem Nachwort Hg. v. Eckart Schäfer. Stuttgart 1980.

Horn, Peter: Der mechanistische Materialismus und die Sinnlosigkeit der Welt in Büchners *Leonce und Lena*. In: Acta Germanica. Jahrbuch des südafrikanischen Germanistenverbandes 14 (1981), S. 83–109.

Hose, Martin: Antike. In: Handbuch Drama. Hg. v. Peter W. Marx. Stuttgart 2012, S. 173–190.

Jesse, Horst: Brecht in Berlin. München 1996.

Jürgens, Heiko: Pompa Diaboli. Die lateinischen Kirchenväter und das antike Theater. Stuttgart, Berlin, Köln, Mainz 1972.

K[ürnberg], F[erdinand]: Maria Magdalena. [Rez.]. In: Sonntag-Blätter für heimatliche Interessen 2 (1848), S. 337–339.

Kaiser, Georg: Werke. Hg. v. Walther Huder. Bd. 2: Stücke 1918–1927. Frankfurt/M., Berlin, Weimar 1971.

Kant, Immanuel: Beantwortung der Frage: Was ist Aufklärung? In: Kant's gesammelte Schriften. Hg. v. der Königlich Preußischen Akademie der Wissenschaften. Erste Abtheilung: Werke, Bd. VIII: Abhandlungen nach 1781. Berlin, Leipzig 1923, S. 33–42.

–: Kritik der reinen Vernunft. In: Kant's gesammelte Schriften. Hg. v. der Königlich Preußischen Akademie der Wissenschaften. Erste Abtheilung: Werke, Bd. 4: Kritik der reinen Vernunft. Prolegomena. Grundlegung zur Metaphysik der Sitten. Metaphysische Anfangsgründe der Naturwissenschaft. Berlin 1911.

–: Kritik der praktischen Vernunft. In: Kant's gesammelte Schriften. Hg. v. der Preußischen Akademie der Wissenschaften. Bd. V. Erste Abtheilung: Werke. Bd. 5: Kritik der praktischen Vernunft. Kritik der Urtheilskraft. Berlin 1913, S. 1–163.

–: Kritik der Urtheilskraft. In: Kant's gesammelte Schriften, hg. v. der Preußischen Akademie der Wissenschaften, Bd. V, Erste Abtheilung: Werke, Bd. 5: Kritik der praktischen Vernunft. Kritik der Urtheilskraft. Berlin 1913, S. 165–544.

Kerckhove, Derrick de: Schriftgeburten. Vom Alphabet zum Computer. Aus dem Französischen von Martina Leeker. München 1995.

Ketelsen, Uwe-Karsten: Theater – Hörspiel – Thingspiel. Versuch eines medialen *crossing over* im Theater der frühen dreißiger Jahre. In: Literatur intermedial – Paradigmenbildung zwischen 1918 und 1968. Hg. v. Wolf Gerhard Schmidt und Thorsten Valk. Berlin, New York 2009, S. 247–264.

Kipphardt, Heinar: Bruder Eichmann. Schauspiel und Materialien. In: Gesammelte Werke in Einzelausgaben. Hg. v. Uwe Naumann. Reinbek bei Hamburg 1986.

Kittsteiner, Heinz D.: Die Entstehung des modernen Gewissens. Frankfurt/M., Leipzig 1991.

Kleist, Heinrich von: Die Hermannsschlacht. In: Ders.: Werke und Briefe. Bd. 2: Penthesilea, Das Käthchen von Heilbronn, Die Hermannsschlacht, Prinz Friedrich von Homburg. Berlin, Weimar 1978, S. 239–349.

Klenke, Dietmar: Der singende „deutsche Mann". Gesangvereine und deutsches Nationalbewußtsein von Napoleon bis Hitler. Münster u.a. 1998.

Knapp, Gerhard P.: Georg Büchner. Stuttgart, Weimar ³2000.

Koopmann, Helmut: Drama der Aufklärung. Kommentar zu einer Epoche. München 1979.

Kopp, Detlev: Chaos und Ordnung. Überlegungen zu Grabbes Dramenfragment „Marius und Sulla". In: Grabbes Gegenentwürfe. Neue Deutungen seiner Dramen. Hg. v. Winfried Freund. München 1986, S. 33–43.

Kortländer, Bernd: „… was gut ist in der deutschen Literatur, das ist langweilig und das Kurzweilige ist schlecht". Adaptionen französischer Lustspiele im Vormärz. Anmerkungen zu einem unübersichtlichen Thema. In: Theaterverhältnisse im Vormärz. Hg. v. Maria Porrmann und Florian Vaßen (FVF Jahrbuch 2001). Bielefeld 2002, S. 197–211.

Krabiel, Klaus-Dieter: Brechts Lehrstücke. Entstehung und Entwicklung eines Spieltyps. Stuttgart, Weimar 1993.

Krause, Markus: Das Trivialdrama der Goethezeit 1780–1805. Produktion und Rezeption. Bonn 1982.

Kreidt, Dietrich: Gesellschaftskritik auf dem Theater. In: Literatur der Weimarer Republik 1918–1933. Hg. v. Bernhard Weyergraf. München, Wien 1995, S. 232–265.

Kutzmutz, Olaf: Grabbe – Klassiker ex negativo. Bielefeld 1995.

Lang, Franz: Dissertatio de actione scenica. München 1727. Nachdruck und Übersetzung: Abhandlung über die Schauspielkunst. Hg. von Alexander Rudin. Bern, München 1975.

Langemeyer, Peter (Hg.): Dramentheorie. Texte vom Barock bis zur Gegenwart. Stuttgart 2011.

Langemeyer, Peter: Einleitung. In: Dramentheorie. Texte vom Barock bis zur Gegenwart. Hg. v. dems. Stuttgart 2011, S. 13–42.

Latacz, Joachim: Einführung in die griechische Tragödie. 2. durchgesehene und aktualisierte Auflage. Göttingen 2003.

Lattmann, Claas: Die Dichtungsklassifikation des Aristoteles. Eine neue Interpretation von Aristot. Poet 1448a 19–24. In: Philologus 149 (2005), H. 1, S. 28–51.

Laube, Heinrich: Rokoko oder Die alten Herren. Lustspiel in fünf Akten. Leipzig 1846.

Lehmann, Hans-Thies: Postdramatisches Theater. Frankfurt/M. 1999.

–: Kleist/Versionen. In: Kleist-Jahrbuch 2001. Hg. v. Günter Blamberger, Sabine Doering und Klaus Müller-Salget. Stuttgart, Weimar 2001, S. 89–103.

–: Ästhetik des Textes – Ästhetik des Theaters. Heiner Müllers Lohndrücker in Ostberlin. In: Ders.: Das politische Schreiben. Essays zu Theatertexten. Sophokles, Shakespeare, Kleist, Büchner, Jahnn, Bataille, Brecht, Benjamin, Müller, Schleef. 2. erw. Aufl. Berlin 2012, S. 324–337.

Leibniz, Gottfried Wilhelm: Ermahnung an die Teutsche, ihren verstand und sprache beßer zu üben, samt beygefügten vorschlag einer Teutschgesinten gesellschafft. In: Ders.: Sämtliche Schriften und Briefe. Hg. v. der Akademie der Wissenschaften der DDR, 4. Reihe, Bd. 3: Politische Schriften 1677–1689, hg. v. Zentralinstitut für Philosophie an der Akademie der Wissenschaften der DDR, Berlin 1986, S. 795–820.

Lenz, Jakob Michael Reinhold: Briefe von und an J.M.R. Lenz, gesammelt und hg. v. Karl Freye und Wolfgang Stammler. Bd. 1. Leipzig 1918.

–: Werke und Briefe in drei Bänden. Hg. v. Sigrid Damm. München 1987 [zitiert WuB].

Leonhard, Jörn: Moral der Ökonomie und Ökonomie der Moral. Die Differenzierung der *political economy* im Großbritannien des 18. und 19. Jahrhunderts. In: Religion, Moral und liberaler Markt. Politische Ökonomie und Ethikdebatten vom 18. Jahrhundert bis zur Gegenwart. Hg. v. Michael Hochgeschwender und Bernhard Löffler. Bielefeld 2011, S. 69–87.

Lessing, Gotthold Ephraim: Des Hrn. Prof. Gellerts Abhandlung für das rührende Lustspiel. In: Ders.: Sämtliche Schriften. Hg. v. Karl Lachmann. 3., auf's neue durchgesehene und vermehrte Auflage. Bd. 6. Stuttgart 1890, S. 32–53.

–: Gelehrter Briefwechsel zwischen D. Johann Jacob Reiske, Moses Mendelssohn und Gotthold Ephraim Lessing. Hg. v. K. G. Lessing. 1. Theil. Berlin 1789, S. 68.

–: Werke und Briefe in zwölf Bänden. Hg. v. Wilfried Barner u.a. Frankfurt/M. 1985–2003 [zitiert WuB].

Linke, Hansjürgen: Vom Sakrament zum Exkrement. Ein Überblick über Drama und Theater des deutschen Mittelalters. In: Theaterwesen und dramatische Literatur. Beiträge zur Geschichte des Theaters. Hg. v. Günter Holtus. Tübingen 1987, S. 127–164.

Lohenstein, Daniel Casper von: Großmüthiger Feldherr Arminius oder Herrman, als Ein tapfferer Beschirmer der deutschen Freyheit / nebst seiner durchlauchtigen Thußnelda / In einer sinnreichen Staats- Liebes- und Helden-Geschichte / Dem Vaterlande zu Liebe / dem deutschen Adel aber zu Ehren und ruehmlichen Nachfolge / In zwey Theilen vorgestellet / und mit annehmlichen Kupffern gezieret. Leipzig 1689.

–: Türkische Trauerspiele. Hg. v. Klaus Günther Just. Stuttgart 1953.

–: Afrikanische Trauerspiele. Hg. v. Klaus Günther Just. Stuttgart 1957.

Luther, Martin: D. Martin Luthers Werke. Kritische Gesamtausgabe. Tischreden 1531–46, Bd. 1. Hg. v. Karl Drescher. Weimar 1912.

–: Tischreden. Hg. v. Kurt Aland. Stuttgart 1960.

Maler Anselm; Angel San Miguel, Richard Schwaderer (Hg.): Theater und Publikum im europäischen Barock. Frankfurt/M. u.a. 2002.

Margetts, John (Hg.): Die Neidhartspiele (14. bis 16. Jahrhundert). Wien 1981.

–: Die mittelalterlichen Neidhartspiele. Göppingen 1986.

Martens, Wolfgang: Büchner – Leonce und Lena. In: Die deutsche Komödie. Vom Mittelalter bis zur Gegenwart. Hg. v. Walter Hinck. Düsseldorf 1977, S. 145–159.

Marx, Karl; Friedrich Engels: Zur Kritik der Hegelschen Rechtsphilosophie. Einleitung. In: Dies.: Werke. Hg. vom Institut für Marxismus-Leninismus beim ZK der SED. Bd. 1. Berlin 1972.

Marx, Peter W.: Dramentheorie. In: Handbuch Drama. Hg. v. Peter W. Marx, Stuttgart 2012, S. 1–11.

Masen, Jakob: Palæstra Eloquentiæ Ligatæ Dramatica, Bd. 3. Köln 1683.

McInnes, Edward: Drama und Theater. In: Bürgerlicher Realismus und Gründerzeit 1848–1890. Hg. v. Edward McInnes und Gerhard Plumpe. München, Wien 1996, S. 343–393.

Meid, Volker: Die deutsche Literatur im Zeitalter des Barock. Vom Späthumanismus zur Frühaufklärung. 1570–1740. München 2009.

Meier, Albert (Hg.): Die Literatur des 17. Jahrhunderts. München 1999.

Meyer, Theo: Naturalistische Literaturtheorien. In: Naturalismus, Fin de siècle, Expressionismus 1890–1918. Hg. v. York Gothart Mix. München, Wien 2000, S. 28–43.

–: Das naturalistische Drama. In: Naturalismus, Fin de siècle, Expressionismus 1890–1918. Hg. v. York Gothart Mix. München, Wien 2000, S. 64–76 [zitiert 2000b].

Meyer-Sickendiek, Burkhard: Zärtlichkeit. Zu den aristokratischen Quellen der bürgerlichen Empfindsamkeit. In: Deutsche Vierteljahrsschrift für Literaturwissenschaft und Geistesgeschichte 88 (2014), H. 2, S. 206–233.

Michelsen, Peter: Fausts Erblindung. In: Im Banne Fausts. Zwölf Faust-Studien. Hg. v. Peter Michelsen. Würzburg 2000, S. 161–170.

Mieth, Dietmar: Gewissen/Verantwortung. In: Neues Handbuch theologischer Grundbegriffe. Hg. v. Peter Eicher. Bd. 2. München 1984, S. 80–90.

Mittelstraß, Jürgen: Kant und die Dialektik der Aufklärung. In: Aufklärung und Gegenaufklärung in der europäischen Literatur, Philosophie und Politik von der Antike bis zur Gegenwart. Hg. v. Jochen Schmidt. Darmstadt 1989, S. 341–360.

Mönch, Cornelia: Abschrecken oder Mitleiden. Das deutsche bürgerliche Trauerspiel im 18. Jahrhundert. Versuch einer Typologie. Tübingen 1993.

Mohr, Jan; Julia Stenzel: Mittelalter – geistliches Spiel. In: Handbuch Drama. Hg. v. Peter W. Marx. Stuttgart 2012, S. 209–214.

Mommsen, Theodor: Römische Geschichte. Vollständige Ausgabe in acht Bänden. Bd. 4. München 1976.

Moritz, Karl Philipp: Ueber die bildende Nachahmung des Schönen. Braunschweig 1788.

Moser, Friedrich Carl von: Daniel in der Löwen-Grube. In sechs Gesängen. Frankfurt/M. 1763.

Müller, Adam: Vorlesungen über dramatische Poesie und Kunst. In: Phöbus. Ein Journal für die Kunst. Hg. v. Heinrich von Kleist und Adam H. Müller 1 (1808), 4. und 5. Stück, S. 56–67.

Müller, Christian: Zensur, Geheimnis und Öffentlichkeit. Der Journalismus des literarischen „Jungen Deutschland" und dessen Politisierung durch den Deutschen Bund 1835/36. In: Politischer Journalismus. Öffentlichkeiten und Medien im 19. und 20. Jahrhundert. Hg. v. Clemens Zimmermann. Ostfildern 2006, S. 41–60.

Müller, Harro: „Man arbeitet heutzutag alles in Menschenfleisch." Anmerkungen zu Büchners „Dantons Tod" und ein knapper Seitenblick auf Grabbes „Napoleon oder Die hundert Tage". In: Grabbe-Jahrbuch 7 (1988), S. 78–88.

Müller, Heiner: Philoktet. In: Ders.: Werke 3: Die Stücke 1. Hg. v. Frank Hörnigk. Frankfurt/M. 2000, S. 289–327.

–: Die Wunde Woyzeck. In: Ders.: Werke 8. Schriften. Hg. v. Frank Hörnigk. Frankfurt/M. 2005, S. 281–283.

Müller, Jan-Dirk: Kulturwissenschaft historisch. Zum Verhältnis von Ritual und Theater im späten Mittelalter. In: Lesbarkeit der Kultur. Literaturwissenschaften zwischen Kulturtechnik und Ethnographie. Hg. v. Gerhard Neumann und Sigrid Weigel. München 2000, S. 53–77.

Müller, Johannes: Das Jesuitendrama in den Ländern deutscher Zunge: vom Anfang (1555) bis zum Hochbarock (1665). Schriften zur deutschen Literatur. Bd. 7–8. Augsburg 1930.

Mundt, Theodor: Moderne Lebenswirren. Briefe und Zeitabenteuer eines Salzschreibers, hg. v. D. Theodor Mundt. Leipzig 1834.

–: Aesthetik. Die Idee der Schönheit und des Kunstwerks im Lichte unserer Zeit. Berlin 1845.

Nestroy, Johann: Freiheit in Krähwinkel. In: Ders.:

Sämtliche Werke. Historisch-kritische Ausgabe von Jürgen Hein, Johann Hüttner, Walter Obermaier und W. Edgar Yates. Bd. 26/I: Freiheit in Krähwinkel. Hg. v. John R. P. McKenzie. Wien 1995.

Niefanger, Dirk: Die Dramatisierung der ‚Stunde Null'. Die frühen Nachkriegsstücke von Borchert, Weisenborn und Zuckmayer. In: Zwei Wendezeiten. Blicke auf die deutsche Literatur 1945 und 1989. Hg. v. Walter Erhart und Dirk Niefanger. Tübingen 1997, S. 47–70.

–: Barock. Stuttgart, Weimar ²2006.

–: Barock. In: Handbuch Drama. Theorie, Analyse, Geschichte. Hg. v. Peter W. Marx. Stuttgart, Weimar 2012, S. 230–243.

Niehoff, Reiner: Die Herrschaft des Textes. Zitattechnik als Sprachkritik in Georg Büchners Drama „Danton's Tod" unter Berücksichtigung der „Letzten Tage der Menschheit" von Karl Kraus. Tübingen 1991.

Nietzsche, Friedrich: Die Geburt der Tragödie aus dem Geiste der Musik. In: Nietzsche Werke. Kritische Gesamtausgabe. Hg. v. Giorgio Colli und Mazzino Montinari. Dritte Abteilung, erster Band: Die Geburt der Tragödie. Unzeitgemäße Betrachtungen I-III (1872–1874). Berlin, New York 1972, S. 15–152.

Oellers, Norbert: Schiller. Elend der Geschichte, Glanz der Kunst. Stuttgart 2005.

Oesterle, Ingrid: Der „glückliche Anstoß" ästhetischer Revolution und die Anstößigkeit politischer Revolution. Ein Denk- und Belegversuch zum Zusammenhang von politischer Formveränderung und kultureller Revolution im *Studium*-Aufsatz Friedrich Schlegels. In: Literaturwissenschaft und Sozialwissenschaften 8: Zur Modernität der Romantik. Hg. v. Dieter Bänsch. Stuttgart 1977, S. 167–216.

Opitz, Martin: Weltliche Poëmata. Breslau 1644.

Ort, Claus-Michael: Medienwechsel und Selbstreferenz. Christian Weise und die literarische Epistemologie des späten 17. Jahrhunderts. Tübingen 2003.

Petersen, Christoph: Imaginierte Präsenz. Der Körper Christi und die Theatralität des geistlichen Spiels. In: Das Theater des Mittelalters und der frühen Neuzeit als Ort und Medium sozialer und symbolischer Kommunikation. Hg. v. Christel Meier, Heinz Meyer und Claudia Spanily. Münster 2004, S. 45-61 [zitiert 2004a].

–: Ritual und Theater. Meßallegorese, Osterfeier und Osterspiel im Mittelalter. Tübingen 2004 [zitiert 2004b].

Pfeil, Johann Gottlob Benjamin: Vom bürgerlichen Trauerspiele. In: Neue Erweiterungen der Erkenntnis und des Vergnügens, Bd. 6. 31, Stück. 1755, S. 1–25.

Piscator, Erwin: Grundlinien der soziologischen Dramaturgie (1929). In: Ders.: Schriften. Hg. v. Ludwig Hoffmann. Bd. 1: Das politische Theater. Faksimiledruck der Erstausgabe 1929. Berlin 1968, S. 129–135.

Plassmann, Sibylle: Die humane Gesellschaft und ihre Gegner in den Dramen von J. E. Schlegel. Münster 2000.

Platon: Politeia/Der Staat. Dt. v. Karl Vrestka. Stuttgart 1976.

Porrmann, Maria; Florian Vaßen: „Doch die Verhältnisse, sie sind nicht so!" Theaterverhältnisse im Vormärz. In: Theaterverhältnisse im Vormärz. Hg. v. Maria Porrmann und Florian Vaßen (FVF Jahrbuch 2001). Bielefeld 2002, S. 13–24.

Press, Volker: Kriege und Krisen. Deutschland 1600–1715. München 1991.

Primavesi, Patrick: Orte und Strategien postdramatischer Theaterformen. In: Theater fürs 21. Jahrhundert. Hg. v. Heinz Ludwig Arnold. München 2004, S. 8–25.

Prutz, R[obert] E[duard]: Vorlesungen über die Geschichte des deutschen Theaters. Berlin 1847.

–: Das Drama der Gegenwart. In: Deutsches Museum 1,2 (1851), S. 697–705.

–: Die deutsche Literatur der Gegenwart. 1848 bis 1858. Bd. 1. Leipzig 1859.

Pütz, Peter: Zwei Krähwinkeliaden 1802/1848. Kotzebue: Die deutschen Kleinstädter – Nestroy: Freiheit in Krähwinkel. In: Die deutsche Komödie vom Mittelalter bis zur Gegenwart. Hg. v. Walther Hinck. Düsseldorf 1977, S. 175–194.

Ranke, Wolfgang: Theatermoral. Moralische Argumentation und dramatische Kommunikation in der Tragödie der Aufklärung. Würzburg 2009.

Reichelt, Klaus: Historisch-politische Schauspiele. In: Deutsche Literatur. Eine Sozialgeschichte. Hg. v. Horst Albert Glaser. Bd. 3: Zwischen Gegenreformation und Frühaufklärung: Späthumanismus, Barock 1572-1740. Hg. v. Harald Steinhagen. Reinbek bei Hamburg 1985, S. 284–294.

Reuter, Christian: L' Honnéte Femme Oder die Ehrliche Frau zu Plißine, in Einem Lust-Spiele vorgestellet, und aus dem Französchen übersezet von Hilario. Nebenst Harlequins Hochzeit- und Kind-Betterin-Schmause, Plißine 1695. Hg. v. Georg Ellinger. Halle 1890.

Riccoboni, Francesco: Die Schauspielkunst [L'Art du théâtre. 1750]. An die Madame *** durch den Herrn Franziskus Riccoboni den jüngern. Aus dem Französischen übersetzt [von Gotthold Ephraim Lessing]. In: Gotthold Ephraim Lessing: Werke und Briefe in zwölf Bänden. Hg. v. Wilfried Barner. Bd. 1: Werke 1743–1750. Hg. v. Jürgen Stenzel. Frankfurt/M. 1989, S. 884–934.

Ridder, Klaus (Hg.): Fastnachtspiele. Weltliches Schauspiel in literarischen und kulturellen Kontexten. Tübingen 2009.

Rötscher, H[einrich] Th[eodor]: Theater und dramatische Poesie in ihrem Verhältnisse zum Staate. In: Staats-Lexikon oder Encyklopädie der Staatswissenschaften. Hg. v. Carl von Rotteck und Carl Welcker. Bd. 15. Altona 1843, S. 388–408.

Roßbach, Nikola: Neubestimmungen von Theater, Text und Genre bei Helmut Krausser. In: Vom Drama zum Theatertext? Zur Situation der Dramatik in Ländern Mitteleuropas. Hg. v. Hans-Peter Bayerdörfer. Tübingen 2007, 165–172.

Rothe, Wolfgang: Deutsche Revolutionsdramatik seit Goethe. Darmstadt 1989.

Ruge, Arnold: Neue Vorschule der Aesthetik. Das Komische mit einem komischen Anhange. Halle 1837.

Schiller, Friedrich: Werke. Nationalausgabe. 1940 begr. von Julius Petersen. Fortgef. von Lieselotte Blumenthal, Benno von Wiese, Siegfried Seidel. Hg. [seit 1991] von Norbert Oellers. Weimar 1943–2005 [zitiert NA].

Schings, Hans-Jürgen: Schiller oder die Partizipation an der Geschichte In: Études Germaniques 60 (2005), S. 585–597.

Schlegel, August Wilhelm: Etwas über William Shakespeare bey Gelegenheit Wilhelm Meisters. In: Die Horen. Eine Monatsschrift. Hg. v. [Friedrich] Schiller, Bd. 6, Jg. 1796, 4. Stück, Tübingen 1796, S. 57–112.

–: Vorlesungen über dramatische Kunst und Litteratur. Zweiter Teil. In: Ders.: Kritische Schriften und Briefe. Hg. v. Edgar Lohner. Stuttgart, Berlin u.a. 1967.

Schlegel, Friedrich: Über das Studium der Griechischen Poesie. In: Ders.: Studien des klassischen Altertums. Hg. und eingeleitet von Ernst Behler. Paderborn, München, Wien, Zürich 1979, S. 217–367.

Schlegel, Johann Elias: Werke. Hg. v. Johann Heinrich Schlegel. Kopenhagen u.a. 1764-1773 (Repr. Frankfurt/M. 1971) [zitiert SchW].

Schmidt, Julian: Die Märzpoeten. In: Die Grenzboten. Zeitschrift für Politik, Literatur und Kunst, 9/1 (1850), S. 5–13.

S[chmidt], J[ulian]: Georg Büchner. Nachgelassene Schriften von G. Büchner, Frankfurt/Main, Sauerländer [Rez.]. In: Die Grenzboten 10/1 (1851), S. 121–28.

[Schmidt, Julian:] Einige Uebelstände in unsrem Theaterwesen. In: Die Grenzboten, 11/3 (1852), S. 90–95.

–: Geschichte der deutschen Literatur im neunzehnten Jahrhundert. Bd. 3. Leipzig ^{2}1855.

Schmidt, Wolf Gerhard: Zwischen Antimoderne und Postmoderne. Das deutsche Drama und Theater der Nachkriegszeit im internationalen Kontext. Stuttgart u.a. 2009.

Schmidt-Neubauer, Joachim: Die Bedeutung des Glückseligkeitsbegriffs für die Dramentheorie und -praxis der Aufklärung und des Sturm und Drang. Bern u.a. 1982.

Schneider, Manfred: Destruktion und utopische Gemeinschaft. Zur Thematik und Dramaturgie des Heroischen im Werk Christian Dietrich Grabbes. Frankfurt/M. 1973.

Schnitzler, Arthur: Beziehungen und Einsamkeiten. In: Ders.: Gesammelte Werke. Bd.1: Aphorismen und Betrachtungen. Hg. v. Robert O. Weiss. Frankfurt/M. 1967, S. 52–70.

Schöne, Albrecht: Faust. Kommentare. Frankfurt/M. 1999.

Schröder, Jürgen: Das Drama: Der mühsame Anfang. In: Geschichte der deutschen Literatur von 1945 bis zur Gegenwart. Hg. v. Wilfried Barner. München 1994, S. 99–115 [zitiert 1994a].

–: Geschichtsdramen. Die „deutsche Misere" – von Goethes *Goetz* bis Heiner Müllers *Germania*? Eine Vorlesung. Tübingen 1994 [zitiert 1994b].

Schubbe, Elimar (Hg.): Dokumente zur Kunst-, Literatur- und Kulturpolitik der SED. Bd. 1: 1949-1970. Stuttgart 1972.

Schulze, Ursula: Geistliche Spiele im Mittelalter

und in der frühen Neuzeit. Von der liturgischen Feier zum Schauspiel. Eine Einführung. Berlin 2012.

Schwarz, Christopher: Langeweile und Identität. Eine Studie zur Entstehung und Krise des romantischen Selbstgefühls. Heidelberg 1993.

Simhandl, Peter: Theatergeschichte in einem Band. Aktualisierte Neuauflage. Berlin ²2001.

Simon, Eckehard: Neidhartspiele. In: Die deutsche Literatur des Mittelalters. Verfasserlexikon. Hg. v. Kurt Ruh. Bd. 6. Berlin, New York 1987, Sp. 893–898.

–: Fastnachtspiele inszenieren die Reformation. Luthers Kampf gegen Rom als populäre Bewegung in Fastnachtspielzeugnissen, 1521–1525. In: Fastnachtspiele. Weltliches Schauspiel in literarischen und kulturellen Kontexten. Hg. v. Klaus Ridder. Tübingen 2009, S. 115–150.

Sommersberg, Beate: Lesebühne. Zeitgenössische Rezeption der Lustspiele Ludwig Tiecks. Diss. TU Berlin 2009.

Spielhagen, Friedrich: Das Drama, die heutige litterarische Vormacht. In: Ders.: Neue Beiträge zur Theorie und Technik der Epik und Dramatik. Leipzig 1898, S. 227–243.

Spiewok, Wolfgang (in Zusammenarbeit mit Ingmar ten Venne): Das deutsche Fastnachtspiel. Ursprung, Funktionen, Aufführungspraxis. Greifswald 1993.

Steinhagen, Harald: Einleitung. In: Deutsche Literatur. Eine Sozialgeschichte. Hg. v. Horst Albert Glaser. Bd. 3: Zwischen Gegenreformation und Frühaufklärung: Späthumanismus, Barock 1572–1740. Hg. v. Harald Steinhagen. Reinbek bei Hamburg 1985, S. 9–17.

Steinweg, Reiner: Das Lehrstück. Brechts Theorie einer politisch-ästhetischen Erziehung. Stuttgart ²1976.

–: Lehrstück und episches Theater. Brechts Theorie und die theaterpädagogische Praxis. Frankfurt/M. 1995.

Stellmacher, Wolfgang: Shakespeare-Rezeption in der deutschen Klassik und Romantik. In: Shakespeare Jahrbuch 121 (1985), S. 114–134.

Sternhagen, Eick: Ethik und Drama bei Melanchthon. Diss. Münster 2006. http://miami.uni-muenster.de/servlets/DerivateServlet/Derivate-3717/diss_sternhagen.pdf. 27.02.14. (Internet-Ressource).

Stockinger, Claudia: Das Drama der deutschen Romantik – ein Überblick (Tieck, Brentano, Arnim, Fouqué und Eichendorff) (16.09.2004). In: Goethezeitportal. URL: <http://www.goethe-zeitportal.de/db/wiss/romantik/stockinger_drama.pdf> (Datum: 9.5.2014).

Strindberg, August: Die Modernen? In: Das Magazin für Literatur 64 (1895), Sp. 5–8.

Szondi, Peter: Schriften I: Theorie des modernen Dramas (1880–1950). Frankfurt/M. 1978.

Tarot, Rolf: Schuldrama und Jesuitentheater. In: Handbuch des deutschen Dramas. Hg. v. Walter Hinck. Düsseldorf 1980, S. 35–47.

Tatian: Rede an die Bekenner des Griechentums, eingeleitet und übers. v. R. C. Kukula. In: Frühchristliche Apologeten und Märtyrerakten. Bd. 1, Kempten 1913 (= Bibliothek der Kirchenväter, Reihe 1, Bd. 12), S. 176–257.

Tertullian (Quintus Septimius Florens Tertullianus): De spectaculis. Bibliothek der Kirchenväter: http//www.unifr.ch/bkv/awerk.htm#Tertullian.

Theisohn, Philipp: Die Urbarkeit der Zeichen. Zionismus und Literatur – eine andere Poetik der Moderne. Stuttgart 2005.

Treitschke, Heinrich von: Zeitgenössische Dichter. I. Otto Ludwig. In: Preußische Jahrbücher 4 (1859), S. 113–132.

–: Zeitgenössische Dichter. III. Friedrich Hebbel. In: Preußische Jahrbücher 5 (1860), S. 552–572.

Ueding, Gert: Klassik und Romantik. Deutsche Literatur im Zeitalter der Französischen Revolution 1789–1815. München 1987.

Uhlig, Ludwig: Die Humanität des Künstlers: Georg Forsters Genieästhetik im zeitgenössischen Kontext. In: Wahrnehmung – Konstruktion – Text. Bilder des Wirklichen im Werk Georg Forsters. Hg. v. Jörn Garber. Tübingen 2000, S. 43–59.

Vaßen, Florian: „Ich gegen meinen Bruder". Zu Christian Dietrich Grabbes *Herzog Theodor von Gothland* am Stuttgarter Staatstheater 1993/94. In: Christian Dietrich Grabbe – Ein Dramatiker der Moderne. Hg. v. Detlev Kopp. Bielefeld 1996, S. 137–139.

Vinçon, Hartmut: Einakter und kleine Dramen. In: Naturalismus, Fin de siècle, Expressionismus 1890–1918. Hg. v. York Gothart Mix. München, Wien 2000, S. 367–380.

Voßkamp, Wilhelm: Klassik als Epoche. Zur Typologie und Funktion der Weimarer Klassik. In: Literarische Klassik. Hg. v. Hans-Joachim Simm. Frankfurt/M. 1988, S. 248–277.

Wagner, Richard: Oper und Drama. Zweiter Teil. Das Schauspiel und das Wesen der dramatischen Dichtung. In: Ders.: Sämtliche Schriften und Dichtungen. Bd. 4, Leipzig[6] o. J.

Waldenfels, Bernhard: Sinne und Künste im Wechselspiel. Modi ästhetischer Erfahrung. Berlin 2010.

Walser, Martin: Heimatkunde. Aufsätze und Reden. Frankfurt/M. 1968.

Wardetzky, Jutta: Theaterpolitik im faschistischen Deutschland. Berlin 1983.

Weise, Christian: Christian Weisens überflüssiger Gedancken Andere Gattung vorstellend Etliche Gespräche / Nebenst Einem Anhang. Leipzig 1692.

–: Sämtliche Werke. Hg. v. Hans-Gert Roloff. Berlin, New York 1971ff. [zitiert SW].

Weismann, Werner: Kirche und Schauspiele. Die Schauspiele im Urteil der lateinischen Kirchenväter und besonderer Berücksichtigung von Augustin. Würzburg 1972.

Weiss, Peter: Die Ermittlung. Oratorium in 11 Gesängen. Frankfurt/M. 1965.

–: Notizen zum dokumentarischen Theater. In: Ders.: Rapporte 2. Frankfurt/M. 1971, S. 91–104.

Weiss-Schletterer, Daniela: Das Laster des Lachens. Ein Beitrag zur Genese der Ernsthaftigkeit im deutschen Bürgertum des 18. Jahrhunderts. Wien, Köln, Weimar 2005.

Wels, Ulrike: Gottfried Hoffmann (1658–1712). Eine Studie zum protestantischen Schultheater im Zeitalter des Pietismus. Würzburg 2012.

[Wieland, Christoph Martin]: Anmerkungen des Herausgebers zu [Christian Heinrich Schmidt:] Ueber den gegenwärtigen Zustand des deutschen Parnasses. In: Deutscher Merkur, Bd. 2, 2. Stück, Weimar, Mai 1773, S. 150–168 und Bd. 2, 3. Stück, Weimar, Juni 1773, S. 150–168; Anmerkungen Wielands jeweils im Anschluss an die Teilveröffentlichungen S. 168–186 und S. 208–235.

–: Sechs Antworten auf sechs Fragen. In: C. M. Wielands sämmtliche Werke. Hg. v. G. J. Göschen. Bd. 30. Leipzig 1857, S. 369–377.

Wiemer, Carl: Der Paria als Ummensch. Grabbe – Genealoge des Anti-Humanitarismus. Bielefeld 1997.

Wienbarg, Ludolf: Aesthetische Feldzüge. Dem jungen Deutschland gewidmet. Hamburg 1834.

–: Zur neuesten Literatur. Mannheim 1835.

Winckelmann, Johann Joachim: Gedancken über die Nachahmung der griechischen Wercke in der Mahlerey und Bildhauer-Kunst. In: Winckelmanns Werke in einem Band. Hg. v. den nationalen Forschungs- und Gedenkstätten der klassischen deutschen Literatur in Weimar. Berlin, Weimar 1976, S. 1–37.

Wölfel, Kurt: Moralische Anstalt. Zur Dramaturgie von Gottsched bis Lessing. In: Deutsche Dramentheorien. Beiträge zu einer historischen Poetik des Dramas in Deutschland. Hg. v. Reinhold Grimm. Bd. 1. Wiesbaden [2]1978, S. 44–122.

Wolff, Christian: Vernünfftige Gedancken von dem Gesellschafftlichen Leben der Menschen Und insonderheit Dem gemeinen Wesen. Zu Beförderung der Glückseligkeit des menschlichen Geschlechtes. Frankfurt, Leipzig [4]1736.

Wuttke, Dieter (Hg. unter Mitwirkung von Walter Wuttke): Fastnachtspiele des 15. und 16. Jahrhunderts. Stuttgart [2]1978.

Zelle, Carsten: Vom Erhabenen (1793) / Über das Pathetische (1801). In: Schiller-Handbuch. Leben – Werk – Wirkung. Hg. v. Matthias Luserke-Jaqui unter Mitarbeit von Grit Dommes. Stuttgart, Weimar 2005, S. 398–406.

Zielske, Harald: Zwischen monarchischer Idee und Urbanität. Hoftheater und Stadttheater im Vormärz. In: Theaterverhältnisse im Vormärz. Hg. v. Maria Porrmann und Florian Vaßen (FVF Jahrbuch 2001). Bielefeld 2002, S. 43–69.

Zinner, Hedda: Der Teufelskreis. Schauspiel in fünf Akten. In: Dies.: Stücke. Berlin 1973, S. 147–266.

Zuckmayer, Carl: Des Teufels General. Drama in drei Akten. In: Ders.: Gesammelte Werke III: Dramen. [Frankfurt/M.] 1960, S. 495–618.

Personenverzeichnis